Sprachbewusster Musikunterricht

Anja Bossen

Sprachbewusster Musikunterricht

Problematisierung sprachdidaktischer Ansätze und
Perspektiven einer Sprachbildung im Fach

Waxmann 2019
Münster • New York

Bibliografische Informationen der Deutschen Nationalbibliothek
Die Deutsche Nationalbibliothek verzeichnet diese Publikation in
der Deutschen Nationalbibliografie; detaillierte bibliografische
Daten sind im Internet über http://dnb.dnb.de abrufbar.

Print-ISBN 978-3-8309-3429-5
E-Book-ISBN 978-3-8309-8429-0

© Waxmann Verlag GmbH, Münster 2019
Steinfurter Straße 555, 48159 Münster

www.waxmann.com
info@waxmann.com

Umschlagabbildung: © Jürgen Simon
Satz: MTS. Satz & Layout, Münster

Gedruckt auf alterungsbeständigem Papier,
säurefrei gemäß ISO 9706

Printed in Germany

Alle Rechte vorbehalten. Nachdruck, auch auszugsweise, verboten.
Kein Teil dieses Werkes darf ohne schriftliche Genehmigung des
Verlages in irgendeiner Form reproduziert oder unter Verwendung
elektronischer Systeme verarbeitet, vervielfältigt oder verbreitet werden.

Für Birgit
A.a.W.h.s.S.

Inhalt

1 Einleitung 9

2 EUCIM-TE und IALT – das Europäische Kerncurriculum zur
sprachlichen Qualifikation von Fachlehrkräften 13

3 Sprachförderung oder Sprachbildung: Problematik des mehrdeutigen
Gebrauchs grundlegender Begriffe 20

4 Bildungs- und fachsprachliche Handlungskompetenz als Ziel des
Fachunterrichts Musik 24
    4.1 Sprache als n-dimensionaler Raum 29
    4.2 Sprachkompetenz als Voraussetzung für und Ergebnis von Musikunterricht . 32
    4.3 Sprachbildung und Bildungssprache in den Rahmenlehrplänen Musik 34
    4.4 Sprachliche Heterogenität als Normalität 43
    4.5 Altersangemessene Sprachkompetenz als Voraussetzung für Musiklernen
        und Musikverstehen 45

5 Sprache als Gegenstand der musikpädagogischen Forschung 50
    5.1 Forschungsarbeiten zum Thema „Sprache und Sprechen
        im Musikunterricht" 50
    5.2 Musikbezogene Sprachkompetenz als Ziel des Musikunterrichts 61

6 Fachsprache im Musikunterricht 64
    6.1 Besonderheiten und Komplexität musikalischer Fachbegriffe 72
    6.2 Metaphorik als Teil musikalischer Fachsprache 76

7 Sprachbildende Potenziale des Musikunterrichts 100
    7.1 Sprachbildende Potenziale des Sprechens über Musik 106
    7.2 Sprachbildende Potenziale von Liedern und Stimmbildung 134
    7.3 Potenziale zur Aneignung von Sprachbewusstheit 142
    7.4 Sprachbildende Potenziale von Methoden des Musikunterrichts 148
    7.5 Rhythmische Sprachspiele und Lieder im fachübergreifenden
        Unterricht Musik/Deutsch 161
    7.6 Sprachbildende Potenziale Interkultureller Musikpädagogik 162

8 Zum Verhältnis von Mündlichkeit und Schriftlichkeit im Musikunterricht 165

9 Sprachbildende Potenziale kooperativer Lernformen 170

10 Sprachsensibel – sprachaufmerksam – sprachbewusst – De- und
   Rekonstruktion des Terminus „sprachbewusster Musikunterricht" 172
   10.1 Verbale und nonverbale Lehrer-Schüler-Interaktion als psychologische
        Dimension des Musiklernens und des musikalischen Selbstkonzepts 181
   10.2 Merkmale des Sprachbewussten Musikunterrichts 185

11 Praxis des Sprachbewussten Musikunterrichts 188
   11.1 Beobachtung, Analyse und Reflexion der Lerngruppensprache 189
   11.2 Sprachbewusster Musikunterricht im Kontext von Inklusion 196
   11.3 Scaffolding im Musikunterricht 205
   11.4 Kompetenzanforderungen des Sprachbewussten Musikunterrichts an
        die Lehrenden 238
   11.5 Handlungsempfehlungen für einen Sprachbewussten Musikunterricht 241

12 Sprachbewusster Musikunterricht in der Musiklehrerbildung 244

13 Sprachbildung in schulinternen Curricula 248

14 Bewertungsmöglichkeiten von Sprachleistungen im Musikunterricht 251

15 Perspektiven des Sprachbewussten Musikunterrichts 257

Literatur 260

Abbildungsverzeichnis 275

Tabellenverzeichnis 276

1 Einleitung

Sprechen über Musik und sprachliche Interaktion im Musikunterricht stellen in der Musikpädagogik bisher noch wenig untersuchte und diskutierte Gegenstände dar, obgleich dem Medium Sprache im Musikunterricht ein hoher Stellenwert zukommt und sowohl das Sprachverhalten der Musiklehrkräfte als auch die Sprachkompetenz der Lernenden den Lernerfolg erheblich beeinflussen. Auch, wenn sich der Umgang mit Musik grundsätzlich zwischen den beiden extremen Polen verbalen und nonverbalen Handelns verorten lässt und der Stellenwert des Sprechens über Musik im musikpädagogischen Diskurs umstritten ist, ist Sprache ein möglicher Weg zum Musikverstehen und vor allem *die* Grundlage für das Erreichen der in den Rahmenlehrplänen Musik gesetzten Bildungsstandards. Ein Musikunterricht ohne verbales Handeln ist undenkbar und die Ausbildung einer musikbezogenen Sprachfähigkeit stellt ein musikpädagogisches Kernziel dar. So wird im Musikunterricht nicht nur über gehörte Musik gesprochen, sondern es werden – wie in anderen Fächern auch – Fachtexte gelesen, fachsprachliche Begriffe angeeignet und Schriftprodukte erstellt.

Eine wesentliche Grundlage für alle fachlichen Bildungsbemühungen sind damit die jeweils in einer Lerngruppe vorhandenen Sprachkompetenzen in den Feldern Hören, Sprechen, Lesen und Schreiben. In Konzeptionen der Musikdidaktik und in der Ausbildung von Musiklehrenden wurde bisher eine altersangemessene Sprachkompetenz von Schülern,[1] die auch eine bildungssprachliche Handlungskompetenz mit einschloss, als selbstverständlich gegeben vorausgesetzt, was sich auch in den in Unterrichtsmaterialien überwiegend verwendeten bildungs- und fachsprachlichen Strukturen widerspiegelt. Vor dem Hintergrund des stetig steigenden Anteils von Schülern mit Sprachförderbedarf, der mittlerweile bundesweit bei 25–30% aller Erstklässler festgestellt wird (vgl. Debski 2018), scheint es jedoch nicht mehr berechtigt, einen ungestörten Sprachentwicklungsverlauf bzw. bildungssprachliche Handlungskompetenzen bei allen Schülern vorauszusetzen. Dies wurde 2015 auf empirischer Basis auch durch eine Studie mit dem Titel „Sprachliche Heterogenität im Musikunterricht" von Michael Ahlers und Andreas Seifert aufgedeckt, die eine deutliche Diskrepanz zwischen den Anforderungen von Unterrichtsmaterialien für den Musikunterricht und der Lesekompetenz von Schülern aus verschiedenen Schularten und Klassenstufen belegte. Daran konnte erstmals für den Musikunterricht gezeigt werden, wie mangelnde sprachliche Kompetenzen das Fachlernen negativ beeinflussen. Damit besteht nicht nur im Kontext aktueller bildungspolitischer Bemühungen um mehr Bildungsgerechtigkeit ein Interesse des Faches Musik an der Entwicklung der sprachlichen Kompetenzen der Lernenden, sondern auch aus der Erkenntnis heraus, dass Sprachkompetenz und Fachlernen eng zusammenhängen. Nicht zuletzt wird von den Musiklehrenden selbst vielfach die „Spracharmut" von Schülern beim Sprechen

---

[1] Der besseren Lesbarkeit halber wird meist die männliche Form verwendet, bei der die weibliche jedoch stets mitgemeint ist.

über Musik beklagt. Demzufolge kommt die Fachdidaktik Musik nicht umhin, sich mit dem Thema Sprache mehr als bisher zu befassen.[2] Die vorliegende Publikation widmet sich einem neuen Verständnis der Bedeutung von sprachlicher Interaktion aller am Musikunterricht Beteiligten und insbesondere der Sprachkompetenz von Schülern für Musiklernen und Musikverstehen. Die bildungspolitisch geforderte Anbindung sprachfördernder Unterstützungsmaßnahmen an konkrete Gegenstände des Faches Musik kann in der Musiklehrerbildung nicht allein innerhalb der Bildungswissenschaften erfolgen, sondern muss innerhalb der Fachdidaktik mit Bezug zu den sprachlichen Besonderheiten des Faches erfolgen. Damit wird eine neue, zusätzliche Anforderung an die Musikdidaktik gestellt. Mit dieser Publikation soll ein Beitrag zur Befähigung von Musiklehrenden zur Umsetzung eines sprachbewussten Musikunterrichts geleistet werden. Musiklehrende sollen in die Lage versetzt werden, für alle Lernenden sprachliche Unterstützungsmaßnahmen bereit zu stellen, um größtmögliche fachliche Lernerfolge auch dann zu ermöglichen, wenn Schüler (noch) nicht über eine altersangemessene Sprachkompetenz verfügen.

Bereits vorliegende Konzepte für einen sprachsensiblen Fachunterricht beziehen sich i.d.R. auf die Sach- oder Sprachfächer, nicht jedoch auf die ästhetischen Fächer. Auch die aktuelle Forschungslage im Hinblick auf den Gegenstand „Sprache im Musikunterricht" ist defizitär. Aus diesem Grund fehlt es derzeit noch an einer theoretischen Basis für den Musikunterricht, die die neue bildungspolitische Anforderung einer Sprachbildung im Fach Musik theoriegeleitet und reflektiert umzusetzen ermöglicht. Fort- und Weiterbildungsangebote bleiben auf einzelne Dimensionen voneinander abgegrenzter sprachlicher Felder (Hören, Sprechen, Lesen, Schreiben) beschränkt und finden meist nur punktuell statt.[3] In den nur sehr vereinzelt vorhandenen Publikationen, die sich dem Thema „Sprachbildung/Sprachförderung[4] im Musikunterricht" widmen, werden zwar sprachfördernde methodische Möglichkeiten und Methodenwerkzeuge für den Musikunterricht vorgestellt, diese sind jedoch stets selektiv, kaum nach transparenten Kriterien aus der Fülle der vorhandenen methodischen Möglichkeiten ausgewählt und nicht systematisch im Sinne der Einbeziehung *sämtlicher* rezeptiver und produktiver Sprachfelder angelegt. Doch ein bedeutendes Merkmal einer

---

2   Das Interesse der Musiklehrenden war beim BMU-Kongress 2016 allerdings deutlich größer als das der Ausbildenden: So nahmen am Workshop der Autorin zum Thema „Sprachbildung im Musikunterricht" über vierzig Teilnehmer aus der Unterrichtspraxis, am Workshop „Sprachbildung in der Musiklehrerbildung" jedoch nur drei Teilnehmer aus ausbildenden Institutionen teil. Beim Bundeskongress 2018 gab es mehrere Veranstaltungen zur Sprachförderung mit Musik im Kita- und Grundschulbereich, jedoch keine einzige Veranstaltung zur Sprachbildung im Musikunterricht in der Rubrik „Fachdidaktik".

3   Z.B. finden Fortbildungen für die Fachberater Musik zum Thema Sprachbildung im Landesinstitut für Schule und Medien Berlin-Brandenburg (LISUM) maximal einmal jährlich im Umfang von etwa sieben Stunden an einem Tag zu einem der vier Kompetenzbereiche Hören, Sprechen, Lesen, Schreiben statt.

4   Zur Unterscheidung der Begriffe „Sprachbildung" und „Sprachförderung" siehe Kap. 3.

nachhaltigen Sprachbildung im Fach ist, dass sie, um einen größtmöglichen Erfolg zu erzielen, systematisch und nicht nur punktuell erfolgen sollte: „Einzelmaßnahmen verfehlen ihre nachhaltige Wirkung, wenn sie nicht Bestandteil einer systematischen sprachlichen Bildung und Förderung sind" (Schneider u. a. 2013, S. 98).

Die hier eingeforderte Systematisierung einer Sprachbildung im Musikunterricht lässt sich vor allem durch die vielfältigen Potenziale umsetzen, die der Musikunterricht durch seine spezielle Charakteristik aufweist. Diese besondere Charakteristik gegenüber anderen Fächern liegt darin, dass im Gegensatz zu rein kognitiv ausgerichteten Fächern die Musizierpraxis eine gravierende Rolle spielt. Ferner bestehen nicht nur objektive, sondern subjektive und emotionale Bezüge zum Lerngegenstand Musik, die auch versprachlicht werden (sollen). Auch durch seine vielfältigen Inhalte und Umgangsweisen mit Musik sowie seine fachübergreifenden Bezüge bietet der Musikunterricht eine besonders große Bandbreite an Potenzialen zur Verknüpfung fachlichen und sprachlichen Lernens, die den meisten Musiklehrenden noch kaum bewusst ist.

Die Auffassungen über die neue bildungspolitische Anforderung einer Sprachbildung im Fach Musik divergieren. Sowohl in der Lehrerbildung tätige Musikdidaktiker als auch Musiklehrende, die in der täglichen Unterrichtspraxis stehen, stehen der Thematik teils ablehnend gegenüber, da sie der Auffassung sind, es handle sich bei der neuen Anforderung um eine Indienstnahme des Faches mit dem Ziel neuer Transfereffekte.[5] Mit der vorliegenden Publikation soll aufgezeigt werden, dass sehr wohl ein begründetes Interesse des Faches Musik an der Thematik besteht und dass der Musikunterricht sich am aktuellen Sprachstand der Schüler orientieren *muss*, um eine sinnstiftende musikbezogene Kommunikation und Fachlernen zu ermöglichen. Dabei wird stets der Prämisse gefolgt, dass der Musikunterricht weder Deutsch- noch Sprachförderunterricht werden soll, sondern weiterhin vorrangig seinen musikalisch-ästhetischen Bildungsauftrag zu erfüllen hat. Dies ist nur dann möglich, wenn sprachbezogene Aufgaben nicht zu Kernaufgaben des Fachunterrichts werden und das Fachkonzept bestimmen, sondern das Fachliche im Musikunterricht sprachdidaktisch begleitet wird (vgl. Leisen 2011, Grundlagenteil, S. 25).

An den jeweiligen Fachinhalten und konkreten Unterrichtsgegenständen lassen sich zahlreiche Strategien, Methoden und Methodenwerkzeuge der Sprachdidaktik problemlos anwenden. Die Zahl an Unterstützungsinstrumenten für eine Sprachbildung im Fach ist allerdings unüberschaubar groß, ebenso wie die Zahl der hinter der Sprachdidaktik stehenden theoretischen Ansätze und Handlungsempfehlungen, die eine Orientierung sowohl für die in der Lehrerbildung tätigen Fachdidaktiker als auch für die Musiklehrenden enorm erschweren. Zwecks besserer Orientierung werden daher in dieser Publikation theoretische Ansätze und Forschungsbefunde verschiedener Bezugsdisziplinen, insbesondere der Linguistik, der Psycholinguistik, der Fachsprachenforschung, der Zweit- und Fremdsprachenerwerbsforschung, der Kognitionspsychologie, der Kommunikationstheorie, der Musikwissenschaft und der Musikpsychologie integrativ in einem Modell eines Sprachbewussten Musikunterrichts

---

5   Vgl. hierzu Bossen (2018b).

zusammengeführt, aus dem Handlungsempfehlungen und didaktische Leitlinien abgeleitet werden.

Eine wesentliche Basis für die Konzeptionierung eines Sprachbewussten Musikunterrichts bildet zum einen das Modell der Sprachaneignung nach Ehlich, Valtin und Lütke (2012). Dieses Modell umfasst einen Fächer sprachlicher Basisqualifikationen und dient als Bezugsgröße bei der Identifizierung sprachbildender Potenziale des Musikunterrichts. Zum anderen wird durchgängig Bezug zum IALT (International Academic Language Teaching)-Curriculum für die Lehrerbildung genommen, das zwischen 2008 und 2010 auf Europäischer Ebene innerhalb des multilateralen Projektes EUCIM-TE (European Core Curriculum for Mainstreamed Second Language-Teacher Education) erarbeitet wurde. Das IALT-Curriculum fokussiert die Befähigung von Lehrenden für eine inklusive Sprachbildung in allen Fächern als Kernbereich der künftigen Lehrerbildung in Europa und bildet auch eine für die Musiklehrerbildung geeignete theoretische Basis, die für die Befähigung zur Planung, Analyse und Reflexion eines sprachbewussten Musikunterrichts allerdings um fachspezifische Besonderheiten erweitert werden muss.

2 EUCIM-TE und IALT – das Europäische Kerncurriculum zur sprachlichen Qualifikation von Fachlehrkräften

Zur sprachdidaktischen Qualifizierung von Fachlehrkräften liegen mittlerweile verschiedene Kompetenzmodelle vor, die im Kontext zahlreicher Forschungsprojekte zur sprachlichen Professionalisierung von Lehrkräften entstanden sind. Alle Kompetenzmodelle bilden ähnliche, aber nicht identische Kompetenzbereiche ab. Die Koexistenz mehrerer mehr oder weniger validierter und mehr oder weniger Sprachbereiche umfassender Modelle, die auf verschiedenen theoretischen Ansätzen basieren, bergen für die Lehrerbildung Schwierigkeiten, da den Studierenden je nach zugrunde liegendem Modell unterschiedliche bzw. unterschiedlich umfangreiche sprachbezogene Kompetenzen zu vermitteln sind. Den theoretischen Bezugspunkt für das zu entwickelnde Modell eines Sprachbewussten Musikunterrichts soll hier das aus der Vielzahl der Modelle ausgewählte IALT-Kompetenzmodell bilden. Begründet wird dies damit, dass das dem IALT-Curriculum für die Lehrerbildung zugrunde liegende Sprachmodell (s. Abbildung 1) einen äußerst umfassenden, mehrperspektivischen Blick auf Sprache ermöglicht: Sprache als System, Sprache als Kommunikationsmittel, Sprache als Merkmal der Zugehörigkeit zu einer sozialen Gruppe bzw. einer sozialen Situation und Sprache als Merkmal von Kultur. Sprache wird im IALT-Curriculum nicht nur „als Werkzeugkasten aus Grammatik und Wortschatz betrachtet", sondern als Ressource für „Bedeutung, die in sozialen und kulturellen Kontexten Sinn erzeugt" (Brandenburger u. a. 2011, S. 14).

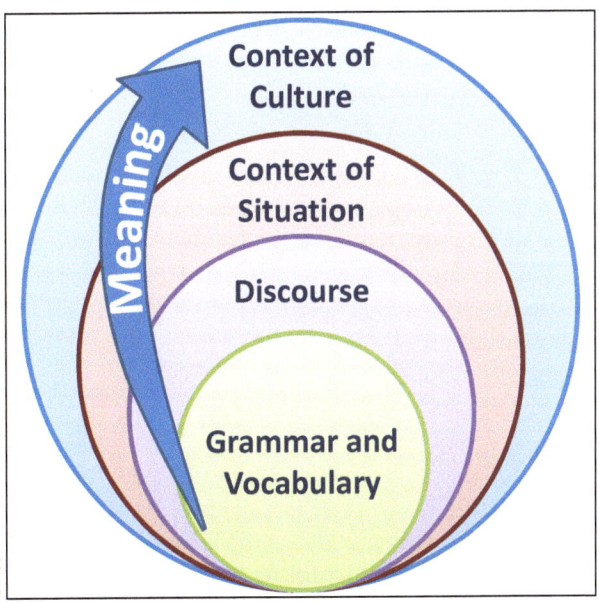

Abb. 1: IALT-Sprachmodell (Roth 2015)

Das IALT-Sprachmodell verbindet die Ebenen des Sprechens und der Sprache im Bereich „Kultur der Schule und Gesellschaft", im Bereich der Situation von Lehrenden und Lernenden (die über ein Thema diskutieren, im diskursiven Bereich (z. B. Interaktionsprozesse bei einer Klassendiskussion) und im Bereich der Grammatik und des Wortschatzes (d. h. im Bereich sprachlicher Strukturen im engeren Sinn). Diese Perspektiven wurden zwischen 2008 und 2010 im Rahmen des von der Europäischen Kommission geförderten Projektes EUCIM-TE konkretisiert. Das EUCIM-TE zielt vorrangig auf eine Verbesserung der Situation zwei- und mehrsprachiger Kinder und Jugendlicher, bezieht aber auch die Situation monolingual aufwachsender Kinder und Jugendlicher mit einem eingeschränkten Zugang zur Bildungssprache ein. Ziel des Projektes war es, Wege weg vom separierten Sprachlernen, wie es bisher z. B. in Deutschland im DaZ[6]-Unterricht der Fall war, hin zu einer inklusiven Sprachbildung in allen Unterrichtsfächern als Teil einer interkulturellen Bildung zu beschreiten und sprachliches und fachliches Lernen miteinander zu verzahnen (vgl. Brandenburger u. a. 2011). Der Perspektivenwechsel von einer defizitorientierten Sprachförderung zu einer inhaltsorientierten Sprachbildung wird dabei durch folgende zumindest teilweise empirisch belegte lerntheoretische Hypothesen gestützt:[7]

- Durch die Koppelung von Inhalt und Sprache, Bedeutung und Form wird ein für die Lerner glaubhafter Kontext für relevantes kommunikatives Handeln geschaffen und dadurch die Entfernung zwischen dem schulischen Spracherwerb und dem natürlichen Spracherwerb verringert.
- Komplexere Sprachmuster und Strukturen werden leichter erworben, wenn Anforderungen an Problemlösungen für authentische und komplexe Situationen gestellt werden.
- Mit einer Inhaltsorientierung ist meist ein verstärkter und authentischer sprachlicher Input verbunden, der an die Lerner die Anforderung stellt, ihre aktuell verfügbaren Sprachmittelinventare und Verwendungsstrategien zu erweitern und umzustrukturieren.
- Lerner werden durch für sie bedeutsame Sach- und Problembezüge zu inneren Monologen angeregt, in deren Rahmen komplexere Strukturen konstruiert und erprobt werden, auch, wenn sie innerlich bleiben.
- Das problemorientierte Aushandeln von Sinn und Bedeutung wird durch die Fokussierung von Inhalten, Themen und fachspezifischen Methoden verstärkt und kann dadurch den Spracherwerb intensivieren.
- Lehrer werden durch den Sachbezug zu anspruchsvolleren und differenzierteren Formulierungen angeregt und dienen damit sog. „Risikoschülern" als ein Modell,

---

6   Unterricht Deutsch als Zweitsprache.
7   Diese Hypothesen bilden auf internationaler Ebene für das Projekt „Languages in/for education" und auf nationaler Ebene für das BLK-Projekt „Förderung von Kindern und Jugendlichen mit Migrationshintergrund (FörMig)" die Basis für ein inhaltsorientiertes Sprachlernen.

das sie in ihrer sonstigen sozialen Umwelt weitaus weniger oder gar nicht antreffen.
- Inhaltsorientierung ist oft mit der Rezeption und Bearbeitung umfangreicher und kohärenter Lesematerialien verbunden, wodurch das Textsortenwissen und die Sprachfähigkeiten der Lerner erweitert werden können.
- Die Fokussierung von Themen und Inhalten führt zu einer tieferen kognitiven Verarbeitung, infolge derer ein positiver Einfluss auf Behaltensleistungen und kognitive Konzeptualisierung besteht.

(vgl. Thürmann 2011, S. 21)

Das IALT-Curriculum umfasst insgesamt drei Module:

Modul I: Sprache, (Zweit-)Spracherwerb und Sprachaneignung in Kontexten institutioneller Bildung,
Modul II: Didaktik und Methodik des inklusiven bildungssprachlichen Lernens und Lehrens,
Modul III: Bildungssprache und Schulorganisation.

Es wurde auf der Grundlage des in Abbildung 1 dargestellten Sprachmodells entwickelt und zielt in jedem Modul auf Einstellungen, Wissen und Fähigkeiten von Lehramtsstudierenden im Umgang mit sprachlich heterogenen Gruppen ab. Die Lehrenden benötigen sprachdidaktische Methodenkompetenz und sollen zudem befähigt werden, eine reflektierte Rolle bezüglich ihrer eigenen Einstellungen gegenüber benachteiligten Gruppen und der Rolle von Sprache und Kultur im Unterricht einzunehmen sowie dazu, sich an schulorganisatorischen Maßnahmen, die eine Sprachbildung auf institutioneller Ebene flankieren, zu beteiligen.

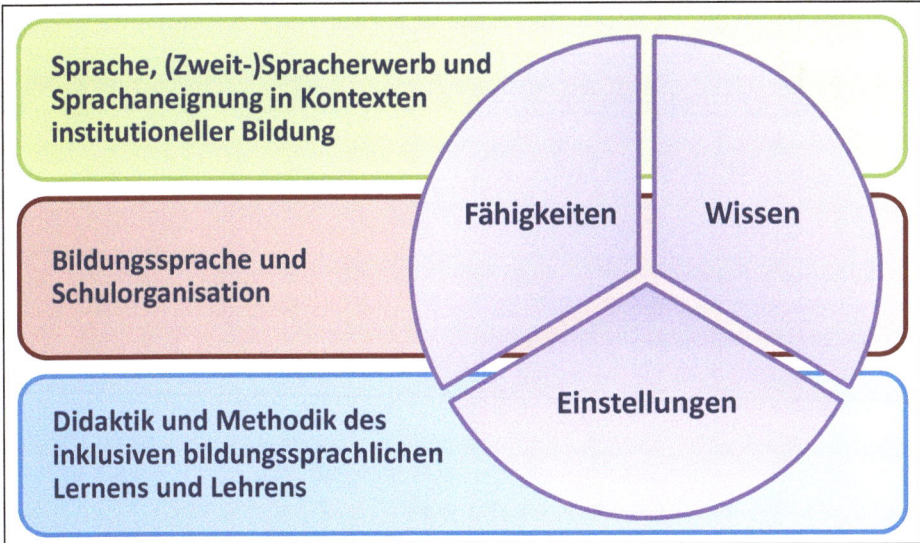

Abb. 2: Kompetenzmodell des EUCIM-TE (in Anlehnung an Roth 2015)

Der Dimension „Einstellungen" liegt im Modul I („Sprache, Erst- und Zweitspracherwerb und Sprachaneignung in Kontexten institutioneller Bildung") die Auffassung von Sprechen als sozialer Handlung, die systematisch Bedeutungen erzeugt, zugrunde. Die Dimension „Einstellungen" umfasst außerdem auch die grundsätzliche Sensibilität von Lehrenden für die sprachliche Verarbeitung von Unterrichtsgegenständen sowie die Bereitschaft, Schüler bei Problemen zu unterstützen, herkunftssprachliche Kompetenzen anzuerkennen und diese nach Möglichkeit in den Unterricht einzubeziehen (vgl. Roth 2015).

Im Modul II („Didaktik und Methodik des inklusiven bildungssprachlichen Lernens und Lehrens") gehören zur Dimension „Einstellungen" die Auffassung, dass sprachliches und fachliches Lernen ein gemeinsamer Prozess sind, sowie die Bereitschaft, den eigenen Unterricht als Beitrag zur sprachlichen Bereicherung der Schüler zu betrachten. Dies schließt auch die Offenheit für Herkunftssprachen der Schüler und für den Gebrauch alltagssprachlicher Register ein.[8] Der Unterricht soll nicht allein auf *fachliche* Aufgabenlösungen, sondern auch auf effektive und gelungene *sprachliche* Formulierungen abzielen. Die Bereitschaft, mit Kollegen anderer Fächer Absprachen zu treffen, bildet im Modul II ebenfalls eine wesentliche Grundlage für eine Sprachbildung im Sinne des IALT (vgl. Roth 2015).

Die Dimension „Wissen" des IALT-Kompetenzmodells umfasst im Modul I („Sprache, Erst- und Zweit-Spracherwerb und Sprachaneignung in Kontexten institutioneller Bildung") theoretische Kenntnisse zur Analyse von sprachlichen Handlungen, linguistisches Basiswissen zur Beschreibung sprachlicher Handlungen und ihrer Strukturen, ferner Wissen über reguläre und irreguläre Verläufe im Erst- und Zweitspracherwerb und typische Übergangsphänomene, Wissen über Interferenzen[9] und Transferphänomene sowie Wissen über die individuelle und gesellschaftliche Bedeutung von Mehrsprachigkeit. Ferner gehören zu dieser Dimension Wissen über die Unterschiede zwischen medialer und konzeptioneller Mündlichkeit und Schriftlichkeit[10] sowie über Unterschiede zwischen und Merkmalen von Alltagssprache, Bildungssprache und Fachsprache. Darüber hinaus wird die Kenntnis von spezifischen Elementen und Strukturen der Fachsprache im jeweiligen Fach und die Kenntnis der Bedeutung von Multimodalität[11] für notwendig erachtet. Auch der situative Kontext spielt für sprach-

---

8   Der Begriff „Sprachregister" bezeichnet verschiedene linguistische Varietäten, die situationsgebunden sind und nach verschiedenen Verwendungsbedingungen unterschieden werden, z. B. Wissenschaftssprache, Jugendsprachen, Amtssprache, Schulsprache.

9   Interferenzen liegen vor, wenn Strukturen der Erstsprache bewusst oder unbewusst fälschlicherweise auf eine Zweit- oder Fremdsprache übertragen werden. Dies wird im Gegensatz zu einem ebenfalls möglichen positiven Transfer auch als negativer Transfer bezeichnet. Interferenzen können im Bereich des Wortschatzes, der Phonologie und der Grammatik sowie der Zeichensetzung auftreten.

10 Zur Unterscheidung von konzeptioneller Mündlichkeit und konzeptioneller Schriftlichkeit vgl. Kap. 4.

11 Unter Multimodalität wird die Einbeziehung von graphischen Repräsentationen, auditiven Materialien, Gesten und Körperhaltungen verstanden.

liches Handeln im Unterricht eine Rolle. Des Weiteren sollen die Lehrenden über die Kenntnis von Artikulationsformen (Genres[12]) des Unterrichts, z. B. Beschreiben, Beurteilen, Klassifizieren und die damit verbundene Kenntnis der textstrukturellen oder diskursstrukturellen Merkmale von Textsorten (z. B. Brief, Biografie, informierender Sachtext, Protokoll) etc. verfügen. Für den Musikunterricht liegen allerdings noch keine Untersuchungen über die darin verwendeten „typischen" Genres und ihrer fachspezifischen Besonderheiten vor, so dass auch die sprachlichen Anforderungen an die Schüler im Musikunterricht derzeit schwierig zu bestimmen sind.

Im Modul II („Didaktik und Methodik des inklusiven bildungssprachlichen Lernens und Lehrens") in der Dimension „Wissen" sollen Lehrende dafür qualifiziert werden, erfolgreich und effektiv Methoden einsetzen und didaktische Arrangements in den Bereichen Textproduktion und Lesen treffen zu können. Methoden sollen je nach Sozial- und Aktionsform (Einzelarbeit, Gruppenunterricht, Unterrichtsgespräch etc.) differenziert angewendet, angemessene Aufgaben formuliert und Übungen entwickelt werden können. Als Kriterien für die Methodenauswahl werden Bedingungen „guten" Unterrichts in sprachlich und kulturell heterogenen Klassen, das Alter und der jeweilige sprachliche Entwicklungsstand herangezogen.

In der Dimension „Fähigkeiten" sollen Lehrer im Modul I („Sprache, Sprach- und Zweitspracherwerb und Sprachaneignung in Kontexten institutioneller Bildung") dahingehend qualifiziert werden, sprachliche Handlungen systematisch beobachten und gezielt im Hinblick auf Sprachregister, Gegenstände, Interaktionsverhältnisse und Kontext analysieren zu können. Fachsprachliche Redemittel[13] sollen bei anderen und bei sich selbst in ihrer je nach Kontext unterschiedlichen Wirkung beobachtet werden. Der Einsatz des jeweiligen Sprachregisters soll auf Effektivität geprüft werden können, und auch fachsprachliche Aktivitäten sollen im Unterricht berücksichtigt werden. Im Modul II („Didaktik und Methodik des inklusiven bildungssprachlichen Lernens und Lehrens") liegt in der Fähigkeitsdimension der Fokus auf der Fähigkeit, Methoden im Rahmen eines Gesamtarrangements des Unterrichts systematisch einsetzen zu können und dabei fachlichen und sprachlichen Kompetenzerwerb zu verknüpfen. Dabei soll der Anteil individueller Lernzeit möglichst hoch sein. Weiterhin sollen Lehrende in die Lage versetzt werden, sprachliche Äußerungen von einer alltagssprachlichen auf eine fachsprachliche Ebene führen zu können, von einer impliziten auf eine explizite Ebene der Behandlung sprachlicher Formulierungen wechseln und den Schülern

---

12 Genres sind spezifische Diskurstypen (Textsorten), mit denen Lehrer agieren, und deren Verwendung von den Schülern erwartet wird. Die Schüler sollen die jeweils fachspezifischen Verwendungen der Genres erlernen (vgl. Brandenburger u. a. 2011, S. 15).

13 Innerhalb der Sprachregister und Genres existieren bestimmte, typische Formulierungen, die als „Redemittel" bezeichnet werden. Z. B. ist die Formulierung „Den theoretischen Hintergrund für die vorliegende Studie bildet die XY-Theorie von Müller und Meier" ein bildungssprachliches Redemittel als „Baustein" in einem wissenschaftlichen Text; die Formulierungen „zu diesem Punkt möchte ich gern Folgendes anmerken…" oder „bitte lassen Sie mich aussprechen" sind typische bildungssprachliche Redemittel für eine Diskussion.

Lernstrategien zur Verbesserung der sprachlichen Gestaltung in Bezug auf fachliche Gegenstände vermitteln zu können, wobei auch weitere Darstellungsformen wie grafische Hilfsmittel hinzuzuziehen sind.

Modul III („Bildungssprache und Schulorganisation") bezieht sich nicht direkt auf die individuelle Lehrerbildung, sondern auf schulorganisatorische Rahmenbedingungen, die erforderlich sind, um Sprachbildung im Sinne des IALT-Ansatzes erfolgreich umsetzen zu können, z. B. in Netzwerken, durch die Planung in heterogenen Bildungskontexten und durch Sprachdiagnostik und Beratung. Es geht hier um den institutionellen Kontext von Sprachbildung in den drei Kompetenzbereichen „Einstellungen", „Wissen" und „Fähigkeiten". Für den Kompetenzbereich „Einstellungen" werden z. B. kulturelle Empathie und das Bewusstsein über die Notwendigkeit sprachlicher Bildung als Teil demokratischer Partizipation genannt. Für den Kompetenzbereich „Wissen" werden Bedingungen, Methoden und Strategien der Kooperation in den Bereichen „(Schul)sprachenpolitik", „Elternpartizipation" und „Weiterbildung" sowie Wissen über sprachdiagnostische Methoden und Instrumente aufgeführt. Der Kompetenzbereich „Fähigkeiten" umfasst die Organisation der Zusammenarbeit von Sprach- und Fachlehrern, die Entwicklung und Gestaltung eines Schulsprachenplans, die Fähigkeit zur Durchführung von sprachdiagnostischen Maßnahmen und die Fähigkeit zur interkulturellen Kommunikation.

Zahlreiche Inhalte des IALT-Kompetenzmodells, die sich ähnlich auch in anderen Kompetenzmodellen für die Lehrerbildung finden, werden derzeit in Deutschland in allen Phasen der Lehrerbildung mehr oder weniger umfangreich und mehr oder weniger verbindlich eingeführt. Dabei wird explizit betont, dass es nicht darum geht, Fachunterricht zu Sprachunterricht werden zu lassen: „Fachlehrerinnen und -lehrer haben nicht die Aufgabe, an sprachlichen Strukturen ihrer Schülerinnen und Schüler zu arbeiten, sondern sie haben die Aufgabe, ihren Unterricht so einzurichten, dass sprachliche Strukturen und Funktionen zugänglich werden: in ihrer unterschiedlichen Wirkung auf die Erzeugung von Bedeutung und vor allem im Hinblick auf die unterschiedliche Leistung der fachlichen Register zur Präzisierung und Übermittlung. Mit dem Ansatz an den Funktionen der Sprache, Bedeutungen in und für unterschiedliche Kontexte zu erzeugen, ist die Verbindung von sprachlicher Bildung und sachfachlichem Lernen definiert" (Brandenburger u. a. 2011, S. 21).

Bezüglich der Verbindlichkeit, des Umfangs von ausgewählten Inhalten und der Organisation in der Lehrerbildung ergeben sich allerdings große Unterschiede zwischen den verschiedenen Ausbildungsinstitutionen (Universitäten, Musikhochschulen, Fortbildungsinstitutionen) bzw. zwischen den verschiedenen Bundesländern. Im Hinblick auf die Ausbildung für den Musikunterricht scheint sich auf institutioneller Ebene die Zusammenarbeit von Musikhochschulen mit denjenigen Institutionen, die für die bildungswissenschaftlichen Anteile und damit bisher für die Vermittlung von Grundlagenwissen bezüglich des Themas „Sprachbildung" in der Lehrerbildung zuständig sind, schwierig zu gestalten. Da die Bildungswissenschaften an Universitäten angesiedelt sind, die Fachdidaktik Musik jedoch vielerorts an Musikhochschulen, sind Kooperationen bezüglich des Themas „Sprachbildung" wünschenswert, doch noch nicht Realität. Soll die Verzahnung von fachlichem und sprachlichem Lernen ein Unterrichtsprinzip auch für den Musikunterricht werden, ist es jedoch unumgänglich, dieses Prinzip auch in der Fachdidaktik Musik zu etablieren, da jedes Fach über eigene Spezifik hinsichtlich sprachlicher Standardsituationen und Handlungsmuster sowie über jeweils eigene fachsprachliche Besonderheiten verfügt. Daher kann es für eine Befähigung der Lehrenden zur Umsetzung einer Sprachbildung im Musikunterricht nicht allein ausreichend sein, in den bildungswissenschaftlichen Studienanteilen ein allgemeines sprachbezogenes Theoriewissen zu vermitteln, ohne dass dieses auch an fachspezifischen Standardsituationen angewandt wird. Theoretische Kenntnisse bilden zwar eine unabdingbare Basis für die zielgerichtete Anwendung von sprachdidaktischen Methoden und Methodenwerkzeugen, doch reichen weder das bloße Wissen um den ungestörten bzw. gestörten Sprachentwicklungsverlauf in der Erst- und Zweitsprache noch die Kenntnis sprachdidaktischer Methoden und Methodenwerkzeuge aus, solange diese nicht auch an konkreten Lerngegenständen des Musikunterrichts exemplarisch angewendet werden. Überträgt man die umfangreichen Kompetenzanforderungen des IALT-Kompetenzmodells auf die Musiklehrenden, wird deutlich, vor welchen gewaltigen Herausforderungen sowohl die Musiklehrkräfte als auch die in der Lehrerbildung tätigen Musikdidaktiker, die meist selbst nicht für die Umsetzung einer Sprachbildung im Musikunterricht qualifiziert sind, momentan stehen.

3 Sprachförderung oder Sprachbildung: Problematik des mehrdeutigen Gebrauchs grundlegender Begriffe

Kinder und Jugendliche, die bei Schuleintritt nicht über eine altersangemessene Sprachkompetenz verfügen, sind nicht nur im Hinblick auf den bildungssprachlichen Gebrauch von Schulsprache benachteiligt, sondern haben u. a. auch deutlich schlechtere Voraussetzungen für die erfolgreiche Bewältigung des Schriftspracherwerbs. Dadurch verringern sich die Bildungschancen in allen Fächern noch weiter, da der schulische Unterricht in weiten Teilen schriftsprachbasiert ist, wenngleich zu vermuten steht, dass der schriftbasierte Anteil des Musikunterrichts infolge eines hohen Anteils musikalischer Praxis gegenüber anderen Fächern, insbesondere in der Primarstufe, deutlich geringer ausfällt. Dennoch werden schriftsprachliche Fertigkeiten auch im Musikunterricht benötigt. Dadurch, dass (schrift)sprachliche Entwicklungsrückstände nicht immer während der Grundschulzeit aufgeholt werden können, steigt auch der Anteil derjenigen Schüler, die eine sprachliche Förderung auch noch in höheren Klassenstufen benötigen. Diese Situation wird durch den Zuzug von geflüchteten Schülern nach Deutschland, die Deutsch als (neue) Fremdsprache erlernen, nicht in lateinischer Schrift oder überhaupt noch nicht alphabetisiert sind, noch verschärft. Aufgrund der unterschiedlichen Ursachen für Sprachförderbedarf und der unterschiedlichen Zielgruppen für sprachdidaktische Maßnahmen soll zunächst auf die Unterscheidung der in der Fachdiskussion teils synonym bzw. parallel verwendeten Begriffe Sprachförderung und Sprachbildung eingegangen werden.

Beide Begriffe unterscheiden sich in ihrer Bedeutung. Während der Begriff Sprach*bildung*, wie er im IALT-Modell verwendet wird, darauf abzielt, sprachfördernde Angebote für *alle* Schüler im pädagogischen Alltag zu etablieren, bezieht sich der Begriff der Sprach*förderung* ursprünglich auf bestimmte Risikogruppen, bei denen sprachliche Auffälligkeiten diagnostiziert wurden. Sprachförderung umfasste bisher regelmäßige, gezielte und systematische schulinterne oder schulexterne Förderangebote über einen längeren Zeitraum hinweg (z. B. DaZ-Unterricht innerhalb der Schule, unterrichtsintegrierte Sprachförderung einzelner Schüler oder Sprachtherapie außerhalb der Schule). Sprachbildung im Sinne des IALT-Ansatzes hat hingegen zum Ziel, fachliches Lernen mit der Entwicklung von Bildungs- und Fachsprache zu verbinden. Aus dieser Unterscheidung geht hervor, warum Sprachförderung in der ursprünglichen Bedeutung des Begriffs bisher keine Aufgabe des Fachunterrichts war, sondern dem Fachunterricht bisher nur die sprachbezogene Aufgabe zukam, eine *fachsprachliche* Kompetenz auszubilden. Dem bisher überwiegend in der sprachdidaktischen Fachdiskussion verwendeten Begriff der Sprachförderung im Fach wird (nicht nur) im IALT-Ansatz nunmehr der Begriff einer inklusiven Sprachbildung im Fach gegenüber gestellt. Dabei geht es nicht, wie bisher beim DaZ-Unterricht, um eine additive Förderung, bei der zusätzlich zum Deutschunterricht Förderangebote implementiert werden, sondern um einen inklusiven Fachunterricht, der alle Fächer auch außerhalb der Sprachfächer berücksichtigt (vgl. Lütke 2015), wobei der Fokus auf der Ausbildung einer *bildungs*sprachlichen Kompetenz liegt. Sprachbildung wird nun als Querschnittsaufgabe aller Fächer – und damit auch als Aufgabe des Fachunterrichts Musik – über die gesamte Schulzeit betrachtet. Dies wird als „durchgängige" Sprachbildung bezeichnet (vgl. Lange/Gogolin 2010, S. 19). Daraus folgt, dass Lehrende aller Fächer künftig in der Lage sein sollen, flankierende Maßnahmen für sprachlich heterogene Gruppen in ihrem Unterricht in der Weise zu etablieren, dass alle Schüler unabhängig von ihrem aktuellen Sprachstand in ihrer sprachlichen Entwicklung gefördert werden.

Da das Schulsystem sich auf dem Weg zur inklusiven Schule befindet, sind im Kontext einer inklusiven Sprachbildung künftig nicht nur zwei- oder mehrsprachig aufwachsende Kinder und Jugendliche als Zielgruppe zu berücksichtigen, sondern auch Kinder und Jugendliche mit Störungen des Sprechens und der Sprache, des Sprechablaufs, der Kommunikation und der Stimme. Diese können durch verschiedene Ursachenbündel bedingt sein:

- durch umweltbedingte Abweichungen in der Entwicklung, z. B. soziokulturell, psychisch bedingte Abweichungen (v. a. Störungen der Familienkommunikation) sowie genetisch, biologisch oder organisch bedingte Abweichungen,
- durch Störungen der Sprache sowie Störungen des Sprechens inkl. des Redeflusses,[14]
- durch Störungen der Sprache/Sprachentwicklung sowie Störungen der Schriftentwicklung.[15]

In der sprachdidaktischen Fachdiskussion ist ähnlich wie im Hinblick auf die Begriffe Sprachförderung und Sprachbildung ein unterschiedlicher Gebrauch der Begriffe Sprachentwicklungsstörung und Sprachentwicklungsverzögerung festzustellen, dessen Ursache in unterschiedlichen Definitionen verschiedener Wissenschaftsdisziplinen liegt und der eine Verständigung sowohl innerhalb des sprach- als auch des musikdidaktischen Diskurses erschwert. Aus medizinischer Sicht liegt eine Sprachentwicklungs*verzögerung* dann vor, wenn es sich um moderate zeitliche Abweichungen von der normalen Sprachentwicklung um mindestens sechs Monate im Vergleich zur Gruppe der Gleichaltrigen handelt. In der medizinischen Fachliteratur findet sich auch der Hinweis, dass der Begriff Sprachentwicklungsverzögerung im Hinblick auf den Erwerb der Muttersprache meist nur bis zum Ende des dritten Lebensjahres gebraucht wird, da dem Begriff der Verzögerung die Annahme zugrunde liegt, dass der Sprachentwicklungsrückstand prinzipiell aufholbar ist. Eine Sprachentwicklungs*störung* liegt hingegen bei signifikanten zeitlichen und inhaltlichen Abweichungen von der normalen Sprachentwicklung im Kindesalter ab drei Jahren vor (vgl. Deutsche Gesellschaft für Phoniatrie und Pädaudiologie 2009). Abweichend von dieser medizinischen Definition wird in der pädagogischen Fachliteratur der Begriff Sprachentwicklungsverzögerung jedoch teils auch auf das Alter oberhalb von drei Jahren, auf Kinder und

---

14   Hierbei besteht insbesondere die Gefahr, dass Pädagogen die Sprachkompetenz der Schüler hinter der Störung nicht erkennen.
15   Hierbei müssen die Lehrenden sowohl sprachliche als auch kognitive Kompetenzen trotz des Vorliegens einer Lese-Rechtschreib-Schwäche erkennen.

Jugendliche mit einem größeren Rückstand als sechs Monate im Vergleich zu ihrer Altersgruppe und vor allem auf Kinder und Jugendliche, die Deutsch als Zweitsprache erwerben, unabhängig vom Alter, angewandt.

Sprachentwicklungsstörungen werden dahingehend unterschieden, ob sie primär (d. h., die Sprachentwicklungsstörung bezieht sich nur auf die sprachliche Entwicklung, während alle anderen Fähigkeiten altersgemäß entwickelt sind; dies wird auch als Spezifische Sprachentwicklungsstörung bezeichnet) oder sekundär (d. h., die Sprachentwicklungsstörung tritt in Verbindung mit weiteren Entwicklungsstörungen auf wie z. B. verminderter Intelligenz) verursacht sind. Sie können auf verschiedenen linguistischen Ebenen auftreten:

- als Aussprachestörung auf der phonetisch-phonologischen Ebene,
- als Störung der Wortbedeutungsentwicklung und als reduzierter Wortschatz auf der semantisch-lexikalischen Ebene,
- als Störungen des grammatischen Regelsystems auf der morphologisch-syntaktischen Ebene.

Störungen des Sprachverständnisses liegen vor, wenn die akustische Wahrnehmung eingeschränkt oder gar nicht vorhanden ist wie z. B. bei hörgeschädigten Schülern. Außerdem können Störungen des Sprechens (wie z. B. Stottern als Redeflussstörung oder motorische Probleme wie Ausspracheschwierigkeiten bei bestimmten Lauten), der Redefähigkeit (z. B. Mutismus[16]) oder der Stimme (z. B. Dysphonien wie Näseln oder heiserer Stimmklang) auftreten (vgl. Mußmann 2012, S. 42 ff.).

Im Bereich der Schriftsprache kann es ebenfalls zu Störungen kommen, die unter den Begriff Legasthenie bzw. Lese-Rechtschreib-Schwäche (LRS) fallen, die ebenfalls oft synonym verwendet werden. Nach der internationalen Klassifikation ICD-10 der Weltgesundheitsorganisation (WHO) liegt eine umschriebene Lese- und Rechtschreibstörung dann vor, wenn anhaltende und eindeutige Schwächen im Bereich der Lese- und Rechtschreibfähigkeit nicht auf das Entwicklungsalter, eine unterdurchschnittliche Intelligenz, fehlende Beschulung, psychische Erkrankungen oder Hirnschädigungen zurückzuführen sind (vgl. BVL 2016). Zu den Störungen der Schriftsprache gehören Dyslexie und Dysgraphie. Von Dyslexie Betroffene haben Probleme mit dem Lesen und Verstehen von Wörtern oder Texten bei normalem Seh- und Hörvermögen. Eine Dysgraphie bezeichnet die Unfähigkeit, Wörter und Texte zu schreiben, obgleich die dafür notwendige Handmotorik und die dafür notwendige Intelligenz vorhanden sind. Laut einer Schätzung des Bundesverbandes Legasthenie und Dyskalkulie sind in Deutschland ca. 3–8 % Kinder und Erwachsene von Störungen der Schriftsprache betroffen.

Hat die Unterscheidung nach Sprachentwicklungsverzögerung und Sprachentwicklungsstörung auf Basis der *Dauer* einer Abweichung von einer Sprachnorm für

---

16 Unter Mutismus wird eine Kommunikationsstörung verstanden, bei der die Betroffenen nicht oder nur mit bestimmten Personen kommunizieren, obwohl keine Einschränkungen des Sprechapparates und des Gehörs vorliegen. Mutismus tritt häufig in Verbindung mit einer sozialen Phobie oder Depression auf.

die Praxis des Musikunterrichts weniger Relevanz, ist die Unterscheidung von Sprachförderung und Sprachbildung von größerem Belang, da in einen inklusiven sprachbildenden Musikunterricht künftig nicht nur Schüler mit diagnostiziertem Sprachförderbedarf einzubeziehen sind, sondern auch Schüler mit altersangemessenem Sprachstand, deren sprachliche Kompetenzen von der Alltags- zur Bildungs- und Fachsprache hin entwickelt und deren Sprachfähigkeit immer weiter ausdifferenziert werden sollen. Nahmen am Sprachförderunterricht (meist als DaZ-Unterricht bezeichnet) bisher überwiegend Schüler mit Migrationshintergrund teil, umfasst ein inklusiver sprachbildender Unterricht nun u.U. sehr verschiedene Zielgruppen innerhalb derselben Lerngruppe. Dies erfordert seitens der Musiklehrenden diagnostische Kompetenz, die Kenntnis von sprachlichen Abweichungen und deren Ursachen sowie ein hohes Maß an Differenzierungsfähigkeit im Hinblick auf sprachdidaktische Unterstützungsmaßnahmen.

4 Bildungs- und fachsprachliche Handlungskompetenz als Ziel des Fachunterrichts Musik

„Das wichtigste ‚Transportmittel' für das Lehren und Lernen in der Schule ist nach wie vor die Sprache. Die Welt und ihre Objektivationen erklärt sich durch Sprache, mit der Sprache erklärt sich das Individuum und findet damit seine Identität" (Bönsch 2008, S. 262).

Dieses Zitat bildet den zentralen Stellenwert von Sprache als dem hauptsächlichen Medium im schulischen Unterricht ab. Wie auch in anderen Unterrichtsfächern hat Sprache im Musikunterricht verschiedene Funktionen: soziale Beziehungen zu gestalten, Lernprozesse zu begleiten, Inhalte zu vermitteln und zu organisieren. Sie ist das hauptsächliche Medium für Handeln, Verstehen und Erleben, Kommunikations-, Darstellungs- und Gestaltungsmittel (vgl. Richter 1987, S. 569) und damit auch Teil ästhetischer Praxis. Nach Rolle (2014, S. 2 ff.) finden Bildungsprozesse u. a. dann statt, wenn Emotionen bei der Wahrnehmung von Musik in der ästhetischen Erfahrung reflektiert werden – auch dies vollzieht sich durch das Medium Sprache.

Einerseits obliegt es dem Fachunterricht Musik, bildungs- und fachsprachliche Kompetenzen innerhalb dieser Funktionen gezielt zu fördern, andererseits werden diese Kompetenzen als Bedingung für die Entwicklung musikbezogener Kompetenzen in den Themen- und Inhaltsfeldern des Musikunterrichts in weiten Teilen bereits vorausgesetzt. Wie ein Blick in die Rahmenlehrpläne Musik verschiedener Bundesländer zeigt, sollen die Schüler im Musikunterricht in der Lage sein,

- den Stimmungsgehalt von Musik zu beschreiben,
- die Wirkung von Musikstücken zu vergleichen,
- Formtypen zu unterscheiden,
- ein musikalisches Geschehen in einer Geschichte nachzuerzählen,
- Bedeutungsgehalte von Musik verschiedener Gattungen zu erörtern,
- zu begründen, was ihnen an einem Musikstück gefällt,
- typische Merkmale von Musik bestimmter Epochen zu benennen,
- Musik in selbstgewählte künstlerische Ausdrucksformen zu übertragen und ihr Vorgehen zu kommentieren,
- Traditionsbezüge in der Musik als Mittel künstlerischer Auseinandersetzung und Weiterentwicklung auf der Suche nach Identität zu diskutieren,
- künstlerische Leistungen zu beurteilen.

Aus fachlicher Perspektive geht es dabei um die Ausbildung einer musikbezogenen Sprachfähigkeit, die auch den Erwerb musikalischer Fachsprache beinhaltet und die als Medium für das Erreichen von Bildungsstandards dient. Aus überfachlicher Perspektive geht es um die Vermittlung des kulturellen Kapitals, das mit bildungssprachlicher Handlungskompetenz verbunden ist. Über bildungssprachliche Kompetenz zu verfügen, ist für eine Partizipation am Alltagsgeschehen, am politischen Geschehen und am akademischen Diskurs unerlässlich. Die Vermittlung von Bildungssprache ist daher eine überfachliche Zusatzaufgabe, die der Herstellung von mehr Chancengerechtigkeit dienen soll, vor allem bei denjenigen Schülern, bei denen der Erwerb von Bildungssprache im Elternhaus nicht zum „vererbten" kulturellen Kapital gehört. Der Begriff der Bildungssprache, der 2006 von Gogolin eingeführt wurde (vgl. Pöhlmann-Lang 2015, S. 105), ist allerdings problematisch, da für diesen Begriff eine nahezu unüberschaubare Anzahl verschiedener Beschreibungen und Definitionsversuche existieren und keine Einigkeit über die Merkmale von Bildungssprache besteht. In der Schule erfüllt Bildungssprache in allen Fächern die Funktionen des Explizierens, Verdichtens, Verallgemeinerns und Diskutierens (vgl. Feilke 2012, S. 8 ff.). Daher können unter dem Begriff Bildungssprache besondere sprachliche Formate und Prozeduren verstanden werden, die auf literalen Qualifikationen beruhen, z. B. die sprachlichen Handlungen des Beschreibens, Vergleichens, Analysierens, Erörterns u. a. (vgl. Feilke 2012, S. 5). Nach Ahrenholz gehören zur Bildungssprache Fachsprache, symbolische Sprache, Unterrichtssprache und Bildsprache (Ahrenholz 2010, S. 13, zit. n. Pöhlmann-Lang 2015, S. 105).

Auf der linguistischen Ebene lässt sich Bildungssprache anhand von Indikatoren bestimmen, zu denen Komposita, Attribute, Präfix- und Partikelverben, die besonders häufig in Fachtexten auftreten,[17] und Konnektoren wie „je-desto", „daher" oder „trotzdem" in Verbindung mit komplexer Syntax und Passivkonstruktionen gehören (Ahrenholz 2017, S. 11). Thürmann (2011, S. 4) schlägt angesichts der Pluralität des Begriffs Bildungssprache vor, Bildungssprache als Schnittmenge der Unterrichtssprachen zu verstehen und sie als gemeinsames Fundament für alle Unterrichtsfächer zu betrachten. Dabei weist Thürmann auch darauf hin, dass Bildungssprache zwar in allen Unterrichtsfächern vorkommt, jedoch nicht gleichbedeutend mit dem Begriff der Unterrichtssprache ist. Vielmehr gebe es keine für alle Fächer einheitliche Unterrichtssprache, sondern jedes Fach weise einen charakteristischen „Dialekt" aus spezifischen Sprachverwendungsmustern und Textsorten, d. h. eine jeweils eigene Unterrichtssprache, auf. Der charakteristische „Dialekt" der Unterrichtssprache für das Fach Musik wurde allerdings bisher noch nicht identifiziert.[18]

Statt mit dem Begriff Bildungssprache wird im sprachdidaktischen Fachdiskurs auch mit den Termini „Sprache der Nähe" und „Sprache der Distanz" operiert, die auf Koch und Oesterreicher (1985) zurückgehen. Diese beiden Begriffe werden wiederum teils synonym mit den Begriffen „Konzeptionelle Mündlichkeit" bzw. „Konzeptionelle Schriftlichkeit" verwendet. Dahinter steht das in Abbildung 3 dargestellte Modell eines Kontinuums zur Einordnung sprachlicher Äußerungen zwischen extremer „Sprache der Nähe" und extremer „Sprache der Distanz".

---

17 Ahrenholz (2010) belegt dies für das Fach Biologie exemplarisch an Verben wie „enthalten" oder „auslösen" bzw. für das Fach Geografie anhand von Verben wie „durchziehen" oder „entfernen".

18 Charakteristische Elemente und Strukturen einer „Sprache des Musikunterrichts" werden im Rahmen dieser Publikation zumindest in Teilen herausgearbeitet.

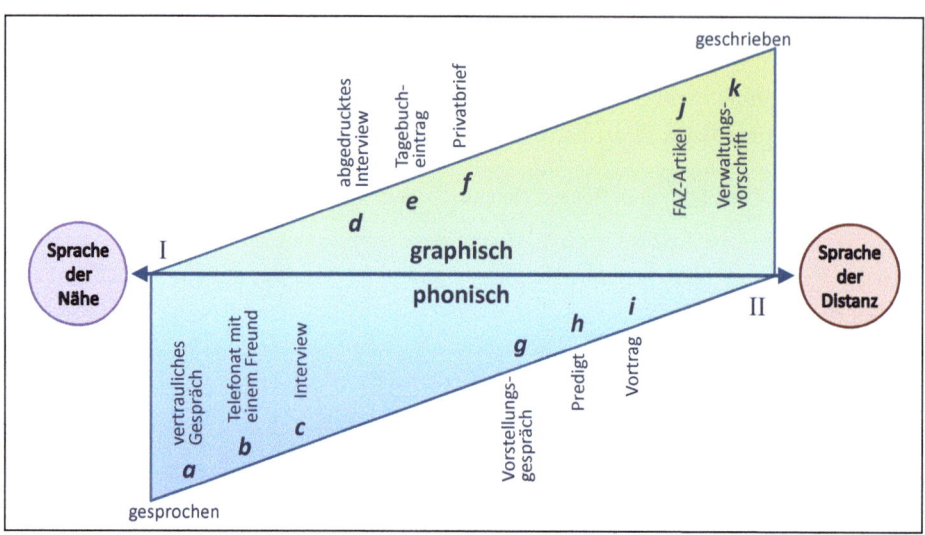

Abb. 3: Modell der „Sprache der Nähe" und „Sprache der Distanz" (in Anlehnung an Koch und Oesterreicher 1985)

„Sprache der Nähe" und „Sprache der Distanz" unterscheiden sich in ihren jeweiligen Kommunikationsbedingungen (vgl. Koch/Oesterreicher 1985, S. 23):

Sprache der Nähe	Sprache der Distanz
Dialog	Monolog
Vertrautheit der Partner	Fremdheit der Partner
Face-to-Face-Interaktion	raumzeitliche Trennung
freie Themenentwicklung	Themenfixierung
keine Öffentlichkeit	Öffentlichkeit
Spontaneität	Reflektiertheit
involvement	detachement
Situationsbeschränkung	Situationsentbindung
Expressivität/Affektivität	Objektivität

„Sprache der Nähe" und „Sprache der Distanz" unterscheiden sich jedoch auch in ihren Versprachlichungsstrategien (vgl. Koch/Oesterreicher 1985, S. 23):

Sprache der Nähe	Sprache der Distanz
Prozesshaftigkeit	Verdinglichung
Vorläufigkeit	Endgültigkeit
geringere Informationsdichte	größere Informationsdichte
geringere Kompaktheit	größere Kompaktheit
geringere Integration	größere Integration
geringere Komplexität	größere Komplexität

Sprache der Nähe		Sprache der Distanz
geringere Elaboriertheit	←→	größere Elaboriertheit
geringere Planung	←→	umfassendere Planung

Aus den o. g. Kommunikationsbedingungen und Versprachlichungsstrategien ergeben sich bestimmte Merkmale auf morphosyntaktischer, lexikalischer und textuell-pragmatischer Ebene für die „Sprache der Nähe", während auf der Seite der „Sprache der Distanz" das Fehlen eben dieser Merkmale zu verzeichnen ist:[19]

Sprache der Nähe		Sprache der Distanz
zirkuläre Argumentationen	←→	lineare Argumentationen
Wiederholungen	←→	wenige Wiederholungen
Gedankensprünge	←→	keine Gedankensprünge
unvollständige, wenig komplexe Sätze, holophrastische Äußerungen[20]	←→	vollständige, komplexe Sätze
grammatikalische Fehler	←→	keine grammatikalischen Fehler
unpräziser Wortgebrauch	←→	präziser Wortgebrauch
Füllwörter	←→	keine Füllwörter
Nachträge	←→	keine Nachträge
Kraftwörter[21]	←→	Vermeidung von Kraftwörtern
Abtönungspartikel[22]	←→	Vermeidung von Abtönungspartikeln
Präsens als Erzähltempus	←→	Vergangenheitsformen
direkte Rede	←→	direkte und indirekte Rede

Mit den jeweils dargestellten gegensätzlichen Polen zwischen der „Sprache der Nähe" und der „Sprache der Distanz" ist nicht gemeint, dass medial schriftliche Texte grundsätzlich den Merkmalen der „Sprache der Distanz" (Konzeptioneller Schriftlichkeit) und medial mündliche Äußerungen den Merkmalen der „Sprache der Nähe" (Konzeptioneller Mündlichkeit) unterliegen müssen. Auch medial schriftliche Äußerungen

---

19 Zusammenfassende Darstellung aus Koch/Oesterreicher (1985, S. 27) und Leisen (2011, Grundlagenteil, S. 55).
20 Holophrastische Äußerungen sind Ein-Wort-Äußerungen wie z. B. „los!" oder „komm!".
21 Ein Kraftwort ist ein umgangssprachliches derbes Wort oder eine Wortgruppe, das/die dazu dient, die Gefühle des Sprechenden mit auszudrücken, z. B. „Mist" oder „du spinnst wohl".
22 Zu Abtönungspartikeln zählen Wörter wie „etwa" oder „eigentlich"; Abtönungspartikel spiegeln Einstellungen des Sprechers wider und können auch gesprächssteuernd wirken. Durch eine Äußerung wie „du findest dieses Musikstück doch nicht etwa langweilig?" suggeriert der Fragende, dass er vom Hörer die Antwort erwartet, das Musikstück sei nicht langweilig. Der Sprecher versucht so, Konsens mit dem Hörer herzustellen.

können mehr oder weniger den Merkmalen sprachlicher Nähe unterliegen (z. B. einer geringen Komplexität von Sätzen oder einem wenig präzisen Wortgebrauch in einem persönlichen Brief, einer SMS oder Notizen) und medial mündliche Äußerungen können mehr oder weniger den Merkmalen der „Sprache der Distanz" entsprechen (z. B. sehr komplexe Sätze, sehr präziser Wortgebrauch in einem Vortrag, einer Rede oder einer Sacherklärung) (vgl. Leisen 2011, Grundlagenteil, S. 55). Alle Äußerungen, unabhängig davon, ob es sich um eine medial schriftliche oder medial mündliche Äußerung handelt, befinden sich daher in einem Bereich zwischen den jeweiligen Extrema. In der sprachdidaktischen Fachdiskussion werden vorrangig die Termini „Bildungssprache", „BICS"/"CALP"[23] (Cummins 1979) oder „Konzeptionelle Mündlichkeit"/„Konzeptionelle Schriftlichkeit" verwendet, wohingegen die Termini „Sprache der Nähe" und „Sprache der Distanz" weitaus seltener vorkommen. Die Problematik, dass eine einheitliche Definition des theoretischen Konstrukts „Bildungssprache" sich äußerst schwierig gestaltet, führt dazu, dass auch eine genaue Bestimmung dessen, was unter bildungssprachlicher Handlungskompetenz zu verstehen ist und wann diese als mehr oder weniger ausgebildet zu betrachten ist, nicht weniger schwierig zu bestimmen ist.[24] Ungeklärt ist bislang auch die Frage, ob im Bereich der medialen Mündlichkeit formale Korrektheit (Standarddeutsch) eine zwingende Bedingung für die Einordnung von Äußerungen in das Register der Bildungssprache ist. Aufgrund dieser Situation wird hier die Auffassung vertreten, dass zwei Kompetenzbereiche von Bildungssprache nebeneinander existieren: formal korrekte Bildungssprache und formal inkorrekte Bildungssprache. Zunächst bedeutet „bildungssprachliche Handlungskompetenz" demnach, dass ein Sprecher in der Lage ist, komplexe und abstrakte Sinnzusammenhänge in formal komplexen Äußerungen, die dem komplexen und abstrakten Sinnzusammenhang adäquat sind, zum Ausdruck zu bringen bzw. diese zu verstehen. Morphologisch-syntaktische und phonetische Korrektheit sind dabei für eine intersubjektive Verständigung auf einem bildungssprachlichen Niveau jedoch nicht zwingend erforderlich. Dies belegt für das Gebiet der Musik das Beispiel eines international tätigen Dirigenten oder Choreografen, der die jeweilige Verkehrssprache eines Landes syntaktisch-morphologisch und phonetisch nicht korrekt im Sinne der Standardsprache beherrscht, aber dennoch bei Proben auf einer bildungs- und fachsprachlichen Ebene mit den Ensemblemitgliedern sinnstiftend zu kommunizieren imstande ist, da er trotz nicht korrekter Syntax über einen entsprechenden bildungssprachlichen Wortschatz in der Verkehrssprache verfügt. Entscheidender für die Produktion und Rezeption von bildungssprachlichen Äußerungen scheint daher zu sein, dass eine formal korrekte bildungssprachliche Kompetenz in wenigstens *einer* Sprache vorhanden

---

23   BICS steht für „Basic Interpersonal Communicative Skills" (Sprache im unmittelbaren persönlichen Austausch/Mündlichkeit), CALP für „Cognitive Academic Language Proficiency" (Sprache in dekontextualisierten Situationen/Schriftlichkeit).
24   Potenzielle Entwicklungsstufen bildungssprachlicher Kompetenzstufen finden sich bei Zydatiß 2017, S. 37.

ist.[25] Bei jüngeren Schülern deutscher Herkunftssprache, d. h. im Primarstufenbereich, geht es daher darum, im schulischen Unterricht eine bildungssprachliche Handlungskompetenz überhaupt erst anzubahnen, wohingegen bei älteren Schülern, die aus anderen Ländern nach Deutschland immigrieren, eventuell bereits bildungssprachliche Kompetenzen in ihrer Herkunftssprache vorhanden sind, an die im Unterricht bereits angeknüpft werden kann. Insofern beziehen sich sprachdidaktische Überlegungen im Musikunterricht immer auch darauf, ob und inwiefern bildungssprachliche Strukturen auch in Gruppen mit Lernenden, die Deutsch als Zweit- oder Fremdsprache erlernen, von Anfang an einbezogen werden können.

Vor dem Hintergrund der durchaus irritierenden Vielfalt der genannten Synonyme für den Begriff der Bildungssprache kann das von Feilke (2015) entwickelte Konzept der Textprozeduren zur Klärung dessen, was unter der Vermittlung von bildungssprachlicher Handlungskompetenz verstanden werden kann, einen Beitrag leisten. Dieses Konzept wird in Kap. 4.3 im Kontext der Auseinandersetzung mit den in den Rahmenlehrplänen aufgeführten Operatoren vorgestellt. Eine Grundlage für das Verständnis dieses Konzepts bildet die Unterscheidung von Sprachregistern, die im folgenden Kapitel dargestellt wird.

4.1 Sprache als n-dimensionaler Raum

Im Musikunterricht wird – wie in anderen Fächern auch – jedoch nicht ausschließlich mit Bildungssprache operiert, sondern es kommen alle Sprachregister des Systems der Gesamtsprache zur Anwendung, d. h. sowohl Alltagssprache als auch Bildungs-, Fach- und Wissenschaftssprache, die sich jeweils vor allem in ihrem Grad an grammatischer Komplexität, im Wortschatz und in ihren charakteristischen Redemitteln unterscheiden. Eine trennscharfe Abgrenzung von Sprachregistern im Unterricht ist nicht möglich, wenngleich jedes Register charakteristische Merkmale aufweist und die jeweilige Unterrichtssituation mit entscheidend ist, welches Sprachregister überwiegt. Ob es eine hierarchische Stufung in der Erwerbsreihenfolge der Sprachregister gibt, ist umstritten (vgl. Cornely Harboe/Mainzer-Murrenhoff 2016, S. 162 ff.), doch liegt auf der Hand, dass sich ohne eine dem jeweiligen Alter entsprechende alltagssprachliche Handlungskompetenz eine deutlich komplexere und abstraktere Bildungs-, Fach- und Wissenschaftssprache kaum ausbilden lässt.

Neben den Registern „Alltagssprache", „Bildungssprache", „Fachsprache" und „Wissenschaftssprache" sind in die Gesamtsprache die Dimensionen der „Konzeptionellen Schriftlichkeit"/„Konzeptionellen Mündlichkeit", Genres und Sprachhandlungsmuster wie Erzählen, Argumentieren, Beschreiben etc. mit ihren jeweiligen Textstrukturen, die phonetische Ebene als klangliche Realisierung von Sprache sowie die rezeptiven und produktiven Felder der Sprache Lesen, Verstehen, Sprechen und Schreiben einzubeziehen. Sprache kann daher als n-dimensionaler Raum aufgefasst werden, innerhalb dessen eine mündliche oder schriftliche Äußerung einen bestimm-

---

25 Vgl. dazu auch die Diskussion der Erwerbsreihenfolge von CALP in der Zweitsprache z. B. bei Cornely Harboe/Mainzer-Murrenhoff 2016, S. 162 ff.

ten Punkt einnimmt, von dem neben den Hörverstehensfertigkeiten des Adressaten abhängt, ob und inwieweit eine Äußerung überhaupt verständlich ist oder nicht und dementsprechend das jeweilige Handlungsziel erreicht wird oder nicht. Sprache als n-dimensionaler Raum setzt sich dabei sowohl aus hierarchisch als auch nicht hierarchisch angeordneten Dimensionen zusammen. Jede Äußerung lässt sich auf einem Punkt zwischen verschiedenen Ausprägungen innerhalb des n-dimensionalen Raums eintragen. In den folgenden Abbildungen werden exemplarisch einige Dimensionen der Gesamtsprache mit ihren jeweiligen Ausprägungen dargestellt.

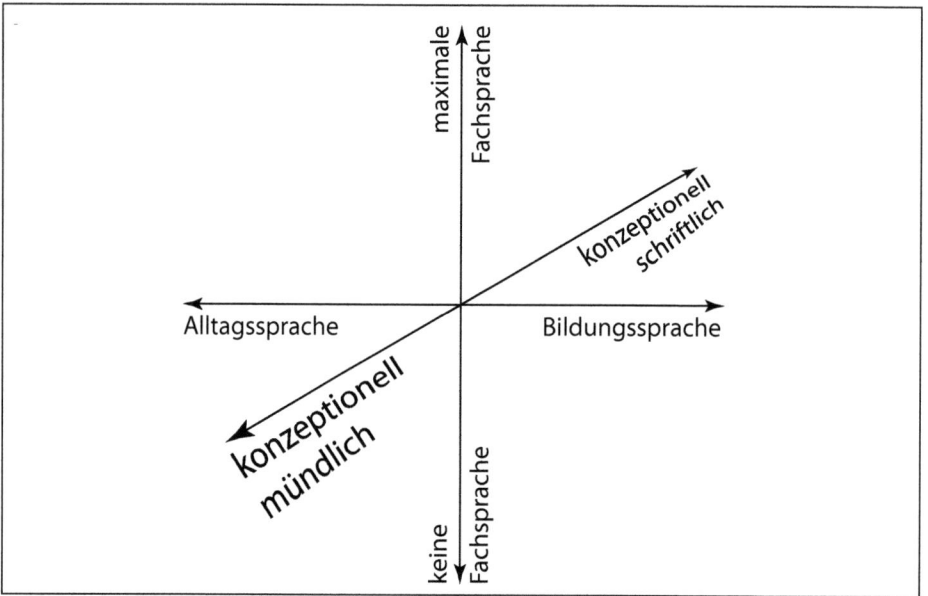

Abb. 4:   Allgemeines Sprachmodell (Ebene 1)

In Abbildung 4 bildet Ebene 1 exemplarisch drei Dimensionen von Sprache ab, die jeweils ein Kontinuum von sprachlichen Teilkompetenzen darstellen und sich jeweils in mehrere Dimensionen unterteilen, die in Abbildung 5 wiederum exemplarisch für die Teilbereiche der Alltags- und bildungssprachlichen Dimensionen und Kompetenzen dargestellt werden.

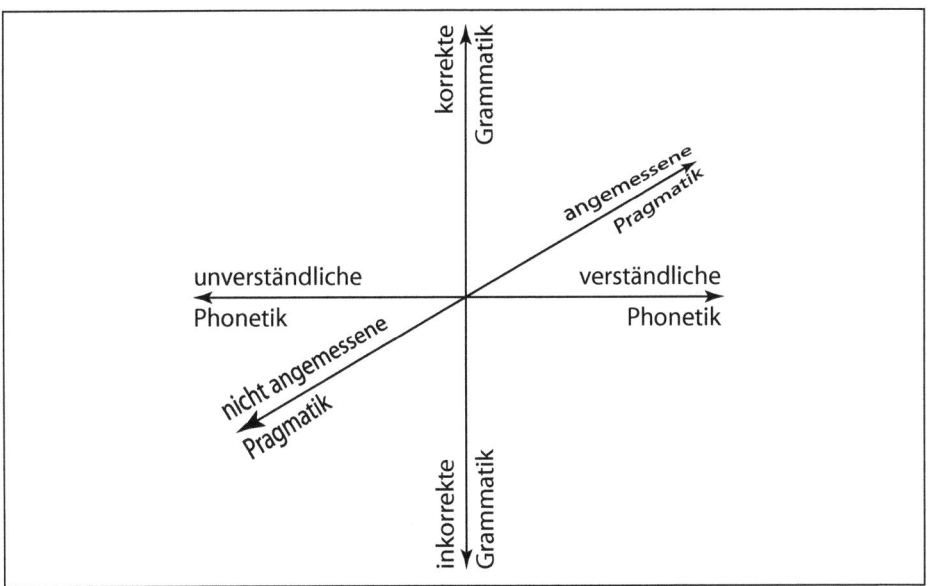

Abb. 5: Teilmodell Alltags-/Bildungssprache (Ebene 2)

Abbildung 6 bildet als dritte Ebene eine Unterteilung in weitere Dimensionen der auf Ebene 2 dargestellten Dimension „Grammatik" sowie wiederum ein Kontinuum zwischen jeweils zwei Polen ab.

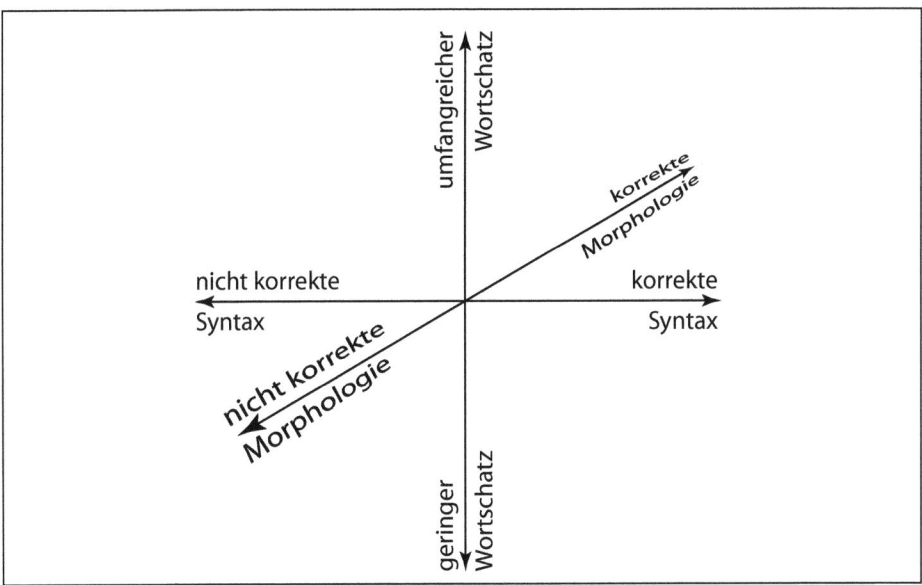

Abb. 6: Teilmodell Grammatik (Ebene 3)

Die hier abgebildeten Dimensionen beziehen sich gleichermaßen auf die auf Ebene 1 dargestellte Alltags,- als auch Bildungs- und Fachsprache. Jede der auf Ebene 3 abgebildeten Dimensionen ließe sich in weitere Unterdimensionen/Ebenen unterteilen.

4.2 Sprachkompetenz als Voraussetzung für und Ergebnis von Musikunterricht

Mit der Auffassung des Systems „Gesamtsprache" als n-dimensionalem Raum setzt sich Sprachkompetenz als theoretisches Konstrukt aus einer Vielzahl sprachlicher Teilkompetenzen zusammen, deren jeweilige Ausprägung hinsichtlich des Erreichens sprachlicher Intentionen bzw. im Kontext von Unterricht und der damit zusammenhängenden jeweiligen Antworterwartungen unterschiedliche Auswirkungen hat und darüber hinaus auch für eine Bewertung sprachlicher Leistungen im Fachunterricht relevant ist.[26] Dementsprechend wird nach dem differentialdiagnostischen Ansatz, der den Begriff der Sprachkompetenz in den Rahmenlehrplänen bestimmt, die sprachliche Gesamtkompetenz in Teilkompetenzen aufgegliedert, für die individuelle Leistungsprofile erstellt werden können (vgl. Jude/Klieme 2007, S. 10 f.). Eine einheitliche Definition des Begriffs „Sprachkompetenz" existiert nicht. Vielmehr unterscheidet sich die Auffassung darüber, was Sprache ist, je nach Wissenschaftsdisziplin. Linguistische Modelle, die die Diskussion um eine Sprachbildung im Fach maßgeblich bestimmen, betrachten Sprache als ein System, das sich aus unterschiedlichen Komponenten zusammensetzt (Phonologie, Morphologie und Syntax) sowie pragmatische (Sprachhandeln) und soziolinguistische Aspekte (Sprache als Instrument für soziales Handeln). Diese Komponenten interagieren in kognitiven Verarbeitungsprozessen (vgl. Jude/Klieme 2007, S. 10 f.). Die Psycholinguistik befasst sich mit der Analyse der Vorgänge bei der Rezeption und Produktion linguistischer Elemente, mit der Entstehung von Sprachbewusstheit, den Bedingungen der Anwendung von Sprachwissen sowie mit dem Einfluss der Sprachstruktur auf das Denken.

Für die Pluralität von Sprachkompetenzmodellen werden hier exemplarisch zwei Beispiele vorgestellt. So gehen Ehlich, Valtin und Lütke (2012, S. 21) in ihrem Modell der Sprachaneignung (der Alltagssprache) von mehreren hierarchisch angeordneten Basisqualifikationen aus, die aufeinander aufbauen, miteinander in Wechselbeziehung stehen und zusammen „Sprachkompetenz" ausmachen, wobei zwischen den einzelnen Bereichen Wechselwirkungen bestehen und Defizite in einem Qualifikationsbereich zumindest teilweise auch durch Kompetenzen in anderen Bereichen ausgeglichen werden können:

1. *Phonische Basisqualifikation*: Produktion und Diskrimination von Lauten, Silben und Wörtern; diese Stufe bildet die Grundlage für alle weiteren Stufen.
2. *Pragmatische Basisqualifikation I*: Das Kind erkennt in der Interaktion mit seiner Umgebung, dass Sprache mit Handlungszielen verbunden ist, erkennt die Handlungsziele anderer und setzt selbst Sprache zum Erreichen von Handlungszielen ein. Den Rahmen der Aneignung bildet die Familie.
3. *Semantische Basisqualifikation*: Aneignung eines Wortschatzes (semantisches Lexikon), Aneignung von Redewendungen und Verstehen von Satzbedeutungen

---

26 Zu Möglichkeiten der Bewertung sprachlicher Leistungen im Musikunterricht vgl. Kap. 14.

4. *Morphologisch-syntaktische Basisqualifikation*: Erfassung von grammatischen Strukturen (Morphologie/Syntax).
5. *Diskursive Basisqualifikation*: Erfassung von formalen Strukturen in kommunikativen Situationen wie Sprecherwechsel; gemeinsames kommunikatives Handeln mit anderen (z. B. im Spiel), Erzählen.
6. *Pragmatische Basisqualifikation II:* Die pragmatische Basisqualifikation II bezieht sich im Gegensatz zur pragmatischen Basisqualifikation I nicht mehr nur auf den Aneignungsrahmen, den die Familie bildet, sondern auf die Handlungskompetenzen, die das Kind beim Eintritt in die Kita oder Schule benötigt.
7. *Literale Basisqualifikation I und II:* Vorläuferfertigkeiten für den Schriftspracherwerb, Erkennen und Produzieren von Schriftzeichen, erste Textproduktion; später als literale Basisqualifikation II das Erfassen und Nutzen orthografischer Strukturen (Leseverstehen/Textproduktion) und Entwicklung von Sprachbewusstheit.[27]

Leisen (2011, Grundlagenteil, S. 24) fügt in seinem Sprachkompetenzmodell diesen Basisqualifikationen noch die Dimensionen „kulturelles Wissen" und „Weltwissen" hinzu und unterscheidet damit insgesamt folgende Dimensionen:

- sprachliche Richtigkeit (z. B. Grammatik, Rechtschreibung),
- sprachliche Komplexität (z. B. Wortschatz, Ausdrucksvermögen, Differenziertheit),
- Sprachfluss (z. B. Sprechgeschwindigkeit, Aussprache, Ausdruck, Intonation),
- Lesekompetenz (z. B. Leseverstehen, Lesefluss, Lesestrategien),
- Schreibkompetenz (z. B. Gliederung, Adressatenbezug, Schreibabsicht, Textsorte),
- kulturelles Wissen und Weltwissen.

Die exemplarische Anführung dieser beiden Sprachkompetenzmodelle zeigt deutlich, wie unterschiedlich der Begriff „Sprachkompetenz" gehandhabt wird und wie problematisch eine intra- und interfachliche Verständigung über ein solches theoretisches Konstrukt ist. Dementsprechend überrascht es nicht, dass in Fachpublikationen zum Thema „Sprachförderung/Sprachbildung im Fach" jeweils unterschiedliche didaktische Leitlinien und unterschiedliche Methoden zur Förderung der Sprachkompetenz vorgeschlagen werden, was zur Irritation der Lehrkräfte führen kann, die Sprachbildung in der Praxis umsetzen sollen.

Allein aus beiden hier exemplarisch dargestellten Sprachkompetenzmodellen geht auch hervor, dass es *die* Sprachkompetenz nicht geben kann, sondern dass es sich in Abhängigkeit von dem jeweils dahinter stehenden Modell um ein Bündel von Kom-

---

27 Eichler und Nold definieren Sprachbewusstheit als eine Fähigkeit, „die sich in der Mutter-, Zweit- und Fremdsprache auf Grund der bewussten und aufmerksamen Auseinandersetzung mit Sprache entwickelt. Sie befähigt Lernende, sprachliche Regelungen kontrolliert anzuwenden und zu beurteilen sowie Verstöße zu korrigieren" (Eichler/Nold 2007, S. 63).

petenzen auf verschiedenen sprachlichen Ebenen handelt. Von *der* Sprachkompetenz von Schülern zu sprechen, ist zwar Usus und zur fachlichen Verständigung auch notwendig, bei näherer Betrachtung den Schülern gegenüber jedoch nicht angemessen, da Schülern ein undifferenziertes „Mehr" oder „Weniger" als Ganzes attestiert wird, auch, wenn dieses „Mehr" oder „Weniger" jeweils im Hinblick auf *einzelne* Qualifikationsbereiche besteht. Auch Schüler mit diagnostiziertem Sprachförderbedarf sind bei Weitem nicht in allen kommunikativen Situationen sprachlich inkompetent; insofern kann sich Sprachkompetenz auch daran bemessen, ob eine kommunikative Situation trotz formalsprachlicher Verstöße erfolgreich bewältigt werden kann oder nicht. Der trotz seiner Problematik dennoch notwendige Begriff der Sprachkompetenz, der dem noch zu entwickelnden Modell eines Sprachbewussten Musikunterrichts zugrunde liegt, orientiert sich vorrangig an dem im IALT verwendeten Sprachmodell und dem oben dargestellten linguistischen Modell sprachlicher Basisqualifikationen von Ehlich, Valtin und Lütke (2012). Er geht dabei über die ursprünglich gemeinte Bedeutung als Sprachaneignung der Alltagssprache hinaus und erweitert ihn um die Aneignung einer Bildungs- und Fachsprache. Die anfänglichen *Basis*qualifikationen der Sprachaneignung setzen sich im Fachunterricht im weiteren Verlauf in immer ausdifferenzierterer Form auch bei der Ausbildung einer bildungs- und fachsprachlichen Handlungskompetenz auf immer höheren Niveaus fort (vgl. Ehlich/Valtin/Lütke 2012, S. 22 f.), so dass es sich auch hierbei um ein Bündel aus mehreren Teilkompetenzen handelt.

4.3 Sprachbildung und Bildungssprache in den Rahmenlehrplänen Musik

Trotz der hohen bildungspolitischen Bedeutung des Themas auch für den Fachunterricht Musik zeigt eine Analyse der Rahmenlehrpläne und Bildungspläne Musik aller Bundesländer, dass diese – wenn überhaupt – bislang nur sehr vereinzelt und unsystematisch Hinweise zu sprachbildenden Potenzialen in einzelnen Themenfeldern und Lernbereichen des Musikunterrichts geben und bis auf wenige Ausnahmen auch keine konkreten Maßnahmen für die Praxis des Musikunterrichts abgeleitet werden. Der gemeinsame Rahmenlehrplan der Bundesländer Berlin und Brandenburg umfasst als einziger Rahmenlehrplan bundesweit explizit ein Modell bildungssprachlicher Handlungskompetenz, das sich in verschiedene Teilkompetenzbereiche untergliedert, für die jeweils Bildungsstandards auf verschiedenen Niveaustufen ausformuliert sind. Dieses Modell bildungssprachlicher Handlungskompetenz wird fachübergreifend einer Sprachbildung in *allen* Fächern zugrunde gelegt und umfasst sechs Dimensionen, die in Abbildung 7 dargestellt werden.

Wenngleich dieses Modell von Lütke u. a. (2015) aufgrund der wissenschaftlichen Unhaltbarkeit einiger Begriffe und des unreflektierten Umgangs mit dem System der Niveaustufen kritisiert wurde, ist es dennoch für alle Lehrkräfte in Berlin und Brandenburg bindend. Die in diesem Modell abgebildeten Dimensionen finden sich implizit auch in den Rahmenlehrplänen anderer Bundesländer. Demnach soll eine

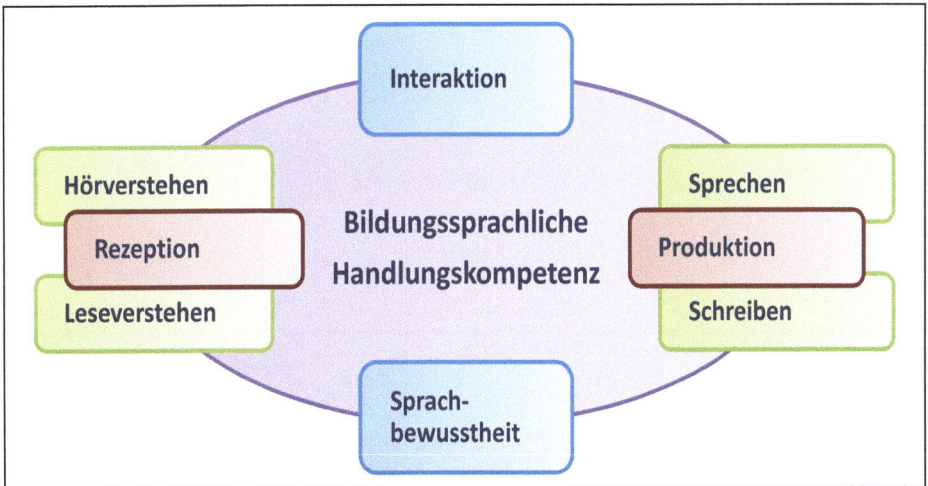

Abb. 7: Modell der bildungssprachlichen Handlungskompetenz im Rahmenlehrplan Musik für Berlin und Brandenburg (MBJS 2015b, S. 5)

bildungssprachliche Handlungskompetenz in jedem Fachunterricht durch folgende Handlungen erreicht werden:

- durch eine aktive Teilnahme an Diskussionen (Interaktion),
- durch das Erschließen von mündlichen und schriftlichen Texten (Rezeption),
- durch das Sprechen und Schreiben von zusammenhängenden und in sich schlüssigen Texten (Produktion),
- durch die Wahrnehmung unterschiedlicher sprachlicher Phänomene und Sprachregister (Sprachbewusstheit).

Konkret werden für die im Modell der bildungssprachlichen Handlungskompetenz angeführten sechs Dimensionen folgende Kompetenzen benannt, die auf verschiedenen Niveaustufen von Klasse 1–10 durchgängig erworben werden sollen:

a) auf der Ebene der Rezeption im Bereich des Hörverstehens:
   - Hörtexte (auch medial vermittelt) verstehen und nutzen,
   - Hörstrategien anwenden.

b) auf der Ebene der Rezeption im Bereich des Leseverstehens:
   - Texte verstehen und nutzen,
   - Lesetechniken und -strategien anwenden.

c) auf der Ebene der mündlichen Produktion:
   - Sachverhalte und Informationen zusammenfassend wiedergeben,
   - Überlegungen zu einem Thema darlegen,
   - einen Vortrag halten.

d) auf der Ebene der schriftlichen Produktion:
- Text schreiben,
- Schreibstrategien anwenden.

e) auf der Ebene der Interaktion:
- in Gesprächen und auf Redebeiträge reagieren.

f) auf der Ebene der Sprachbewusstheit:
- Wörter und Formulierungen der Alltags-, Bildungs- und Fachsprache unterscheiden,
- Wortbildungsmuster nutzen,
- Mehrsprachigkeit nutzen.

Wie eine Teilkompetenz jeweils methodisch-didaktisch vermittelt werden kann, wird allerdings nicht dargestellt. Sprachdidaktische Kompetenzen und Wissen der Musiklehrer im Hinblick auf Sprachbildung werden offenbar vorausgesetzt.

Einen Schwerpunkt bildet in den Rahmenlehrplänen die Vermittlung von Operatoren. Dabei geht es um Artikulationsformen, die im Unterricht aller Fächer verwendet werden. Diese werden als Kategorien kognitiver Aktivitäten mit Diskursfunktionen aufgefasst, mit denen jeweils unterschiedliche sprachliche Intentionen verbunden sind und deren Beherrschung im Zusammenhang mit bildungssprachlichen Redemitteln als notwendige Voraussetzung für gesellschaftliche Teilhabe betrachtet wird. Hierzu gehören z. B. kognitive Diskursfunktionen wie Klassifizieren, Definieren, Beschreiben, Bewerten, Erklären, Berichten und Erkunden (vgl. Dalton-Puffer 2013, S. 234 f.). In den Rahmenlehrplänen der verschiedenen Bundesländer finden sich jedoch auch andere Bezeichnungen für diese sog. „Basisoperatoren", da kognitive Operationen prinzipiell unbegrenzt und schwierig gegeneinander abzugrenzen sind. Schüler sollen (fachübergreifend) nicht nur in der Lage sein, sich zu äußern, zu fragen, zu beschreiben oder vorzutragen, sondern auch zu hinterfragen, zu erläutern, zusammenzufassen, zu erschließen, zu deuten u. v. m. Zu den fachübergreifenden Basisoperatoren kommen für das Fach Musik spezifische fachbezogene Operatoren, die charakteristisch für die Verwendung im Fach sind, die jedoch nicht explizit in den Rahmenlehrplänen Musik aufgeführt werden.

Der uneinheitliche Umgang mit Operatoren in den Rahmenlehrplänen führt dazu, dass in einigen Rahmenlehrplänen fachübergreifende Operatoren aufgeführt werden, in anderen jedoch nicht bzw. zumindest nicht explizit im Kontext von Sprachbildung als fachübergreifender Aufgabe, sondern ausschließlich im Kontext fachlichen Lernens innerhalb der jeweiligen Themenfelder des Musikunterrichts. Wird die Operatorenliste eines Fachseminars für Musikreferendare aus dem Land Brandenburg exemplarisch herangezogen, so finden sich darin einige Operatoren, die auch in der fachübergreifenden Operatorenliste des Rahmenlehrplans aufgeführt sind, jedoch werden weitere hinzugefügt wie z. B. Herausarbeiten, Bewerten und Interpretieren. Obwohl diese Operatoren vermutlich nicht in *allen* anderen Fächern vorkommen, sind sie doch auch Bestandteil anderer, vor allem geisteswissenschaftlicher Fächer, und daher keineswegs charakteristisch nur für das Fach Musik. Aus diesem Grund sind diese drei Operatoren im Rahmenlehrplan für Hessen Bestandteil einer fachübergreifenden Operatorenliste, in Brandenburg jedoch nicht. Aufgrund dieser Uneinheitlichkeit entsteht der Eindruck, dass der Musikunterricht in verschiedenen Bundesländern von jeweils verschiedenen Sprachhandlungen bzw. einer größeren oder kleineren Vielfalt verschiedener Sprachhandlungen gekennzeichnet ist und infolgedessen auch unterschiedliche Operatoren im Musikunterricht zu vermitteln seien.

Da die in den Rahmenlehrplänen aufgeführten Operatoren sich in Subkategorien unterteilen lassen (z. B. Erklären, Analysieren und Begründen als Subkategorien des Argumentierens bei einer musikalischen Analyse) bzw. die Unterschiede zwischen einzelnen Operatoren (d. h. zwischen den kognitiven Aktivitäten) marginal sind und sich zudem in der sprachlichen Praxis des Musikunterrichts vermischen (z. B. in einer musikbezogenen Argumentation), stellt sich die Frage nach dem grundsätzlichen Sinn einer Festlegung von Operatoren und dem Ziel einer – noch dazu einerseits fachübergreifenden, andererseits fachspezifischen – „Operatorenkompetenz". Sprache ist dafür ausgelegt, alles, was unsere Welt darstellt, als „Bedeutung von etwas" (eine Beschreibung oder Meinung) wiedergeben zu können. Zweifellos sind Kompetenzen auf der pragmatischen Ebene II der sprachlichen Qualifikationen nach Ehlich, Valtin und Lütke (2012) notwendig, um im schulischen Fachunterricht sprachlich adäquat, d. h. den Erwartungen der Lehrkraft und der Mitschüler entsprechend, handeln zu können. Dabei ist jedoch auch zu berücksichtigen, dass die Anwendung von Handlungsroutinen (z. B. sich Positionieren, Abwägen, Schlussfolgern u. a. beim Argumentieren; vgl. hierzu Feilke 2015, S. 63) und von alltags- bzw. bildungssprachlichen Redemitteln, die als charakteristisch für einen bestimmten Operator anzusehen sind, sich je nach sozialer Rolle, Adressat und kommunikativer Situation unterscheidet. Der propositionale Gehalt eines Satzes lässt sich aus einer jeweils unterschiedlichen sozialen Rolle heraus mit sehr unterschiedlichen Redemitteln zum Ausdruck bringen. Aus diesen Gründen scheint es fragwürdig, überhaupt eine mehr oder weniger umfassende Liste oder selbst eine *all*umfassende Liste von Operatoren aufzustellen, solange nicht zwischen Handlungsroutinen und Redemitteln im Kontext verschiedener Interaktionssituationen unterschieden wird und zugleich vorgesehen ist, dass diese den Schülern bewusst gemacht werden, wie es beispielsweise der Ansatz des Genre-Lernens in der DaF[28]-Didaktik vorsieht. Statt der Verwendung von Operatorenlisten scheint es zielführender, Fachlehrern bewusst zu machen, dass es eine unendliche Vielfalt sprachlicher Handlungen gibt, die sich in sprachlichen Äußerungen meist vermischen, und jeweils unterschiedliche Redemittel in verschiedenen Sprachregistern beinhalten können. Die jeweiligen Redemittel könnten Fachlehrende den Schülern auch dann vermitteln, wenn nur einige wenige Sprachhandlungsmuster exemplarisch im Zusammenhang mit Redemitteln, die typisch für ein bestimmtes Sprachregister sind, in den Rahmenlehrplänen aufgeführt würden. Hierbei steht vor allem die Verwendung bildungssprachlicher Redemittel im Fokus. Zusätzlich sollte allerdings auch der Hinweis erfolgen, dass *jede* Operatorenliste unvollständig sein muss. So ist der Gang einer Unterrichtsstunde durch unmittelbar aufeinander folgende Sprachhandlungen in verschiedenen Standardsituationen und

---

28 Didaktik „Deutsch als Fremdsprache".

damit durch unmittelbar aufeinander folgende Redemittel gekennzeichnet. Wo jedoch ist die Abgrenzung im Gebrauch der Redemittel zwischen Erörtern und Diskutieren zu ziehen, zwischen Beurteilen und Bewerten, zwischen Erläutern und Darstellen oder zwischen Nennen und Anführen? Wo genau liegen Unterschiede in der kognitiven Aktivität, in der Antworterwartung und den sprachlichen Anforderungen zwischen den Aufgaben „erkläre, was ein Konzert ist"/„beschreibe, was ein Konzert ist"/„stelle dar, was ein Konzert ist"? Und vor allem: Warum ist – falls es sie überhaupt gibt – eine solche Unterscheidung in Bezug auf eine fachliche oder sprachliche Bildung relevant? Allein zum Verb „erläutern" führt der Duden folgende Synonyme auf:[29] verdeutlichen, aufzeigen, ausbreiten, auseinandersetzen, ausführen, begreiflich machen, beleuchten, berichten, beschreiben, besprechen, charakterisieren, darlegen, darstellen, demonstrieren, deutlich machen, entfalten, entwickeln, erklären, erörtern, konkretisieren, schildern, skizzieren, veranschaulichen, verständlich machen, vorbringen, vortragen, zeigen; (gehoben) entrollen; (bildungssprachlich) exemplifizieren, explizieren, referieren; (umgangssprachlich) klarlegen, klarmachen, verdeutschen; (salopp) verkasematuckeln; (Fachsprache) exponieren. Ähnlich viele Synonyme ließen sich für sämtliche der in den Rahmenlehrplänen aufgeführten Operatoren auflisten, so dass davon auszugehen ist, dass im Rahmen kaum zu unterscheidender Sprachhandlungen dieselben Redemittel zur Anwendung kommen. Vielmehr als die Anführung einer zwangsläufig immer unvollständigen Operatorenliste scheint es daher zielführend, Lehrenden zunächst zu vermitteln, dass sämtliche denkbaren Sprachhandlungen sich auf lediglich drei Superkategorien beschränken:

1. Mit Sprache eine wertungsfreie Beschreibung/eine Definition von Dingen oder Sachverhalten abgeben (objektivierendes Sprechen), z. B.: „Beschreibe, in welcher Reihenfolge die Instrumente in Ravels Bolero einsetzen."
2. Mit Sprache eine eigene Meinung bzw. eine Wertung über Dinge/Sachverhalte/ Wahrnehmungen ausdrücken (subjektivierendes Sprechen), z. B.: „Sage mir, *ob* dir das Stück gefallen/nicht gefallen hat."
3. Mischformen aus Kategorie 1 und Kategorie 2 (objektivierendes und subjektivierendes Sprechen), z. B.: „Sage mir, *warum* dir der Bolero gefallen/nicht gefallen hat"; an dieser Stelle wird erwartet, dass die Schüler das Werk sowohl beschreiben als auch die in der Beschreibung aufgeführten Fakten subjektiv beurteilen: „Der Bolero hat mir gefallen, weil er durch die ständige Zunahme der Lautstärke und den durchgehenden schnellen Rhythmus sehr mitreißend wirkt".

Sprechen über Musik wird sich unabhängig vom jeweils verwendeten Sprachregister überwiegend in dieser dritten Form vollziehen. Alle weiteren Sprachhandlungen sind als Unterkategorien dieser drei Superkategorien zwischen Definition und Meinung/ Bewertung zu betrachten, deren Anwendung in verschiedenen kommunikativen Situationen von den Schülern erlernt werden soll.

---

29 http://www.duden.de/rechtschreibung/erlaeutern [20.01.2019].

Ähnlich kritisch ist im Zusammenhang mit Operatorenlisten auch die in der Fachliteratur zur Sprachförderung/Sprachbildung im Fach erhobene Behauptung zu sehen, dass sich die für einen Operator charakteristischen Redemittel zwischen den Fächern unterscheiden; so erfordere z. B. die Beschreibung eines Versuchsaufbaus im Chemieunterricht andere sprachliche Mittel als eine Gegenstandsbeschreibung im Deutschunterricht (vgl. Cornely Harbour/Mainzer-Murrenhoff 2016, S. 168; Beese u. a. 2014, S. 29). Dies ist nur teilweise zutreffend, da es aufgrund der Tatsache, dass es in den Rahmenlehrplänen um fachübergreifend*e* Operatoren geht, auch Gemeinsamkeiten in den jeweils verwendeten (bildungssprachlichen) Redemitteln, die für einen bestimmten Operator charakteristisch sind, geben muss, da ansonsten das Merkmal „fachübergreifend" nicht zuträfe. Zwar unterscheidet sich der jeweils anzuwendende Wortschatz je nachdem, was beschrieben wird – dies allerdings auch bereits *innerhalb* eines Faches[30] –, doch lassen sich auch gemeinsame Merkmale (z. B. die Verwendung des Präsens) zwischen Beschreibungen verschiedener Unterrichtsgegenstände verschiedener Fächer ausmachen. Würde dies nicht zutreffen, wäre eine fach*übergreifende* Definition des Operators „Beschreiben" sowie auch anderer fach*übergreifender* Operatoren nicht möglich.

Die postulierten Unterschiede zwischen den Fächern scheinen eher auf einer anderen Ebene zu liegen: Es muss unterschieden werden, ob über einen fachlichen Gegenstand subjektiv oder objektiv gesprochen wird. In Bezug auf den Operator „Beschreiben" ist davon auszugehen, dass in tatsachenbasierten Fächern wie Chemie oder anderen naturwissenschaftlichen Fächern objektiv wahrnehmbare Fakten beschrieben werden, die intersubjektiv annähernd gleich wahrgenommen werden und kaum Interpretationsspielräume zulassen. Diese Wahrnehmungen können im Gegensatz zu Musik nicht gedeutet werden. In diesem Fall wird eine Beschreibung objektiv ausfallen, d. h. eher eine objektivierende Bildungs- und Fachsprache zur Anwendung kommen. Auch Musik kann objektiv beschrieben werden, zusätzlich jedoch bietet sie einen mehr oder weniger breiten Interpretationsspielraum, so dass auch subjektive Wahrnehmungen und Wirkungen beschrieben werden können. Hier werden u.U. auch (alltagssprachliche) narrative Elemente, kreative Sprachabweichungen oder metaphorische Ausdrücke zur Anwendung kommen, die in einer objektiven Musikbeschreibung nicht angebracht wären. Ausgeschlossen ist damit allerdings nicht, dass auch subjektive Wahrnehmungen mittels bildungssprachlicher Textbausteine ausgedrückt werden können.[31] Der Unterschied zwischen den Fächern liegt somit nicht in der Verwendung unterschiedlicher Redemittel, sondern darin, ob eher subjektive Wahrnehmungen oder eher objektive Sachverhalte beschrieben werden. Letztlich bestimmt der zu beschreibende Gegenstand, welche Redemittel angewandt werden können bzw. müssen. Dies soll exemplarisch anhand des Vergleichs einer Bildbeschreibung (Kunst-

---

30 So wird, je nachdem, ob die Tonerzeugung bei einem Streichinstrument oder ein Musikstück beschrieben wird, auch innerhalb des Musikunterrichts ein unterschiedlicher Wortschatz verwendet.

31 Auf verschiedene Arten der Musikbeschreibung wird in Kap. 7.1.3.2 ausführlich eingegangen.

unterricht), einer Musikbeschreibung (Musikunterricht) und der Beschreibung eines chemischen Experiments (Chemieunterricht) belegt werden: Sowohl eine Bild- als auch eine Musikbeschreibung als auch die Beschreibung eines chemischen Experiments erfolgen i.d.R. im Präsens. Die Beschreibung eines Bildes erfolgt jedoch unter Verwendung *räumlicher* Angaben wie „oben", „unten, „links", „in der Mitte" etc.; die Beschreibung eines Musikstücks hingegen erfolgt unter Verwendung *zeitlicher* Angaben wie „zu Beginn", „zuerst", „danach", „dann", „darauf folgend", „anschließend", „am Schluss" etc. Die Beschreibung eines chemischen Experiments wiederum folgt, wie die Beschreibung eines Musikstücks, zeitlichen Angaben, da es sich hierbei um einen zeitlichen Ablauf als Abfolge einzelner Schritte und Beobachtungen handelt. Musik- und Experimentbeschreibung, die in völlig unterschiedlichen Fächern stattfinden, weisen in ihren Redemitteln – abgesehen vom Fachwortschatz –also eine große Nähe auf. Die Beschreibung eines Instruments oder einer Abbildung eines Instruments im Musikunterricht hingegen weist große Ähnlichkeit zur Bildbeschreibung auf, da auch hier bestimmte Punkte eines statischen Phänomens räumlich mit denselben Redemitteln beschrieben werden müssen („oben/unten"; „oberhalb/unterhalb"; „links/rechts"/„in der Mitte"; „befindet sich"/„kann man sehen"/"ist"). Zur Beschreibung eines Musikstücks besteht hingegen weniger Ähnlichkeit. Innerhalb des Faches Musik unterscheiden sich also Beschreibungen (von gehörter Musik und Instrumenten) maßgeblich und u.U. mehr als *zwischen* verschiedenen Fächern.

Dies soll zusätzlich durch das Beispiel der potenziell verwendbaren Redemittel bei der Anwendung des Operators „Argumentieren" untermauert werden. Das Goethe-Institut listet für den Unterricht „Deutsch als Fremdsprache" für verschiedene Bereiche des Argumentierens folgende alltags- und bildungssprachlichen Redemittel auf:

a) *Gedanken und Meinungen ausdrücken:*
   Meiner Auffassung/Ansicht/Meinung nach …
   In Bezug auf … würde ich sagen, dass …
   Ich bin der festen Überzeugung, dass …
   Ich finde/denke, dass …
   Ich vertrete folgenden Standpunkt …

b) *Argumente einsetzen:*
   Ich halte das für besonders wichtig, weil …
   Wenn man bedenkt, dass …, dann …
   Man sollte auf alle Fälle berücksichtigen, dass …

c) *Argumenten anderer zustimmen:*
   Das finde/glaube/meine ich auch.
   Da haben Sie natürlich Recht.
   Das ist wirklich ein schlagendes Argument
   Dein Argument leuchtet mir ein.
   Genau! (So sehe ich das auch.)

d) *Zweifel, Unsicherheiten ausdrücken:*
   Da bin ich mir nicht sicher.
   Sind Sie sicher?
   Weißt du das ganz genau?
   Na ja, ich weiß nicht.
   Das kann ich nicht (so ganz) glauben.
   Kannst du das belegen/beweisen?

e) *Zweifeln, Unsicherheiten entgegnen:*
   Da bin ich mir ganz sicher, weil ...
   Das kannst du mir glauben, weil ...
   Das weiß ich genau, weil ...

f) *Argumente ablehnen:*
   Das finde/glaube/meine ich nicht.
   Da bin ich ganz anderer Meinung/Ansicht, weil ...
   Das kann ich überhaupt nicht nachvollziehen, weil ...
   Dem kann ich überhaupt nicht zustimmen, weil ...
   Das ist doch nicht wahr/nicht richtig.
   Da irren Sie sich!

(vgl. Goethe-Institut 2016)

Alle aufgeführten Redemittel sind fachübergreifend anwendbar. Unterstrichen wird die hier vertretene Auffassung weiterhin durch die linguistischen Schemata bzw. Textprozeduren von Feilke (2015), wie z. B. das in Tabelle 1 dargestellte Schema (Texthandlungstyp) des Argumentierens, das sich sowohl auf mediale Mündlichkeit als auch auf mediale Schriftlichkeit bezieht.

Das Konzept der Textprozeduren geht davon aus, dass textliche Handlungsschemata semiotisch mit bestimmten Prozedurausdrücken gekoppelt werden, die innerhalb eines konventionell begrenzten Spektrums liegen und Muttersprachlern i.d.R. bekannt sind (vgl. Feilke 2015, S. 62 ff.). Der Begriff „Schema" bezieht sich in Anlehnung an Piaget auf die kognitive Seite von Handlungen, die in einem Text durch entsprechende Prozedurausdrücke ausgedrückt werden. Handlungsschemata lassen sich meist weiter in Subschemata untergliedern wie im Falle des Argumentierens in die Subschemata „sich Positionieren" (Markieren der eigenen Position), „Begründen" (Sachverhalte, Entscheidungen oder Thesen belegen), „Konzedieren" (Integrieren möglicher Argumente anderer in die eigene Argumentation) und „Modalisieren" (Variieren der Geltungsansprüche für eigene Behauptungen und Urteile). Für jedes dieser Subschemata steht ein Inventar an Prozedurausdrücken zur Verfügung, z. B. für das Subschema „Begründen" Ausdrücke wie „da", „weil", „denn", „wegen", „aufgrund", deshalb", „verursachen" (vgl. Feilke 2015, S. 66). Beim Argumentieren muss also gelernt werden, sich bestimmter Strategien und bestimmter Prozedurausdrücke zu bedienen, um fremde und eigene Perspektiven auf einen Sachverhalt oder Gegenstand vermitteln und letztlich andere überzeugen zu können (vgl. Feilke 2013, S. 122), aber auch selbst die Fähigkeit zum Perspektivwechsel zu erwerben. Dabei geht es in einer pragmatisch validen

Tab. 1: Textsorte, Texthandlung, Textprozedur (Feilke 2015, S. 63)

A) Textsorte	B) Texthandlungstyp (elementar, sortenbezogen)	Textprozeduren	
		C) Handlungsschema	D) Prozedurausdrücke
Privater Brief (Schulaufsatz) (Kommentar) (Wiss. Artikel) (etc.)	Argumentieren (Anrede) (Vorstellung) (etc.)	Positionieren	Ich finde, dass … meiner Meinung nach … meines Erachtens m.E.
		Begründen & Schließen	weil … deshalb, aus diesen Gründen, infolgedessen, …
		Konzedieren	Zwar … , aber … ; einerseits … andererseits … ; wenn auch … , so doch …
		Modalisieren	möglicherweise, ggf. könnte man ja vielleicht … , wäre zu überlegen ob, …

Argumentation um Fragen wie: „Wie würde ich mich in der Streitfrage entscheiden? Welche Argumente habe ich dafür? Was könnte mein Adressat entgegnen? Wie könnte ich seine Argumente wiederum aufgreifen und entkräften? Wie wirkt dies auf meine Meinungsbildung zurück?" (Feilke 2013, S. 128).

Wenn sich der bei Feilke exemplarisch aufgeführte Operator „Argumentieren" als Texthandlungstyp auf verschiedene Textsorten (Brief, wissenschaftlicher Artikel etc.) beziehen kann und bestimmte Handlungsschemata einschließt, die sich in bestimmten Prozedurausdrücken widerspiegeln, kann dies nicht nur für *ein* Unterrichtsfach, sondern muss für *alle* Fächer gelten, in denen eine bestimmte Textsorte verwendet wird. Feilke selbst betrachtet die Beherrschung von Textprozeduren als „Bodensatz der Lese- und Schreibfähigkeit" (Feilke 2010, S. 4). Ob und inwiefern sich das jeweils verwendete Inventar an Prozedurausdrücken von Fach zu Fach dabei tatsächlich unterscheidet, bliebe noch herauszuarbeiten. Insofern sind Textprozedurausdrücke auch kaum nach den in den Rahmenlehrplänen aufgeführten Operatoren getrennt als Handlungsroutinen in jedem Fach einzeln vermittelbar. Dies bedeutet jedoch nicht, dass nicht auch fachspezifische Strukturen als Einheit von bildungssprachlichen Redemitteln (Prozedurausdrücken) und Fachbegriffen, d. h. als fachtypische Chunks existieren, die auch als solche in jedem Fach vermittelbar sind.[32] Da es bei der Sprach-

---

32 Chunks sind als zusammenhängende Sinneinheit gespeicherte Äußerungen wie z. B. „guten Morgen", „Geburtstag feiern", „Was sich liebt, das neckt sich" etc.

bildung vor allem um bildungs- und fachsprachliche Handlungskompetenzen geht, spricht dies dafür, Schülern bildungssprachliche Redemittel für verschiedene Handlungsschemata zu vermitteln, die jeweils damit verbundenen sprachlichen Intentionen explizit zu machen und einen spezifischen Fachwortschatz einzubinden, statt eine jeweils fachspezifische „Operatorenkompetenz" vermitteln zu wollen, von der zu erwarten steht, dass sie an der Verflechtung von Sprachhandlungen und Prozedurausdrücken und deren mangelnder Abgrenzungsfähigkeit scheitert.

Aufgrund der in der Unterrichtspraxis sehr schnellen Abfolge bzw. Vermischung von Sprachhandlungen, gerade beim Sprechen über Musik, stellt sich allerdings auch die nachhaltige Vermittlung von bildungssprachlichen Redemitteln bzw. Prozedurausdrücken im Kontext von Handlungsschemata und Textsorten als nicht ganz unproblematisch dar. Alltagssprachliche Prozedurausdrücke müssen in bedeutungsgleiche bildungssprachliche Prozedurausdrücke, d. h. in ein anderes Sprachregister, „übersetzt" bzw. müssen bildungssprachliche Prozedurausdrücke anhand von Alltagssprache erklärt werden. Ob bildungssprachliche Redemittel quasi wie eine Fremdsprache in allen Fächern überhaupt nachhaltig – mithin also als Bestandteil kommunikativer Kompetenz in Kommunikationssituationen, die mit der Erwartung bildungssprachlicher Produktions- oder Rezeptionsleistungen einhergehen – erworben werden können, ist derzeit empirisch noch nicht ausreichend belegt.[33] Hinzu kommt, dass das Verfügenkönnen über Textprozeduren als literale Kompetenz zu betrachten ist, die ihre Grundlage nicht in der Spracherfahrung an sich, sondern vor allem im Lesen findet (vgl. Feilke 2010, S. 6). Aus sozialwissenschaftlicher Perspektive kann außerdem nicht ignoriert werden, dass der Sprachgebrauch auch als Abgrenzungskriterium zwischen sozialen Gruppen dienen kann (z. B. Kiezdeutsch als Gruppenmerkmal). Sprachliche Fossilierungen[34] können z. B. bei DaZ-Lernenden auch soziale Bedeutung haben, so dass von ihnen auf eine Sprachvarietät zurückgegriffen wird, die bewusst in Opposition zur Bildungssprache steht (Vollmer/Thürmann 2013, S. 49). Daher stellt sich die Frage, inwieweit ein institutionell vermittelter Gebrauch bildungssprachlicher Textprozeduren auch bei bildungsfernen Schülern nachhaltig zu größerer Partizipation beitragen kann.

4.4 Sprachliche Heterogenität als Normalität

Bereits vor Einführung der inklusiven Schule war sprachliche Homogenität eine Fiktion. Kinder und Jugendliche unterscheiden sich unabhängig davon, ob sie sprachlichen Förderbedarf aufweisen oder nicht, in ihren sprachlichen Kompetenzen. Die Spanne der in einer Lerngruppe vorhandenen sprachlichen Kompetenzen wird jedoch durch die Einführung der inklusiven Schule noch breiter. So werden auch am Musikunterricht künftig Schüler mit einer altersangemessenen Sprachkompetenz bezüglich der Alltagssprache, Schüler mit einer altersangemessenen Sprachkompetenz auch auf

---

33 Vgl. zur Wirksamkeit von Sprachförderung insbesondere Schneider u. a. (2013).
34 Verfestigt sich ein fehlerhafter Sprachgebrauch dauerhaft, wird dies in der Sprachdidaktik als „Fossilierung" bezeichnet.

einem bildungssprachlichen Niveau und Schüler mit Sprachentwicklungsverzögerungen und -störungen teilnehmen. Wenn eine inklusive Sprachbildung im Fach Musik umgesetzt werden soll, bedeutet dies, Methoden und Methodenwerkzeuge sowohl der DaZ-und DaF-Didaktik als auch der regulären Deutschdidaktik, anzuwenden. Das IALT-Kompetenzmodell der Lehrerbildung nimmt zwar vor allem die Bildungs- und Fachsprache im Hinblick auf die Zielgruppe von Kindern und Jugendlichen mit Migrationshintergrund in den Blick, doch müssen im Rahmen einer inklusiven Sprachbildung auch Schüler mit Sprachentwicklungsverzögerungen und Sprachstörungen berücksichtigt werden, unabhängig davon, ob ihre Erstsprache Deutsch ist. Die Einführung der Inklusion an Regelschulen erfordert daher eine Erweiterung des IALT-Curriculums, sofern tatsächlich jeder Fachlehrer zum Umgang mit der Bandbreite der zu erwartenden sprachlichen Heterogenität befähigt werden soll. Zu den Kompetenzanforderungen gehören infolgedessen auch Kenntnisse über Abweichungen von der normalen Sprachentwicklung und deren Ursachen.

Sprachentwicklungsverzögerungen und Sprachentwicklungsstörungen beruhen auf sehr unterschiedlichen Ursachen (z. B. Autismus, Hörbehinderung, eingeschränkte intellektuelle Fähigkeit, wenig anregende häusliche Sprachumgebung) und weisen eine sehr große Bandbreite auf. Bereits innerhalb desselben Abweichungsbildes zeigt sich eine breite graduelle Ausprägung. Daher ist es im Hinblick auf sprachliche Unterstützungsmaßnahmen im Unterricht sinnvoll, folgende Gruppen von Schülern zu unterscheiden:

1. Schüler mit Sprech- oder Aussprachestörungen wie Stottern, Poltern, Lispeln oder anderen Lautfehlbildungen: Diese Schüler sind grundsätzlich in der Lage, Gedanken verbal auszudrücken, jedoch ist die phonetische Qualifikationsebene betroffen, z. B. ist das Sprachtempo oder die Artikulation beeinträchtigt.
2. Schüler, die intellektuell in der Lage sind, in einer anderen als in der deutschen Sprache komplex zu kommunizieren, die jedoch nicht über ausreichende Deutschkenntnisse verfügen, um ihre (teils in der Herkunftssprache gedachten) Gedanken auf Deutsch zu äußern.
3. Schüler, bei denen psychische Ursachen vorliegen; hierzu sind beispielsweise Autisten oder Schüler mit Mutismus zu zählen, die zwar prinzipiell die deutsche Sprache altersangemessen sprechen und verstehen können, bei denen aufgrund psychischer Ursachen diese Fähigkeiten im Unterricht jedoch eingeschränkt sind.
4. Schüler, die aufgrund intellektueller Einschränkungen kaum in der Lage sind, Wahrnehmungen und Emotionen zu abstrahieren oder ihre Gedanken für andere verständlich sprachlich auszudrücken; zu dieser Gruppe gehören beispielsweise geistig behinderte Schüler oder Schüler mit Gedächtniseinschränkungen, die durch Krankheit oder Unfall verursacht wurden.

Zwischen diesen Gruppen können auch Überschneidungen bestehen, z. B. bei Schülern aus dem Autismus-Spektrum oder bei Schülern mit Migrationshintergrund.

Störungen der Sprache wie Lautfehlbildungen oder Redeflussstörungen erfordern sprachtherapeutische Maßnahmen. Der Musikunterricht kann zwar keine sprachtherapeutische Arbeit leisten, kann aber punktuell und implizit Umgangsweisen mit Musik einbeziehen, die ein gewisses sprachtherapeutisches Potenzial bieten.[35] Sind in einer Lerngruppe jedoch viele verschiedene Arten und Ausprägungen von Sprachentwicklungsverzögerungen, Sprachentwicklungsstörungen oder Störungen des Sprechens vertreten, kann der Unterricht kaum ständig zu einer Minderung oder gar Heilung sämtlicher Abweichungen beitragen, da die unterschiedlichen Arten und Ausprägungen unterschiedliche sprachdidaktische Maßnahmen und Zugangsweisen zu Musik erfordern, die in einem Klassenunterricht nicht immer für *alle* Schüler gleichzeitig umgesetzt werden können. Dennoch ist sprachliche Heterogenität der Normalfall, dem nur mit einer entsprechenden inneren Differenzierung begegnet werden kann.

4.5 Altersangemessene Sprachkompetenz als Voraussetzung für Musiklernen und Musikverstehen

Musiklehren und Musiklernen bestehen aus Lehren und Lernen *in* Musik und *über* Musik. Die fachlichen Ziele des Musikunterrichts sind zum einen darauf gerichtet, Schüler zu befähigen, Musik durch eigene ästhetische Erfahrungen und durch Wissenserwerb zu verstehen, zum anderen aber auch darauf, die eigene, unreflektierte musikalische Gebrauchspraxis der Schüler in eine „verständige" Musikpraxis zu überführen (vgl. Kaiser 2001). Während auf der Hand liegt, dass eine Überführung einer unreflektierten Musikpraxis in eine reflektierte Musikpraxis nur durch das Medium Sprache möglich ist, ist dennoch der Stellenwert des Sprechens über Musik[36] im Musikunterricht und für das Musiklernen und Musikverstehen innerhalb des musikpädagogischen Diskurses umstritten und durch sehr unterschiedliche Positionen gekennzeichnet, die im Folgenden überblicksartig dargestellt werden. Vor dem Hintergrund dieser Positionen wird anschließend die Frage diskutiert, inwiefern eine altersangemessen entwickelte Sprachkompetenz eine notwendige Bedingung für Musiklernen und Musikverstehen ist.

4.5.1 Positionen zur Bedeutung von Sprache für Musiklernen und Musikverstehen

Abel-Struth schreibt der Sprache im Musikunterricht eine grundlegende Ordnungsfunktion zu: „Beispielsweise nehmen Kinder unterschiedliche Tonhöhen wahr, doch erst durch die Hilfe eines begrifflichen Systems für Tonhöhen und ihre Unterschiedlichkeit entfaltet sich die von der Wahrnehmung ausgegangene volle Differenzierung. […] Hier liegen Funktionen der Sprache im Musikunterricht, die über die Lernbedeutung sprachlicher Benennungsfähigkeit hinaus darauf zielen, die Vielfalt der musika-

---

35 Hier sind vor allem Singen und Stimmbildung zu nennen (vgl. dazu vertiefend Kap. 7.2).
36 „Sprechen" bezeichnet hierbei sowohl medial mündliche als auch medial schriftliche Äußerungen über Musik.

lischen Erfahrungen in Ordnung und Zusammenhang zu bringen" (Abel-Struth 1985, S. 258).

Doch auch Imagination, Kreativität oder Fantasie lassen sich im Musikunterricht über Sprache ausdrücken. Sprechen über Musik ist notwendig, „weil Empfindungsqualitäten, Urteile, musikalische Zusammenhänge, musiktheoretisches und historisches Wissen in Worte gefasst werden können. […] Schüler bekunden ihr Gefallen oder Nichtgefallen, sie beschreiben in Bildern, was ihnen zur Musik einfällt; sie versuchen, Funktionen oder Wirkungen zu erklären, ihre Empfindungen zu begründen, Symbolhaftes zu entschlüsseln oder Fachbegriffe anzuwenden" (Kraemer 2004, S. 274).

Auch Biegholdt (2013, S. 161) merkt an, dass im Musikunterricht der Zusammenhang zwischen dem Musizierten oder Gehörten und dem Verständnis des musikalischen Phänomens erst in der Kommunikation hergestellt, systematisiert und vertieft werden kann und dass musikalische Sachverhalte durch Sprache begriffen und angeeignet werden. Maas (1989, S. 231) schreibt wie Biegholdt der Begriffsbildung im Musikunterricht einen hohen Stellenwert zu, beklagt jedoch, dass das Bewusstsein dafür, dass sich Musiklernen im Musikunterricht maßgeblich durch die Aneignung von (Fach-)Begriffen vollziehe, innerhalb der Musikpädagogik noch zu wenig entwickelt sei, obwohl Fachbegriffe selbstverständlich verwendet und Lehrziele postuliert würden, die implizit Begriffsbildungen beinhalten.

Für Brandstätter stellt Sprache eine Möglichkeit dar, einen Zirkelprozess zwischen unbewusster Empfindung und bewusster Wahrnehmung in Gang zu setzen, „sofern sie zwischen begriffsloser Empfindung und begrifflicher Wahrnehmung vermittelt. Dort, wo das Verstehen zum Erkennen fortschreitet, bedarf es der Sprache" (Brandstätter 1990, S. 24). Ähnlich unterscheidet Eggebrecht (1979; 1999) ein „ästhetisches" und ein „erkennendes" Musikverstehen. Er geht von einem „ästhetischen" Musikverstehen im Sinne sinnlicher Wahrnehmung aus, das vorbegrifflich ist und einen rein emotionalen Bezug des Subjektes zur Musik aufweist. Inwiefern diese Art des Verstehens sprachlich fassbar ist, ist nicht auszumachen. Neben dem „ästhetischen Verstehen" als „vorbegrifflichem" Musikverstehen geht jedoch auch Eggebrecht von der Existenz eines weiteren Zugangs zum Musikverstehen aus, das sprachlich vermittelt ist und das er als „erkennendes Musikverstehen" bezeichnet. Dieses „erkennende Musikverstehen" vollzieht sich vor allem durch die nur über Sprache vollziehbare Musikanalyse und beruht auf der Frage „was ist das?", in der sich ein „wissenwollendes Erkennen" manifestiert. Das erkennende Musikverstehen erfolgt nach Eggebrecht auf der Basis des ästhetischen Musikverstehens – es geht dem erkennenden Musikverstehen stets voraus und wirkt zurück auf die sinnliche Wahrnehmung, die es zu erweitern vermag. Demnach ist auch ein Musikunterricht ohne Sprechen über Musik nicht vorstellbar, wobei vor allem bildhafte Sprache, d. h. Metaphern und Analogien, als Brücke zur Versprachlichung dessen, was ästhetisch „verstanden" wurde, dienen. Daran wird deutlich, dass die Rezeption von Musik im Sinne eines ästhetischen Musikverstehens zwar auch ohne Sprache möglich ist, das erkennende Musikverstehen hingegen eine adäquate Sprachkompetenz, vor allem aber auch Fähigkeiten im Bereich der metaphorischen Sprache erfordert. Zugleich kommt die musikalische Fachsprache ins Spiel, die mit der metaphorischen Sprache beim Sprechen über Musik oftmals verwoben wird.[37] Kaiser (2014, S. 101) sieht die prinzipielle Sprachfähigkeit musikalischer Erfahrungen ebenfalls als Voraussetzung dafür an, dass diese intentional in den Kontext sozialen Handelns eingebunden werden sowie soziales Handeln initiieren, formieren und mitbestimmen können.[38]

Für Richter sind Sprache und sprachliches Denken „nicht nur wichtige Unterrichts-‚Mittel', sondern auch unverzichtbare Lern- und Erfahrungs-‚Gegenstände', nicht nur Werkzeuge für den Unterricht, sondern auch so etwas wie ‚Lebens-Mittel'" (Richter 1987, S. 569). Durch den Zusammenhang von Sprechen und Denken ist Sprache für musikbezogene Denkprozesse, zu denen das erkennende Musikverstehen zu rechnen ist, immens wichtig: „Denken vollzieht sich in Sprache. Eigenes Denken vollzieht sich in eigener Sprache" (Biegholdt 2013, S. 48). Auch, wenn innerhalb des musikpädagogischen Diskurses die Bedeutung des Sprechens über Musik für das Musiklernen und Musikverstehen nach wie vor umstritten bleibt und kontrovers diskutiert wird, inwiefern Sprache musikalische Erfahrungen überhaupt angemessen beschreiben kann bzw. inwiefern musikalische Erfahrungen überhaupt verbal mitteilbar sind, ist festzuhalten, dass Sprache *ein* Weg ist, eigene musikalische Erfahrungen, musikbezogene Lernprozesse und Emotionen im Zusammenhang mit Musik auszudrücken, sich intersubjektiv darüber zu verständigen und zu reflektieren.

4.5.2 Bedeutung einer altersangemessenen Sprachkompetenz für den Musikunterricht

Um dem Musikunterricht folgen und die gesetzten fachlichen Bildungsstandards erreichen zu können, wird unausgesprochen ein altersangemessener Sprachstand[39] vorausgesetzt. Ein zunehmender Anteil von Schülern weist jedoch unabhängig von der jeweiligen Herkunftssprache bzw. dem Merkmal „Migrationshintergrund" bei Schuleintritt und teils auch im weiteren Verlauf der Schulzeit in einzelnen oder mehreren sprachlichen Qualifikationsbereichen keinen „altersangemessenen" Sprachstand bezüglich der deutschen Sprache, sondern stattdessen erhebliche Sprachentwicklungsrückstände im Vergleich zur monolingualen Bezugsgruppe der Gleichaltrigen auf. In der Regel wird die Angemessenheit des Sprachstandes in Bezug auf eine als innerhalb einer Altersgruppe als „normal" zu betrachtende Fähigkeit in allen sprachlichen Qua-

---

37 Vgl. hierzu Kap. 6.2.
38 Kaiser verweist in seinem Beitrag auch auf die Auffassung Paul Ricoeurs, nach der „[E]ine Erfahrung, der keine Worte gegeben werden, eine blinde, konfuse und nicht mitteilbare Erfahrung [bleibt]" (Ricoeur 1984, S. 11, zit. n. Kaiser 2014, S. 101). Nach Ricoeur sind Erfahrungen grundsätzlich sprachlich vermittelt. Obwohl sich Ricoeur auf religiöse Erfahrung bezieht, kann aus Kaisers Sicht ein Transfer auf ästhetische Erfahrung erfolgen.
39 Der Begriff „Sprachstand" ist als ähnlich problematisch wie der Begriff „Sprachkompetenz" zu betrachten, da es auch hier um die Zuschreibung einer scheinbar einzelnen Kompetenz geht, die sich jedoch aus mehreren „Sprachständen" in den verschiedenen sprachlichen Qualifikationsbereichen zusammensetzt.

lifikationsbereichen definiert. Durch den Bezug zu einer Altersnorm kann die Altersangemessenheit durch Sprachtests objektiv ermittelt werden.[40] Die Normorientierung ist im Hinblick auf das Ziel, sprachliche Defizite aufzudecken und entsprechende Fördermaßnahmen in die Wege zu leiten, sinnvoll und notwendig, da es darum geht, die identifizierten Defizite auszugleichen und Bildungserfolge zu ermöglichen. Für den Musikunterricht haben die jeweils vorhandenen sprachlichen Fähigkeiten der Lernenden in den verschiedenen sprachlichen Qualifikationsbereichen jedoch je nach Unterrichtssituation eine unterschiedliche Bedeutung und müssen daher differenziert betrachtet werden. So kann es bei der Beschreibung eines Musikstückes als verbaler Ausdruck subjektiven ästhetischen Erlebens und für die intersubjektive Verständigung darüber durchaus genügen, dass Schüler über einen hinreichenden, wenn auch wenig differenzierten Wortschatz verfügen, wohingegen die korrekte Anwendung der Syntax und auch eine korrekte Artikulation und Intonation (gemessen an der Standardsprache Deutsch) von deutlich geringerer Bedeutung sind. Auch wenig komplexe fachsprachliche Begriffe können trotz eines nicht in allen Qualifikationsbereichen altersangemessenen Sprachstandes erlernt werden. Werden jedoch komplexe Zusammenhänge oder komplexe Fachbegriffe[41] erklärt, für deren Bedeutungserklärung längere Umschreibungen notwendig sind, sind neben einem ausreichenden Wortschatz auch komplexere morphologisch-syntaktische Fertigkeiten unabdingbare Voraussetzungen für das Verständnis. Dies bedeutet, dass zwischen einer „situationsangemessenen" und einer „altersangemessenen" Sprachkompetenz unterschieden werden muss. In den meisten Unterrichtsfächern werden die Begriffe „altersangemessen" und „situationsangemessen" aufgrund der mit dem Unterrichtsfach verbundenen Standardsituationen als deckungsgleich betrachtet. „Sprachkompetent" auf das Fach bezogen ist demnach, wer in der Lage ist, den (häufig bildungssprachlichen) Erwartungen in einer Unterrichtssituation nachzukommen. Für den Musikunterricht ist jedoch eine Trennung der Begriffe „situationsangemessen" und „altersangemessen" bedeutsam, da der Musikunterricht zusätzlich zu den Standardsituationen anderer Fächer wie Präsentieren, Rezipieren von Fachtexten, Erstellen von Schriftprodukten etc. über weitere Standardsituationen verfügt, über die andere Fächer nicht verfügen.[42] Diese Situationen beziehen sich vor allem auf musikpraktische Unterrichtsanteile und auf das ästhetische Erleben der Schüler. Musiklehrende haben mehr als Lehrende anderer Fächer, in denen es um komplexe Sachverhalte geht (wie z. B. in den Naturwissenschaften), die Möglichkeit, Unterrichtssituationen zu schaffen, in denen eine weit unterhalb des altersangemessenen Sprachstandes liegende Sprachkompetenz ausreicht, um sich sinnstiftend intersubjektiv zu verständigen und die anvisierten Lernziele im Bereich musikpraktischer Leistungen (z. B. das Erlernen eines Liedes, Tanzes oder Instrumentalstückes) zu erreichen. Insofern ist ein altersangemessener Sprachstand keine unbedingt notwendige Bedingung für Musiklernen und Musikverstehen. Dennoch sind

---

40 Auf eine Darstellung kritischer Positionen zur Objektivität von Sprachtests wird hier verzichtet.
41 Zur Komplexität musikalischer Fachbegriffe vgl. Kap. 6.1.
42 Zu den Standardsituationen des Musikunterrichts vgl. vertiefend Kap. 7.1.2.

für Schüler, deren Sprachstand nicht altersangemessen ist, sprachliche Handlungen mit ihren unterschiedlichen Funktionen stark eingeschränkt oder gar nicht möglich (z. B. im Bereich der Reflexion über Musik), selbst, wenn sich Defizite in verschiedenen Qualifikationsbereichen unterschiedlich auf das Musiklernen und -verstehen auswirken. *Differenzierte* sprachliche Fertigkeiten sind jedoch eine Voraussetzung dafür, dass ästhetische Erfahrungen – soweit sie denn verbal mitteilbar sind – auch differenziert ausgedrückt werden können. Wo diese Voraussetzung nicht erfüllt ist, erschöpft sich der Ausdruck musikalischer Erfahrungen in stereotypen Äußerungen wie „das klingt fröhlich" oder „das klingt traurig" (vgl. Schmidt 1979, S. 102). Wem ein differenzierter Wortschatz fehlt und wer lediglich über die Fähigkeit verfügt, einfachste Sätze zu produzieren bzw. zu verstehen, der kann auch seine inneren Erlebnisse und Gedanken nicht angemessen sprachlich ausdrücken und sich entsprechend auch nicht mit anderen darüber austauschen. Wie schwierig ein intersubjektiver Austausch selbst dann ist, wenn ein entsprechend differenzierter Wortschatz vorhanden ist, zeigt Oberschmidt (2018) anhand eines Zitats des für den Klavierproduzenten „Steinway & Sons" tätigen Technikers Stefan Knüpfer, der die Verständigungsprobleme in einem Interview mit der „Frankfurter Allgemeinen Sonntagszeitung" wie folgt darlegt: „Es gibt ja keine festgelegte Sprache für Klänge, man muss Vergleiche bemühen. Eins der meist fehlinterpretierten Wörter ist das Wort brillant. Sagen Sie als Pianist einem Techniker, der Flügel soll brillant sein, macht der Ihnen den Flügel hart. Dann wird er laut und schrill und hell. Dabei geht es um Glanz. Das ist ein Unterschied wie zwischen Gold und einem Halogenscheinwerfer. Und rund wird gerne mit weich verwechselt. Ein Fußball ist rund, aber nicht weich. Das ist etwas anderes […]" (Oberschmidt 2018, S. 13). Obgleich es in diesem Zitat um Verständigungsprobleme zwischen verschiedenen Fachdisziplinen (Techniker/Musiker) geht, hier v. a. bedingt durch einen mehrdeutigen metaphorischen Wortgebrauch (ein Fußball ist rund, aber nicht weich; weich ist „etwas anderes"), lassen sich solche Verständigungsprobleme auch für den Musikunterricht feststellen, in dem musikalische Laien, aber auch Experten und damit u.U. sehr unterschiedliche Perspektiven auf Musik vertreten sind. Vor allem aber sind aufgrund eines nicht genügend differenzierten Wortschatzes sowohl der Zugang zur Bildungssprache mit ihren komplexen Strukturen als auch der Zugang zu komplexen Begriffen der musikalischen Fachsprache erschwert.

Bisher wird das Vorhandensein einer altersangemessenen Sprachkompetenz der Schüler jedoch sowohl in musikdidaktischen Konzeptionen als auch in der Praxis des Musikunterrichts als selbstverständlich vorausgesetzt. Auch die musikpädagogische Forschung hat sich der Sprachkompetenz der Schüler im Musikunterricht bislang noch nicht gewidmet, wenngleich zahlreiche, vor allem theoretische Forschungsarbeiten zum Thema „Sprache im Musikunterricht" bzw. „Sprechen über Musik" vorliegen. Wie sich eine mangelnde Sprachkompetenz von Schülern auf das Musiklernen und -verstehen und das Erreichen fachlicher Bildungsstandards auswirkt, wurde jedoch noch kaum untersucht.

5 Sprache als Gegenstand der musikpädagogischen Forschung

Obwohl sich die Musikpädagogik über Jahrzehnte immer wieder mit dem Thema „Sprache" bzw. „Sprechen über Musik" auf einer theoretischen Ebene befasst hat, fehlen Arbeiten auf empirischer Ebene weitestgehend, so dass derzeit eine wissenschaftsbasierte Basis für die Ausbildung von Musiklehrenden im Hinblick auf eine inklusive Sprachbildung im Musikunterricht fehlt. Erst mit den Arbeiten von Rolle sowie Rolle und Wallbaum lässt sich etwa ab dem Jahr 2008 eine verstärkte Hinwendung der musikpädagogischen Forschung und des musikdidaktischen Fachdiskurses zum Thema „Sprache im Musikunterricht" konstatieren. Zu Recht kritisieren jedoch Ahlers und Seifert (2015), dass die Sprachkompetenz der Schüler in Kompetenzmodelle für den Musikunterricht bislang noch nicht einbezogen wird, obwohl sich sprachliche Defizite auch auf das Fachlernen auswirken. Weiterhin resümiert Biegholdt (2013, S. 157), dass insbesondere ein Diskurs über den Gebrauch, die gezielte Entwicklung und die Ausgestaltung musikalischer Fachsprache bisher weitgehend aus dem Fachdiskurs ausgeblendet wird.

Ob und wie viel über Musik im Musikunterricht gesprochen werden soll, ist innerhalb der Musikdidaktik umstritten. Soll Musik kein „Laberfach" (vgl. Schelp 2006) sein, gelte es, vor allem Musik zu *machen* statt über Musik zu *sprechen*, argumentieren die Verfechter von Konzeptionen für einen Musikunterricht, der vorwiegend aus Musikpraxis besteht wie z. B. in Modellen des Klassenmusizierens (z. B. Bläser- oder Streicherklassen). In diesem Kontext wird darauf verwiesen, dass, um Musik zu verstehen, Sprechen über Musik keine zwingende Voraussetzung sei. Dies erklärt zumindest ansatzweise, weshalb das Thema „Sprachkompetenz der Schüler" bisher nicht als relevant betrachtet wurde, da das musikdidaktische Feld der Reflexion – das sich naturgemäß durch seine Realisierung mittels Sprache als besonders anfällig für „Labern" erweist – zum größten Teil ausgeblendet wird.

5.1 Forschungsarbeiten zum Thema „Sprache und Sprechen im Musikunterricht"[43]

Während sich seit den 1980er Jahren einige theoretische musikpädagogische Arbeiten mit der Bedeutung von Sprache im Musikunterricht für das Musikverstehen befassen, stellt die tatsächliche Verwendung von Sprache im Musikunterricht bislang einen empirisch noch kaum untersuchten Forschungsbereich dar. Für den Bereich des schulischen Musikunterrichts lassen sich im deutschsprachigen Raum primär theoretische Beiträge zum Thema „Sprechen über Musik" ausfindig machen, die vor

---

43 Dieses Kapitel erschien in gekürzter Fassung unter dem Titel „Sprache als Gegenstand der musikpädagogischen Forschung und des musikdidaktischen Diskurses im Kontext einer Sprachbildung im Fach" in Jank/Bossen (2017).

allem die Problematik des Transfers von Musikwahrnehmung in Sprache fokussieren. Die überwiegende Zahl der Arbeiten zum Thema „Sprechen über Musik" befasst sich dabei mit der Frage, ob und inwiefern ästhetische Wahrnehmungen überhaupt verbalisierbar sind und in welcher Weise Sprache eine Rolle für eine ästhetische Bildung spielt. Das Verständnis dessen, was „Sprechen" bzw. „Reden" über Musik bedeutet, gestaltet sich dabei sehr unterschiedlich:[44] Versteht z. B. Richter (2011) unter „Reden" sowohl schriftliche als auch mündliche Äußerungen sowie Denken als innere Sprache, die im Musikunterricht in verschiedenen Kontexten (z. B. zeitlich, örtlich, biografisch, klanglich u. a.) vorkommt, setzt Oberhaus (2015) „Sprechen" mit „Reden", „Erzählen" und „Argumentieren" gleich. In seinem Beitrag „Reden über Musik" bezieht sich Oberhaus wiederum auf die von Richter (2011) angeführten Dimensionen von „Reden" im Musikunterricht. Für Kraemer (2004) hingegen besteht Sprechen über Musik aus verschiedenen Sprachhandlungen (z. B. Erzählen, Bezeichnen, Deuten) mit jeweils verschiedenen Funktionen (z. B. poetische Funktion, Ordnungsfunktion, Interpretationsfunktion). „Sprechen" dient dabei als Oberbegriff für verschiedene Sprachhandlungen, wobei der Begriff „Operator" von Kraemer nicht verwendet wird. Auch darüber, ob die Schüler eher alltagssprachlich oder bildungssprachlich über Musik „reden" sollen, werden innerhalb der Musikdidaktik keine Vorstellungen geäußert. Allerdings besteht Einigkeit darüber, dass über die Schuljahre ein fachsprachlicher Wortschatz erworben werden soll. Hingegen wird nicht dargestellt, welche Fachbegriffe dieser Fachwortschatz umfassen soll.

Theoretische Arbeiten, die sich dem Thema „Sprechen über Musik" widmen, betrachten jeweils isolierte musikbezogene sprachliche Teilbereiche und stehen meist nahezu monolithisch nebeneinander. Sie sind den Feldern der musikbezogenen Argumentationskompetenz,[45] aber auch der Anwendung von Genres (v. a. dem Erzählen im musikgeschichtlichen Kontext),[46] metaphorischer Sprache,[47] der musikbezogenen Argumentationsfähigkeit,[48] der Vermittlung und Anwendung von Fachsprache[49] und vereinzelt auch dem mimetischen Sprechen[50] zuzuordnen. Oberhaus (2015, S. 66) fasst die in den letzten Jahren entworfenen didaktischen Konzepte des Sprechens über Musik in den Kategorien „Methoden" (Ästhetischer Streit, Vergleich, Leerstellendidaktik), „Inhalte" (Musikgeschichte, ästhetische Erfahrungen), „Ziele" (Argumentationskompetenz, historisches Denken) und „Medien" (ästhetische Erfahrungen, historische Texte) zusammen. Eine Systematisierung bisheriger Forschungsansätze zum Sprechen

---

44   Interessant ist in diesem Zusammenhang, dass sich kaum Forschungsarbeiten finden, die den Begriff „Kommunikation" im Titel verwenden. Es werden überwiegend die Begriffe „Reden", „Sagen" oder „Sprechen" verwendet.
45   Hierzu sind vor allem Rolle (2008; 2013) sowie Knörzer u. a. (2015) zu nennen.
46   Z. B. Orgass (2007); Cvetko/Lehmann-Wermser (2011); zur Funktion von Genres vgl. Kraemer (2004).
47   Grundlagenarbeiten liegen hierzu von Oberschmidt (2011) und Hesselmann (2015) vor.
48   Vgl. hierzu vor allem Rolle/Wallbaum (2011); Rolle (2014); Schäffler (2011).
49   Insbesondere sind hier Maas (1989) und Biegholdt (2013) zu nennen.
50   Vgl. hierzu Brandstätter (2011).

über Musik, die sich auf *sprachliche* Kategorien wie „Metaphorik", „Fachsprache", „Operatoren" etc.) bezieht, wurde erstmalig von Bossen (2017) vorgenommen. Die Zuordnung erfolgte vor dem Hintergrund, dass in den Rahmenlehrplänen Sprachkompetenz in Abhängigkeit von dem jeweils zugrunde liegenden Sprachmodell als aus verschiedenen Teilkompetenzen bestehend aufgefasst wird, die jedoch auch miteinander in Wechselwirkung stehen und sich gegenseitig beeinflussen.[51] Durch die Systematisierung der vorliegenden Forschungsarbeiten nach sprachlichen Kategorien wurde ein zusammenfassender Überblick über Befunde zu einzelnen sprachlichen Teilkompetenzen ermöglicht. Auch, wenn sich für die unterschiedlichen Umgangsweisen mit Musik in der Praxis des Musikunterrichts keine „typischen" Sprachhandlungen extrahieren lassen, können Musiklehrende bewusst sprachliche Schwerpunkte setzen. So können das Stellen von Fragen an einen historischen Text wie bei Cvetko/Lehmann-Wermser (2011) und das Erzählen als Vergleich historischer Entwicklungen wie bei Orgass (2007) einen Ästhetischen Streit und damit die Argumentationskompetenz fördern, da die ästhetische Erfahrung immer mit eingebunden ist, und auch in einen Ästhetischen Streit kann das Erzählen einer Geschichte als Argument eingebunden werden bzw. kann das Erzählen die Ausgangsbasis für eine Argumentation bilden. Die Leerstellendidaktik (z. B. Mönig 2008; Krämer 2011; Oberhaus 2016) basiert ebenfalls auf einem (narrativen) Diskurs und dem Erzählen von Musikmythen, die sich mit der Entstehung von Musik fiktional auseinandersetzen und mit authentischen Mythen verglichen werden können. Da dabei die Methode des Vergleichs ins Spiel kommt (Oberhaus 2015, S. 62), bleibt es auch hier nicht nur beim Genre Erzählen, sondern es geht auch um Beschreiben und Begründen und letztlich wiederum um einen (narrativen) Diskurs. Daher gilt es im Hinblick auf eine Sprachbildung, nicht allein nach Sprachhandlungsmustern (Streiten, Erzählen, Beschreiben etc.) bzw. Textsorten (Erzählung, Fachtext, Beschreibung) vor dem Hintergrund verschiedener Inhalte des Musikunterrichts (z. B. Wissen über Musikgeschichte, Werkinterpretation, ästhetische Erfahrungen) zu unterscheiden, sondern aus *allen* potenziellen Dimensionen des Sprachhandelns in einer Unterrichtssituation bewusst Schwerpunkte auszuwählen und die Kompetenzen der Schüler in diesen Bereichen gezielt zu fördern.

Im Fokus der Ausbildung einer musikbezogenen Sprachkompetenz im Musikunterricht stehen in der empirischen musikpädagogischen Forschung neben Arbeiten zur Vermittlung bzw. Aneignung von musikalischer Fachsprache insbesondere Arbeiten zum Erwerb musikbezogener Argumentationskompetenz und diskursiver Fähigkeiten. Im Kontext ästhetischer Theorien und pragmatisch-dialogischer Argumentationstheorien sind hier vor allem die Arbeiten von Rolle (2008; 2013; 2014), Rolle und Wallbaum (2011), Knörzer u. a. (2014; 2015) sowie von Gottschalk und Lehmann-Wermser (2013) zu nennen, die sich z.T. auch aufeinander beziehen. In diese

---

51 Z. B. wird im fächerübergreifenden Teil B des Rahmenlehrplans für die Klassen 1–10 in Berlin und Brandenburg bildungssprachliche Handlungskompetenz in die Teilkompetenzbereiche Hören, Sprechen, Lesen, Schreiben, Sprachbewusstheit und Interaktion unterteilt. Hinzu kommt im musikspezifischen Teil C des Rahmenlehrplans die fachsprachliche Kompetenz.

Arbeiten fließen teils auch fachsprachliche Aspekte ein. Zwar steht dabei die Vermittlung bzw. Aneignung der musikalischen Fachsprache nicht im Mittelpunkt des jeweiligen Forschungsinteresses, jedoch wird Fachsprache als immanenter Bestandteil musikbezogener Argumentations- und Diskursfähigkeit betrachtet.[52]

Es liegen jedoch auch einige theoretische und empirische Arbeiten vor, die die Aneignung bzw. Vermittlung von Fachsprache als Forschungsgegenstand fokussieren. Der Erwerb einer musikalischen Fachsprache ist ein in den Rahmenlehrplänen Musik aller Bundesländer festgelegtes Bildungsziel. Auf der theoretischen Ebene besteht allerdings nicht nur innerhalb des musikpädagogischen Diskurses bei der Verwendung des Begriffs „Musikalische Fachsprache", sondern auch in den Rahmenlehrplänen ein gravierendes Desiderat bezüglich der Bedeutung dieses Begriffes. Eine Begriffsbestimmung dessen, was unter „Musikalischer Fachsprache" zu verstehen sei sowie eine linguistische Analyse im Hinblick auf charakteristische Merkmale musikalischer Fachsprache sind bisher nicht erfolgt. Dessen ungeachtet liegen in der Musikpädagogik einige empirische Studien zur Vermittlung bzw. Aneignung von Fachsprachenkompetenz vor. So untersuchte Maas (1989) den Einfluss verschiedener Vermittlungsarten auf die Aneignung von Fachsprache im Musikunterricht (handlungsorientierte Begriffsvermittlung durch eigenaktives Musizieren versus Vermittlung im „konventionellen" Frontalunterricht). Maas kommt zu dem Ergebnis, dass ein handlungsorientierter Musikunterricht bezüglich der Nachhaltigkeit und Bedeutungszuweisung des musikalischen Fachbegriffs „Rondo" der Vermittlung dieses Begriffs im konventionellen Musikunterricht nur marginal überlegen ist. Dennoch gehen neuere musikpädagogische Forschungsarbeiten von einer Überlegenheit eines handlungsorientierten Ansatzes gegenüber konventioneller Vermittlung von Fachsprache aus, so z. B. Oberschmidt, nach dessen Auffassung ein fachsprachliches Vokabular „oft keine Ankerpunkte" findet, da es nicht auf implizitem Wissen basiere, das „nur über das eigene, nachhaltige Musizieren aufgebaut werden kann" (Oberschmidt 2011a, S. 399). Auch Biegholdt (2013) befürwortet einen musikpraktischen Zugang zur Vermittlung von Fachsprache.

Von Interesse im Hinblick auf fachsprachliche Kompetenz ist ferner das von Jordan (2014) im Rahmen der Validierung eines Kompetenzmodells im Bereich „Musik wahrnehmen und kontextualisieren" entwickelte Stufenmodell zur Verbalisierungsfähigkeit musikbezogener Wahrnehmung, das fachsprachliche Kompetenz als Teilkompetenz einbezieht. Jordan entwickelt drei Niveaustufen der musikbezogenen Verbalisierungskompetenz. Unter „Verbalisierungskompetenz" versteht sie „die Kompetenz der Schüler, bei immer differenzierter Wahrnehmungsfähigkeit musikalische Eindrücke zunehmend eigenständig, angemessen und unter Verwendung von Fachvokabular zu verbalisieren" (Jordan 2014, S. 139). Der untersten Niveaustufe sind musikbezogene Äußerungen zuzuordnen, die überwiegend mit Alltagssprache operieren. Auf der zweiten Stufe befinden sich Schüler, die in der Lage sind, ein basales musiktheoretisches Vokabular anzuwenden. Hierfür werden als Beispiel „piano", „forte" und „Kanon" angegeben. Dazu ist kritisch anzumerken, dass sich musikalische Fachbegriffe in

---

52 Vgl. hierzu insbesondere das in Kap. 7.1.3.1 dargestellte Modell musikbezogener Argumentationskompetenz von Rolle (2013).

ihrem Komplexitätsgrad voneinander unterscheiden.[53] So weist der Begriff „Kanon" aufgrund der notwendigen Umschreibung einen deutlich höheren Grad an sprachlicher Komplexität auf als der Begriff „piano", der lediglich ins Deutsche übersetzt werden muss. Inwiefern „Kanon", „piano" und „forte" also gleichermaßen als „basal" gelten, erschließt sich nicht. Auf dem höchsten Niveau werden als Beispiel für die fachsprachliche Verbalisierungskompetenz die Begriffe „legato" und „Triller" angeführt, die nach der hier vertretenen Auffassung zwar beide als komplexer einzustufen sind als „piano" oder „forte", nicht aber komplexer als der Begriff „Kanon". Hinweise auf Zuordnungskriterien von musiktheoretischen Fachbegriffen zu den Niveaustufen erfolgen nicht, so dass die Zuordnungen insgesamt nicht transparent sind. Obwohl in Jordans Modell insgesamt eine sprachliche Progression erkennbar ist, scheint es sich bei den vorgeschlagenen Kompetenzniveaus bezüglich der Fachsprache weniger um die Fähigkeit zur Anwendung basaler oder komplexer Fachbegriffe zu handeln, sondern eher um eine *quantitative* Zunahme fachsprachlicher Begriffe bei der Beschreibung von Musik. Es wäre daher zu klären, worin sich eine Zunahme fachsprachlicher Kompetenz zeigt – in der Quantität der Anwendung fachsprachlicher Begriffe, in einem steigenden Grad von Komplexität der verfügbaren Fachbegriffe, in der Anwendung mehr oder weniger „geläufiger" Fachbegriffe oder in allen drei Dimensionen. Dies führt wiederum zu der Frage, ob solche Niveaustufen in einem n-dimensionalen Sprachraum mit mehreren Freiheitsgraden, wie ihn bereits für sich genommen die musikalische Fachsprache darstellt, tatsächlich eine Möglichkeit zur Beurteilung sprachlicher Kompetenzen darstellen; zumindest müsste neben der Häufigkeit fachsprachlicher Verwendung auch die Komplexität der verwendeten Fachbegriffe als Kriterium mit berücksichtigt werden. Da sich für die Komplexität musikalischer Fachbegriffe jedoch unendlich viele Abstufungen und keine eindeutigen Zuordnungen finden lassen, scheint eine grobe Orientierung wie von Jordan vorgeschlagen, die zwischen den Stufen „keine fachsprachliche Verwendung", „Verwendung basaler Fachbegriffe", „Verwendung komplexer Fachbegriffe", und „Dichte fachsprachlicher Verwendung" (verstanden als verwendete Menge von einfachen und komplexen Fachbegriffen innerhalb einer Äußerung) unterscheidet, ein nachvollziehbarer Ansatz. Unter der Maßgabe, dass die Anwendung von Fachsprache ein Indiz für Expertentum darstellt, kann es jedoch nicht nur um die Quantität des fachsprachlichen Wortschatzes gehen, sondern auch um dessen Qualität, die nach Knörzer u. a. (2015) wiederum im Zusammenhang mit dem Niveau der musikbezogenen Argumentationskompetenz nach Rolle (2013) steht. Kritisch anzumerken ist weiterhin, dass in Jordans Modell die metaphorische Sprache nicht einbezogen wird – doch müsste auch die Metaphernkompetenz in die Dimension „Verbalisierung/Terminologie" eines Teilkompetenzmodells zur Wahrnehmung und Kontextualisierung von Musik einfließen, da metaphorische Sprache ein wesentliches Medium für die „Übersetzung" von musikbezogener Wahrnehmung in verbale Sprache ist.[54]

---

53 Siehe hierzu Kap. 6.1.
54 Zur Metaphernkompetenz und zur Funktion metaphorischer Sprache für das Musikverstehen siehe Kap. 6.2.

2012 widmete Richter in seinem Beitrag „Interpretieren (Werkbetrachtung)" in Norbert Heukäufers Buch „Musikmethodik. Handbuch für die Sekundarstufe I und II" ein Kapitel dem Sprechen und Schreiben über Musik. Dabei bezieht er sich auf ein ursprünglich in der Physikdidaktik entwickeltes Modell von Wagenschein (1971) für den Umgang mit Sprache, in dem er drei Phasen und Arten des Sprachgebrauchs in Lernprozessen unterscheidet, die von der alltagssprachlichen zur fachsprachlichen Verwendung seitens der Schüler im Musikunterricht führen sollen. In Phase 1 dient die eigene Alltagssprache bzw. die individuelle Sprache der eigenen Auseinandersetzung mit der Umwelt und mit sich selbst. Indem „private" bzw. Alltagssprache verwendet wird, soll sich das Individuum über eine Sache klarwerden, doch noch nicht in der Interaktion mit anderen, es sei denn in Partnerarbeit. Die Verwendung von Fachbegriffen in der „Privatsprache" wird von Wagenschein als störend bezeichnet, da sie Erleben und Verstehen behindert und lediglich eine Einordnung in eine Fachsystematik vorgaukelt. In der zweiten Phase soll im Prozess der Interaktion das bisher Erfahrene, Entdeckte, Verstandene und Betriebene für andere mitteilbar gemacht werden, wobei Fachsprache ebenfalls noch als hinderlich empfunden wird, da es darum geht, den Interaktionspartnern auch eigene Gedanken und Wahrnehmungen mitzuteilen, die auch Vorerfahrungen und Überfachliches einbeziehen können. Ziel ist es, zunächst eine „klasseninterne Gruppensprache" aufzubauen, die sich später zu einer klasseninternen Fachsprache weiterentwickeln kann.[55] Dieses Sich-Mitteilen funktioniert nach Wagenschein genauer und lebendiger, wenn noch keine fachsprachliche Terminologie, sondern eigene Alltagssprache angewendet wird. In der dritten Phase *kann*, *muss* jedoch nicht notwendigerweise, Fachsprache verwendet werden. Sie trägt nach Wagenscheins Auffassung zum Erleben und Verstehen nichts Relevantes mehr bei, sondern dient dazu, in die Sprache einer Wissenschaft einzuführen.

Richter demonstriert in seinem Beitrag die musikbezogene Anwendung des Wagenscheinschen Modells anhand von Beispielen der Musikbeschreibung zum Beginn des 1. Satzes von Schuberts 9. Sinfonie aus Schülerprotokollen. Zusammengefasst lassen sich die drei Phasen in Wagenscheins Modell auf die Formel „Erst erfahre es, dann sage es beteiligt, schließlich fasse es nüchtern" (Wagenschein 1971, S. 138, zit. n. Oberschmidt 2011a, S. 400) bringen:

Phase 1
„…herausfinden, was zu hören ist: Am Anfang tiefes Grummeln…Töne kaum zu unterscheiden…fängt ganz leise an…wenn man nicht aufpasst, ist man schon mitten in der Musik…schließlich höher, wie ein Fragezeichen…dann Rascheln…höher… schnelles Streichen…etwas wiederholt sich…unten drunter ein regelmäßiges Klopfen…nach einer Weile fängt ein Instrument mit einer Melodie an (Klarinette?)…nach einer kurzen lauteren Begleitung noch einmal die geblasene Melodie…immer weiter…".

---

55 Auf diesen Weg bezieht sich ähnlich auch Biegholdt (2013) bei der Entwicklung einer Lerngruppensprache.

Phase 2
… „anderen erzählt: Die Musik beginnt mit einer sehr tiefen, angedeuteten Melodie; sie bleibt offen. Dann setzen Begleitstimmen mit schnell gestrichenen Tönen ein. Bei ihrer Wiederholung fängt die Musik richtig an. Eine Klarinette bläst zur Begleitung eine klagende Melodie, wiederholt den Anfang und fantasiert weiter. Das Klagende wird immer stärker unterstützt."

Phase 3
… „die Musik fachlich beschrieben: Kontrabässe setzen sehr leise mit einer kurzen Melodie in vier Phrasen ein. Später wird sie Gegenstand der motivischen Auseinandersetzung (in der Durchführung). Nach ihrem offenen Schluss gibt Schubert die Begleitung zum ersten Thema vor – in mittlerer Lage spielen die Geigen im Tremolo wiederholt eine Figur. Unter diesen Mittelstimmen erscheint im Pizzicato eine rhythmische Figur. Schließlich ist die Musik dreistimmig. Die unteren Stimmen verstärken den klagenden Charakter der Klarinettenmelodie. Sie wird später von der Oboe übernommen."

(vgl. Richter 2007, S. 127)

Wie die genaue Aufgabenformulierung zum Verfassen der von Richter vorgelegten Schülertexte lautete, gibt Richter bedauerlicherweise nicht an, so dass hierüber nur Vermutungen angestellt werden können. Die Empfehlung Richters, Wagenscheins Phasen stufenförmig auf den Musikunterricht anzuwenden, um Erleben und Verstehen zu entfalten und zu sichern (Richter 2012, S. 125), muss allerdings aus sprachbildender Perspektive, die eindeutige und unmissverständliche Aufgabenformulierungen seitens der Lehrenden einfordert, differenziert betrachtet werden, indem im Folgenden analysiert wird, welche Antworterwartungen und sprachlichen Anforderungen mit den jeweiligen Aufgabenstellungen auf jeder Stufe verbunden sind. In Wagenscheins Modell wird der Anschein eines hierarchisch aufbauenden Stufensystems von „privater Sprache" über eine „Sprache für andere" bis hin zur Fachsprache behauptet, der hier widerlegt werden soll. Außerdem soll gezeigt werden, dass es auf jeder Stufe inhaltlich nur scheinbar um dasselbe, tatsächlich jedoch um jeweils Unterschiedliches geht.[56]

Zunächst bleibt bei Wagenscheins Ansatz unklar, worin eine Abgrenzung zwischen „privater" Sprache und „eigener Alltagssprache" zu ziehen ist. Darüber hinaus kann in Zweifel gezogen werden, dass grundsätzlich nicht auch „privat" fachsprachlich gedacht werden kann. Selbst Schüler mit einer geringen musikalischen Expertise werden zumindest einfache Fachbegriffe anwenden, sofern sie sie verinnerlicht haben und sie zu deren produktivem Wortschatz gehören. Bereits die im obigen Beispiel von den Schülern in Phase 1 genannten Begriffe „Streichen", „Melodie", „Begleitung" und „Klarinette" sind Fachbegriffe. Wagenschein geht davon aus, dass Fachsprache die subjektive Wahrnehmung verstellen kann; dem ist vom Grundsatz her zuzustimmen, doch muss dies differenzierter betrachtet werden, zumal ein fachsprachliches Repertoire

---

56 Dies steht in Einklang mit der Auffassung Jains (2002, S. 50), nach der sich metaphorische Sprache (hier als Teil der „Privatsprache") nicht in Fachsprache „übersetzen" lässt, sondern metaphorische Sprache und Fachsprache nur miteinander in Beziehung gesetzt werden können.

über die gesamte Schulzeit hinweg aufgebaut werden soll und die Schüler bereits zu Beginn der Sekundarstufe I zumindest über einfache fachsprachliche Kenntnisse verfügen. Die Musikdidaktik könnte sich eher mit der Frage befassen, *warum* Schüler im Musikunterricht Fachsprache nicht in erwünschter Weise in ihrer „Privatsprache" anwenden, denn das Nicht-Anwenden von Fachsprache bedeutet, dass bestimmte Fachbegriffe für die Schüler offensichtlich nicht relevant sind. Allerdings ist auch zu berücksichtigen, dass für die Schüler keine zwingende Notwendigkeit besteht, Fachbegriffe überhaupt anzuwenden, sofern für eine Sache oder einen Sachverhalt auch nicht fachsprachliche Begriffe existieren und sie nicht explizit dazu aufgefordert werden.

Der sprachliche Unterschied zwischen der ersten und zweiten Stufe in den von Richter angeführten Beispielen besteht vor allem im unterschiedlichen Grad konzeptioneller Schriftlichkeit/konzeptioneller Mündlichkeit zwischen den Schüleräußerungen. So entspricht das von Richter angeführte Schülerbeispiel in Phase 2 in seinen komplexeren grammatischen Ausformulierungen eher den Merkmalen konzeptioneller Schriftlichkeit als das Beispiel in Phase 1. Wenn jedoch als Antworterwartung eine Zunahme konzeptioneller Schriftlichkeit erwünscht ist, müsste die Anweisung für Stufe 2 statt „erzähle es beteiligt anderen" präziser lauten „erzähle es so, dass andere es verstehen", denn die Sprachhandlung „Erzählen" folgt zwar den Merkmalen der Textsorte „Erzählung", was jedoch nicht mit einer Zunahme an konzeptioneller Schriftlichkeit gleichzusetzen ist. „Erzählen" ist, wie andere Operatoren auch, mit einer spezifischen Textstruktur und bestimmten sprachlichen Redemitteln verbunden, die hier von Wagenschein bzw. Richter kaum gemeint sein dürften: „Erzählen" bedeutet, dass ein erlebtes oder erdachtes Geschehen für einen bestimmten Adressaten anschaulich wiedergegeben wird. Doch handelt es sich in der Antworterwartung der Aufgabe tatsächlich darum, dass eine subjektive Wahrnehmung „erzählt" oder eher darum, dass sie beschrieben werden soll? Selbst die hier vorgeschlagene Formulierung der Aufgabenstellung wäre also noch nicht präzise genug, da nicht klar ist, welche „anderen" – d. h. welche Adressaten – gemeint sind, und davon auszugehen ist, dass es sich nicht um Erzählen, sondern um Beschreiben handeln soll. Je nachdem, wem gegenüber die Wahrnehmung der Musik beschrieben werden soll, wird die Beschreibung jeweils unterschiedlich formuliert werden: Einem Mitschüler gegenüber wird die Beschreibung anders ausfallen als einem Elternteil oder einem Musikexperten gegenüber, dem ein Schüler mitteilen möchte, was für Musik im Unterricht gehört wurde. Subjektive Wahrnehmungen und objektiv nachvollziehbare musikalische Ereignisse mischen sich auf der zweiten Stufe, müssten jedoch unter sprachbildenden Gesichtspunkten adressatenbezogen und damit unterschiedlich formuliert werden, worin gerade auch ein Nutzungspotenzial im Hinblick auf eine Sprachbildung liegt. Adressaten werden jedoch offenbar in der Aufgabenformulierung nicht erwähnt. Daher könnte eine eindeutigere Aufgabenformulierung lauten: „Beschreibe es so, dass ... (Adressat) es versteht." Adressatenspezifisch zu schreiben, bedeutet, sich als sprachlich kompetent Handelnder Gedanken über ein dem Adressaten gegenüber angemessenes Sprachregister zu machen und textsortenspezifische Merkmale, Strukturen und Redemittel zu verwenden. Um diese Anforderung transparent zu machen, könnte die Aufgabenstellung für die zweite Stufe lauten: „Beschreibe es so, wie du einen Text für eine Musikkritik in der Zeitung/eine Erzählung für deinen sechsjährigen Bruder/einen Informationstext für eine Internetseite verfasst". Doch auch dies würde noch keinen eindeutig formulierten Arbeitsauftrag darstellen, denn zusätzlich wäre in jedem Fall zu klären, ob die *Wirkung* der Musik (Emotionen und Assoziationen) oder die *Struktur* und die *musikalischen Mittel* oder alles zusammen Gegenstand der Beschreibung sein soll.

Auch die Formulierung für die Ausführung der 3. Phase ist nicht transparent im Hinblick auf die anzuwendenden Sprachhandlungen und das erwartete Sprachregister. Die Arbeitsanweisung dafür, „nüchtern" Fachsprache anzuwenden, könnte stattdessen beispielsweise lauten: „Analysiere das, was Du gehört hast, mittels Fachsprache." Denn hier geht es darum, eine musikalische Struktur objektiv, d. h. so zu analysieren, dass sie für andere nachvollziehbar wird und in Übereinstimmung mit der Auffassung anderer gebracht werden kann. Zugleich handelt es sich wiederum um eine Beschreibung, da sowohl der musikalische Verlauf als auch die wahrgenommenen musikalischen Mittel beschrieben werden. Die Beschreibung ist jedoch eine Sprachhandlung, die im Operator „Analysieren" mit enthalten ist.

Dies zeigt, wie problematisch die Formulierung eines Arbeitsauftrags sein kann. Die Aufgabenstellungen zu den einzelnen Stufen implizieren zudem, dass es sich bei dem, was „erzählt" bzw. beschrieben werden soll, keineswegs um eine Bewertung handeln soll. Ob die Musik den Schülern gefällt oder nicht, wird völlig ausgeblendet, so dass es zwar um subjektive Hörwahrnehmung, die Assoziationen, die damit verbunden sind und um die musikalischen Mittel, die diese Assoziationen hervorrufen, geht, nicht jedoch um ein Geschmacksurteil. Setzt man Wagenscheins Modell zum Modell Ästhetischer Argumentationskompetenz von Rolle (2013) in Beziehung,[57] fällt ins Auge, dass die unterste Stufe der musikbezogenen Argumentationskompetenz, die rein emotionale Bewertung von Musik, in Richters Adaption des Wagenscheinschen Modells überhaupt nicht berücksichtigt wird. Die Ausblendung einer emotionalen Wertung scheint jedoch selbst für im Umgang mit Musik professionalisierte Menschen kaum möglich und noch weniger im schulischen Musikunterricht, in dem die Schülerschaft sich i.d.R. eher auf einem Laienniveau im Umgang mit Musik befindet, d. h. auf den unteren Stufen der Ästhetischen Argumentationskompetenz in Rolles Modell.

Die hier beschriebene Problematik in Bezug auf Wagenscheins Modell besteht hauptsächlich darin, dass mit einem Arbeitsauftrag auf jeder Stufe eine bestimmte Antworterwartung an die Schüler verbunden ist, die jedoch aus der jeweiligen Anweisung der Formel „erst erfahre es, dann sage es beteiligt, schließlich fasse es nüchtern" nicht transparent hervorgeht. Mit den von Wagenschein vorgegebenen Anweisungen, sollten sie vom Musiklehrer tatsächlich wörtlich so formuliert werden, dürfte den wenigsten Schülern klar sein, welche sprachlichen Anforderungen damit verbunden sind. Zu vermuten ist, dass Richters Formulierungen in etwa lauteten: „Finde heraus, was zu hören ist" (Phase 1), „erzähle es anderen" (Phase 2) und „beschreibe es fachlich" (Phase 3). Dazu äußert sich Richter jedoch nicht. Doch wenn eine Antworterwartung auf eine

---

57 Vgl. hierzu auch Kap. 7.1.3.1.

bestimmte sprachliche Anforderung wie die Anwendung oder Vermeidung von Fachsprache oder bestimmter Textsorten, Operatoren und Sprachregister zielt, muss der Arbeitsauftrag so präzise formuliert werden, dass die Schüler erkennen können, was von ihnen sprachlich erwartet wird: welche Sprachhandlungen, welche Sprachregister, welche Redemittel? Was soll beschrieben werden: die subjektive Wahrnehmung/ Assoziationen/Wirkungen/die musikalischen Mittel/die Struktur der Musik? Aufforderungen oder Fragestellungen in Lernaufgaben evozieren bestimmte Annahmen darüber, wie sprachlich gehandelt werden soll. Dies stellt erhebliche Anforderungen an die Reflexionsfähigkeit der Musiklehrenden bezüglich der Formulierung eigener bzw. in Materialien vorformulierter Aufgaben, die nicht nur daraufhin analysiert werden müssen, welche fachlichen, sondern auch, welche sprachlichen Anforderungen damit jeweils verbunden sind.[58] Davon abgesehen, setzen diese Anforderungen – gesetzt den Fall, dass es gelingt, die sprachlichen Anforderungen für jede Ebene zu präzisieren und transparent zu machen – voraus, dass seitens der Schüler überhaupt entsprechende Konzepte vorhanden sind, diese Anforderungen umzusetzen.

Ähnlich kritisch wie das von Richter adaptierte Modell Wagenscheins ist auch ein Modell des Sprechens über Musik als Weg zur musikalischen Fachsprache bzw. als Weg zum Musikverstehen von Reinecke (1974) zu betrachten. Reinecke betrachtet das Sprechen über Musik aus sprachphilosophischer Perspektive auf der Basis von Wittgensteins Sprachspieltheorie und gliedert das Sprechen über Musik ebenfalls in drei hierarchisch angeordnete Stufen:

1. in eine musikbezogene allgemeine Umgangssprache, womit Reinecke einen Sprachgebrauch meint, der alltäglich im Umgang mit Musik ist und „normalerweise von ‚Jedermann' verstanden wird" (Reinecke 1974, S. 29); diese bildet die Basis emotionalen Verstehens von Musik und ist durch qualitative Begriffe geprägt,
2. in eine musikpraktische oder musikalische Umgangssprache als „Menge derjenigen Sprachspiele […], die der Verständigung über praktisch ausgeübtes Musizieren (oder Rezipieren) dienen" (Reinecke 1974, S. 29), womit die Sprachspiele von Orchestermusikern, der Musiktheorie, von Komponisten oder Tonmeistern gemeint ist; diese Ebene hat einen „eher komparativen Charakter" (Reinecke 1974, S. 31),
3. in über Musik urteilende Sprachspiele bzw. Sprachspiele der musikwissenschaftlichen Sprachen, die an oberster Stelle stehen und kritisch und objektiv sind; diese Ebene setzt die beiden unteren Ebenen voraus.

Dieses Modell ist als Versuch, qualitative, komparative und metrische Begriffe hierarchisch aus dem Bereich der Naturwissenschaften auf Musik zu übertragen, sowohl vage als auch zumindest in Teilen unzutreffend. Ist es noch nachvollziehbar, dass professionelle Musiker sich während des Musizierens häufig komparativ verständigen

---

58 Hierzu liegt ein fächerübergreifend einsetzbares Instrument zur fach- und sprachdidaktischen Analyse von Lernaufgaben von Caspari u. a. (2017) vor, das in Kap. 11.3.3 dargestellt wird.

(z. B. durch Begriffe wie „schneller", langsamer", „höher", „tiefer" etc.) ist es dagegen keineswegs zwingend, dass Emotionen gegenüber Musik von „Jedermann" eher qualitativ als komparativ geäußert werden. Auch die „Sprache der Musikwissenschaft" ist kaum als „metrisch" zu bezeichnen. Für die Sprachbildung im Musikunterricht sind solche Modelle auch deshalb nicht zielführend, weil sie nicht auf linguistische Merkmale eingehen, durch die die einzelnen Stufen trennscharf zu kennzeichnen wären. Vielmehr vermengen sich die linguistischen Merkmale zwischen allen Ebenen beim Sprechen über Musik infolge der Vermischung von Sprachregistern und unmittelbar und schnell aufeinander folgenden Sprachhandlungen. Die aus der Naturwissenschaft übernommene Hierarchie (Stufe 1: qualitative/klassifikatorische Begriffe, Stufe 2: komparative/topologische Begriffe, Stufe 3: metrische Begriffe) kann damit nicht für das Sprechen über Musik übernommen werden. Die Stufen in Wagenscheins und Reineckes Modellen sind zudem völlig losgelöst von den Sprachregistern „Alltagssprache", „Bildungssprache", „Fachsprache" und „Wissenschaftssprache". Bildungssprache korreliert darüber hinaus nicht zwingend mit Fachsprache und Fachwissen. Dass mit jeder „Stufe" ein anderer Erkenntnisgewinn erzielt werden kann, ist naheliegend, da es sich jeweils um einen Perspektivenwechsel handelt. Somit geht es auch bei Reineckes Modell, wie auch bei Wagenschein, nicht um hierarchisch angeordnete Stufen, sondern um völlig unterschiedliche Blickwinkel auf Musik. Doch neue Erkenntnis, d. h. Lernen, ist generell *nur* durch Perspektivenwechsel auf eine Sache oder einen Sachverhalt möglich.

Bezüglich des Stellenwertes von Sprache als Gegenstand der musikpädagogischen Forschung lässt sich zusammenfassend bilanzieren, dass mit den Arbeiten von Maas (1989), Gottschalk/Lehmann-Wermser (2013), Biegholdt (2013), Knörzer u. a. (2014; 2015) sowie von Ahlers und Seifert (2015) die bislang einzigen empirischen Arbeiten für den deutschsprachigen Raum vorliegen, die sich mit den sprachlichen Kompetenzen von Schülern im Musikunterricht befassen. Dabei kommen die Arbeiten von Maas und Biegholdt zur Vermittlung/Aneignung fachsprachlicher Begriffe zu widersprüchlichen Ergebnissen: Konnte Maas seine Hypothese, Handlungsorientierter Musikunterricht führe zu einer effizienteren und nachhaltigeren Aneignung von Fachsprache, im Rahmen seiner quasi-experimentellen Studie nicht annehmen, kommt Biegholdt in seiner qualitativen Untersuchung zu dem gegensätzlichen Befund, dass Schüler sich Fachsprache am nachhaltigsten durch eigenes musikalisches Handeln aneignen. Aufgrund abweichender Methoden und Forschungsdesigns beider Studien sind die Ergebnisse allerdings nur bedingt vergleichbar. Auch bezüglich dessen, wann ein Fachbegriff als „gelernt" bzw. „angeeignet" betrachtet wird, existieren unterschiedliche Auffassungen zwischen Maas und Biegholdt. Beide Studien werfen eher weitere Fragen auf als dass sie zu belastbaren Ergebnissen hinsichtlich dessen, wie Fachsprache im Musikunterricht nachhaltig zu vermitteln sei, führen. Im Hinblick auf die nachhaltige Aneignung musikalischer Fachsprache ist auch zu bedenken, dass Schüler die emotionale Wirkung, die eine Musik hervorruft, u.U. wesentlich höher bewerten als das Wissen-Wollen, wie diese Wirkung zustande kommt. Möglicherweise legen Schüler also mehr Wert auf das Sprechen über Emotionen und Assoziationen, die Musik auslöst, als auf eine fachwissenschaftliche Analyse. Schüler sind i.d.R. nicht daran interessiert, Musikwissenschaftler zu werden, und das Fach Musik erhebt auch nicht den Anspruch, auf im Alltag notwendige Anforderungen vorzubereiten wie z. B. der Deutschunterricht im Sinne von Literacy (vgl. Niessen u. a. 2008, S. 6). Eine noch zu bearbeitende Aufgabe der Musikdidaktik wäre es daher, sich darüber zu verständigen, welche fachsprachlichen Begriffe weshalb von den Schülern erlernt werden sollen (inklusive der Festlegung einer Erwerbsreihenfolge) und empirisch zu ermitteln, auf welche Weise dies nachhaltig erreicht werden kann.

Zahlreiche Fragen im Hinblick auf Sprache im Musikunterricht wurden bisher überhaupt noch nicht untersucht. Hinsichtlich dessen, welchen Stellenwert Musiklehrer Sprache im Unterricht für das Musiklernen generell beimessen, inwiefern Lehrer ihren eigenen Sprachgebrauch bzw. die Schülersprache reflektieren, wie hoch der Anteil des Sprechens über Musik in der Unterrichtsrealität im Sinne einer Reflexion gegenüber musikpraktischen Anteilen ist, wie hoch der Anteil rezeptiver und produktiver medialer Schriftlichkeit gegenüber dem medialer rezeptiver und produktiver Mündlichkeit ist, welche bildungssprachlich geprägten Darstellungsformen verwendet werden oder in welcher Weise und welchem Ausmaß das Musiklernen durch eine unzureichende Sprachkompetenz auf welchen Ebenen der sprachlichen Basisqualifikationen beeinflusst wird, bestehen gravierende Forschungslücken. Auch in der fachdidaktischen Ausbildung (vor allem der 1. Phase der Lehrerbildung) spielt die Befähigung von Musiklehrenden zur Ausgestaltung eines sprachbildenden Musikunterrichts noch kaum eine Rolle. Demzufolge nehmen methodische Handlungsvorschläge zur Förderung sprachlicher Qualifikationen in der musikdidaktischen Fachliteratur nur einen äußerst geringen Raum ein.

5.2 Musikbezogene Sprachkompetenz als Ziel des Musikunterrichts

Somit werden auch Überlegungen, wie eine musikbezogene Sprachkompetenz systematisch ausgebildet werden kann, innerhalb der Fachdidaktik Musik noch nicht diskutiert. Hierzu bedürfte es zunächst einer Klärung dessen, was unter einer „musikbezogenen Sprachkompetenz" zu verstehen ist, um auf dieser Basis sprachbezogene Kompetenzmodelle für den Musikunterricht zu entwickeln. Zwar werden, wo Sprechen über Musik zum Gegenstand der didaktischen Reflexion wird, Funktionen von Sprache im Musikunterricht sowie Inhalts- und Gegenstandsdimensionen beschrieben, doch lässt die Mehrzahl der dazu vorgelegten Forschungsarbeiten eine Beschreibung dessen, was unter „musikbezogener Sprachkompetenz" bzw. „musikbezogener Sprachfähigkeit" zu verstehen und wie diese im Musikunterricht systematisch auszubilden sei, vermissen. Die Frage, in welcher Weise über Musik zu sprechen die Schüler erlernen sollen und wann jemand als „musikbezogen sprachkompetent" zu bezeichnen wäre, findet bisher nur in Rolles Modell der musikbezogenen Argumentationskompetenz und Cvetkos und Lehmann-Wermsers narrativem Ansatz zur Vermittlung von Musikgeschichte als „historische Fragekompetenz" Berücksichtigung. Beide Ansätze beziehen sich jedoch nur auf die Fähigkeiten, musikbezogen zu argumentieren (wobei auch Fachsprache einzubeziehen ist) bzw. „an die [historischen, A.B.] Narrationen Fragen nach der Vergangenheit im Bewusstsein des Konstruktcharakters der Antworten zu stellen" (Cvetko/Lehmann-Wermser 2011, S. 30) und damit lediglich auf zwei *Teil*kompetenzen einer musikbezogenen Sprachkompetenz. Eine musikbezogene Sprachkompetenz setzt sich jedoch aus mehr als diesen beiden Teilkompetenzen zusammen, nämlich aus fachsprachlicher Kompetenz, musikbezogener Argumentationskompetenz (wobei eine „Operatorenkompetenz" inbegriffen ist, da Argumentieren sich aus mehreren Operatoren zusammensetzt) und Metaphernkompetenz. Bei der systematischen Förderung einer musikbezogenen Sprachkompetenz wäre jede dieser Teilkompetenzen zu berücksichtigen. Doch Forschungsbeiträge, die zur Frage der Vermittlung einer „musikbezogenen Sprachkompetenz" (was auch immer darunter verstanden wird) überhaupt Stellung nehmen, verbleiben derzeit mit der Feststellung, dass die Musikdidaktik sich der Aufgabe, wie eine musikbezogene Sprachkompetenz vermittelt werden könne, noch zu stellen habe.[59] Auffällig ist darüber hinaus, dass die Mehrheit der Untersuchungen zur musikbezogenen Sprachkompetenz sich auf Schüler an Gymnasien bezieht, wohingegen andere Schularten bisher weit weniger berücksichtigt werden.

Abschließend soll an dieser Stelle der Versuch unternommen werden, den Begriff einer „musikbezogenen Sprachkompetenz" näher zu bestimmen. Musikbezogene Sprachkompetenz kann zunächst als *situationsangemessene* musikbezogene Sprachhandlungskompetenz betrachtet werden. Musikbezogen sprachhandlungsfähig ist demnach, wer allen sprachlichen Anforderungen beim Sprechen über Musik, die in einer Unterrichtssituation von allen an der sprachlichen Interaktion Beteiligten erwartet werden, so nachkommen kann, dass der Sprechende von den anderen Interaktionspartnern verstanden wird (d. h. seine sprachlich formulierten Handlungsziele erreicht) und seinerseits die Äußerungen der Interaktionspartner so weit versteht, dass auch deren Ziele als erreicht gelten können. Die Erwartungen des Lehrers an das Sprachhandeln der Schüler können sich jedoch nicht allein am Gegenstand Musik, sondern müssen sich an der aktuell vorhandenen Sprachkompetenz der Schüler orientieren. Innerhalb einer Lerngruppe können sowohl die musikbezogene Sprachhandlungsfähigkeit der Schüler als auch die jeweiligen Erwartungen des Lehrers an das Sprachhandeln *einzelner* Schüler in derselben Unterrichtssituation immens differieren. So müssen sich die Erwartungen des Lehrers an das musikbezogene Sprachhandeln in einer Willkommensklasse von den Erwartungen an das musikbezogene Sprachhandeln in einem Musikleistungskurs maßgeblich unterscheiden. Doch auch *innerhalb* derselben kommunikativen Situation in einer Lerngruppe (z. B. bei einem Ästhetischen Streit) können die Erwartungen des Lehrers an das Sprachhandeln einzelner Schüler differieren, z. B. in Abhängigkeit von der Aufenthaltsdauer eines Schülers in Deutschland. Damit obliegt es dem Musiklehrer, für einzelne Schüler festzulegen, was unter einer „situationsangemessenen" musikbezogenen Sprachkompetenz jeweils zu verstehen ist. Die situationsangemessene musikbezogene Sprachkompetenz unterscheidet sich somit auch deutlich von der altersangemessenen musikbezogenen Sprachkompe-

---

59 Z. B. Cvetko/Lehmann-Wermser (2011, S. 31).

tenz. Im Gegensatz zur situationsangemessenen musikbezogenen Sprachkompetenz schließt die altersangemessene musikbezogene Sprachkompetenz ein, dass ein Schüler seine sprachlichen Handlungsziele nicht *irgendwie* (d. h. u. U. auch formalsprachlich fehlerhaft gemessen am Standarddeutsch) erreicht, sondern mittels des formalsprachlich korrekten Ausdrucks, den der Musiklehrer für die jeweilige Klassenstufe erwartet. Falls Bildungs- bzw. Fachsprache die vom Lehrer in *allen* sprachlichen Handlungssituationen erwartete Sprache als „Sprache der Schule" ist (vgl. Leisen 2011, Grundlagenteil S. 46), kann es demnach keine musikbezogene Sprachkompetenz ohne die Verwendung formal korrekter bildungs- und fachsprachlicher Strukturen geben. Dies manifestiert sich auch in den aktuellen Rahmenlehrplänen Musik, die als Bildungsziel eine altersangemessene Sprachkompetenz unter Verwendung von Bildungs- und Fachsprache setzen. Allerdings scheint es sich mittlerweile als politischer und gesellschaftlicher Konsens herausgebildet zu haben, dass die Künste – und hier insbesondere der Umgang mit Musik, der auch nonverbal bzw. mittels geringer Sprachkenntnisse möglich ist, – einen hohen Stellenwert für Integration und Inklusion haben. So existieren derzeit zahllose Musikprojekte für geflüchtete Menschen oder gesellschaftliche „Randgruppen". Dadurch gewinnt der soziale Aspekt gegenüber dem sprachlichen Aspekt deutlich an Gewicht. Um Bildungsstandards, „erkennendes Musikverstehen" und fachsprachliche Kompetenz geht es hierbei allerdings nicht.

6 Fachsprache im Musikunterricht

Fachlich gehandelt werden kann in jedem Fachunterricht in sehr unterschiedlichen Situationen, die nach Möhn und Pelka (1984, S. 41) folgendermaßen unterschieden werden können:

- nach Situationen, in denen ausschließlich praktisch und überhaupt nicht sprachlich gehandelt wird,
- nach Situationen, in denen praktisches und sprachliches Handeln räumlich und zeitlich verschränkt sind,
- nach Situationen, in denen ausschließlich sprachlich gehandelt wird.

Innerhalb eines Faches existieren somit sehr unterschiedliche Sprachverwendungssituationen. Für den Musikunterricht wurden diese noch nicht dargestellt, wenngleich die von Leisen (2011, Grundlagenteil) angeführten sprachlichen Standardsituationen des Fachunterrichts auch für den Musikunterricht zutreffen.[60] Kennzeichnend für das fachliche Sprachhandeln, unabhängig davon, in welcher Sprachverwendungssituation es angewandt wird, ist die Verwendung von Fachsprache, die in allen fachdisziplinären Diskursen vorkommt. Der Fachunterricht soll den Schülern den Erwerb einer fachlichen, wissensbasierten Diskursfähigkeit ermöglichen. Dabei geht es darum, den Schülern ein fachliches Genre-Repertoire zu vermitteln, mit dem Ziel, sie zur Teilnahme an lebensweltlichen Diskursen und zur gesellschaftlichen Partizipation zu befähigen (vgl. Hallet 2013, S. 69).

Wie für den Begriff der Bildungssprache existieren auch für den Begriff „Fachsprache" zahlreiche verschiedene Definitionen, die unterschiedliche wissenschaftliche Perspektiven (z. B. auf Inhalt oder Funktionen) widerspiegeln. Die Schwierigkeit einer Definition ergibt sich nicht zuletzt aus einer problematischen Abgrenzung zwischen Alltags-, Bildungs- und Fachsprache, da zwischen allen drei Sprachregistern Überschneidungen existieren und sich weder Lexik noch Morphologie, Syntax oder textuelle Merkmale eindeutig einem einzigen Sprachregister zuordnen lassen. Möhn und Pelka bezeichnen daher Fachsprache als eine Variante der Gesamtsprache, die sich durch eine spezifische Auswahl und Nutzung sprachlicher Mittel in morphologischer, lexikalischer (z. B. Fachwörter oder Termini), syntaktischer (z. B. Passiv, partizipiale Attribute) und textlicher Hinsicht auszeichnet: „Fachsprachen sind durch eine charakteristische Auswahl, Verwendung und Frequenz sprachlicher Mittel, besonders auf den Systemebenen ‚Morphologie', ‚Lexik', ‚Syntax' und ‚Text', bestimmt. Gegenüber anderen Sprachvarianten zeichnet sich ‚Fachsprache' durch einen höheren Grad an Normhaftigkeit aus, besonders im lexikalischen und textstrukturellen Bereich" (Möhn/Pelka 1984, S. 26 f.).

Neuere Definitionen folgen dem linguistischen „cognitive turn" der 1990er Jahre und beziehen sich nicht mehr auf den Begriff „Fachsprache", sondern auf den Be-

---

60 Die fächerübergreifenden und fachspezifischen Standardsituationen des Musikunterrichts werden in Kap. 7.1.2 ausführlich dargestellt.

griff „Fachkommunikation". Dabei geht es um die Veränderung von Konzepten. So definiert Hoffmann (1993) Fachkommunikation als „die von außen oder von innen motivierte bzw. stimulierte, auf fachliche Ereignisse oder Ereignisabfolgen ausgerichtete Exteriorisierung und Interiorisierung von Kenntnissystemen und kognitiven Prozessen, die zur Veränderung der Kenntnissysteme beim einzelnen Fachmann und in ganzen Gemeinschaften von Fachleuten führen" (Hoffmann 1993, S. 614, zit. n. Möpert 2014, S. 62). Angesichts einer solchen Definition ist allerdings zu hinterfragen, ob es im Musikunterricht überhaupt um Fachkommunikation gehen kann, da Schüler i.d.R. keine Musikfachleute sind und es auch nicht die Aufgabe des regulären Musikunterrichts ist, Schüler zu Musikfachleuten auszubilden (vgl. Biegholdt 2013). Dennoch ist nicht zu bestreiten, dass im Musikunterricht selbst in der Primarstufe bereits Fachkommunikation stattfindet. Die Problematik an Hoffmanns Definition des Begriffs „Fachkommunikation" besteht vor allem darin, zu bestimmen, ab welchem Level einer Interiorisierung/Exteriorisierung bzw. ab welchem Level fachkommunikativer Kompetenz jemand als Fachmann zu bezeichnen ist.

Die Bestimmung des jeweils vorhandenen Levels an fachsprachlicher Kompetenz, über die die Schüler verfügen, setzt vor allem voraus, dass zuvor geklärt sein sollte, mit welchen fachsprachlichen Strukturen der Musikunterricht überhaupt operiert. Eine Fach*sprache* besteht nicht nur aus fachspezifischen Begriffen, sondern bedient sich auch sprachlicher Handlungsmuster, Wortgruppen, Formulierungen und Abkürzungen, die für ein bestimmtes Fach charakteristisch sind (vgl. Cornely Harboe/Mainzer-Murrenhoff 2016, S. 168; Beese u. a. 2014, S. 68). Innerhalb der Fachsprachenforschung besteht bezüglich der Charakteristika musikalischer Fachsprache allerdings ein deutliches Theoriedefizit. Besonderheiten und Merkmale musikalischer Fachsprache wurden für die musikalische Fachsprache außer von Möpert (2014) für die Fachsprache des Tanzes als eine Varietät der musikalischen Fachsprache noch nicht bestimmt.[61] Zu Möperts Untersuchung ist allerdings anzumerken, dass der überwiegende Teil der von ihr identifizierten Merkmale einer „Fachsprache des Tanzes", abgesehen von einer spezifischen Ballettterminologie, ebenso auf die Sprache, die in Chor- oder Orchesterproben üblicherweise verwendet wird, übertragbar ist. Hierbei sind insbesondere folgende von Möpert identifizierte „typische" Merkmale zu nennen:

- die häufige Anwendung von deiktischen Ausdrücken wie z. B. „unten/oben", „dort", „dann",
- der Abbruch von Sätzen und deren Ergänzung durch nonverbale Elemente (im Fall der Chor- oder Orchesterprobe auch durch Vorsingen oder andere stimmliche Demonstrationen),
- Fingerschnippen und Rhythmusklatschen,
- die Verbindung von Körpersprache und verbaler Aussage,
- die vermehrte Anwendung von Aufforderungs- und Ausrufesätzen und persönlichen Imperativformen (im Gegensatz zur bildungssprachlichen imperativen Infinitivform),

---

61 Vgl. zur Kritik an der noch nicht erfolgten Modellierung und Charakterisierung musikalischer Fachsprache auch Biegholdt (2013).

- die Verwendung von Fragesätzen zur Rückversicherung und Unterstützung einer freundlichen Atmosphäre im Probenraum,
- die häufige Verwendung von kurzen, knappen Sätzen,
- die Wiederholung von einzelnen, kurzen Satzteilen und Phrasen,
- die häufige Verwendung von Wörtern aus anderen Sprachen,
- eine persönliche Ansprache der Ensemblemitglieder durch den Probenleiter,
- der vermehrte, bewusste Einsatz nonverbaler, körpersprachlicher Mittel,
- die Verwendung bildhafter Sprache.

Es scheint sich daher weniger um eine „Fachsprache des Tanzes" als vielmehr um eine „Fachsprache des Probens" mit dem Ziel einer adäquaten Wiedergabe (als Transformation) eines musikalischen Werkes zu handeln. Ebenso ließen sich alle hier genannten Merkmale auch auf den Instrumentalunterricht als „Fachsprache des Instrumentalunterrichts" übertragen.

Hingegen wurden auch von Möpert weder eine nur für den Tanz charakteristische Morphologie bzw. Syntax noch textuelle Merkmale, Wortgruppen oder Abkürzungen identifiziert, z. B. bestimmte Chunks als zusammenhängende Einheiten gespeicherter Äußerungen, wie sie beispielsweise auch im naturwissenschaftlichen Unterricht vorkommen[62] (vgl. Tajmel/Hägi-Mead 2017, S. 37 f.). Doch zusammenhängende Wortgruppen kommen auch in der musikalischen Fachsprache vor wie beispielsweise „den Einsatz geben", „vom Blatt spielen", „Mannheimer Schule", „zu hoch/tief sein". Da es sich sprachdidaktisch bewährt hat, solche Chunks als größere bildungs- oder fachsprachliche Einheiten zu vermitteln (vgl. Tajmel/Hägi-Mead 2017, S. 51), müssten sie im Hinblick auf die musikalische Fachsprache zunächst identifiziert werden. Auch fachtypische Operatoren und Redemittel im Bereich der musikbezogenen Fachkommunikation wurden bisher für den Musikunterricht nicht identifiziert. Was genau – abgesehen vom Wortschatz – eine Beschreibung, Begründung oder Argumentation im Fach Musik von einer Beschreibung, Begründung oder Argumentation im Fach Biologie, Deutsch oder Physik unterscheidet, worin sich Textprozeduren und Prozedurausdrücke fachspezifisch unterscheiden, zumal, wenn in allen Fächern *übergreifend* bildungssprachliche Redemittel angewendet werden sollen und nach Feilke (2015, S. 62) Textprozeduren textliche Handlungsschemata semiotisch mit einem konventionell begrenzten Spektrum von Prozedurausdrücken koppeln, wurde bisher trotz behaupteter Unterschiede zwischen den Fachsprachen verschiedener Wissenschaftsdisziplinen nicht herausgearbeitet. Um dies anschaulich zu belegen, wurde das Original der folgenden Tabelle von Beese u. a. (2014, S. 97) in Tabelle 2 um die Spalte „Musikspezifischer Ausdruck" ergänzt und kommentiert.

---

62 Für den naturwissenschaftlichen Unterricht geben Tajmel und Hägi-Mead (2017, S. 37) Chunks an wie z. B. „Das Experiment soll zeigen, dass…"/„Die Messung ergibt den Wert…"/„Der Versuchsaufbau besteht aus…", die sie dem Sprechen über ein Experiment zuordnen. Von Interesse wäre entsprechend für den Musikunterricht, ob und welche Chunks sich für das Sprechen über verschiedene musikalische Gegenstände in sprachlichen Standardsituationen des Musikunterrichts ausfindig machen lassen.

Tab. 2: Vergleich naturwissenschaftlicher und musikalischer Fachsprache in Anlehnung an Beese u. a. (2014, S. 97)

	Sprachliche Konstruktion	Naturwissenschaftlicher Ausdruck	Musikspezifischer Ausdruck	Kommentar
A	Bildungen von Fachwörtern aus bzw. mit Eigennamen	Allensche Regeln	Bachsche Fuge; Schönbergsche Zwölftonmusik, Wiener Klassik	fachspezifische Unterschiede bei gleicher sprachlicher Konstruktion nur auf der Wortebene (Wortschatz)
B	Unpersönlicher Ausdruck („man", Passiv)	Man nimmt zu viel Fett auf. Das überschüssige Fett wird im Körper gespeichert.	Man erzeugt den Ton durch Anblasen. Der Ton wird durch Anblasen erzeugt.	bildungssprachliche Konstruktion, nicht fachspezifisch
C	Durch Vorsilben gebildete Fachwörter (Nomen und Verben)	Auswertung, Zerlegung, auslösen, bewirken	Auftakt, (Tempo) durchhalten, aushalten, Vorspiel	Wortbildung mit Präfixen ist nicht fachspezifisch, auch in der Alltagssprache so vorhanden, aber fachspezifische Wortbedeutung (Wortschatz)
D	Adjektive, die von Fachnomen abgeleitet wurden, mit typischen Endsilben, z. B. -haltig, -reich, -arm	kupferhaltig, nährstoffreich, fettarm	Adjektive, die von Fachnomen abgeleitet wurden, auf den Endsilben -isch, -ig, -ich: harmonisch, rhythmisch, flötistisch/auftaktig, zweistimmig, jazzig/gesanglich stimmlich, tonlich	Kein Unterschied zur Adjektivbildung in der Alltagssprache (z. B. Chaos–chaotisch, List–listig, Fest–festlich), aber fachspezifische Adjektive (Wortschatz)
E	Nebensätze mit und ohne Konjunktion, die eine Bestimmung der Zeit, der Ursache, der Bedingung oder des Zwecks vornehmen	Nachdem der Fisch seine Eier abgelegt hat… Wenn man Kochsalz in Wasser löst, dann… Um den Lichtstrahl abzulenken…	Nachdem in Takt 8 die Streicher eingesetzt haben… Wenn man mit dem linken kleinen Finger die gis-Klappe herunter drückt, dann… Um die Gewalt der Natur klanglich darzustellen…	bildungssprachliche Konstruktion, nicht fachspezifisch

	Sprachliche Konstruktion	Naturwissenschaftlicher Ausdruck	Musikspezifischer Ausdruck	Kommentar
F	Textsorten mit einer klaren Struktur und immer gleicher Abfolge von Rubriken/Abschnitten	Tiersteckbrief, Versuchsprotokoll, darstellender Sachtext	Komponistensteckbrief, Probenprotokoll, darstellender Sachtext, Musikerbiografie, Konzertkritik, historische Dokumente (Brief, Tagebucheintrag), Sonatenanalyse	nicht fachspezifisch; Unterscheidung in Textsorten, die generell in künstlerischen oder generell in naturwissenschaftlichen Fächern vorkommen
G	Ein Nomen wird durch rechts oder links von ihm stehende komplexe Attribute ergänzt	mit den als Zapfen bezeichneten Sinneszellen in der Netzhaut des menschlichen Auges	Mit dem als Frosch bezeichneten Griffstück am unteren Ende des Bogens	bildungssprachliche Konstruktion, nicht fachspezifisch
H	Fachverben mit festen Präpositionen	eine Spannung an etwas anlegen	auf einem Instrument spielen	hierbei wird die Präposition nicht durch das Fachliche, sondern durch die generelle Verbindung eines Verbs mit einer festen Präposition bestimmt (so kann auch ein Maßstab an etwas angelegt oder auf dem Spielplatz gespielt werden); die Wortbedeutung des Verbs, nicht die grammatische Konstruktion als solche ist fachspezifisch (Wortschatz)
I	Adverbien, die auf einen Satz davor verweisen und dadurch einen Bezug zum Text herstellen (außerdem, damit)	dabei, dazu, dadurch, währenddessen, deshalb	dabei, dazu, dadurch, währenddessen, deshalb	in bildungssprachlichen Konstruktionen verwendete Adverbien, nicht fachspezifisch

	Sprachliche Konstruktion	Naturwissenschaftlicher Ausdruck	Musikspezifischer Ausdruck	Kommentar
J	Wörter, deren alltagssprachliche Bedeutung vermutlich bekannt ist, die aber im Fachkontext eine andere Bedeutung haben	Kraft, sauer, Lichtstrahl	Takt, Fuge, harmonisch	nicht fachspezifisch, sondern auch für andere Fächer zutreffend, z. B. „Kippe" im Sport, „Maßstab" in der Geografie, „Stand" in der Geschichtswissenschaft, „Rolle" im Darstellenden Spiel; betrifft den Wortschatz
K	Entlehnung von Fachwörtern aus anderen Sprachen	Biologie, Zygote, Laktase	Melodie, Air, Aleatorik, crescendo	nicht fachspezifisch, trifft auch für andere Fächer zu (Wortschatz)
L	Fachspezifische Abkürzungen und Symbole	μ, α, h, g, min.	cresc, acc, p, ff, </Fl., Kl. (v. a. spieltechnische Anweisungen und Abkürzungen für Instrumente in Noten)	fachspezifisch; Abkürzungen von Wörtern, von denen einige auch im Alltag verwendet werden (min., h); betrifft Wortschatz
M	Aus Fachverben gebildete Nomen	Ernährung, Destillat, Destillation	Instrumentalspiel, Stimmung, Alteration	kein fachspezifisches Wortbildungsmuster
N	Verweise auf Bilder, Tabellen, Grafen u. a., die Teil des Textes sind und zwingend mit dem übrigen Text zusammen gelesen werden müssen	z. B. in Stammbäumen, Strukturformeln	Texte mit Notenbeispielen, Stammbäume von Komponistenfamilien, Abbildungen von Instrumenten	nicht fachspezifisch, auch in anderen Domänen üblich (z. B. Fotos in Kochbüchern, Abbildungen in Bastelanleitungen etc.)
O	Fachnomen, die durch Komposition gebildet werden	Umweltfaktor, Waldökosystem	Tonsystem, Harmonieschema, Schlaginstrument	Kompositabildung im Deutschen ist charakteristisch auch für Alltagssprache, daher nicht fachspezifisch; betrifft nur die Wortschatzebene

Bei allen von Caspari u. a. (2016) dargestellten Kategorien handelt es sich entweder um bildungs- oder alltagssprachliche und damit nicht um jeweils *fachspezifische* Konstruktionen, sondern um Konstruktionen, die es so auch in anderen Fächern gibt und deren Unterschiede nicht in der morphologischen oder syntaktischen Konstruktion, sondern ausschließlich in der Lexik liegen. Der Unterschied zwischen der musikalischen Fachsprache und der Fachsprache anderer Fächer liegt daher nach bisherigem Forschungsstand auf der Ebene der Terminologie, nicht aber in besonderen morphologisch-syntaktischen Strukturen. Demnach können aktuell als charakteristische Kennzeichen der musikalischen Fachsprache lediglich die Verwendung spezifischer, regelhaft verwendeter Fachbegriffe mit feststehender Bedeutung sowie die Verwendung eines zusätzlichen eigenen Symbolsystems (Notenschrift) gelten.

Von den Merkmalen, die in der Fachsprachenforschung als charakteristische Kennzeichen von Fachsprache bisher herausgearbeitet wurden und die zugleich Merkmale von Bildungssprache darstellen,[63] unterscheiden sich zudem Teile des musikalischen Fachwortschatzes hinsichtlich des Merkmals „Gefühlsneutralität", verstanden als das Fehlen von Konnotationen[64] (vgl. Möpert 2014, S. 76 f.). Ob Gefühlsneutralität jedoch auf alle musikalischen Fachbegriffe zutrifft, ist in Frage zu stellen. Fachbegriffe wie „Dreiklang" oder „Exposition" mögen dieses Kriterium erfüllen, doch ob dies ebenso auf metaphorische Fachbegriffe wie „Spannung" oder „Auflösung" zutrifft, die einen erheblichen Teil musikalischer Fachsprache ausmachen, ist zu bezweifeln. Ferner lassen sich erhebliche Teile des musikalischen Fachwortschatzes auch einem alltags- oder bildungssprachlichen Wortschatz zuordnen, wobei diese Zuordnung auf der Basis des Bekanntheitsgrades bestimmter Begriffe in einer Sprachgemeinschaft vorgenommen werden kann. Je bekannter ein Begriff ist und je häufiger er verwendet wird, umso eher ist er der Alltagssprache zuzuordnen. So wird beispielsweise jeder deutsche Muttersprachler über Begriffe wie „Melodie", „Orchester" oder „Konzert" verfügen und in der Lage sein, diese Begriffe in Kommunikationssituationen sinngemäß und korrekt anzuwenden, obwohl es sich um musikalische Fachbegriffe handelt; so betrachtet sind diese Fachbegriffe Bestandteil der Alltagssprache. Hingegen gehören Begriffe wie „Sonate" oder „Rondo" eher in den Bereich einer Expertensprache, über die nicht jeder Angehörige einer Sprachgemeinschaft selbstverständlich verfügt. Dass die Bezeichnung „musikalische Fach*sprache*" mit der Bezeichnung „musikalischer Fach*wortschatz*" im Grunde gleichzusetzen ist, ergibt sich auch aus der Frage, was einen musikalischen Fachwortschatz als Bestandteil von Allgemeinbildung (d. h. als Teil von Bildungssprache) von einem musikalischen Fachwortschatz als Besitz einer Gemeinschaft von Musikexperten (d. h. als Teil von Fachsprache) unterscheidet. Noch absurder wird die Diskussion mit der Frage, ob der musikalische Fachwortschatz, der bis zum Ende der Schulpflicht erworben wird, der Bildungssprache zuzuordnen und der musikalische Fachwortschatz, der in der Gymnasialen Oberstufe erworben wird, der musikalischen Fachsprache, über die Experten verfügen, zuzurechnen ist.

---

63 Zu den allgemeinen Merkmalen von Fachsprache vgl. auch Möpert (2014).
64 Konnotationen sind in einem Wort mitschwingende assoziative, emotionale oder wertende Nebenbedeutungen.

Ungeachtet der dargestellten Unklarheiten bezüglich des Begriffs „musikalische Fachsprache" und des ebenfalls ungeklärten Verhältnisses von musikalischer „gefühlsneutraler" Fachsprache und metaphorischer Fachsprache soll die Schule als Institution fachsprachliche Kompetenzen in allen Fächern auf einer basalen Ebene ausbilden, so dass im Fall einer späteren Spezialisierung und der weitergehenden Entwicklung von Expertise an bereits vorhandene fachsprachliche Strukturen und fachsprachliches Wissen angeknüpft werden kann. Daher gehört die Ausbildung einer musikalischen Fachsprache zu den Kernaufgaben des Musikunterrichts. Auch, wenn Schüler nur über einen geringen Fachwortschatzumfang mit eher einfachen Fachbegriffen verfügen, und auch, wenn sie nicht immer korrekte morphologisch-syntaktische Strukturen produzieren, ist auf dieser Basis bereits zumindest eine mündliche Fachkommunikation als intersubjektive Verständigung möglich. Niemand würde bestreiten, dass z. B. ein Dirigent nicht deutscher Herkunftssprache, der in einer Probensituation in der Aussprache und/oder auf der grammatischen Ebene der deutschen Sprache Fehler macht, fachlich als Experte kommuniziert. Auf welches Niveau einer fachsprachlichen Kompetenz Schüler im Musikunterricht bis zum Ende der Schulzeit geführt werden sollen, welcher Fachwortschatz aus der Gesamtmenge des musikalischen Fachwortschatzes vermittelt werden soll und wie sich dies begründet, wurde in der Musikpädagogik jedoch noch nicht diskutiert.

Die Gesamtmenge des musikalischen Fachwortschatzes setzt sich aus den Fachwortschätzen verschiedener Sachgebiete wie Oper, Jazz, Tanz, Musiktheorie, Spielanweisungen etc. zusammen, die jeweils über einen eigenen, intrasprachlichen Wortschatz verfügen, sich in der Fachkommunikation je nach Situation allerdings oft überschneiden. Demnach liegen auch bezüglich der allgemeinen, nicht fachwortschatzbezogenen Wortschatzarbeit im Musikunterricht Potenziale in verschiedenen Gebieten der Musik: Im Bereich des Tanzes werden z. B. vermehrt Verben der Bewegung, Nomen aus dem Wortfeld „Körperteile", Orts- bzw. Richtungsadverbien sowie fachsprachliche Begriffe des Tanzes verwendet,[65] im Bereich des Musikhörens hingegen Adjektive zur Beschreibung von Assoziationen und Emotionen. Die Frage, über welchen Gesamt-Fachwortschatz Schüler überhaupt verfügen können sollen und wie diese Zielsetzung begründet wird, kann innerhalb der Musikdidaktik derzeit nicht als beantwortet gelten, zumal zwischen den Bundesländern kein übereinstimmender, verbindlich zu vermittelnder musikbezogener Fachwortschatz existiert (vgl. Biegholdt 2013, S. 37). Auch, wann eine fachsprachliche Kompetenz als erreicht zu betrachten ist, ist derzeit nicht geklärt. Fluck (1992, S. 41) betrachtet das Verfügen der Schüler über fachsprachliche Begriffsbezeichnungen als Indiz für den Erfolg von Lehr- und Lernprozessen. Biegholdt differenziert dies aus und sieht fachsprachliche Kompetenz dann als erreicht an, wenn Schüler Fachbegriffe im jeweiligen Kontext treffsicher verwenden, ihren (aktiven) Wortschatz dauerhaft um fachsprachliche Begriffe erweitern und fachsprachliche Begriffe auch außerhalb des Musikunterrichts innerhalb ihrer Alltagssprache anwenden (vgl. Biegholdt 2013, S. 56 f.).[66] Für Maas (1989) hingegen gilt

---

65   Vgl. hierzu die Befunde von Möpert (2014).
66   Dies zu überprüfen, gestaltet sich für Musiklehrende allerdings problematisch.

ein Fachbegriff bereits dann als angeeignet, wenn der Begriff korrekt definiert und angewendet werden kann. Rolle (2014, S. 4) schließlich weist darauf hin, dass die Frage, „an welcher Stelle des Unterrichts wie viel von welcher Art Fachsprache in welcher Form hilfreich und nötig ist", nur im Zusammenhang mit der Frage „Worauf kommt es im Musikunterricht an?" beantwortet werden kann.[67] Rolle entwickelt sein Modell musikbezogener Argumentationskompetenz, in dem der Anteil fachsprachlicher Kompetenz neben anderen sprachlichen Fähigkeiten mit jeder Kompetenzstufe zunimmt, auf der Basis des hohen Stellenwerts von Reflexion für das Hervorbringen musikalischer Bildung. In der adäquaten Anwendung musikalischer Fachsprache manifestiert sich schließlich Wissen über Musik, das wiederum die Musikwahrnehmung beeinflusst. Weiß ein Schüler z. B. nicht, was eine Sonatenhauptsatzform ist, kann er diese Form auditiv zwar als Klangereignis wahrnehmen, wird jedoch Mühe haben, dieses musikalische Phänomen sprachlich angemessen zu beschreiben, wodurch sich die intersubjektive Verständigung äußerst schwierig gestaltet. Für die Musikwahrnehmung gilt außerdem – wie auch für die Sprachwahrnehmung – die kognitionstheoretische Erkenntnis, dass man hört, was man weiß: Fachsprachlich organisiertes Wissen über Musik beeinflusst die Musikwahrnehmung und ermöglicht damit Erkenntnisprozesse, die wiederum zum Musikverstehen beitragen.

6.1 Besonderheiten und Komplexität musikalischer Fachbegriffe

Betrachtet man die in den Rahmenlehrplänen und schulinternen Curricula aufgeführten Fachbegriffe, die von den Schülern erlernt werden sollen, lässt sich feststellen, dass der zu vermittelnde musikalische Fachwortschatz häufig Begriffe umfasst, die auch in der Alltagssprache vorkommen, hier jedoch in einer vollkommen anderen Bedeutung verwendet werden, z. B. „Fuge" als Begriff, den es auch in der Alltagssprache als Bezeichnung für einen schmalen ausgefüllten Zwischenraum zwischen zwei Teilen gibt. Weiterhin umfasst die musikalische Fachsprache Begriffe anderer Fachsprachen wie „Akkord" als Fachbegriff, den es auch in der Wirtschaft, hier jedoch ebenfalls in einer völlig anderen Bedeutung, gibt. Der Erwerb eines musikalischen Fachwortschatzes stellt daher an die Lernenden nicht nur die Anforderung, sich neue, bislang unbekannte Begriffe anzueignen, die es *nur* in der Musik gibt (d. h. einen intrafachlichen Fachwortschatz), sondern auch, Begriffe in ihrer *musikspezifischen* Bedeutung vom bisher bekannten, alltagssprachlichen Gebrauch bzw. in ihrer musikspezifischen Bedeutung von Fachbegriffen aus anderen Fachgebieten (interfachlicher Fachwortschatz) unterscheiden zu lernen (vgl. Bieghold 2013, S. 25). Im musikalischen Fachwortschatz existieren zahlreiche Bereiche, in die fachsprachliche Begriffe aus anderen Domänen direkt in den musikalischen Fachwortschatz importiert wurden, z. B. Notenlängenbezeichnungen und Taktartbezeichnungen in Anlehnung an die Bruchrechnung. Darüber hinaus finden fachsprachliche Begriffe Anwendung, die aus einer interdisziplinären Verknüpfung verschiedener Fachwortschätze hervorgegangen sind, wie der Begriff des Samples, der ursprünglich ein in der Informatik umgesetztes Konzept beschreibt.

---

67   Hierüber besteht innerhalb der Musikdidaktik allerdings keineswegs Einigkeit.

Hinzu kommen Begriffe der Bildungssprache (oft aus dem Lateinischen oder Altgriechischen stammende Fremdwörter), die sich auch in anderen Fachsprachen in *gleicher* Bedeutung wiederfinden (z. B. Lieder*zyklus*, Quint*parallele*). Auch innerhalb verschiedener Musikgenres wie Jazz oder Pop gehören jeweils eigene, meist englischsprachige fachsprachliche Begriffe zum Fachwortschatz. Begriffe aus weiteren Sprachen wie dem Italienischen oder dem Französischen sind ebenfalls Bestandteil des musikalischen Fachwortschatzes. Fremdsprachige Bezeichnungen für musikalische Gestaltungsparameter, die Teil des intrasprachlichen musikalischen Fachwortschatzes sind, können in dieser Verwendung zugleich auch als Teil von Bildungssprache betrachtet werden, da es genauso möglich wäre, für die Bezeichnung dieser Parameter deutschsprachige Begriffe zu verwenden, die die Funktion des jeweiligen fremdsprachigen Begriffes auf die gleiche Weise erfüllen (vgl. Biegholdt 2013, S. 144). Der musikalische Fachwortschatz setzt sich somit aus verschiedenen Bereichen zusammen, deren Vermittlung und Anwendung im Musikunterricht einerseits durch die Lehrpläne, sofern sie die zu erlernenden Fachbegriffe explizit auflisten, vor allem jedoch durch die jeweiligen schulinternen Curricula und mehr noch durch die Lehrperson bestimmt wird. Je nach behandelten Themenfeldern und Inhalten des Musikunterrichts, aber auch je nachdem, in welchem Bundesland und an welcher Schulart sie unterrichtet werden, sollen den Schülern sehr unterschiedliche musikalische Fachbegriffe vermittelt werden. Abgesehen von dieser recht willkürlich anmutenden Pluralität kann derzeit nicht als geklärt betrachtet werden, mittels welcher Methoden musikalische Fachsprache *nachhaltig* vermittelt werden kann, da nur wenige empirische Studien dazu vorliegen, die aufgrund eines unterschiedlichen Forschungsdesigns zudem nicht vergleichbar sind und zudem zu widersprüchlichen Ergebnissen kommen.

Unabhängig von der Vermittlungsmethode (z. B. nur durch Erklärung oder durch musikpraktische Eigentätigkeit in Verbindung mit einer Erklärung) müssen im Kontext einer Sprachbildung die Anforderungen reflektiert werden, die bei der Aneignung musikalischer Fachbegriffe an die Lernenden auf sprachlicher und kognitiver Ebene gestellt werden. Zunächst ist zu berücksichtigen, dass sich der vielfältige musikalische Fachwortschatz nach Komplexität gliedern lässt, die sich auf der Abstraktionsebene der Bedeutungen widerspiegelt, wie in Abbildung 8 dargestellt.

Können einfache, eher praxisbezogene Fachbegriffe unmittelbar durch Erleben vermittelt werden, z. B. der Begriff „crescendo" durch das Vor- und Nachsingen eines lauter werdenden Tons und der Nennung des Fachbegriffs „crescendo", gilt dies für komplexere (abstrakte) Fachbegriffe nicht im selben Maß. Je höher der Abstraktionsgrad ist, desto mehr verbale Erklärung wird benötigt, auch, wenn – nachdem ein abstrakter Begriff verstanden wurde – dieser nachvollzogen und insofern auch „erlebt" werden kann. So könnte beispielsweise der Begriff „Sonatenhauptsatzform" erlebt werden, indem eine bearbeitete Version eines klassischen Sonatensatzes von den Schülern in vier Gruppen auf Glockenspielen nachgespielt wird, wobei eine Gruppe das erste Thema, die zweite Gruppe das zweite Thema, die dritte Gruppe die Durchführung und die vierte Gruppe die Reprise spielt. Doch allein durch das Reproduzieren auf Glockenspielen, ohne ergänzende Erklärung, wäre den Schülern nicht zu vermitteln,

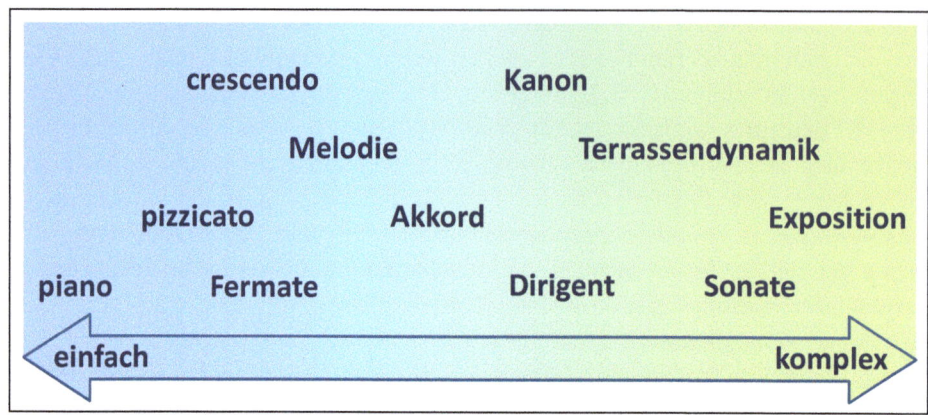

Abb. 8: Komplexität von Fachbegriffen

was eine Sonatenhauptsatzform darstellt und durch welche formalen Merkmale sie gekennzeichnet ist. Zudem gibt es fachsprachliche Begriffe, an deren Bedeutung es nichts ändert, ob sie auf Deutsch oder in einer anderen Sprache verwendet werden (z. B. „forte") (vgl. Biegholdt 2013, S. 78). Da diese einfachen Fachbegriffe meist in die deutsche Alltagssprache übersetzt werden können, ohne dass dafür eine längere Umschreibung benötigt wird, ist eine intersubjektive Verständigung im Musikunterricht grundsätzlich auch ohne die Beherrschung dieser fachsprachlichen fremdsprachigen Begriffe möglich. Anders verhält es sich mit komplexeren Fachbegriffen, zu deren Erklärung bzw. Umschreibung einfachere Fachbegriffe herangezogen werden können oder müssen (z. B. die Begriffe „piano" und „forte" zur Beschreibung von „Terrassendynamik") und deren Verwendung sowohl zu rationellerem Sprachgebrauch als auch zu mehr Präzision führt, da sie längere umständliche Umschreibungen ersetzen (z. B. ein Begriff wie „Sonate", der nicht einfach in ein anderes deutsches Wort übersetzt werden kann, sondern der umfangreich umschrieben werden muss) (vgl. Biegholdt 2013, S. 78 f.; Maas 1989, S. 51). Bei solch komplexen Fachbegriffen, die einen hohen Grad an Abstraktion aufweisen, ist eine intersubjektive alltagssprachliche Verständigung problematisch, da Alltagssprache sehr komplexe Zusammenhänge kaum darstellen kann bzw. weitschweifige Umschreibungen notwendig wären. Der sehr komplexe Fachbegriff „Sonatenhauptsatzform" ist beispielsweise mittels alltagssprachlicher Beschreibungen nahezu nicht darstellbar. Die Berücksichtigung des Komplexitätsgrades von musikalischen Fachbegriffen ist bei der Vermittlung im Musikunterricht relevant, da vor der Einführung komplexer Fachbegriffe die weniger komplexen Fachbegriffe, auf denen ein komplexer Fachbegriff basiert, von den Schülern angeeignet sein müssen.

Bei der Aneignung eines Fachwortschatzes müssen innerhalb der musikalischen Systeme von Fachbegriffen Ober-und Unterkategorien gebildet werden, z. B. im Bereich von Gattungen, Instrumentenkunde, musikalischen Gestaltungsparametern etc. Die Voraussetzung hierfür ist eine mindestens altersangemessene Sprachkompetenz in der Muttersprache (nicht jedoch zwangsläufig in der deutschen Sprache), so dass sowohl die grundsätzliche Fähigkeit zur Kategorienbildung als auch bereits Konzepte für die jeweiligen Kategorien und deren Strukturierung vorhanden sind. Als Beispiel kann nochmals der oft formalsprachliche (phonetisch, morphologisch-syntaktisch) inkorrekte Sprachgebrauch von international tätigen Dirigenten bei Orchesterproben oder die Verständigung von multinational zusammengesetzten Ensembles dienen, die trotz der formal inkorrekten Sprachstrukturen erfolgreich im Sinne des Erreichens sprachlicher Intentionen ist. Im Bereich des Erwerbs von Kategorien ausdrucksbezogener Gestaltungsparameter wie Dynamik, Artikulation oder Tempo ist außerdem auch ein Mindestmaß an Metaphernkompetenz[68] notwendig. Hier müssen Konzepte metaphorischer Bedeutungen zumindest in *einer* Sprache ausgebildet sein. Anderseits können, wo eine deutschsprachige Metaphernkompetenz noch nicht vorhanden ist, z. B. bei Schülern, die Deutsch als Zweit- oder Fremdsprache erlernen, wenig komplexe metaphorische Begriffe wie „hart" oder „weich" als musikalische Fachbegriffe auch dann vermittelt werden, wenn die Lernenden noch nicht über deren eigentliche, nicht metaphorische Bedeutung verfügen. Z. B. kann durch eine Demonstration wie Vorsingen oder Vorspielen auf einem Instrument die Bedeutung von „hart" oder „weich" als artikulatorischer Gestaltungsparameter verdeutlicht werden. Wörter wie „hart" oder „weich" können dabei entweder während, vor oder nach einer nonverbalen gestischen oder sprachunterstützenden Demonstration mehrfach wiederholt werden, so dass das Gemeinte ersichtlich wird, ohne dass die Lernenden über weitere Bedeutungen des Wortes in anderen Kontexten (bei Wörtern wie „hart" oder „weich" sind dies haptische Eigenschaften) verfügen können müssen. In diesem Fall wird die metaphorische Bedeutung vor der nicht metaphorischen erlernt. Dieses Vorgehen ist aus sprachdidaktischer Perspektive im Hinblick auf das Erlernen der deutschen Sprache zwar nicht zu empfehlen, dennoch ist es prinzipiell denkbar. Eine produktive Metaphernbildung ist allerdings auf dieser Basis nicht möglich. Sie setzt die Kenntnis sprachlicher Konventionen und wörtlicher Bedeutungen vor einem gemeinsamen kulturellen Hintergrund zwingend voraus.[69]

Die Einteilung in wenig komplexe und komplexe Fachbegriffe und die Tatsache, dass trotz vorhandener Einschränkungen auf der phonetischen und morphologisch-syntaktischen Ebene durchaus eine sinnvolle fachsprachliche Verständigung über Musik möglich ist, unterstützen die Auffassung, dass Defizite in einem Bereich der sprachlichen Qualifikationen sich nicht zwangsläufig negativ auf das Erreichen einer sprachlichen Intention auswirken *müssen*, worauf Ehlich, Valtin und Lütke (2012) verweisen. Für den Musikunterricht trifft jedenfalls zu, dass zumindest einfache Fachbegriffe angeeignet werden können, auch wenn im Bereich der produktiven phonischen und morphologisch-syntaktischen Qualifikation Defizite bestehen. Das Verständnis und die Anwendung komplexer Fachbegriffe hingegen setzen entsprechende produktive und rezeptive Kompetenzen auf der morphologisch-syntaktischen Ebene voraus, wohingegen Defizite auf der phonetischen Ebene weit weniger ins Gewicht fallen.

---

68   Zur Definition und Vermittlung von „Metaphernkompetenz" vgl. Kap. 6.2.3.
69   Zu den sprachlichen Anforderungen im Umgang mit Metaphern vgl. Kap. 6.2.2.

6.2 Metaphorik als Teil musikalischer Fachsprache

Wesentlich intensiver als mit der musikalischen Fachsprache hat sich die Musikpädagogik bereits mit der metaphorischen Sprache auseinandergesetzt. Metaphorische Sprache bildet eine wesentliche Grundlage für sprachliches Handeln in den ästhetischen Fächern und ist auch als Bestandteil musikalischer Fachsprache zu betrachten. In Unterrichtsmaterialien für den Musikunterricht wird sie allerdings häufig lediglich als Vehikel zur Ausbildung einer objektivierenden, „gefühlsneutralen" Fachsprache betrachtet. Verstanden im Sinne Oberschmidts (2011) als jede Form sprachlicher Bildlichkeit,[70] dient metaphorische Sprache als Mittel der Erkenntnis. Sie ist nicht nur im Musikunterricht ubiquitär, sondern spielt im alltäglichen Denken und Handeln sowohl als Teil der Alltagssprache als auch der Bildungs-, Fach- und Wissenschaftssprache eine gravierende Rolle, wie in Abbildung 9 dargestellt.

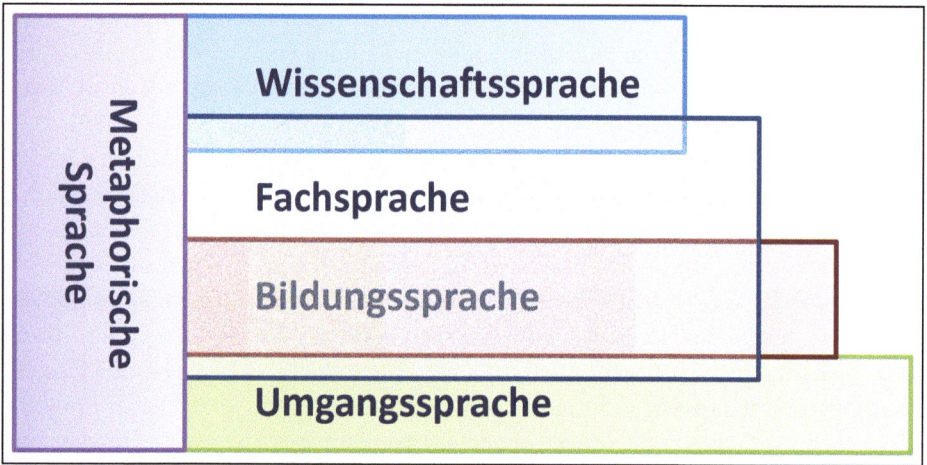

Abb. 9: Verhältnis der Sprachregister im Musikunterricht

Im schulischen Unterricht wird Metaphorik von Lehrenden bewusst oder unbewusst zur Illustrierung, Veranschaulichung, Modellbildung und als Erinnerungsstütze genutzt. Damit kommt ihr eine besondere Rolle für Lernprozesse zu (vgl. Hesselmann 2015, S. 140).

Metaphorische Sprache macht als „Beschreibungssprache" der Künste einen erheblichen, eventuell sogar den größten Teil der gesamten im Musikunterricht verwendeten Sprache aus. Zwar kann zur Beschreibung von Musik auch eine normierte, regelhafte und objektivierende Fachsprache angewendet werden, doch geht es im Musikunterricht gerade nicht nur um *objektive* Musikbeschreibungen. Vielmehr zielt der Musik-

---

70 Eine Bezugnahme zu einer bestimmten Definition der Metapher scheint für eine Sprachbildung im Musikunterricht nicht zielführend; stattdessen wird hier die Auffassung Katthages (2004) vertreten, dass im Hinblick auf den sprachdidaktischen Umgang mit der Metapher mehrere theoretische Ansätze integriert werden müssen. Ein Überblick über Metaphorndefinitionen aus sprachphilosophischer, linguistisch-strukturalistischer, kognitionstheoretischer und symboltheoretischer Perspektive findet sich bei Thorau (2012).

unterricht darauf ab und wird auch maßgeblich dadurch legitimiert, dass er Schülern ästhetische, *subjektive* Erfahrungen am Gegenstand Musik ermöglicht. Schüler bringen diese Erfahrungen zur Sprache, woraus sie, gerade auch im intersubjektiven Austausch, neue Erkenntnisse gewinnen können. Objektive Begriffe und subjektive Auffassungen durchdringen einander dabei. Beim Sprechen über Musik können im Gegensatz zum Sprechen über Gegenstände anderer Fächer (z. B. in den Naturwissenschaften) alle drei bereits dargestellten grundsätzlichen Möglichkeiten des Sprechens zu Anwendung kommen: Das Handeln mit Sprache ohne subjektive Wertung (z. B. als Musikanalyse, die allein auf objektiven fachsprachlichen Begriffen und unpersönlich gefassten Strukturen wie „Man"-Formulierungen und passiven Verbformen beruht), das Handeln mit Sprache einschließlich subjektiver Wertung (z. B. als metaphorischer Ausdruck als kreativer Sprachschöpfung und mittels persönlich gefasster Strukturen wie „Ich"- Formulierungen, aktive Verbformen) und beides zugleich (z. B. als Musikanalyse, in der beides gemeinsam als Verbindung von rationaler Beschreibung und subjektiver Deutung erscheint und sich die sprachlichen Merkmale subjektivierender und objektivierender Sprache vermischen). Würde sich eine Musikbeschreibung nur anhand objektiver, gefühlsneutraler fachsprachlicher Ausdrücke vollziehen, würde dies den Facettenreichtum des Musikverstehens enorm einengen. Selbst einfache Fachbegriffe wie „staccato" können mit einer großen Bandbreite von Bedeutungen konnotiert sein, für die die geläufige Übersetzung in „kurz" nicht ausreicht, da es sich um sehr verschiedene Nuancen von „kurz" wie z. B. „hüpfend" (was mit einer fröhlichen Stimmung, aber auch mit den Fortbewegungsarten verschiedener Tiere konnotiert sein kann), „spitz" (was mit „unangenehm" konnotiert sein kann), „getupft" (was mit bestimmten Bewegungen oder „Pinsel" konnotiert sein kann), „abgehackt" (was mit „brutal" und „Beil" konnotiert sein kann) und damit um keineswegs gefühlsneutrale Begriffe handeln kann, die mittels bestimmter vokaler oder instrumentaler Techniken erzeugt werden (sollen). Umgekehrt würde ein rein subjektives metaphorisches Sprechen über Musik das Musikverstehen ebenfalls einengen, da es die Verständigung über objektiv vorhandene musikalische Phänomene zumindest sehr erschweren und nicht auf die Effizienz fachsprachlicher Begriffe zurückgreifen würde. Erst beides gemeinsam – objektivierendes und subjektivierendes Sprechen – kann in gegenseitiger Ergänzung und Durchdringung zu einer Neustrukturierung von Musikverstehen führen. Daher wird hier metaphorische Sprache, auch wenn es sich dabei nicht unbedingt um gefühlsneutrale Fachbegriffe handelt, als Teil der musikalischen Fachsprache betrachtet. Dies gilt insbesondere für sog. „Basismetaphern" wie „hell"/ „dunkel", „aufwärts"/"abwärts", „hoch"/"tief" etc., die bei der Musikbeschreibung eine gravierende Rolle spielen.

6.2.1 Metaphern als Basis intersubjektiver Verständigung beim Sprechen über Musik

Metaphern werden (nicht nur) beim Sprechen über Musik als spezifische Semantik angewandt. Für Ehrenforth besteht die Bedeutung des Gebrauchs einer Metapher im Musikunterricht darin, dass Leibliches und Kognitives zusammengedacht werden:

„Ihren Mehrwert entfaltet sie dabei zugleich im (Interpretativen) des (begrifflich) Unsagbaren, als auch in der Annäherung an den Gegenstand aus der Perspektive der Schüler. Im letzteren Fall besitzt sie den Status der Vorläufigkeit und hilft dort aus, wo die etablierten Begriffe fehlen" (Ehrenforth 2001, S. 55). Metaphorische Sprache kann damit „als Set, das verschiedene Bedeutungen erzeugt" (Halliday 1978, S. 195, zit. n. Brandenburger u. a. 2011, S. 15) und damit neue und ungewöhnliche Perspektiven auf den Gegenstand Musik ermöglicht, betrachtet werden.

Nach Lakoff und Johnson sind Metaphern Ausdruck unseres Denkens, das auf metaphorischen Konzepten, d. h. auf kognitiven Vorgängen, beruht. In ihnen wird unser Denken organisiert und komplexe Zusammenhänge werden erst dadurch fassbar (Lakoff/Johnson 2004, S. 11, zit. n. Oberschmidt 2014, S. 216). Metaphern als Form der bildlichen Rede dienen dazu, „einen Zusammenhang von Sachverstehen, Weltverstehen und Selbstverstehen herzustellen" (Richter 2011, S. 425).

Metaphorische Sprache operiert mit Begriffen, die aus der Alltagssprache entlehnt sind und in einem neuen Kontext eine neue, ungewöhnliche Bedeutung erzeugen. Coenen (2002) charakterisiert den Unterschied zwischen normalem und metaphorischem Sprachgebrauch dahingehend, dass ein Gegenstand bei normalem Wortgebrauch in einer trivialen Analogie zu den anderen Gegenständen des Wortanwendungsbereiches steht. Beim metaphorischem Wortgebrauch hingegen spricht das metaphorisch gebrauchte Wort einem Gegenstand, „der in aller Regel gar nicht in seinen eigentlichen Anwendungsbereich gehört, Züge von Gegenständen dieses Anwendungsbereichs zu, die aber nicht zur Definition dieses Bereichs gehören" (Coenen 2002, S. 222), die jedoch zum Assoziationsfeld dieses Gegenstandes gehören. Bei der Metapher bleibt die ursprüngliche Bedeutung eines Wortes zwar erhalten, doch wird eine weitere, neue Bedeutung erzeugt – das Wort wandelt sich semantisch zusätzlich zu seiner ursprünglichen Bedeutung. In der metaphorischen Sprache beim Sprechen über Musik werden musikalischen Phänomenen Bedeutungen, die nicht in ihnen selbst liegen, zugeschrieben. Dabei interagieren verschiedene Bedeutungsfelder semantisch miteinander.

Nach Weinrich (1976) beruhen Metaphern innerhalb eines Kulturkreises generell auf nur wenigen Zentralmetaphern, für deren Bildung eine begrenzte Zahl von spracheigenen Bildfeldern verwendet wird. Weinrich bezeichnet derartige Anleihen aus Bildfeldern als „Bildspender". Der „Bildempfänger" ist in den folgenden Beispielen metaphorischer Ausdrücke die Musik.[71]

In der Alltagssprache einer Sprachgemeinschaft werden Metaphern – wie im Musikunterricht – ebenfalls zur Beschreibung von Emotionen, ästhetischen Erfahrungen oder für andere bildhafte Vergleiche verwendet. Dabei lassen sich drei Kategorien von Metaphern unterscheiden: frische (lebendige, vitale, originelle, starke) Metaphern, konventionalisierte (konventionelle Metaphern) und tote (erstarrte, lexikalisierte) Metaphern.

---

71 In anderen Metapherntheorien werden statt der Begriffe „Bildspender" und „Bildempfänger" die Begriffe „Quelle"/„Ziel", „Rahmen"/„Fokus", „eigentliches Wort"/„uneigentliches Wort" oder „tenor"/„vehicle" verwendet.

Tab. 3: Bereiche musikbezogener Metaphorik (in Anlehnung an Störel 1997, S. 46 ff. und Hesselmann 2015, S. 109 f.)

Bildspender	musikbezogener metaphorischer Ausdruck
Fortbewegung	Bitte haltet das Tempo und rennt nicht los.
Natur: Wetter, Wärme, Kälte, Elemente, Pflanzen, Landschaften	Brüllt beim Singen nicht wie die Löwen. Das Orchester donnert mit Kraft durch den ersten Satz. Der Klang der Flöte blüht in einem langen Crescendo auf. Die Sechzehntel strömen in sprudelnden Kaskaden herab.
Technik	Diese Stimme klingt wie das Quietschen einer rostigen Maschine.
Krieg	Die Geigen marschieren im Gleichschritt voran.
Sprache/Kommunikation	Die Celli flüstern im Pianissimo. Die tiefen Streicher treten ab hier mit den Holzbläsern in einen Dialog.
Essen	Die Melodie klingt so kitschig wie mit klebrigem Zuckerguss überzogen.
Wirtschaft	Setzt Euren Atem ökonomisch ein.
Medizin	Gleichmäßig pulsierend bewegen sich die Kontrabässe zwischen G-Dur und C-Dur.
Emotionen/Charaktere	Deutlich treten die klagenden Seufzer der Klarinette hervor.
Theater	Die Lautstärke steigert sich zu einem dramatischen Höhepunkt.
Malerei/Farben/Formen	Die Komposition zeichnet das Bild einer verschneiten Landschaft nach. Die Palette der Klangfarben wird durch die Erweiterung des Orchesters um drei Saxophone ausgeweitet. Das Geigensolo klang durchweg eckig.
Raum/Gestalt/Architektur	Dem Block der Bläser wird als Kontrast der Block der Streicher gegenüber gestellt. Das Orchester hält die gesamte Zeit über ein stabiles Tempo.
Physik: Kraft, Dichte, Spannung, Energie, Gewicht	An dieser Stelle sind die Sechzehntel zu einem dicht wirkenden Klangteppich verwoben.
Vermenschlichung	An dieser Stelle versucht die Flöte, sich gegen das Orchester durchzusetzen. Anschließend übernimmt die Oboe die Melodie von der Flöte.

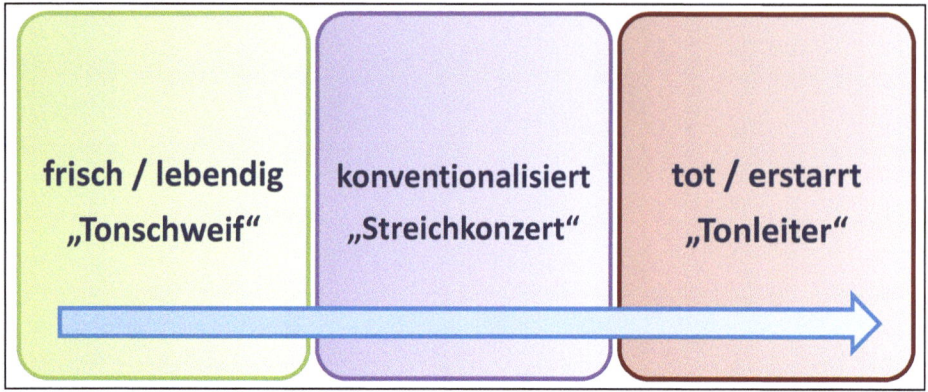

Abb. 10: Metaphernkategorien

Frische Metaphern dienen vor allem der Beschreibung ästhetischen Wahrnehmens und Erlebens. Zwar existiert ein musiktheoretisches fachbegriffliches System, doch auf dem Gebiet einer über die theoretische Beschreibung von Musik hinaus gehenden Musikanalyse und -interpretation stellt die Sprache kaum wörtliche Bezeichnungen für durch Musik ausgelöste ästhetische Erfahrungen und Eindrücke zur Verfügung. Durch Metaphorik können verschiedene Wahrnehmungsdimensionen von Musik – z. B. Räumlichkeit, Zeit, Klangfarbe, Intensität und Dichte – ausgedrückt werden, die durch bestimmte musikalische Mittel beim Rezipienten hervorgerufen werden (vgl. Hesselmann 2015); musikalische Eindrücke werden in sprachliche Bilder und Vergleiche umgewandelt. Dabei werden die sprachlichen Bilder jedoch nicht konkret bildlich imaginiert, sondern „motivieren vielmehr das eigene kreative Geschäft der Gefühls- und Gedankenspiele, eröffnen emotionale Erlebnisfelder" (Oberschmidt 2011a, S. 83), was sich sprachlich als frische Metapher niederschlagen kann. Die Metaphernbildung dient dabei der Überführung von sinnlichen Wahrnehmungen in sprachlich-abstraktes Denken und hat damit für das Individuum eine (selbst)reflexive Erkenntnisfunktion – zum einen über sich selbst im Verhältnis zu Musik und über die eigene musikbezogene Sprache, zum anderen über das Verhältnis anderer zu Musik sowie die Sprache anderer, in der sich die jeweils eigenen Gedanken und Ausdruckweisen spiegeln (vgl. Hesselmann 2015, S. 90). Zwar bleiben sowohl die musikalischen Eindrücke als auch die sprachlichen Bilder durch die Unmöglichkeit, Bilder in präzise, eindeutige sprachliche Ausdrücke zu fassen, oft uneindeutig,[72] doch liegt in der Metaphorik die einzige Möglichkeit, musikalische Eindrücke überhaupt kommunizierbar zu machen (vgl. Störel 1997, S. 19 f.). Diese Kommunikation muss jedoch, soll die Erkenntnisfähigkeit

---

[72] Das umgekehrte Problem, dass Metaphern zwar einerseits eine bildliche Vorstellung ermöglichen, zugleich andererseits aber das Denken auf ein bestimmtes Bild einengen können, sei hier nur am Rande erwähnt (vgl. Oberschmidt 2014, S. 211). Des Weiteren ergeben sich Probleme insbesondere beim Musizieren bei Übersetzungen von Fachbegriffen wie „staccato" in Bedeutungen wie „hüpfend", „springend" oder „abgehackt". Je nachdem, welcher Begriff gewählt wird, kann dies zu sehr unterschiedlichen klanglichen Resultaten führen.

durch Metaphern gesteigert werden, geübt werden. Aus sprachdidaktischer Perspektive geht es dabei neben der Anwendung von Sprachhandlungsmustern (Operatoren) um die Einübung einer bildhaften Kommunikation, das Erzeugen bzw. Analysieren neuer Bedeutungen und um das Schaffen von Sprachbewusstheit.

Unter „lexikalisierten" Metaphern werden feststehende Redewendungen oder Begriffe verstanden (z. B. „Morgenstund' hat Gold im Mund", „Tonleiter"). In den künstlerischen Fächern sind lexikalisierte Metaphern Bestandteil der jeweiligen Fachsprache, da die Künste nicht über eine ausreichende eigene Wissenschaftssprache zur Beschreibung von Kunstwerken verfügen.

Zwischen lexikalisierter und frischer Metapher ist die konventionalisierte Metapher angesiedelt, die nicht mehr völlig neu ist, jedoch auch noch nicht vollständig lexikalisiert, wie z. B. die Metapher „Instrumentenkarussell", in der das Wort „Karussell" eine neue, bisher in der Sprachgemeinschaft nicht verwendete Verbindung mit dem Wort „Instrument" eingeht.[73]

Da es bei der Metaphernbildung darum geht, Relationen zwischen zwei Gegenständen zu benennen bzw. zu beschreiben, sind im Kontext von Sprachbildung die Operatoren Benennen, Beschreiben und Vergleichen mit ihren jeweiligen Redemitteln, unabhängig vom Sprachregister, grundlegend. Der Operator Beschreiben bedeutet in Bezug auf Metaphernbildung, einen Beschreibungs*gegenstand* und einen Beschreibungs*inhalt* zu unterscheiden, d. h., dem Gegenstand einen Inhalt zuzusprechen (vgl. Coenen 2002, S. 19). Der Vergleich zwischen zwei Gegenständen kann syntaktisch entweder mittels des Vergleichspartikels „wie" („X ist wie Y") oder durch Verben bzw. Adjektive, die einen Vergleich ausdrücken („X gleicht/ähnelt Y"/„X ist Y vergleichbar/ähnlich") oder auch durch die Gleichsetzung zweier Analogiepartner („X ist Y") ausgedrückt werden. Durch die Syntax wird festgelegt, welcher Analogiepartner welchen beschreibt, wie also das Verhältnis zwischen den Partnern festgelegt wird. Bei der Interpretation metaphorischer Ausdrücke müssen die jeweiligen Bildspender mit ihren wörtlichen Bedeutungen rekonstruiert werden, um darauf basierend einen Beschreibungsinhalt, der beiden Analogiepartnern auf neue, unkonventionelle Weise zugeordnet wird, konstruieren zu können. Nicht die Sinnbezirke als Ganzes werden miteinander gekoppelt, sondern nur einzelne Elemente daraus, d. h., es werden Relationen zwischen beiden Sinnbezirken aufgebaut. Nach Coenen (2002, S. 183 ff.) besteht der systematische Zusammenhang bei Analogien allerdings nicht lediglich in einer Gemeinsamkeit der Bereichskoppelung, sondern in einer relationalen Einbettung zweier Bereiche; dies bezeichnet Coenen als Verwandtschaft durch Analogiewurzeln. Beim metaphorischen Sprechen über Musik geht es also immer darum, Schnittmengen von Merkmalen und Eigenschaften zwischen außermusikalischen Gegenständen

---

73 Der Begriff „Instrumentenkarussell" entstand ursprünglich im Zusammenhang mit einem Kursangebot an Musikschulen, bei dem Kinder im Vor- oder Grundschulalter verschiedene Instrumente ausprobieren können, um sich am Ende des Karussells für ihr Wunschinstrument zu entscheiden. Der Begriff etabliert sich zunehmend durch bundesweite flächendeckende Projekte wie „Jedem Kind ein Instrument" (JeKi) in der Sprachgemeinschaft, kann aber noch nicht als Begriff der Alltagssprache betrachtet werden.

und dem Gegenstand Musik ausfindig zu machen und diese Schnittmengen sprachlich zum Ausdruck zu bringen.

Metaphern kommen im Musikunterricht nicht nur im medial mündlichen Sprachgebrauch vor, sondern auch in zahlreichen medial schriftlichen Texten wie Werkanalysen, Musikkritiken oder Beschreibungen von Musikstücken bzw. Opern in Konzertführern. Im Rahmen der musikwissenschaftlichen Analyse erweist sich die metaphorische Sprache als Teil der Wissenschaftssprache, wobei es nicht nur auf die Beschreibung und Benennung musikalischer Phänomene ankommt, für die allein schon metaphorische Begriffe herangezogen werden (müssen), sondern auch die Interpretation zum analytischen Werkverständnis beiträgt (Redmann 2002, S. 51, zit. n. Thorau 2012, S. 26). Insofern ist metaphorische Sprache auch im Rahmen der Argumentation bei der Musikinterpretation relevant. Auch in anderen Situationen des Musikunterrichts wie z. B. in Probensituationen dient Metaphorik als Medium der intersubjektiven Verständigung zur Umsetzung künstlerischer Vorstellungen des Probenleiters, wobei das Klangergebnis, das durch die metaphorische Beschreibung hervorgerufen wird, wiederum ästhetische Erfahrungen bei den Ensemblemitgliedern evoziert. In Probensituationen kann Metaphorik spieltechnische Bewegungen, musikalische Phänomene wie Rhythmus oder Artikulation oder auch den Charakter und die Wirkungen von Musik auf ein Individuum verdeutlichen (vgl. Lessing 2001, S. 33). Dies geschieht durch die subjektive Wahl sprachlicher Mittel als „Entsprechungen" eines musikalischen Charakters, die die Vorstellungen der Rezipienten anregen sollen. Bei der ästhetischen Gestaltung in den musikdidaktischen Feldern Produktion, Reproduktion oder Transformation (insbesondere im Bereich Bewegung/Tanz) des Musikunterrichts ist das Verständnis bildhafter Sprache seitens der Schüler daher unerlässlich. Metaphorische Ausdrücke müssen hier nicht nur sinngemäß verstanden, sondern auch mit bestimmten motorischen Bewegungsabläufen des ganzen Körpers bzw. mit Bewegungsabläufen auf dem Instrument verknüpft werden, um die jeweiligen Klangvorstellungen der anleitenden Personen umsetzen zu können.

Als Basismetaphorik wird metaphorische Sprache zur Bezeichnung von Toneigenschaften in den Dimensionen Tonraum (hoch, gespannt), Tonkörper[74] (dicht, flüssig), Klangfarbe (funkelnd, blass), Lautstärke (stark, schwach), Beweglichkeit (flink, behäbig) oder Qualität (sauber, unrein) verwendet (vgl. Grutschus 2009). In Werkanalysen und Werkinterpretationen spielt sie auch zur Beschreibung der Struktur (das Werk als Architektur), zur Beschreibung der klanglichen Schichten (als Farbanalogie) oder zur Beschreibung des semantischen Gehalts eines Werkes (Musik als sprachliche Botschaft) eine tragende Rolle (vgl. Störel 1997, S. 94). Oft spiegeln sich auch Synästhesien als Zusammenfallen mehrerer Sinneseindrücke in metaphorischen Ausdrücken zur Musikbeschreibung wider, wenn z. B. als Beschreibung eines Klangs Adjektive wie „weich" (Tastsinn), „warm" (Wärmeempfindung), „scharf" (Geschmackssinn) oder „dunkel" (Sehsinn) verwendet werden (vgl. Störel 1997, S. 25). Auf der Wortebene dieser basismetaphorischen Begriffe spielen Adjektive eine tragende Rolle, was auch die in Unterrichtsmaterialien für den Musikunterricht häufig verwendeten Adjektivzir-

---

74 Hierbei werden Tönen Eigenschaften im physikalischen Sinn zugeschrieben.

kel oder Polaritätsprofile erklärt. Doch auch Verben und Substantive werden bei der Bildung von Metaphern häufig verwendet, wohingegen Funktionswörter oder andere Wortarten eine geringere Rolle spielen.

Nach Störel (1997, S. 41) kann die Verwendung der Metapher im Musikunterricht folgendermaßen aufgefasst werden:

- als eine Möglichkeit, den terminologischen Benennungsbedarf eines Faches (z. B. der Musikwissenschaft) zu decken,
- als sozial-situativ-begrenzte Sprachform,
- als Sprachmittel bei der fachexternen Weitergabe von Fachwissen.

Dabei ordnet Störel (1997, S. 21) der musikbezogenen Metapher vier Funktionen zu:

1. gegenstandsbezogen mit heuristischer Funktion (Ziel: Dechiffrierung musikalischer Sachverhalte),
2. gegenstandsbezogen mit ästhetischer Funktion (Ziel: Transformierung musikalischer Eindrücke und Bedeutungen),
3. adressatenbezogen mit emotiver Funktion (Ziel: Transformierung musikalischer Eindrücke und Bedeutungen),
4. adressatenbezogen mit didaktischer Funktion (Ziel: Dechiffrierung musikalischer Sachverhalte).

In diesen vielfältigen Funktionen der Metapher liegt im Musikunterricht im Hinblick auf Sprachbildung ein größeres Potenzial gegenüber den nicht künstlerischen Fächern, obgleich auch in anderen Fächern Metaphorik eine Rolle spielt. Zwar werden im Musikunterricht häufig lexikalisierte Metaphern (Basismetaphorik) verwendet, doch bergen diese kaum ein innovatives Potenzial für neue Perspektiven auf den Gegenstand Musik. Die Schüler können jedoch über die stark normierte und regelhafte Bildungs- und Fachsprache hinaus kommen und ein eigenes, kreatives sprachliches Potenzial als subjektiven Ausdruck, als frische Metaphern, zur Beschreibung von Musik bzw. zur Beschreibung der Wirkungen von Musik entwickeln. Die Herausforderung besteht im Musikunterricht darin, trotz einer subjektiven, einmaligen und neuartigen Ausdrucksweise, die sich in einer frischen Metapher niederschlägt und die nicht allen Schülern ohne Weiteres verständlich ist, sondern interpretiert werden muss, einen ästhetischen Diskurs über das im Zusammenhang mit Musik zum Ausdruck Gebrachte in Gang zu setzen, der neue Perspektiven ermöglicht.

6.2.2 Sprachliche Anforderungen bei der Produktion und Rezeption von Metaphern

Bei der Metaphernbildung spielen komplexe, miteinander interagierende Wissensmuster eine Rolle, die wiederum auf den bereits dargestellten engen Zusammenhang von Denken und Sprechen verweisen (vgl. Störel 1997, S. 24 f.). Aus linguistischer Perspektive auf die sprachlichen Anforderungen bei der Dekodierung von Metaphern müssen Begriffen und Redewendungen *mehrere* mögliche und vor allem *an-*

dere Bedeutungen als in der Alltagssprache zugeordnet werden. Dabei ist zwischen „Verstehen" und „Interpretieren" zu unterscheiden: „Verstehen geschieht, interpretiert werden muss, wo Verstehen scheitert" (Jost 2008, S. 126). Nach Shusterman (1996) ist es notwendig, zwischen einem (automatisierten) Verstehen und einem (bewussten, reflektierenden) Interpretieren sprachlicher Äußerungen zu unterscheiden. In beiden Fällen ist es erforderlich, dass der Hörer überhaupt erkennt, dass ein Wort nicht in seiner ursprünglichen Bedeutung verwendet wird, dass also keines der konventionellen Merkmale, die dem Gegenstand zugesprochen werden, zutrifft. Dazu muss er zuerst den Gegenstand, den der Sprecher beschreibt, identifiziert haben (Coenen 2002, S. 79). „Verstehen" umfasst daher zunächst eine Einordnung eines akustischen Lautstroms in bestehende Bedeutungsschemata. Doch die spontan und unbewusst zugeordnete Bedeutung kann reflektiert, bewusst in Frage gestellt und anderen Bedeutungen zugeordnet, d. h. interpretiert, werden. Um metaphorische Wendungen adäquat interpretieren zu können, muss die jeweils zutreffende Bedeutung aus dem Kontext erschlossen werden. Coenen beschreibt den Unterschied zwischen wörtlichem und metaphorischem Wortgebrauch dahingehend, dass bei wörtlichem Wortgebrauch die Wortbedeutung mit dem Beschreibungsinhalt identisch ist und die Entschlüsselungsanweisung daher lautet: „Sprich dem Gegenstand einen Beschreibungsinhalt zu, der eine der üblichen, unmetaphorischen Bedeutungen des Wortes ausmacht" (Coenen 2002, S. 61). Im Fall metaphorischen Wortgebrauchs jedoch lautet die Entschlüsselungsanweisung: „Sprich dem Gegenstand einen Beschreibungsinhalt zu, der folgende Bedingung erfüllt: Er definiert eine Klasse von Gegenständen, in die außer dem Gegenstand der metaphorischen Wortanwendung auch typische Gegenstände eines theoretischen Anwendungsbereichs fallen, den die (oder eine) übliche Bedeutung des metaphorisch benutzten Wortes definiert" (Coenen 2002, S. 61). Genau hierin liegt die Leistung der Metapher: „Die Metapher stört die denkübliche Klassifikation der Gegenstandswelt, indem sie Merkmale zu Klassifikationskriterien erhebt, die sonst den Gegenständen zwar zuerkannt, aber nicht zu ihrer Klassifikation benutzt werden. [...] Diese Klassenbildung sprengt die denküblichen Ordnungsschemata" (Coenen 2002, S. 236). In diesem Sinn sind sowohl die Bildung als auch die Dekodierung frischer Metaphern als eigenständige kreative Leistungen zu betrachten.

Weinrich verwendet in Bezug auf das Sprechen über Musik den Begriff „Metaphernbesitz" einer Gemeinschaft (Weinrich 1976, S. 277, zit. n. Störel 1997, S. 27), Störel spricht von „Metaphernkompetenz", die zwischen Laien und Musikexperten unterschiedlich ausgebildet ist und – je nach Ausprägungsgrad – eine Dekodierung einer Metapher (z. B. in einer Konzertkritik) ermöglicht oder nicht. Störel und Weinrich beziehen sich allerdings durch die Einschränkung auf das *De*kodieren von Metaphern lediglich auf einen rezeptiven Metaphernbesitz bzw. eine rezeptive Metaphernkompetenz, wohingegen die Kompetenz bezüglich der *Produktion* von Metaphern keine Rolle spielt. Doch für den Musikunterricht ist nicht nur die Rezeption, sondern gerade auch die Produktion von Metaphern im Rahmen eines ästhetischen Diskurses unerlässlich. Aus diesem Grund werden hier auch die Fähigkeit zur Produktion von Metaphern und die dafür notwendigen Voraussetzungen beleuchtet, wobei auf die kognitionspsychologische Definition des Begriffs „Metaphernkompetenz" von Drewer zurückgegriffen wird, nach der Metaphernkompetenz die Fähigkeit bezeichnet, „eine prinzipiell unendlich große Zahl ‚abweichender' metaphorischer Äußerungen zu produzieren und zu verstehen" (Drewer 2003, S. 15). Obwohl prinzipiell eine unendlich große Zahl an Metaphern produziert werden kann, wird bei der Formulierung auf sprachliche Muster zurückgegriffen, die während des Spracherwerbs erworben wurden. Durch den Gebrauch metaphorischer Sprache sind allerdings auch innerhalb einer Sprachgemeinschaft Missverständnisse möglich, da bei der metaphorischen Sprache Wortbedeutungen nicht in ihrer ursprünglichen Bedeutung verwendet werden, sondern ihnen andere, bildliche Bedeutungen zugewiesen werden.

Wie bereits dargestellt, sind lexikalisierte Metaphern, weil sie im Vokabular der Muttersprache mit erworben werden, intuitiv verständlich. Sie bieten zwar keinen Spielraum zur Interpretation, verlangen jedoch auch keine Interpretationsleistung: „Der Hörer versteht den Ausdruck, weil er Deutsch versteht" (Jost 2008, S. 128). Erst wenn lexikalisierte Metaphern in einen neuen sprachlichen Kontext gestellt werden, bedarf es einer interpretatorischen Leistung bei der Dekodierung. Die graduelle Ausprägung der Frische von Metaphern ist daher immer in Abhängigkeit von einer Interpretationsleistung aufgrund des jeweiligen Kontextes, die der Rezipient vornimmt, zu sehen. Bei konventionalisierten Metaphern („Instrumentenkarussell") ist ein nur geringer Interpretationsspielraum gegeben. Solche Metaphern stellen mittlere Anforderungen an eine Interpretationsleistung. Frische Metaphern erfordern aufgrund ihrer Irritation eine hohe Interpretationsleistung, da sie neuartige Bedeutungen erzeugen. Für Hesselmann ist eine Metapher beim Sprechen über Musik dann frisch, wenn „sie vielen Einzelaspekten der Musik Sinn verleiht, die Musikwahrnehmung und ihre impliziten Verweise in einer Art und Weise in Beziehung bringt, die man zuvor so nicht erkannt hat" und wenn sie dazu beiträgt, „idealerweise ein Begriffsfeld zu eröffnen, welches Schichten des menschlichen Selbst in die metaphorische Beschreibung einbringt und freisetzt, die sich bisher einer zumindest bewussten Wahrnehmung verschlossen hat" (Hesselmann 2015, S. 168). Frische Metaphern können nicht unbewusst „verstanden" werden, sondern verlangen vom Rezipienten eine intensive Reflexion neuer, möglicher Bedeutungszuschreibungen jenseits der konventionalisierten und bekannten Bedeutungszuschreibungen. Bei frischen Metaphern kann noch kein Inhalt abgerufen werden, denn sie sind dem Rezipienten noch nicht bekannt. Zunächst versucht der Rezipient daher, die Metapher auf der sprachlich-logischen Ebene zu verstehen. In einem zweiten Schritt muss er sein Weltwissen zu Hilfe nehmen, um mehr zu verstehen bzw. interpretieren zu können. Hierbei ist die Aktivierung verschiedener Wortbedeutungen, aber auch syntaktischer Zusammenhänge von Bedeutung (was z. B. kann das Wort „gegen" in der Metapher „Schnee gegen Lehm"[75] bedeuten?). Störel (1997, S. 38) weist darauf hin, dass zur Dekodierung einer Metapher in Fachtexten wie z. B. Konzertkritiken, Werkeinführungen oder Lehrbüchern allerdings nicht nur

---

75 Die Metapher eines Sechstklässlers „Schnee gegen Lehm" zu Luciano Berios *Sequenza I* für Flöte Solo wurde Oberschmidt (2011a) entnommen.

Weltwissen, sondern auch Fachwissen erforderlich ist, da nicht immer *allein* aus dem Kontext auf die Bedeutung geschlossen werden kann.

Für Schüler mit einer altersangemessenen Sprachkompetenz bezüglich der deutschen Sprache stellt die Dekodierung frischer Metaphern i.d.R. kein Problem dar: „Mit dem Hineinwachsen in seine Muttersprache erwirbt der Mensch auch die Fertigkeit zu metaphorisieren. Es ist kein Zeichen besonderer Sprachmächtigkeit oder hoher sprachlicher Gebildetheit, Metaphern zu schaffen und zu gebrauchen. Seine Sprachfähigkeit ermöglicht es jedem Menschen, die metaphorischen Potenzen seiner Muttersprache zu nutzen und auszubauen, und zwar so selbstverständlich wie alle ihre Leistungen" (Ingendahl 1971, S. 221). Lernende, die die deutsche Sprache nicht auf einem altersangemessenen Niveau beherrschen, stellt die Interpretation frischer Metaphern jedoch vor große Herausforderungen. Selbst eine triviale Analogiebildung bzw. die Rezeption einer einfachen Analogie erfordert die Leistung, zwischen einem beschreibenden Begriff und dem beschriebenen Gegenstand zu unterscheiden, zwischen denen eine Relation, ein gemeinsamer Beschreibungsinhalt gilt, und diese zunächst auf der sprachlich-logischen Ebene und anschließend unter Hinzunahme des Weltwissens zu deuten. Hierin zeigt sich die Problematik des Sprechens über Musik im Hinblick auf eine nicht altersangemessene Sprachkompetenz bezüglich der deutschen Sprache in aller Deutlichkeit. Allerdings wird von Novikova (2011, S. 88) auf das Potenzial von Metaphern im Fremdsprachenunterricht verwiesen, das darin liegt, dass den Lernenden, auch wenn sie nur über einen begrenzten Wortschatz verfügen, anhand von Metaphern auch bewusst gemacht werden kann, dass Sachverhalte auf verschiedene Weise ausgedrückt werden können. Insbesondere spielen hier die Funktionen „Ausweichmöglichkeit" – ähnlich wie bei kleinen Kindern, die aufgrund von in ihrem Lexikon noch nicht vorhandenen Lexemen bekannte Worte metaphorisch verwenden und auf einen neuen Zielbereich übertragen –, „Expressivität" und „Individualisierung der Ausdrucksweise" sowie „Lernstütze bei der Wortschatzerweiterung" eine Rolle (Novikova 2011, S. 94).

Metaphern können generell in alle Sprachregister eingebunden sein. Bildungssprachlich kann Metaphorik z. B. in Äußerungen vorkommen wie „die Melodie steigt an" statt der ebenfalls metaphorischen, aber alltagssprachlichen Wendung „die Melodie geht rauf". Auch dies kann insbesondere für Schüler nicht deutscher Herkunftssprache oder für monolingual deutschsprachige Schüler mit Sprachentwicklungsverzögerungen oder -störungen auf der semantisch-lexikalischen Ebene problematisch sein, sofern ihnen diese bildlichen Bedeutungen nicht als mentale Repräsentationen zur Verfügung stehen. Die Abweichung von üblichen semantischen Kategorien können Irritationen und Konflikte hervorrufen, denn Fremd- und Zweitsprachenlerner greifen häufig auf wörtliche Bedeutungen zurück oder aktivieren die erste abgespeicherte semantische Assoziation (vgl. Weininger 2013, S. 27). Auch Störel (1997, S. 87) weist darauf hin, dass Metaphern keineswegs eine anschauliche Wissensüberbrückung garantieren, sondern zu Kommunikationskonflikten vor allem bei musikalischen Laien (was für den größten Teil der Schüler gilt), die nicht über dieselbe Metaphernkompetenz wie musikalische Experten (der Lehrer) verfügen, führen können. Hinzu kommt, dass Metaphern, die der Musiklehrer vorgibt, nur dann von Schülern dekodiert werden können, wenn diese über die gleichen Kenntnisse bzw. den gleichen Erfahrungshorizont verfügen wie der Lehrer. Der Aufforderung in einer Probensituation, eine Melodie klanglich so zu gestalten, dass es sich anhört, als würden Schneeflocken leise herabschweben, kann nicht nachkommen, wer bisher in einem Landstrich gelebt hat, in dem es niemals schneit; und wer Winter vorwiegend als Regen und nicht als Schnee erlebt, wird auch das Zähneklappern und das Gleiten der Schlittschuhläufer über das Eis, das Antonio Vivaldi im „Winter" seiner „Vier Jahreszeiten" mit musikalischen Mitteln dargestellt hat, nicht nachvollziehen können. Jünger (2017, S. 9) verweist darauf, dass die Metaphernbildung zudem nicht nur von einem gemeinsamen Erfahrungshintergrund, sondern auch von der Kenntnis von musikalischen Konventionen abhängt. Z. B. beruht die häufig unter Schülern übereinstimmende Beschreibung einer Musik, die in einer Molltonart steht, als „traurig" auf der Konvention, dass dem Tongeschlecht „Moll" in der westeuropäischen Musik die Bedeutung „traurig" zugewiesen wurde. In anderen Kulturen gelten jedoch andere musikalische Konventionen – hier bedeutet das Merkmal „Moll" keineswegs, dass die Musik als „traurig" wahrgenommen wird. Insofern sollte der Umgang mit sprachlichen Bildern, Vergleichen und Analogien im Musikunterricht vor allem in interkulturell zusammengesetzten Lerngruppen sehr reflektiert gehandhabt werden. Dies gilt insbesondere für die äußerst beliebte Arbeit mit Adjektivzirkeln und Polaritätsprofilen. Auch der Gebrauch von Metaphern in der Schüler-Schüler-Interaktion wird dort problematisch, wo die Mitglieder einer Lerngruppe nicht über ähnliche Erfahrungen oder einen annähernd gleichen Stand an Weltwissen verfügen. Je vielfältiger Erfahrungen und Weltwissen sind, desto größer ist die Zahl möglicher Quellen und damit das Potenzial für die Bildung frischer Metaphern.

Metaphern spielen auch in poetischen Texten eine Rolle, die in verschiedenen Genres und Formen der Vokalmusik vorkommen. Insofern ist metaphorische Sprache nicht nur die bedeutendste Sprache des Sprechens über Musik, sondern selbst auch Bestandteil ästhetischer Wahrnehmung, über die als ästhetische Erfahrung wiederum metaphorisch gesprochen wird.

Der Rahmen für die Nutzung von Metaphern im Kontext einer Sprachbildung im Fach wird durch die für die Metaphernproduktion und -rezeption grundsätzlich notwendigen Anforderungen auf kognitiver und linguistischer Ebene sowie durch die in einer Lerngruppe vorhandenen sprachlichen Voraussetzungen abgesteckt. Der Umgang mit Metaphern bietet ein breites Potenzial zur Wortschatzarbeit und damit für die semantische Basisqualifikation, insbesondere im Bereich der Kategorienbildung und im Bereich der Arbeit mit semantischen Wortfeldern.[76] Empirisch abgesicherte Aussagen dazu, welches Sprachniveau in welchen sprachlichen Qualifikationsbereichen vorhanden sein muss, um sinnstiftend mit Metaphern als Erkenntnismittel im Unterricht arbeiten zu können, existieren derzeit kaum und für den Musikunterricht überhaupt nicht. Einige Studien aus dem Bereich der Fremdsprachendidaktik deuten

---

76 Zur praktischen Umsetzung insbesondere im Zusammenhang mit Adjektivzirkeln und Polaritätsprofilen vgl. Kap. 11.3.4.

darauf hin, dass die Arbeit mit Metaphern eher für fortgeschrittene Sprachlernende sinnvoll zu sein scheint (vgl. Weininger 2013). „Fortgeschritten" bezieht sich dabei auf die Mittelstufe des Europäischen Referenzrahmens zum Fremdsprachenerwerb. Die Schüler sollten sich demnach auf Niveau B2/C1 des Europäischen Referenzrahmens befinden. Hierzu ist die Forschungslage jedoch uneinheitlich; andere Forschungsergebnisse sprechen dafür, dass auch bereits unterhalb dieses Niveaus mit Metaphern sinnstiftend gearbeitet werden kann. Auch bezüglich der Bedingungen, die über die notwendigerweise vorhandene Sprachkompetenz hinaus zur Bildung frischer Metaphern günstig sind, liegen für den Musikunterricht noch keine Untersuchungen vor. Mertens (2018) weist in Anlehnung an Forschungsbefunde aus der Psychologie von Moser (2004) darauf hin, dass „die Ermöglichung eines emotionalen Bezugs zu einer konkreten Musik bzw. zu einem konkreten Unterrichtsgegenstand im Musikunterricht anzustreben ist, wenn man die Generierung metaphorischer Sprache unterstützen will" (Mertens 2018, S. 220). Die Befunde von Moser ergaben, dass bei der Beschreibung von Gefühlen frische Metaphern gegenüber lexikalisierten Metaphern umso häufiger verwendet wurden, je intensiver die beschriebenen Gefühle waren.

6.2.3 Metapherndidaktische Modelle als Wege zu Metaphernkompetenz und Musikverstehen

Trotz des hohen Stellenwerts metaphorischer Sprache im Musikunterricht nimmt die Metaphorik weder in den sprachbezogenen noch fachbezogenen Teilen der Rahmenlehrpläne Musik eine nennenswerte Rolle ein, wohingegen sich die musikpädagogische Forschung der Metaphorik im Musikunterricht in den letzten Jahren intensiver gewidmet hat. Allerdings fand bisher innerhalb des musikpädagogischen Diskurses keine Auseinandersetzung mit dem Begriff der „Metaphernkompetenz" und wie diese im Musikunterricht zu vermitteln sei, statt. Nach Oberschmidt besteht der Lernzuwachs, der seiner Auffassung nach allerdings nur durch mehrjährige Bemühungen zu erreichen ist, „vor allem in der Fähigkeit, die unvermuteten Metaphernfunde in das sich zunehmend ausdifferenzierende Wissenssystem zu integrieren und an den musikalischen Gegenstand anzubinden" (Oberschmidt 2013, S. 108). Welche sprachlichen Voraussetzungen seitens der Lernenden dafür notwendig sind und auf welche Weise der Musikunterricht dazu beitragen kann, wird jedoch von Oberschmidt nicht ausgeführt. Um rezeptive und produktive Metaphernkompetenz im Musikunterricht auszubilden, scheint daher ein Blick in die Metapherndidaktik des Literaturunterrichts und des Fremdsprachenunterrichts angebracht. Aufgrund der Potenziale von Metaphern für das Fremdsprachenlernen wird Metaphernkompetenz in einigen Ansätzen des DaF-Unterrichts als Schlüsselqualifikation betrachtet. Die Metapherndidaktik geht davon aus, dass sich nicht nur der Gebrauch von Metaphern seitens des Lehrers, sondern auch eine Förderung der Metaphernkompetenz der Schüler an deren körperlich-geistigen Erfahrungen (als Ausgangspunkt für deren metaphorischer Versprachlichung), am Stand der semantischen Basisqualifikation (produktiver und rezeptiver Wortschatz), aber auch an den Konventionen und Stereotypien innerhalb einer Sprach- und Kulturgemeinschaft und der Kreativität des Sprachgebrauchs zu orientieren hat. Diese vier Dimensionen sind an der Bildung von Metaphern stets beteiligt. Zugleich liegen in diesen vier Dimensionen auch die Potenziale des Musikunterrichts zur Förderung von Metaphernkompetenz. Jede dieser vier Dimensionen kann im Musikunterricht unterstützt werden: Musikunterricht bietet Situationen, in denen Schüler körperlich-geistige, ästhetische Erfahrungen machen, und ermöglicht durch einen intersubjektiven Austausch dieser Erfahrungen dem Individuum neue Erkenntnisse über sich selbst (vgl. Hesselmann 2015, S. 123 ff.). Zugleich kann durch die Verwendung bestimmter Methoden des Musikunterrichts wie z. B. die Verwendung von Adjektivzirkeln oder Polaritätsprofilen auf die semantische Basisqualifikation der Schüler eingegangen und deren produktiver und rezeptiver Wortschatz erweitert werden. Dabei können sowohl die Konventionen und der Sprachgebrauch der Sprachgemeinschaft als auch interkulturelle Unterschiede berücksichtigt werden. Die vierte Dimension, die Kreativität des Sprachgebrauchs, steht im Zusammenhang mit der Einschätzung einer Metapher als „passend/angemessen" oder „unpassend/unangemessen" durch die Lerngruppe bzw. die Lehrkraft. Hierbei stellt sich die Frage, welche Merkmale oder Maßstäbe zur Einschätzung als „passend" oder „unpassend" dienen können. Die formalsprachliche Korrektheit kann dabei kein Maß sein, da es sich bei der Bildung von Metaphern um formalsprachlich kreative Neuschöpfungen handeln kann, bei der sprachliche und musikalische Horizonterweiterungen miteinander einhergehen. Obwohl es aufgrund ihrer Subjektivität zwar keine „falschen" Metaphern gibt, kann es jedoch zu der Situation kommen, in der einzelne Schüler Metaphern entwerfen, die von den anderen Lernenden oder vom Lehrer nicht nachvollzogen werden können und von ihnen als „unpassend" empfunden werden. Der Grad der Zustimmung zu einer Metapher kann dabei maßgeblich davon abhängen, inwiefern die gehörte Musik substitutive Zeichen enthält (z. B. Tremolo als musikalisches Zeichen für die semantische Bedeutung von „Spannung"), die vom Komponisten bewusst mit der Absicht verbunden wurden, eine bestimme Assoziation oder Emotion beim Zuhörer hervorzurufen wie z. B. in Werken der Programmmusik (vgl. Jünger 2016, S. 9). Dahms (1985, S. 126) führt für den Literaturunterricht das Beispiel eines Schülers an, der als einziger in der Klasse ein Gedicht von Peter Huchel, in dem das Thema „Sommer" metaphorisch dargestellt wird, begründet und ernsthaft dem Winter und nicht dem Sommer zuordnet. Dahms bezeichnet solche „unpassenden" Metaphern, die sehr weit her geholt scheinen, als „interessant-falsch". Da in dem Gedicht die Metapher bereits gegeben war und im Gegensatz zur Situation des Sprechens über gehörte Musik nicht selbst erschaffen, sondern lediglich interpretiert werden sollte, wirft dieses Beispiel die Frage auf, ob es auch im Musikunterricht interessant-falsche Metaphern geben kann. Als interessant-falsch könnte beispielsweise eine Metapher betrachtet werden, die zwar ungewöhnliche Perspektiven eröffnet, die von der Mehrzahl der Mitschüler jedoch nicht nachvollzogen werden kann und als sehr weit hergeholt empfunden wird. Da aber auch interessant-falsche Metaphern frisch sein können, indem sie zumindest demjenigen, der sie erschaffen hat, eine neue und ungewöhnliche Perspektive eröffnet, wird auch deutlich, dass die Metaphernqualität nicht allein daran bemessen werden kann, ob eine Metapher von der Mehrheit einer Lerngruppe als „passend" beurteilt wird. Dies zeigt, dass, sofern der Musikunterricht im Rahmen der Entwicklung von Metaphernkompetenz zur Bildung „passender" Metaphern beitragen soll, ein überaus reflektierter Umgang der Lehrenden mit eigenen und von Schülern produzierten Metaphern und v. a. eine begründete Einschätzung der von den Schülern produzierten Metaphern als „passend" oder „unpassend" notwendig ist. Dies bedeutet auch, dass die Lehrenden in der Lage sein müssen, ihre eigenen Denkmuster und Erwartungen beim Sprechen über Musik kritisch zu hinterfragen.

In der DaF-Didaktik wird die Nutzung von Metaphern als Strategie der Vokabelvermittlung bei gleichzeitig besserer Strukturierung des Wortschatzes und entsprechend besserer Integration im mentalen Lexikon diskutiert (vgl. Novikova 2011, S. 99). Im Hinblick auf die semantische Basisqualifikation müssen im Umgang mit der Metapher Wörter in bestimmten Begriffsnetzen und Kategorien erkannt und mit Sachwissen verknüpft werden können, aber auch verschiedene Bedeutungsfelder semantisch in eine Interaktion gebracht werden können, die neue Bedeutung erzeugt. Dies kann vor allem anhand der Arbeit mit Begriffsnetzen (Mind-Maps) trainiert werden. Auf diese Weise können Schüler in den Besitz eines metaphorischen produktiven und rezeptiven „Grundwortschatzes" gelangen, auf den sie bei der Beschreibung von Musik immer wieder zugreifen können, den es aber ständig zu erweitern gilt und der je nach der individuellen Lerngruppensprache unterschiedliche Begriffe und Ausdrucksweisen umfassen kann. Bei der Arbeit mit Begriffsnetzen können auch Gegensätze, Synonyme und Paraphrasierungen angewandt werden. Katthage weist allerdings darauf hin, dass es sich bei der Metaphernkommunikation nicht um ein rein semantisches Phänomen handelt, sondern um ein pragmatisches, denn Metaphernkommunikation gelingt erst, wo Produzent und Rezipient nicht nur über einen gemeinsamen Wissenshorizont verfügen, sondern auch sprachlichen Äußerungen mit einem grundsätzlichen Sinnverdacht begegnen. Unter „Sinnverdacht" ist zu verstehen, dass der Rezipient auch bei ungewöhnlichen, kreativen Sprachäußerungen Bemühungen unternimmt, hinter den Sinn der Äußerung zu kommen. Er kommt dem Produzenten insofern entgegen, als er davon ausgeht, dass die Äußerung auf jeden Fall einen Sinn hat, den es zu erschließen gilt, auch, wenn sie vom konventionellen Sprachgebrauch abweicht (vgl. Katthage 2004, S. 306).

Die Aufgabe des Musiklehrers bei der Ausbildung von Metaphernkompetenz der Schüler besteht nach Hesselmann (2015, S. 175 f.) darin, die Diskussion über die Bedeutung von Metaphern so zu führen, dass innerhalb einer Lerngruppe nicht nur möglichst vielfältige Assoziationen hervorgerufen werden, sondern auch so, dass Verbindungen zwischen den Metaphern, die von den einzelnen Schülern zum selben Musikstück formuliert werden, erkannt und in ein immer dichteres Netz von Begriffen überführt werden können, wodurch die Metaphernkompetenz qualitativ zunehmend gesteigert wird. Hierfür legt Hesselmann (2015) ein didaktisches Modell vor, das auf der Arbeit „Mit Metaphern Wissen schaffen. Erkenntnispotentiale metaphorischen Sprachgebrauchs im Umgang mit Musik" von Oberschmidt (2011a) basiert. Oberschmidt greift das Sprechen über Musik aus konstruktivistischer Perspektive auf und beschreibt einen Weg zur Metaphernkompetenz und zum Musikverstehen über das Schreiben von

Geschichten zu gehörter Musik. Die von den Schülern verfassten Texte werden nach ihrer Thematik geordnet, Gemeinsamkeiten und Unterschiede herausgearbeitet und die Geschichten von den Verfassern erläutert. Beim nochmaligen Hören werden die subjektiven Höreindrücke an den musikalischen Strukturen festgemacht, wobei die intuitive Beurteilung in einen argumentativen Diskurs überführt wird. Oberschmidt (2011a, S. 126 ff.) entwickelt sein Modell in Anlehnung an die Metapherntheorie Anil Jains (2002) als dreischrittiges Modell mit den Phasen „Orientierung", „Verdichtung" und „Konsolidierung". Dabei geht er in der ersten Phase der Orientierung von einer initialen Metapher, d. h. von den Assoziationen, aus, die die Schüler zu gehörter Musik äußern. Diese werden im weiteren Verlauf kritisch hinterfragt, verdichtet und konsolidiert. Zunächst kann, wie Oberschmidt selbst anmerkt, eine von den Schülern hervorgebrachte initiale Metapher einengend wirken, da sie eine bestimmte Perspektive auf die Musik vorgibt. Im zweiten Schritt, der Verdichtung, wird jedoch das lexikalische Umfeld von Schlüsselbegriffen, d. h. von bedeutungstragenden lexikalischen Einheiten der initialen Metapher, auf verschiedene mögliche Bedeutungen in (möglicherweise verschiedenen) Kontexten hin untersucht und dadurch semantisch verdichtet, wobei auch semantische Differenzen aufgedeckt werden können. Alternativ kann aber auch innerhalb des Herkunftsbereiches der initialen Metapher verblieben werden, und es können andere, entgegengesetzte Assoziationen diskutiert werden. Dadurch kann der Blick um andere Perspektiven erweitert werden, es können neue Sinnzuweisungen entstehen und Unschärfen aufgedeckt werden. Die initiale Metapher erzeugt auf diese Weise neue Metaphern. Im nächsten Schritt, der Phase der Verdichtung, wird das musikalische Material analysiert und es werden einzelne Phänomene (z. B. eine aufsteigende Tonfolge, eine Verzierung, Intervallreihungen) mit den zuvor identifizierten möglichen Bedeutungen verknüpft, wobei eine Vermengung von objektiver Fachsprache und metaphorischer Sprache erfolgt und weitere Interpretationen sowie genauere Bestimmungen metaphorisch verwendeter Begriffe vorgenommen werden. Dadurch erhöht sich die semantische Dichte und es entstehen neue Imaginationen als Metaphernnetze. In dieser Phase unterscheidet Oberschmidt drei Kategorien des Vergleichs von eigentlicher und metaphorischer Bedeutung:

1. musikalische Merkmale, die sowohl auf die eigentliche als auch auf die metaphorische Anwendung zutreffen,
2. Merkmale, die nur auf den eigentlichen Gegenstand zutreffen,
3. Merkmale, die nur auf den metaphorischen Gegenstand zutreffen.

Eine Metapher kann infolge der ihr subjektiv zugewiesenen Bedeutungen u.U. nun anhand des musikalischen Lerngegenstandes auch eine Gegenmetapher provozieren und damit den musikalischen Gegenstand aus verschiedenen Perspektiven darstellen, die einerseits mit den strukturanalytischen und teils auch fachsprachlichen Begriffen verknüpft werden, aber andererseits auch individuelle Zugänge zum musikalischen Gegenstand zulassen statt auf eine einzige „richtige", objektive Strukturanalyse zu setzen, mit der sich Schüler eventuell nicht identifizieren können, weil sie die Struktur anders wahrnehmen. Die von den Schülern produzierten Metaphern müssen begründet werden: Warum wurde diese Metapher gewählt? Warum wurde dieses oder jenes Bild imaginiert? Dies bezeichnet Oberschmidt als Phase der „Konsolidierung", bei der abschließend das sprachlich ausgedrückte Bild wieder zum Gegenstand, der das Bild und damit eine subjektive Bedeutung entstehen ließ, zurückführt.

Im Hinblick auf das Potenzial im Kontext von Sprachbildung – über die von Oberschmidt aus musikdidaktischer Perspektive heraus beabsichtigte Entwicklung tieferen Musikverstehens hinaus – ist an seinem Modell hervorzuheben, dass infolge der Verschriftlichung als Verschränkung von verbal geäußerten subjektiven Assoziationen, Emotionen und Vorstellungen und objektiven strukturanalytisch-fachsprachlichen Anteilen, d. h. durch eine Anbindung subjektiver Wahrnehmung von Musik an musikalische Mittel, innerhalb eines kohärenten Textes tiefere Reflexionsprozesse in Gang gesetzt werden können als bei einer medial mündlichen und aufgrund der Mündlichkeit weniger kohärenten Musikanalyse (vgl. Schmölzer-Eibinger/Thürmann 2015). Das Erkenntnispotenzial des Schreibens von kohärenten Texten (auch im Vergleich zu notizenartigen Aufzeichnungen, wenngleich diese eine strukturierende und selbstreflexive Funktion haben können) als Medium des Lernens ist in aktuellen Publikationen der Schreibdidaktik intensiv herausgearbeitet worden. Bei Feilke (2015) findet sich beispielsweise folgende, kommunikationstheoretisch orientierte Darstellung: „Das Lernen ist, soweit es […] durch das Schreiben eigener Texte geschieht, ein Prozess, der nicht nur Inhalte strukturiert, sondern Positionen identifiziert und vergleicht, Sachverhalte aus verschiedenen Perspektiven betrachtet und analysiert. So stellt sich im Umgang mit Texten ein innerer Zusammenhang von Argumentieren und Lernen her. Die zeichenhaften Oberflächen von Texten sind dabei nicht Ausdruck eines Inneren der SprecherInnen oder SchreiberInnen, sondern als Zeichen sind sie immer appellativ: Sie fordern dazu auf, dies oder das zu tun, sich etwas so oder so vorzustellen, etwas so oder so zu verstehen" (Feilke 2015, S. 64).

Von Interesse für eine Sprachbildung im Fach ist an Oberschmidts Modell jedoch nicht nur der Bezug zur Schreibdidaktik, sondern im Kontext von Rolles Modell der Ästhetischen Argumentationskompetenz auch die vorgesehene Überführung der Höreindrücke unter Bezugnahme auf musikalische Mittel in einen argumentativen Diskurs. Auf den unteren Stufen des Modells von Rolle wird genau das umgesetzt, was Oberschmidt als Ausgangspunkt seines didaktischen Modells als Weg zur Metaphernkompetenz dient: das Bilden frischer Metaphern zum Zweck subjektiver Beschreibungen gehörter Musik. Durch die im Verlauf von Oberschmidts Modell einsetzende Überführung der initialen Metapher in eine musikalische Analyse werden die Schüler auf höhere Stufen von Rolles Modell Ästhetischer Argumentationskompetenz geleitet.

Hesselmann (2015, S. 208 ff.) führt die didaktischen Überlegungen Oberschmidts weiter in ein fünfphasiges Modell, das zunächst von einem nonverbalen, assoziationsbildenden Zugang zu einem Musikstück, d. h. von einem nonverbalen „ästhetischen" Verstehen im Sinne Eggebrechts (1999) ausgeht, dem nach mehreren Zwischenschritten das „erkennende" Verstehen folgt. Dazu wird auf der sprachlichen Ebene nach einer nonverbalen Handlungsphase eine differenzierte Beschreibungssprache erforderlich, die letztlich an musikalische Fachsprache angebunden wird. Hesselmann fügt durch den nonverbalen Zugang in der ersten Phase noch eine Stufe vor der Oberschmidtschen initialen Metapher ein. Dabei geht Hesselmann entweder vom Malen oder von Bewegung zu gehörter Musik aus („involvierendes Hören"). In der zweiten Phase beschreiben die Schüler im Plenum oder in Kleingruppen ihre Produkte, die sie während des Musikhörens erstellt haben. In dieser Phase kann der Lehrer das Unterrichtsgespräch durch Leitfragen wie „Welches Material hast du benutzt? Warum?" lenken. In einem zweiten Schritt können Erläuterungen der Assoziationen hinzutreten, indem folgende Fragen gestellt werden: „Welche Assoziationen haben dich geleitet? Gab es etwas, das du nicht umsetzen konntest?". Dabei sollte der Lehrer darauf achten, dass keine Bewertungen vorgenommen werden. Mit dem zweiten Schritt innerhalb der zweiten Phase werden, wie Hesselmann vermutet, von den Schülern bereits metaphorische Begriffe verwendet, die aus Herkunftsbereichen der bildenden Kunst wie „Farben/Licht" stammen und zunächst nicht metaphorisch gebraucht werden, sondern in ihrer eigentlichen Bedeutung. Diese von den Schülern verwendeten metaphorischen Begriffe werden in Mind-Maps nach ihren jeweiligen Herkunftsbereichen strukturiert. Dabei sollen Ähnlichkeiten und Unterschiede zwischen den Bildbeschreibungen der einzelnen Schüler gesammelt und miteinander in Beziehung gesetzt werden, wobei Kategorien (Schnittmengen) hinsichtlich der Charakteristika mehrerer Bilder gebildet werden können und ein entsprechender Wortspeicher entsteht. In der dritten Phase hören die Schüler die Musik noch einmal und erhalten dabei die Gelegenheit, die Beschreibungen ihres Bildes zu ergänzen, zu ändern und zu kategorisieren. In der vierten Phase werden die gefundenen verbalen Begriffe und Kategorisierungen zu den musikalischen Mitteln in Beziehung gesetzt. Dabei sollen die subjektiv verwendete Sprache auch in fachsprachliche Begriffe überführt und die Verbindung von Fachsprache und metaphorischer Sprache verdeutlicht werden. Der nächste Schritt innerhalb der vierten Phase ist die Identifizierung frischer Metaphern,[77] wobei sich zu deren Bestimmung die Intensität oder die Häufigkeit der Beziehung eines Begriffs zu anderen als Ansatzpunkt anbietet. Als zentral für die Identifizierung von frischen Metaphern betrachtet Hesselmann ein Tafelbild, in dem drei Kategorien kreisförmig ineinander angeordnet sind. Im innersten Kreis werden die genannten gegenständlichen Bezüge (z. B. Regen, Wald, Vögel) abgebildet. In einem darum befindlichen zweiten Kreis wird eine auf die Musik bezogene Auswahl von Implikationen dieser Begriffe dargestellt (z. B. „tropfend", „zwitschern", „heller Klang"). Im Außenkreis, der beide inneren Kreise umschließt, sind fachsprachlich musikalische Mittel dargestellt, die in dem gehörten Musikstück verwendet werden. Metaphorische Beschreibungen werden hier an Fachsprache angebunden, wobei Hesselmann allerdings nicht erläutert, durch welche Gesprächstechniken dies im Unterricht genau geschehen kann. In der fünften und abschließenden Phase wird die Musik im Hinblick auf ihre Bezüge zum eigenen Bild untersucht und darüber hinaus in einen historisch-gesellschaftlichen Kontext (Malstile in der Entstehungsepoche des Musikstücks, weitere Werke/Kompositionsstil des Komponisten, weitere Werke der Epoche) gestellt. Dabei kann erneut auf die zunächst

---

77 Hesselmann verwendet statt des Begriffs „frische Metapher" den Begriff „starke Metapher".

intuitiven Äußerungen der zweiten Phase zurückgegriffen werden. Diese Äußerungen können nochmals in den neuen historisch-gesellschaftlichen Kontext gestellt und erneut eingeordnet und systematisiert werden. Hierbei kann, sofern die Musik und bildende Kunst einer Epoche sich dafür eignen, zu einer Analogiebildung (Stilparallelen) zwischen Bild und Musik hingeführt werden. Dies bezeichnet Hesselmann als „Eventualphase".

Ähnlich lässt sich das Fünf-Phasen-Modell von Hesselmann auch auf die Transformation von Musik in Bewegung anwenden. Hesselmann sieht in der Bewegungsimprovisation eher noch als im bildnerischen Gestalten eine intuitive, spontane Ausdrucksmöglichkeit für den zeitlichen und räumlichen Verlauf von Musik und innerer Bewegung. Auch diese Ausdrucksmöglichkeit bildet wahrgenommene Eindrücke ab, die mittels metaphorischer Sprache in Erkenntnis überführt werden können. Die erste Phase bilden bei dieser Variante des Modells Aufwärmübungen ohne Musik, die dem Zweck dienen, die Körperwahrnehmung der Schüler zu sensibilisieren. Der Lehrer kann dabei Bewegungsszenarien anregen, die zu der ausgewählten Musik passen, zu der im Anschluss an die Aufwärmphase improvisiert werden soll. Dabei können je nach Musik alle Dimensionen der Bewegung (Raum, Form, Zeit, Kraft) einbezogen werden, z. B. durch vorgegebene Gegensatzpaare wie „offen-geschlossen", „hoch-niedrig", „langsam-schnell", „rund-eckig" etc. Jeder Schüler kann sich damit ein eigenes Bewegungsrepertoire erarbeiten. Erst im Anschluss daran wird die Bewegungsimprovisation zur Musik ausgeführt. In der zweiten Phase sollen, analog der Beschreibung des Malprozesses, die eigenen Bewegungen aus der Improvisation beschrieben werden, was Hesselmann jedoch als schwieriger als beim Malen einschätzt, da Bewegungen flüchtig sind und kein feststehendes Produkt entsteht. Daher ist es seiner Auffassung nach einfacher, die Schüler statt der Bewegungen innere Bilder beschreiben zu lassen. Die Beschreibung kann auch um Bezüge zwischen der gehörten Musik und den eigenen Bewegungen erweitert werden, und der Beschreibungsprozess kann vom Lehrer durch Fragen wie „Hast du dich eher am Boden oder in einer anderen Ebene bewegt? Hast du dich langsam, schnell, rund oder eckig bewegt?" etc. angeregt werden. Im Zuge der Beschreibungen kann entsprechend dem Vorgehen beim Malen ein Wortspeicher gefüllt werden, der die Basis für Implikationen, die Aufdeckung von Widersprüchen und das Finden von passenden oder weniger passenden Begriffen in der dritten Phase bildet, in der die Musik nochmals gehört wird. In der vierten Phase sollen die Begriffe aus dem Begriffsnetz den Formteilen der Musik zugeordnet werden. Dabei soll Hesselmann zufolge eine Konzentration auf Dynamik, Tonhöhe, Tempo und Rhythmus stattfinden, sofern die Schüler die musikalischen Ausdrucksmittel nicht ohnehin vermischt wahrnehmen. Alternativ ist es auch möglich, nur einige wenige Takte der Musik auf die ausgedrückten Bewegungen und ihre Beschreibungen zu beziehen. Die Erweiterung des sprachlichen Horizonts über das konkrete Beispiel hinaus in der anschließenden fünften Phase kann dadurch gestaltet werden, dass die Schüler einen Titel finden oder ein handelndes Wesen (Mensch, Tier etc.) benennen, das durch das Stück oder ein Motiv des Stückes charakterisiert werden könnte. Zusätzlich können Informationen über den historisch-gesellschaftlichen Kontext in die Diskussion einfließen und weitere Beispiele an Leitmotiven, z. B. aus Film oder Oper, herangezogen werden. An die fünfte Phase kann sich wiederum eine Eventualphase anschließen, in der die Schüler ein zuvor benanntes Wesen mit einigen der ihm zugewiesenen Charaktereigenschaften musikalisch darstellen. Dabei sollen die eingesetzten musikalischen Mittel im Hinblick auf ihren Bezug zu den sprachlichen Begriffen untersucht, die Begriffe geschärft und die musikalischen Mittel zunehmend ausdifferenziert werden.

Abschließend soll hier auf die Auffassung Oberschmidts eingegangen werden, nach der Metaphernkompetenz mehr als die Bildung von Analogien („das klingt wie…") umfasst. Oberschmidt vertritt die Meinung, dass reine Analogien nie metaphorisch sind, auch, wenn sie analoge Strukturen besitzen. Das Wort „wie" sei eine Vergleichspartikel, die Beispiele anschließt, die der Veranschaulichung dienen. „Wie" drücke einen Vergleich aus, bei dem Ähnlichkeiten herausgestellt werden, der aber kein weiteres kreatives Erkenntnispotenzial auslöst, da Gefühle, Stimmungen und Eindrücke zwar assoziiert, nicht jedoch wie in der Metapher erlebt und verkörpert werden (Oberschmidt 2011a, S. 285). Zu dieser Auffassung ist anzumerken, dass Analogien durchaus Imaginationen auslösen können, die eine kreative Weiterentwicklung ermöglichen. Die von Kraemer (2004) im Kontext der Beschreibung von Sprachhandlungen beim Sprechen über Musik angeführte Analogie „Das klingt, wie wenn man in einer Höhle ist" ermöglicht die Bildung vielfältiger Begriffsnetze, z. B. über deren räumliche Eigenschaften (groß, niedrig, hoch etc.) und deren Wirkung (beängstigend, faszinierend, kalt, feucht, stickig etc.) sowie über mit den räumlichen Eigenschaften potenziell verbundene akustische Eigenschaften (dumpf, hohl), die wiederum nur metaphorisch zu beschreiben sind. Dies entspricht jedoch genau Oberschmidts Forderung nach Anregung der Fantasie, wie sie seiner Auffassung nach durch Analogiebildung nicht hergestellt werden kann. Eine theoretische Unterscheidung zwischen Analogie und Metapher zu ziehen, ist insofern für den Musikunterricht irrelevant. Weiterhin kann gegen die Relevanz einer Unterscheidung von Analogie und Metapher argumentiert werden, dass viele Metaphern sich sprachlich in reine Analogien überführen lassen. Die von Oberschmidt exemplarisch angeführte, von einem Sechstklässler formulierte frische (starke) Metapher „Schnee gegen Lehm" zu Luciano Berios „Sequenza I" für Flöte Solo lässt sich sprachlich genauso als „Das klingt *wie* Schnee gegen Lehm" formulieren und verliert dadurch dennoch nicht die Eigenschaften einer frischen Metapher, d. h. ihr erhebliches Erkenntnispotenzial. Sowohl bei der Metapher „Schnee gegen Lehm" als auch bei der Analogie „Das klingt wie in einer Höhle" geht es darum, Eigenschaften der genannten Wörter (Schnee, Lehm, Höhle) mit den Wirkungen, die durch musikalische Mittel hervorgerufen wurden, zu vergleichen. Für die Diskussion im Musikunterricht und die sprachliche Entwicklung auf der Wortschatzebene im Sinne einer zunehmenden Ausdifferenzierung ist nur entscheidend, ob es sich um eine abstrakte, frische Metapher oder um eine Metapher handelt, die nahe an der wörtlichen Bedeutung des gewählten Bildes liegt. Die Analogie „Das klingt wie Glöckchen an einem Pferdeschlitten" für den Klang eines Schellenkranzes liegt sehr nahe am Eigentlichen und weist bei weitem keinen so hohen Abstraktionsgrad auf wie die Metapher „(Das klingt wie) Schnee gegen Lehm".

6.2.4 Kritische Reflexion metapherndidaktischer Modelle

Obwohl mit den Vorschlägen Oberschmidts und Hesselmanns erstmalig konkrete, systematisch aufeinander aufbauende Vorgehensweisen zur Entwicklung von Metaphernkompetenz beschrieben werden, lassen sich einige potenzielle Hürden ausfindig machen, die bei der Umsetzung im Musikunterricht zu bedenken sind. Erwähnt wurde bereits, inwiefern in Lerngruppen, in denen Schüler über eine nicht altersangemessene Sprachkompetenz verfügen, der metaphorische Sprachgebrauch trotz des damit verbundenen großen musikbezogenen Erkenntnispotenzials u. U. problematisch ist. Dabei ist allerdings auch die zugrunde liegende Ursache für den Sprachentwicklungsrückstand von Bedeutung. So können Schüler mit Migrationshintergrund, die über nur wenige Deutschkenntnisse verfügen (z. B. geflüchtete Schüler, die sich erst kurze Zeit in Deutschland aufhalten), sofern sie die Arbeitsaufträge verstehen, die im Rahmen der Modelle von Oberschmidt und Hesselmann erteilt werden, ihre Musikwahrnehmung sowohl durch Malen als auch durch Bewegung ausdrücken und sich zumindest teilweise am Unterrichtsgespräch beteiligen, und sei es nur durch einige wenige Wörter und Gesten. Schüler, die zu dieser Gruppe gehören, können zumindest von den ersten beiden Phasen des Modells von Hesselmann sprachlich profitieren – hier vor allem auf der semantischen Ebene. Für die Arbeit mit Schülern, bei denen intellektuelle Einschränkungen bestehen, scheint das Modell von Hesselmann hingegen nicht geeignet, da spätestens ab der dritten Phase komplexe Zusammenhänge erklärt und von den Schülern verstanden werden müssen, um zur nächstfolgenden Phase zu gelangen. Schüler mit intellektuellen Einschränkungen sind jedoch meist kaum in der Lage, Metaphernkompetenz im Sinne Drewers auszubilden.[78]

Oberschmidt und Hesselmann setzen mit ihren Modellen bewusst den Impuls um, das Verstehen von Musik nicht durch die im Musikunterricht meist übliche Reihenfolge „Beschreibung-Bedeutung" zu befördern, sondern umgekehrt vorzugehen und durch das Ausschöpfen des kreativen Potenzials von Sprache den musikbezogenen Verstehenshorizont weit zu halten statt ihn durch eine von Beginn an fachsprachliche, normierte Musikbeschreibung einzuengen. Dabei werden auch kooperative Lernformen, deren Nutzung sich empirisch als effizient für eine Sprachbildung erwiesen hat,[79] einbezogen, wenngleich nicht explizit im Kontext einer Sprachbildung im Fach.

---

78   Hier zeigt sich auch ein gravierendes Problem für einen inklusiven Musikunterricht: Je nach der Ursache von Sprachentwicklungsverzögerungen bzw. Sprachentwicklungsstörungen sind die Ziele des Musikunterrichts aufgrund gegebener sprachlicher und intellektueller Grenzen bei bestimmten Gruppen von Schülern differenziert zu setzen. Doch dies methodisch innerhalb eines gemeinsamen zeitlichen Unterrichtsverlaufs in einer Lerngruppe umzusetzen, stellt die Musikdidaktik vor eine möglicherweise kaum lösbare Aufgabe, da es je nach Gruppenzugehörigkeit bzw. Erscheinungsbild einer Sprachentwicklungsverzögerung oder Sprachentwicklungsstörung nicht nur einer fachlichen, sondern auch einer sprachlichen Differenzierung bedarf. Entscheidend für die Festlegung von differenzierten Zielen ist auch eine Einschätzung dessen, in welchem Maß eine Weiterentwicklung sprachlicher und intellektueller Fähigkeiten überhaupt möglich ist.

79   Zu den sprachbildenden Potenzialen kooperativer Lernformen vgl. ausführlich Kap. 9.

Dennoch legen sowohl Oberschmidt als auch Hesselmann Modelle für eine musikbezogene Metapherndidaktik vor, die zumindest implizit den Anspruch umsetzt, fachliches und sprachliches Lernen zu verknüpfen. Doch wie sinnvoll ist dieses Vorgehen in Lerngruppen mit einem hohen Anteil an Schülern mit Sprachförderbedarf im Bereich der semantischen Basisqualifikation, denen wörtliche Bedeutungen und in der deutschen Alltagssprache gebräuchliche Metaphern nicht zur Verfügung stehen? Ergibt sich nicht zwangsläufig, dass zwar ein ästhetisches vorbegriffliches Musikverstehen, ein erkennendes Musikverstehen jedoch nur in dem Umfang möglich ist, wie das Begriffsnetz im mentalen Lexikon ausgebildet ist? In dieser Hinsicht zeigt sich an Hesselmanns Modell das Potenzial, dass bei Schülern mit einem eher geringen (vor allem produktiven) deutschsprachigen Wortschatz auch von einfachen Begriffen wie z. B. Antinomien in Polaritätsprofilen und Adjektivzirkeln oder von zunächst wenig verzweigten und weniger umfangreichen Mind-Maps ausgegangen werden kann und die Nuancen eines Begriffs daran nach und nach erweitert werden können.[80] Bei Schülern mit einem umfangreichen und differenzierteren Wortschatz können hingegen von Beginn an mehr verzweigte und umfangreichere Begriffsnetze entwickelt werden. Vor allem Hesselmanns Modell bietet durch die aufeinander aufbauenden Phasen ein bedeutendes Potenzial für die Wortschatzarbeit auf sehr unterschiedlichen sprachlichen Niveaus. Einschränkend ist anzumerken, dass die Visualisierung von gehörter Musik in Gestalt eines Bildes sehr zeitaufwändig ist und zudem bedeutet, sich auf eine einzige Interpretation einer Metapher festzulegen. Als problematisch kann sich darüber hinaus erweisen, dass die Schüler möglicherweise nicht über die künstlerischen Mittel verfügen, gehörte Musik adäquat bildlich darzustellen. Die Transformation von gehörter Musik in eine bildliche Darstellung setzt jedoch voraus, dass die Schüler in der Lage sind, ihre Assoziationen und Imaginationen mit künstlerischen Mitteln adäquat darzustellen. Gehörte Musik wird in Hesselmanns Modell zunächst in das möglicherweise schon unzureichende Medium der Sprache und von dort nochmals in das ebenfalls unzureichende Medium einer künstlerischen Abbildung transferiert. Durch das Verfahren, von einer initialen Metapher auszugehen, ergibt sich also eventuell das Problem, dass die tatsächlichen Imaginationen möglicherweise nicht so dargestellt werden, wie sie tatsächlich empfunden wurden, sondern unbewusst oder bewusst an normativen Erwartungen des Lehrers oder der Mitschüler orientiert werden. Sowohl beim Malen als auch beim Schreiben handelt es sich um Transformationsprozesse, die immer auch im Laufe von Sozialisationsprozessen erworbenen normativen Erwartungen unterliegen. Auch Selbstkonzepte der Schüler beeinflussen maßgeblich das Ergebnis. So kann es bei der Durchführung von Oberschmidts Modell passieren, dass Schüler, die über sich selbst denken, dass sie nicht gut schreiben können, für sie schwierig zu schreibende Wörter oder Satzkonstruktionen vermeiden oder eine so kurze Geschichte schreiben, dass die tatsächlichen Imaginationen gar nicht wiedergegeben werden. Ebenso wie beim Schreiben kann das Ergebnis auch beim Malen und Bewegen, wie es in Hesselmanns Modell vorgesehen ist, durch einen Filter sozialer Erwünschtheit und von Selbstkonzepten beeinflusst werden, so dass Rückschlüsse des

---

80 Zu Methoden der Wortschatzarbeit vgl. ausführlich Kap. 11.3.4.

Lehrers auf das beim Hören tatsächlich Wahrgenommene aufgrund des von ihm beobachtbaren Ergebnisses einer Transformation in ein anderes Medium kaum zuverlässig zu ziehen sind. Hinzu kommt, dass der Transformationsprozess von Emotionen in eine ästhetische oder sprachliche Darstellungsform im Unterricht normalerweise intellektuell untersetzt ist, da immer bestimmte Erwartungen seitens des Lehrers bestehen. Emotionen werden daher im Allgemeinen nicht ungefiltert in ästhetische oder sprachliche Darstellungsformen transformiert. Die geforderten Beschreibungen des gemalten Bildes in Phase Zwei in Hesselmanns Modell implizieren zudem, dass der Malende sich während des Malens bewusst war, wann er was und – bis zu einem gewissen Grade auch warum – malt. Ob dies stets so auf die Schüler zutrifft, steht zu bezweifeln.

Weiterhin ist zu bedenken, dass der Wortspeicher, der in der zweiten Phase in Hesselmanns Modell von den Schülern gefüllt werden soll, jeweils vom produktiven Wortschatz der Schüler abhängt – je größer die Quantität und je höher die Qualität, desto differenzierender die Wörter, mit denen dieser Wortspeicher gefüllt werden kann. Darüber hinaus sind in erheblichem Maß Reflexions- und Abstraktionsfähigkeit die Voraussetzung insbesondere für das durch das Modell von Hesselmann evozierte Musikverstehen – eine Reflexions- und Abstraktionsfähigkeit, die sich im Gebrauch von Redemitteln bei der Anwendung der Operatoren Begründen und Bewerten niederschlägt. Damit hängt das Musikverstehen in Oberschmidts und Hesselmanns Modellen maßgeblich von der jeweiligen semantischen sowie morphologisch-syntaktischen Qualifikation der Schüler ab. Dennoch sind die von Oberschmidt und Hesselmann vorgeschlagenen Wege für die Anbahnung von Metaphernkompetenz nutzbar und können aus der Perspektive der Sprachbildung eine Brücke sowohl zur Bildungs- als auch zur Fachsprache schlagen sowie einen Beitrag zur Schreibkompetenz, d. h. zur literalen Qualifikation, leisten. Auf der Basis von Forschungsbefunden aus der Fremdsprachendidaktik ist hinzuzufügen, dass sich Visualisierungen von Metaphern und Konzepten positiv auf den Grammatikerwerb auswirken (vgl. Weininger 2013, S. 31). In Bezug auf die Musikanalyse kann eine Visualisierung von sprachlichen Sachverhalten auch zusätzlich durch das Hinzuziehen des Notentextes erfolgen: Dass eine Melodie „an- oder absteigt", wird durch das Notenbild offensichtlich, ebenso sind Sprünge oder Schritte im Notenbild visualisiert. Die Visualisierung von metaphorischen Ausdrücken in einem Notentext ist allerdings begrenzt: Ob ein bestimmter Ton „hell" oder „dunkel" klingt, kann nicht anhand des Notentextes festgehalten werden, wohingegen Toneigenschaften wie „spitz" oder „weich" sich durch Artikulationszeichen darstellen lassen.

Die Anbahnung von Metaphernkompetenz kann auch dem Bereich „Sprachbewusstheit" zugeordnet werden. Allerdings sollte berücksichtigt werden, dass sich das Verständnis von Metaphern entwicklungspsychologisch erst um das 9. bis 10. Lebensjahr herum entwickelt, wobei intersensorische Metaphern („hell", „dunkel" etc.) eher verstanden werden als psychologische („großer Baum"-„großer Komponist") (vgl. Caviola 2003, S. 47).

Ohne Metaphernkompetenz können zahlreiche Themen und Inhalte des Musikunterrichts kaum erarbeitet werden, z. B. lyrische Texte als Bestandteil musikalischer Werke oder Themen wie „Musik in der Werbung". Katthage (2003, S. 140) bezeichnet die Lyrik als „zentralen Ort der Metapherndidaktik" im Deutschunterricht. Im Musikunterricht sind demnach die musikdidaktischen Felder der Rezeption und Produktion ein „zweifacher Ort" der Metapherndidaktik mit einem erheblichen Potenzial für die Sprachbildung, nämlich dann, wenn es sich um Vokalmusik handelt, bei der sowohl die Text- als auch die Musikinterpretation Gegenstände des intersubjektiven Austauschs darstellen können und von der eine emotionale Wirkung bzw. Assoziationsbildung als Gesamtwirkung von Musik und Text ausgelöst wird. In Themenfeldern des Musikunterrichts wie z. B. „Musik in der Werbung" oder in der Analyse von Vokalmusik bezieht die Analyse immer auch den Text mit ein und überschreitet hiermit die Grenze zum Deutschunterricht. Hier wäre eine sprachbezogene Vertiefung dahingehend denkbar, sich nicht nur auf die Feststellung zu beschränken, *dass* es sich um metaphorischen Sprachgebrauch handelt, sondern auch das dahinter stehende metaphorische Konzept zu thematisieren. Dies würde allerdings eine metaphernanalytische Kompetenz seitens der Musiklehrenden voraussetzen, über die sie i.d.R. nicht verfügen. Hier kann jedoch auf die Möglichkeit einer Kooperation der Fächer Musik und Deutsch in einem fächerverbindenden Unterricht verwiesen werden.

7 Sprachbildende Potenziale des Musikunterrichts

Neben der Ausbildung rezeptiver und produktiver Metaphernkompetenz liegen Potenziale des Musikunterrichts zur Förderung sprachlicher Qualifikationen in den Arten und Funktionen des Sprechens über Musik, in den Umgangsweisen mit Musik sowie in sprachbezogenen Methoden, die sehr häufig im Musikunterricht verwendet werden.

Durch die Umgangsweisen mit Musik in verschiedenen Kompetenzbereichen der Rahmenlehrpläne (z. B. „Musik wahrnehmen und deuten", „Musik gestalten und aufführen", „Musik reflektieren und kontextualisieren"[81]), bieten sich im Musikunterricht sehr unterschiedliche und vielfältige Anknüpfungspunkte für eine Förderung alltagssprachlicher, bildungssprachlicher und fachsprachlicher Kompetenzen und zur Ausbildung von Metaphernkompetenz. Grundsätzlich ist es möglich, Sprachstrukturen, beginnend auf der Lautebene und der Ebene einfachster grammatischer Strukturen, sowohl im Bereich der medialen Mündlichkeit als auch der medialen Schriftlichkeit, bis hin zu immer komplexeren Strukturen und der darauf aufbauenden Bildungs- und Fachsprache zu unterstützen und so alle sprachlichen Basisqualifikationen nach Ehlich, Valtin und Lütke (2012) einzubeziehen. Dabei werden die didaktischen Felder (Rezeption, Produktion, Reproduktion, Transformation, Reflexion, Information) in der Praxis des Musikunterrichts meist nicht getrennt, sondern überlappen sich bzw. folgen unmittelbar aufeinander. So sind z. B. Produktion und Reproduktion ohne Bezug zur Rezeption nicht möglich, so dass in allen drei Feldern ein großes Potenzial zur Förderung der Hörfertigkeit liegt, die sowohl für die musikalische als auch für die sprachliche Entwicklung relevant ist. Gehörte Klänge müssen beim Musizieren ebenso wie sprachliche Äußerungen wahrgenommen und imitiert werden können, wobei das selbst Produzierte mit dem Gehörten verglichen und gegebenenfalls korrigiert werden muss. Beim Singen muss die Hörinformation in das Bewegungsprogramm der Artikulationsorgane übertragen werden und beim instrumentalen Musizieren müssen feinmotorische Bewegungen die Übereinstimmung mit dem Gehörten herstellen. Ein differenziertes auditives Unterscheidungsvermögen ist daher einerseits eine Voraussetzung für das Gelingen musikalischer Produktion und Reproduktion, andererseits wird es durch Produktion und Reproduktion immer weiter ausdifferenziert. Gleichermaßen ist ein differenziertes auditives Unterscheidungsvermögen für die Sprachentwicklung notwendig. So ist es beispielsweise wichtig, hören zu können, ob eine Äußerung ironisch oder ernst gemeint ist, um adäquat darauf reagieren zu können. Der Unterschied zwischen Stilmitteln wie Ironie/Sarkasmus und wörtlicher Bedeutung lässt sich bei exakt derselben sprachlichen Struktur lediglich an den prosodischen Sprachmerkmalen „Klangfarbe" und „Betonung" erkennen; diese entscheiden

---

81 Diese Kompetenzbereiche sind im Rahmenlehrplan Musik für die Klassen 1–10 in Berlin und Brandenburg aufgeführt, finden sich ähnlich jedoch auch in den Rahmenlehrplänen der anderen Bundesländer.

über die gemeinte Bedeutung. Diese prosodischen Merkmale können jedoch nur dann wahrgenommen werden, wenn das auditive Unterscheidungsvermögen entsprechend differenziert ausgebildet ist. Daher gehört der adäquate Umgang mit prosodischen Sprachelementen, die nicht nur im Bereich des medial Mündlichen, sondern auch in medial schriftlichen Texten eine Rolle spielen und hier besonders schwierig zu identifizieren sind, weil hierbei die prosodischen Merkmale der gesprochenen Sprache fehlen und vom Rezipienten selbst ergänzt werden müssen, zu den höchsten Anforderungen an die Sprachkompetenz. Weiterhin stellt die Fähigkeit zur lautlichen Differenzierung eine wesentliche Voraussetzung für den Schriftspracherwerb dar. Differenziertes Hören, das im Musikunterricht im Rahmen der Hörerziehung trainiert wird, kann sich positiv auf das sprachliche Hörverständnis und dies wiederum auf weitere sprachliche Qualifikationsbereiche auswirken.[82] Aus diesem Grund sind Übungen zur auditiven Differenzierungsfähigkeit auch Bestandteil der Rahmenlehrpläne Musik für Förderschulen mit Schwerpunkt Sprache. Hier sollen Ziele des Musikunterrichts im Bereich der Hörerziehung mit Aufgaben einer entwicklungsorientierten Sprachförderung verknüpft werden (vgl. Bayerisches Staatsministerium für Unterricht und Kultus 2006a, S. 67).

In *allen* musikdidaktischen Feldern sind die Verwendung nonverbaler Sprache zur Illustration der verbalen Sprache sowie die Verwendung von Bildsprache möglich. Die musikbezogenen Sprachfunktionen (z. B. Ordnungsfunktion oder Interpretationsfunktion) lassen sich nicht *einzelnen* musikdidaktischen Feldern zuordnen. Es ist daher nicht möglich, einer bestimmten Umgangsweise mit Musik ein oder mehrere Sprachhandlungen (Operatoren) zuzuweisen, wenngleich auch in einigen musikdidaktischen Feldern bestimmte Sprachhandlungen dominieren und einige weniger oder gar nicht vorkommen. So spielt beispielsweise in den musikdidaktischen Feldern „Produktion" und „Reproduktion" der Operator „Bewerten" eine ungleich größere Rolle als im Feld „Information". Weiterhin ist davon auszugehen, dass in den musikdidaktischen Feldern „Produktion" oder „Reproduktion" der Anteil der Sprachproduktion der Schüler eine eher untergeordnete Rolle einnimmt, da die musikbezogenen Tätigkeiten als solche (Musik erfinden, Musik nachspielen) nonverbal erfolgen. Sprache hat hierbei allerdings die Funktion, musikalische Absprachen zu treffen und Übungsabläufe zu besprechen und damit auch eine nicht musikbezogene, organisatorische Funktion. Für das musikdidaktische Feld der Reflexion spielt Sprache hingegen *die* zentrale Rolle – Reflexion im Musikunterricht ist daher ohne Sprache nicht möglich.

Auch, wenn keine Zuordnungen bestimmter Sprachhandlungen zu bestimmten Umgangsweisen mit Musik vorgenommen werden können, können Musiklehrende dennoch bewusst entscheiden, welche Umgangsweisen mit Musik, welche Strategien, Methoden und Methodenwerkzeuge zur Verbindung fachlichen und sprachlichen Lernens, welche Sprachhandlungen (Operatoren), welche Sprachregister und welche Sozialform sie für eine musikalische Lernsituation wählen bzw. erwarten und in welcher Situation sie begründete und am musikbezogenen Lernen ausgerichtete medial

---

82 Vgl. hierzu den Überblick über Forschungsbefunde zu Transfereffekten musikalischer Betätigung auf sprachliche Fähigkeiten bei Sallat (2008, S. 13 ff.).

schriftliche oder mündliche, produktive oder rezeptive Kommunikationsformen bevorzugen. Welche sprachlichen Qualifikationen in einer Unterrichtssituation konkret gefördert werden, hängt jeweils von den angewandten Umgangsweisen mit Musik, den Methoden bzw. den konkreten Aufgabenstellungen, den im Unterricht angewandten oder erwarteten Sprachregistern (Umgangs-, Bildungs-, Fachsprache, metaphorische Sprache), der Festlegung auf die sprachrezeptiven oder -perzeptiven Bereiche und sprachdidaktischen Unterstützungsmaßnahmen durch den Lehrer ab. Besonders im Musikunterricht der Primarstufe liegen zahlreiche Möglichkeiten, in einem fachübergreifenden Unterricht Musik/Deutsch basale Sprach- und Schriftsprachfähigkeiten zu fördern, die sich vor allem aus den zahlreichen Parallelen zwischen Sprache und Musik ergeben.[83] Hier lassen sich gleichermaßen musikbezogene wie sprachbezogene Ziele anhand desselben musikalischen Gegenstandes (v. a. Lieder und rhythmische Sprachspiele) verfolgen.[84]

Die Besonderheit, dass die „Beschreibungssprache" von Musik sich aus zwei unterschiedlichen Fachsprachen zusammensetzt, wurde bereits dargestellt: einerseits aus einer der Sprache der Naturwissenschaften nicht unähnlichen Sprache, die Dinge objektiv abbildet (als Sprache der Musiktheorie bzw. Musikwissenschaft), und andererseits aus einer metaphorischen Fachsprache der Assoziationen und Emotionen, die teils subjektiv alltagssprachlich, teils aber auch mittels bildungssprachlicher oder in der Alltagssprache kaum gebrauchter Begriffe dazu dient, subjektive Emotionen und bildhafte Vorstellungen im Zusammenhang mit Musik auszudrücken. Durch die im Musikunterricht meist auftretende Verschränkung dieser beiden „Beschreibungssprachen" unterscheidet sich die Sprache des Musikunterrichts maßgeblich von den „Dialekten" anderer Fächer. Im Unterschied zu anderen, eher fakten- und wissensbasierten Fächern ist auch die Stärkung der subjektiven verbalen Ausdruckfähigkeit ein zentrales Ziel des Musikunterrichts, wohingegen in anderen Fächern vorrangig das Erlernen der jeweiligen objektiven Fachsprache im Vordergrund steht. Darüber hinaus bietet der Musikunterricht im Gegensatz zu den meisten anderen Fächern, in denen es nahezu unmöglich ist, eine verbale Vermittlung von Lerngegenständen durch eine nonverbale Vermittlung zu ersetzen, die Möglichkeit nonverbaler Vermittlung bzw. die Möglichkeit sprachunterstützender körperlicher Demonstrationen. Unter „sprachunterstützender Demonstration" ist zu verstehen, dass körperliche Demonstration(en) und Sprachhandeln sich gegenseitig zur Verdeutlichung einer semantischen Bedeutung unterstützen, indem zur verbalen Benennung eines Sachverhaltes oder Begriffes (z. B. crescendo) die Bedeutung gleichzeitig oder unmittelbar folgend durch nonverbale Gesten, Mimik oder Vorführen symbolisch erläutert wird.[85] Wird

---

83 Vgl. hierzu Bossen (2010).
84 Vgl. hierzu Kap. 7.5.
85 In der musikalischen Beschreibungssprache kommen häufig Gegensatzpaare vor wie z. B. „hoch-tief", „crescendo-decrescendo", „piano-forte" u. a., deren Bedeutungen sich durch (gegensätzliche) Gesten sehr gut abbilden lassen. Ekman und Friesen (1969) verwenden für die nonverbale gestische Unterstützung von Wortbedeutungen den Begriff „Illustration".

ein unbekannter musikalischer Begriff oder Sachverhalt eingeführt und ausschließlich verbal erklärt, so ist diese Erläuterung nur Schülern mit einer ausreichenden Sprachkompetenz in den für die Erklärung relevanten sprachlichen Qualifikationsbereichen zugänglich. Der Musikunterricht bietet jedoch die Möglichkeit, zahlreiche musikalische Fachbegriffe und Sachverhalte auch durch Vorführen, Vorspielen, Vorsingen, Zeichnen oder Zeigen zu erklären statt ausschließlich durch verbale Sprache. Auf diese Art können zumindest Fachbegriffe, die einfache musikalische Sachverhalte abbilden, auch Schülern mit Sprachentwicklungsverzögerungen oder -störungen bzw. intellektuellen Einschränkungen zugänglich gemacht werden. Da die Anleitung zum praktischen Musizieren und die intersubjektive Verständigung beim Musizieren sogar vollkommen durch nonverbale Codes mit appellativem Charakter erfolgen können, ist der Musikunterricht im Gegensatz zu den nicht künstlerischen Fächern auch besonders geeignet, Schülern, die (z. B. aufgrund einer erst kurzen Aufenthaltsdauer in Deutschland) über keinerlei Deutschkenntnisse verfügen, einen sinnvollen Einstieg in den Unterricht und die soziale Integration in eine Gruppe zu ermöglichen. Gegenüber anderen Fächern weist der Musikunterricht die Besonderheit auf, dass ästhetisches Erleben nicht unbedingt von fachlichem Wissen abhängt, d. h. von Zusammenhängen, die zuvor „erkennend" im Sinne Eggebrechts verstanden worden sein müssen, sondern jederzeit und ohne Vorbedingungen zum Ausdruck gebracht werden kann, wobei die Ausdrucksmöglichkeiten von vollkommen nonverbal über alltagssprachlich/ wenig komplex bis bildungssprachlich/sehr komplex reichen. Musikbezogenes Wissen beeinflusst zwar die musikalische Wahrnehmung, ist aber keine unbedingt notwendige Bedingung für ästhetisches Erleben und eine eigene Meinungsbildung über Musik.

Für die Vermittlung von Bildungssprache scheinen am ehesten die musikdidaktischen Felder „Information" und „Reflexion" prädestiniert, da diese Felder zentral für die Anwendung von Kommunikationsstrukturen einer „Sprache der Öffentlichkeit" (verstanden als Sprache der Massenmedien, als Amtssprache und als Sprache von Bildungsinstitutionen) sind. Dies schließt nicht aus, dass auch in anderen musikdidaktischen Feldern bildungssprachliche Strukturen verwendet werden können, wie umgekehrt nicht ausgeschlossen ist, dass auch mittels Alltagssprache informiert oder reflektiert werden kann. Überfachliche bildungssprachliche Redemittel lassen sich jedoch am ehesten in diesen beiden musikdidaktischen Feldern vermitteln, zumal hier zum einen dem zeitlichen Anteil der Sprachproduktion der Schüler ein hoher Stellenwert eingeräumt werden kann und zum anderen eine Förderung der Lesekompetenz anhand der Rezeption von Fachtexten, die bildungs- und fachsprachliche Strukturen beinhalten, möglich ist. Des Weiteren gilt es, sich die Besonderheiten beim bildungssprachlichen Sprachgebrauch im Hinblick auf den Gegenstand Musik zu vergegenwärtigen. Während in naturwissenschaftlichen und überwiegend fakten- und wissensbasierten Unterrichtsfächern mittels objektivierender Sprache über Objektives gesprochen wird, stehen im Musikunterricht neben objektiven Sachverhalten subjektive Erfahrungen im Mittelpunkt. Musik wird durch das Medium Sprache *interpretiert*, so dass eine angemessene Ausdrucksweise für eine intersubjektive Verständigung gefunden werden muss. Diese intersubjektive Verständigung *kann*, *muss* aber nicht in einem bildungssprachlichen Register erfolgen. Schüler müssen also lernen, subjektive Wahrnehmungen, Assoziationen und Emotionen durch Ausdrucksweisen auf dem Kontinuum zwischen Alltagssprache und Bildungssprache sowohl medial schriftlich als auch medial mündlich angemessen bzw. den Erwartungen des Lehrers entsprechend auszudrücken.

Dabei ist eine Musikbeschreibung aufgrund der Verschränkung von Subjektivität und Objektivität nicht der Beschreibung eines Versuchsaufbaus im Physikunterricht oder der Beschreibung anderer objektiver Sachverhalte gleichzusetzen, da das in der Musik subjektiv Wahrgenommene nicht in gleicher Weise objektivierbar ist wie das im physikalischen Versuch Wahrgenommene, wenngleich es auch bei der Musikwahrnehmung häufig Übereinstimmungen zwischen den einzelnen subjektiven Wahrnehmungen der Schüler gibt. Insofern unterliegt die Bildungssprache im Musikunterricht der Besonderheit, dass mit ihren Strukturen auch nicht Objektivierbares ausgedrückt werden soll, womit deutlich wird, dass zwischen einer subjektivierenden und einer objektivierenden Bildungssprachlichkeit unterschieden werden muss. Hierbei liegt ein Potenzial für die Sprachbildung gerade darin, Schülern genau diesen Unterschied klar zu machen, d. h. sie auf verschiedene bildungssprachliche Redemittel zur Kennzeichnung von Subjektivität und Objektivität hinzuweisen, deren musikbezogenen Gebrauch zu trainieren und so zu einer impliziten und expliziten Sprachbewusstheit beizutragen.[86] Dabei kann den Schülern auch vermittelt werden, dass der Gebrauch von bildungssprachlichen Strukturen u.U. zur Erzeugung einer Scheinobjektivität führen kann, wie sie z. B. in Musikrezensionen anzutreffen ist. Hier wird durch die Verwendung bildungssprachlicher Strukturen (vor allem durch den unpersönlichen Stil, durch den subjektive Wahrnehmungen beschrieben werden) die höchst subjektive Wahrnehmung des Kritikers zu einer scheinbaren Objektivität, die geradezu manipulative Tendenzen annehmen kann. Die häufig als Merkmal von Bildungssprache angeführte Entpersönlichung (z. B. „Man"-Formulierung/Passivkonstruktionen) dient üblicherweise dazu, eine Aussage als universell gültig zu kennzeichnen. Bei einer entpersönlichten Formulierung spielt es jedoch keine Rolle, ob es sich tatsächlich um eine universell gültige Aussage handelt oder ob der Produzent einer Äußerung eine persönliche Aussage lediglich als universell gültig darzustellen *versucht*. Daher sollten beim Gebrauch von „Man"-Formulierungen und Passivkonstruktionen in subjektiven Aussagen auch die bei Feilke aufgeführten Prozedurausdrücke zur Kennzeichnung persönlicher Meinungen, Überzeugungen, Gefühle etc. einbezogen werden. Schülern lediglich die entpersönlichenden, objektivierenden sprachlichen Redemittel als Hauptbestandteil von Bildungssprache ohne die bildungssprachlichen Zusätze für persönliche Meinungen, Überzeugungen, Gefühle etc. zu vermitteln, kann zu zweierlei Problemen führen: Zum einen werden Schüler u.U. dazu gebracht, persönliche Aussagen durch eine entpersönlichte Ausdrucksform als objektive Tatsachen zu formulieren, was eine Diskussion über diese Aussagen erschwert. Von Schülern formulierte Äußerungen wie „Man könnte es mit einem Fluss vergleichen" zum 1. Satz des

---

86 Vgl. zum potenziellen Beitrag des Musikunterrichts zur Sprachbewusstheit vertiefend Kap. 7.3.

3. Klavierkonzerts d-Moll von Sergej Rachmaninow[87] lassen z. B. nicht klar erkennen, ob derjenige, der dies äußert, diesen Vergleich selbst für sich vornimmt, d. h., ob es sich um seine persönliche Musikwahrnehmung handelt oder ob er *eine* von mehreren möglichen Wahrnehmungsmöglichkeiten verbal darstellt, die jedoch nicht unbedingt seine eigene sein muss. Zum anderen führt die Erwartung einer entpersönlichten Ausdrucksform im Musikunterricht u.U. dazu, dass Schüler gerade Wahrnehmungen, bei denen sie selbst erkennen, dass sie sich möglicherweise kaum verallgemeinern lassen, überhaupt nicht ausdrücken. Doch der Ausdruck individuell unterschiedlicher Wahrnehmungen ist im Musikunterricht ausgesprochen erwünscht. Daher ist es unerlässlich, den Schülern zu vermitteln, dass bildungssprachliche Prozeduraausdrücke existieren, die dazu geeignet sind, persönliche Wahrnehmungen, Meinungen, Emotionen etc. adäquat auszudrücken und zugleich als eindeutig subjektiv zu kennzeichnen.[88] Schüler über solche Wirkungen aufzuklären, leistet letztlich auch einen Beitrag zu einer Erziehung zur Mündigkeit, die in den Rahmenlehrplänen ebenso wie die Sprachbildung als Querschnittsaufgabe betrachtet wird. Der Hinweis darauf, dass durch die Verwendung einer „Sprache der Distanz", wie sie im Modell von Koch und Oesterreicher (1985) dargestellt wird, in manchen Fällen nur *scheinbar* Objektivität hergestellt wird, scheint vor allem vor dem Hintergrund aktueller gesellschaftlich relevanter Erscheinungen wie Fake News von Bedeutung. Die sprachlichen Ebenen „Form" und „Inhalt" sollten sorgfältig getrennt und scheinbare Kausalzusammenhänge („Merkmale der Sprache der Nähe verweisen auf Subjektivität" versus „Merkmale der Sprache der Distanz verweisen auf Objektivität") mit Vorsicht betrachtet werden, wenn es lediglich um Korrelationen geht.

Für ein erfolgreiche intersubjektive Verständigung über Musik, die darin besteht, seine eigenen sprachlichen Intentionen im Diskurs zu erreichen bzw. seine eigenen Wahrnehmungen und Emotionen so zum Ausdruck zu bringen, dass andere sie nachvollziehen können, muss Bildungssprache weiter unterteilt werden in eine formal korrekte und eine formal inkorrekte Bildungssprache. Schüler, die aufgrund einer geringen Aufenthaltsdauer in Deutschland noch kaum über Sprachkompetenz in Bezug auf die deutsche Sprache, aber über bildungssprachliche Fähigkeiten in ihrer Herkunftssprache verfügen, können diese Kompetenz nicht formalsprachlich korrekt auf Deutsch zum Ausdruck bringen. Dies bedeutet, dass sie zwar zu komplexen Denkoperationen in der Lage sind und diese prinzipiell auch sprachlich ausdrücken können, allerdings nicht in einem formal korrekten Deutsch. Damit sind sie dennoch prinzipiell in der Lage, fachsprachliche Begriffe zu erlernen und anzuwenden. Eine sinnstiftende intersubjektive Verständigung mittels formal inkorrekter bildungssprachlicher Redemittel ist allerdings nur dann möglich, wenn die an der Kommunikation Beteiligten über eine bildungssprachliche Handlungskompetenz in mindestens einer anderen Sprache als der, in der gerade kommuniziert wird und in deren formaler Beherrschung sie noch unsicher sind, verfügen. Unterhalb eines bestimmten formalsprachlich korrekten Levels sind jegliche Äußerungen und damit auch bildungssprachliche Äußerungen

---

87 Das Beispiel wurde Oberschmidt (2011a, S. 339) entnommen.
88 Vgl. hierzu auch Kap. 7.1.3.2.

für andere nicht verständlich, so dass keine intersubjektive Verständigung möglich ist. Somit ergibt sich für die Verständigung über Musik ein Kontinuum von Bildungssprache zwischen zwei Extrema, zwischen denen erfolgreich über Musik kommuniziert werden kann: formal korrekte Bildungssprache (objektivierend und/oder subjektivierend) gegenüber formal nicht korrekter Bildungssprache (objektivierend und/oder subjektivierend).

Die Entwicklung bildungs- und fachsprachlicher Handlungskompetenzen ist ein Prozess, der den Rahmenlehrplänen gemäß über die gesamte Schulzeit hinweg fortschreiten soll. Diejenigen Schüler, deren bildungssprachliche Entwicklungsmöglichkeiten nicht durch intellektuelle Einschränkungen begrenzt werden, können im Musikunterricht die Möglichkeit erhalten, sich im musikdidaktischen Feld der Reflexion über Musik produktiv an komplexen Diskursen zu beteiligen. Schüler, die im Hinblick auf die deutsche Sprache noch kein bildungssprachliches Niveau erreicht haben, können sich zunächst auf einem alltagssprachlichen Niveau am Musikunterricht beteiligen und durch eine kompetente Diskurssteuerung des Lehrers bei der Ausbildung einer bildungs- und fachsprachlichen Handlungskompetenz unterstützt werden, z. B. indem der Lehrer sehr komplexe Äußerungen von Schülern mit alltagssprachlichen Worten paraphrasiert oder bildungssprachliche Strukturen alltagssprachlich erklärt. Schüler, bei denen intellektuelle Einschränkungen bestehen, können auf der Ebene der Äußerung von Wahrnehmungen und Emotionen auch auf einem sprachlich wenig komplexen Niveau in den Unterricht eingebunden werden und ihre ästhetischen Wahrnehmungen mit einfachen alltagssprachlichen verbalen Äußerungen zum Ausdruck bringen. Bei diesen Schülern kann die (alltagssprachliche) Sprachkompetenz dahingehend gefördert werden, dass z. B. Schüler, die nur in Ein- oder Zweiwortsätzen sprechen, ermutigt werden, sich mit längeren Äußerungen zu beteiligen, wenngleich ein bildungssprachliches Niveau und ein komplexes fachsprachliches Niveau möglicherweise nicht erreicht werden können.

7.1 Sprachbildende Potenziale des Sprechens über Musik

Nach Kraemer (2004, S. 274) zählt Sprechen über Musik zu den wichtigsten Arbeitstechniken des Musikunterrichts. Auch Richter (1987; 1992) betont den hohen Stellenwert des Sprechens über Musik und schreibt ihm folgende Funktionen zu:

- Klarheit und Gewissheit über etwas gewinnen (über Sachen, über Gefühle, über andere, über sich selbst),
- über die sprachliche Verständigung Beziehungen zwischen Menschen und zwischen Musik und Menschen herstellen,
- Gemeinsamkeiten und Auseinandersetzung herstellen,
- Sinn und Bedeutung aufdecken,
- Vorstellungen von etwas gewinnen und ausbreiten,
- sich verständigen, um gemeinsam musikbezogen handeln zu können.

Sehr deutlich treten in dieser Aufzählung die vielfältigen Funktionen von Sprache im Musikunterricht hervor, z. B. für das kooperative Bearbeiten von Aufgaben, für das Aushandeln musikalischer Bedeutungen und für die Koordination des gemeinsamen Musizierens. Bezüglich der musikalischen Inhalte und Lerngegenstände, über die im Musikunterricht überhaupt gesprochen werden kann, finden sich bei Oberhaus (2017, S. 55) folgende Dimensionen:

- Reden über das „Werk" und die Form,
- Reden über ästhetische Erfahrungen (Höreindrücke),
- Reden über Musikgeschichte (z. B. über Biografien und soziokulturelle Kontexte),
- Reden über Voraussetzungen zum Musizieren.

Diese vier Dimensionen stehen in Übereinstimmung mit den Dimensionen des Sprechens über Musik, die auch Jünger (2017, S. 9 ff.) aufführt. Er benennt Struktur, Semantik, Emotion, Funktion und Ästhetik als Inhaltsbereiche des Sprechens im Musikunterricht. Oberhaus (2017) fügt der Thematik „Sprechen über Musik" einen neuen Aspekt hinzu, indem er das Sprechen über Musik als einen Transformationsprozess bezeichnet: „Aus didaktischer Sicht gehört der Bereich Reden über Musik zu der Methode der Transformation, welche die Übertragbarkeit künstlerischer Medien thematisiert. Während Verklanglichung, Visualisierung und Verkörperung durchaus gängige Verfahren im Unterricht sind und auch explizit als Methoden aufgefasst werden, scheint die Versprachlichung zwar implizit einen großen Stellenwert zu besitzen, aber nicht explizit als Methode verstanden zu werden" (Oberhaus 2017, S. 55). Transformation im Musikunterricht zielt auf einen Erkenntnisgewinn durch Perspektivenwechsel, wobei dieser von den sprachlichen Kompetenzen der Schüler abhängt, da diese den Transformationsprozess maßgeblich bestimmen. Doch obwohl neuere musikpädagogische Publikationen zur Thematik „Sprechen über Musik" teils Bezug zum Begriff eines „sprachsensiblen" Fachunterrichts nehmen, werden die Potenziale des Sprechens über Musik zur Förderung sprachlicher Qualifikationen innerhalb des musikpädagogischen Diskurses bislang noch kaum herausgearbeitet. Dies soll daher Gegenstand der folgenden Kapitel sein, mit dem Ziel, Musiklehrenden Handlungsmöglichkeiten zu eröffnen, die eine Verknüpfung fachlichen und sprachlichen Lernens anhand im Musikunterricht häufig verwendeter Inhalte und Methoden ermöglichen. „Sprechen über Musik" wird dabei dahingehend aufgefasst, dass darunter alle medial mündlichen oder medial schriftlichen Handlungen des Unterrichts fallen, die sich auf den Gegenstand Musik oder – auf der Meta-Ebene – auf das Sprechen über musikbezogene Sprachhandlungen beziehen. Musiklehrenden kommt dabei die Aufgabe zu, Sprachhandlungen zu initiieren, zu unterstützen, zu koordinieren und zu moderieren (vgl. Hesselmann 2015, S. 22). Dabei sollte versucht werden, nicht nur die Quantität, sondern auch die Qualität sprachlicher Äußerungen zu steigern, wodurch einerseits die sprachlichen Prozesse auf immer höhere Qualifikationsniveaus gehoben werden und andererseits die Wahrnehmungsfähigkeit von Musik und letztlich das Musikverstehen infolge des Zusammenhangs von Denken und Sprechen positiv beeinflusst wird. Die im Fachdiskurs im Hinblick auf das Hervorbringen musikalischer Bildungsziele aufgeworfene Frage, ob man überhaupt ständig über Musik sprechen müsse (vgl. Rolle 2014, S. 2), ist daher zu bejahen.

7.1.1 Sprachhandlungsmuster und Funktionen des Sprechens über Musik

Kraemer (2004, S. 275) benennt verschiedene Arten des Sprechens über Musik, die in Tabelle 4 abgebildet werden. In jedem Sprachhandlungsmuster spiegelt sich jeweils eine bestimmte Perspektive wider, unter der Musik betrachtet wird und die sich teils auch in den Rahmenlehrplänen Musik als Operator wiederfinden lässt.

Tab. 4: Arten des Sprechens über Musik nach Kraemer (2004, S. 275)

Sprachhandlung	Bedeutung	Formulierungsbeispiel
bezeichnen	bewusstes Erkennen und Identifizieren eines musikalischen Ereignisses	Das ist eine Quinte.
beschreiben	strukturelle Beziehungen erfassen	Die Bläser setzen nach den Streichern ein.
umschreiben	Veranschaulichen eines musikalischen Geschehens	Spiele so, als würden die Töne durch eine große Kirche schweben.
erklären	Ursache und Wirkung aufeinander beziehen	Damit die Stelle düster klingt, hat der Komponist hier nur die tiefen Streicher notiert.
begründen	den Eindruck auf das Erklingende zurückführen	Das Motiv klingt zart, weil es allein von der Querflöte gespielt wird.
assoziieren	den Bezug zu eigenen subjektiven Erfahrungen herstellen	Das klingt wie in einer großen Höhle.
deuten	den Energiegehalt von Musik spüren, den Ausdruck, das Symbolische spüren und auslegen	Es klingt, als wenn sich die Melodie ganz klein macht.
kommentieren	Wissen anwenden	Bach hat das Konzert von Vivaldi bearbeitet.
definieren	auf Wissen und Regeln zurückgreifen	Ein Marsch steht meist im 4/4- oder 2/4-Takt.
werten	Urteile abgeben	Das Stück gefällt mir.
diskutieren	Meinungen austauschen	Ich verstehe das Lied aber ganz anders.
erzählen	Geschichten zu Musik erfinden	Die silberne Flöte machte sich auf eine weite Reise.
transformieren	Musik in Sprache umformen	Kleine Wolken, am Horizont ziehend

Auch, wenn diese Aufzählung bei weitem nicht alle Sprachhandlungen umfasst, mittels derer das Sprechen über Musik generell möglich ist, lassen sich daraus mehrere Funktionen ableiten, die in Abbildung 11 zusammengefasst und weiter unten definiert werden:

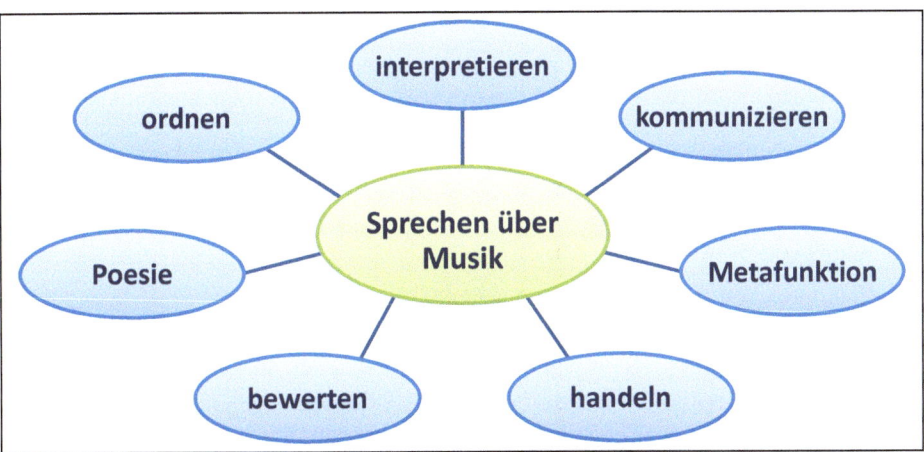

Abb. 11: Funktionen des Sprechens über Musik (Zusammenstellung in Anlehnung an Kraemer 2004, S. 275 und Hesselmann 2015, S. 134)

- *interpretieren:* Musik auslegen und deuten,
- *kommunizieren:* eigene Gedanken und Gefühle anderen mitteilen und sich über Musik freimütig äußern,
- *handeln:* musikalische Handlungen anleiten,
- *bewerten:* musikalisches Verhalten bewerten und Kritik aussprechen; ästhetische Sinnstiftung,
- *Poesie:* mit Sprache schöpferisch umgehen,
- *ordnen:* Wahrnehmungen ordnen, musikalische Ereignisse und Wirkungen von Musik angemessen beschreiben, Zusammenhänge erklären, Fachbegriffe nutzen, außerschulische musikalische Erfahrungen in den Unterricht einbringen,
- *Metafunktion:* das eigene Sprachverhalten thematisieren, analysieren und kontrollieren.

(vgl. Kraemer 2004, S. 275)

Bezüglich der Metafunktion des Sprechens über Musik ist nochmals der Zusammenhang zwischen Sprache und Denken hervorzuheben, denn Gedanken werden als sprachliche Gebilde dargestellt: Durch die Art, wie etwas formuliert wird, wird das Gedachte ein Objekt möglicher Reflexion (vgl. Alisch 1987, S. 21). Insofern bietet das Sprechen über Musik auch einen Anlass zur Reflexion über den eigenen musikbezogenen Sprachgebrauch und den musikbezogenen Sprachgebrauch anderer. Diese Reflexion kann wiederum zur Selbsterkenntnis und Kenntnis über andere, z. B. über deren Einstellungen und Werte, beitragen (vgl. Alisch 1987, S. 22), zu einem Perspektivenwechsel und damit letztlich zu Veränderungen des eigenen Sprachverhaltens führen. Daraus können wiederum Umstrukturierungen von Denkprozessen entstehen.

7.1.2 Standardsituationen des Musikunterrichts im Kontext von Sprachbildung

Sprechen über einen Lerngegenstand kann sich Leisen (2011, Grundlagenteil, S. 106 ff.) zufolge im Fachunterricht in neun sprachlichen Standardsituationen vollziehen. Leisen bezieht sich dabei ursprünglich nicht auf künstlerische Fächer, doch lassen sich diese Standardsituationen auch für den Musikunterricht adaptieren, zumal der Musikunterricht häufig fachübergreifende Bezüge aufweist. Diese Situationen sind nach Leisen bildungs- und fachsprachlich geprägt und werden wie folgt kategorisiert:

1. Standardsituation 1: etwas (einen Sachverhalt, Gegenstand usw.) reproduzierend darstellen und beschreiben,
2. Standardsituation 2: Darstellungsformen (Tabelle, Diagramm, Formel, Bild) verbalisieren,
3. Standardsituation 3: fachtypische Sprachstrukturen anwenden,
4. Standardsituation 4: Sachverhalte präsentieren und strukturiert vortragen,
5. Standardsituation 5: Hypothesen, Vorstellungen, Ideen äußern,
6. Standardsituation 6: Informationen nutzen und Fragen stellen,
7. Standardsituation 7: Sachverhalte erklären und erläutern,
8. Standardsituation 8: fachliche Probleme lösen und mündlich oder schriftlich verbalisieren,
9. Standardsituation 9: auf Argumente eingehen und Sachverhalte diskursiv erörtern.

In die von Leisen angeführten Standardsituationen lassen sich die in Kap. 7.1.1 aufgeführten Arten und Funktionen des Sprechens über Musik nach Kraemer (2004) und Hesselmann (2015) problemlos integrieren. Während Kraemer und Hesselmann jedoch von den Funktionen der Sprache und der Vielfalt von Sprachhandlungsmustern ausgeht (*wie* wird mit welchem Zweck über Musik gesprochen?), bezieht sich Leisen in seiner Darstellung auf inhaltliche Aspekte (*worüber* wird gesprochen?) und benennt nur einige wenige Sprachhandlungen bzw. die Operatoren Erklären, Erläutern und Darstellen explizit, die in den Standardsituationen angewendet werden. Beide Ansätze stehen jedoch miteinander in Einklang. So lässt sich z. B. Kraemers sprachliche Kategorie „Bezeichnen" Leisens Standardsituationen 3, 4 oder 7 zuordnen. Hinzu kommen für den Musikunterricht jedoch weitere, fachtypische *nonverbale* Standardsituationen, die in der Unterrichtspraxis jeweils mit verbalen Standardsituationen verknüpft werden. Alle musikdidaktischen Felder (Rezeption, Produktion, Reproduktion, Transformation, Reflexion und Information) umfassen Standardsituationen des Musikunterrichts, innerhalb derer die von Leisen dargestellten fachübergreifenden Standardsituationen vorkommen *können*, die aber jeweils durch Anteile nonverbalen Handelns in Form von Musikpraxis ergänzt werden. Nonverbale Standardsituationen können beispielsweise im musikdidaktischen Feld „Transformation" das Erlernen eines Tanzes bzw. die Transformation von Musik in Bewegung oder im Feld „Reproduktion" das Nachspielen oder Singen eines Liedes sein. Als Beispiele für nonverbale Standardsituationen im Feld der Produktion lassen sich Komponieren und Improvisieren anführen. Bei Produktion, Reproduktion und Transformation handelt es sich um Umgangsweisen mit Musik, die auch nonverbal durch Demonstration und Imitation vermittelbar sind. Allerdings beschränkt sich der Musikunterricht i.d.R. nicht auf eine nonverbale Demonstration/Imitation, sondern Sprache wird zur Erklärung und Anleitung herangezogen bzw. werden *statt* Demonstration und Imitation auch andere, sprach- oder schriftbasierte Methoden verwendet wie z. B. das eigenständige Erarbeiten einer Choreografie mittels vorgegebener Anleitungen oder die eigenständige Erarbeitung eines Musikstücks auf Instrumenten unter Verwendung von Notenschrift/grafischer Notation und einer Audioaufnahme, die den Schülern zur Verfügung gestellt wird. Die nonverbalen Umgangsweisen mit Musik „Produktion", „Reproduktion" und „Transformation" können also mehr oder weniger mit verbalen Sprachhandlungssituationen verknüpft werden. Die Rezeption von Musik erfolgt im Musikunterricht ebenfalls im Kontext verbalen Sprachhandelns, indem von den Musiklehrenden Höraufträge bis hin zur komplexen musikwissenschaftlichen Höranalyse erteilt werden und ein intersubjektiver Austausch über die rezipierte Musik, ihre Wirkungen und Funktionen und über die durch die Musik ausgelösten Assoziationen stattfindet. Das musikdidaktische Feld der Reflexion, das mit der Rezeption eng verknüpft ist, ist hingegen *ausschließlich* durch verbales Handeln gekennzeichnet, da es darum geht, Wahrnehmungen, Gedanken, Emotionen und Ideen verbal zum Ausdruck zu bringen und sich darüber auszutauschen. Dadurch, dass der Gegenstand, über den reflektiert wird, die Musik selbst (als Objekt) oder von der Musik ausgelöste Wahrnehmungen, Assoziationen, Emotionen, Gedanken oder Ideen (des Subjektes) sind, erfolgt auch hier eine Verschränkung von nonverbalen (Musikhören) und verbalen (über die gehörte Musik sprechen) Standardsituationen.

Der jeweilige potenzielle zeitliche Anteil des verbalen Sprachhandelns des Lehrers bzw. der Schüler in einer Standardsituation ist in den einzelnen musikdidaktischen Feldern auch methodenabhängig. Von den eingesetzten Methoden hängen ferner auch die sprachlichen Anforderungen an die Schüler zur Lösung einer Aufgabe in einer Standardsituation ab. Vor allem dann, wenn musikpraktische Standardsituationen (z. B. das Einüben eines Liedes oder Tanzes) lehrerzentriert sind, nehmen die Schüler eine Rolle überwiegend als Rezipienten ein, die Instruktionen des Lehrers entgegennehmen und sie in Klang oder Bewegung umsetzen. Solche Situationen erfordern seitens der Schüler Instruktionsverständnis, d. h. das Verstehen von Imperativsätzen (Anweisung und Aufforderung), sowie das Verstehen von Fachbegriffen, die Bestandteil der Lehrersprache sind. Zugleich bieten musikpraktische Situationen jedoch kaum Ansatzpunkte für die Vermittlung von Bildungssprache, da sie i.d.R. von konzeptioneller Mündlichkeit bestimmt sind. Oft werden nur knappe, befehlsartige Spielanweisungen erteilt wie „leiser!" oder „accelerando!" oder es werden alltagssprachliche Anweisungen erteilt wie „Zieh bitte weiter raus, du bist zu hoch!". Das heißt, die Instruktionen erfolgen weder notwendigerweise in vollständigen Sätzen noch mittels typischer bildungssprachlicher Merkmale wie Nominalisierungen oder längerer und komplexer Sätze. Auch Spielanweisungen, die von den Schülern aus dem Notentext entnommen werden, beschränken sich auf einzelne fachsprachliche Begriffe, Wortgruppen oder deren Abkürzungen (z. B. ritardando/molto crescendo/acc.) und bieten daher zwar ein

Potenzial zur Aneignung bzw. Anwendung eines fachsprachlichen Wortschatzes, doch kaum zur Aneignung bildungssprachlicher Strukturen. Auch in kooperativ angelegten musikpraktischen Situationen wie Partner- oder Gruppenarbeit wird Bildungssprache vermutlich kaum verwendet werden, da davon auszugehen ist, dass die Schüler untereinander eher Alltags- als Bildungssprache anwenden und zudem die Kommunikation vom Lehrer weitaus weniger gesteuert werden kann als im Frontalunterricht.[89]

Durch den oftmals hohen Anteil an nonverbaler Praxis bis hin zu nahezu ausschließlich praxisorientiertem Musikunterricht wie er z. B. im Modell des Klassenmusizierens (gemeint sind hier z. B. Streicher- oder Bläserklassen) oder des „Aufbauenden Musikunterrichts" gegeben ist, unterscheidet sich der Musikunterricht erheblich von anderen Fächern, die weitaus weniger praxisorientiert sind. Die sprachliche Entwicklung der Schüler kann vor allem dann gefördert werden, wenn der Unterricht möglichst viele unterschiedliche Sprachhandlungssituationen, in denen die Schüler selbst sprachproduktiv tätig werden können, bereitstellt. Der Musikunterricht weist allerdings durch die Breite sehr unterschiedlicher individueller didaktischer Konzepte eine besonders große Bandbreite zwischen den Möglichkeiten einer nahezu nonverbalen Ausgestaltung und einer extrem sprachbetonten Ausgestaltung auf, die in dieser Dimension innerhalb des schulischen Unterrichts einzigartig ist.

Sind die von Leisen aufgeführten Standardsituationen der natur- und geisteswissenschaftlichen Fächer auch Bestandteil des Musikunterrichts, unterscheiden sich dennoch die von Kraemer aufgezählten Arten des Sprechens über Musik von denen des Sprechens über Gegenstände in anderen Fächern durch die besondere Vielseitigkeit des Sprachhandelns im Musikunterricht. Diese Vielseitigkeit ist vor allem durch die subjektive Wahrnehmung und die emotionalen Bezüge zu musikalischen Gegenständen bedingt, die zusätzlich zu objektiv nachprüfbaren Sachverhalten, Daten und Fakten bestehen. In den naturwissenschaftlichen Fächern wird im Gegensatz zum Fach Musik eher weniger argumentiert, gedeutet, begründet, umschrieben, assoziiert, gewertet, erzählt oder diskutiert, sondern eher dargestellt, beschrieben, definiert oder bezeichnet. Bezüglich des Argumentierens unterscheiden sich zudem Argumentationen, die sich auf eine Stellungnahme zu wahren/unwahren Sachverhalten beziehen, erheblich von Argumentationen, die sich auf Sachverhalte beziehen, bei denen keine eindeutige Zuordnung zu „wahr" und „unwahr" bzw. „richtig" oder „falsch" möglich ist, wie es im Musikunterricht häufig der Fall ist. Eine Argumentation für das Fach Mathematik setzt sich beispielsweise, wie bei Schallenberg (2017) angeführt, aus den Operatoren Erklären und Begründen zusammen. In dem von Schallenberg angeführten Beispiel sollten sich die Schüler im Mathematikunterricht dazu positionieren, ob die Summe von vier aufeinander folgenden natürlichen Zahlen stets durch zwei teilbar ist, und ihre Meinung begründen. Dabei sollen sie den Lösungsweg erklären, der zu ihrer Meinung geführt hatte, sowie anderen Lösungswegen zustimmen oder widersprechen. In einer derartigen Argumentation sind die Textprozeduren „sich Positionieren", „Begründen" und „Schließen" nach Feilkes (2015) Modell für das Schema „Argumentie-

---

89 Hierbei handelt es sich um eine Vermutung, die allerdings noch empirisch zu überprüfen wäre.

ren" enthalten, nicht jedoch die in Feilkes Modell ebenfalls aufgeführten Prozeduren „Konzedieren" und „Modalisieren". Da es sich bei dieser mathematischen Argumentation um eine Positionierung zu einem eindeutig wahren Sachverhalt handelt (d. h. mathematische Regeln und auch die Lösungswege eindeutig richtig oder falsch sind), können hier keine Argumente sinnvoll gegeneinander abgewogen werden wie in der ästhetischen Argumentation, z. B. bezüglich der Frage, ob Castingshows eher als positiv oder negativ zu bewerten sind oder ob eine Komposition zu einem Bild als gelungen oder nicht gelungen zu beurteilen ist. Bei ästhetischen Argumentationen sind neben den Textprozeduren „sich Positionieren", „Begründen" und „Schließen" auch die Textprozeduren „Konzedieren" und „Modalisieren" inbegriffen. Eine Argumentation verfolgt immer das Ziel, andere zu überzeugen – wie Rolle auf Musik bezogen ausdrückt, „die Musik so zu hören oder zu fühlen, wie ich sie höre oder fühle" (Rolle 2012, S. 288). Doch selbst, wenn dieses Ziel nicht erreicht wird, dient die musikbezogene Argumentation dazu, anderen zumindest verständlich zu machen, *warum* ich die Musik so höre, wie ich sie höre. Darum kann es bei wahren oder unwahren Sachverhalten wie im Mathematikunterricht jedoch nicht gehen, da eine vom wahren Sachverhalt abweichende Meinung nicht das Ziel des Mathematikunterrichts sein kann und selbst bei kreativen und „überzeugenden" Lösungswegen auch die beste Argumentation nicht hilfreich ist, wenn die Lösungswege zu falschen Ergebnissen führen. In diesem Sinn geht es in der Mathematik um Beweisen, nicht um Überzeugen. Die Versprachlichung subjektiver Wahrnehmungen kann in Bezug auf objektiv gegebene Sachverhalte und Fakten also nicht sinnvoll angewandt werden, wodurch sich das Spektrum der potenziell anwendbaren Operatoren in einem faktenbasierten Unterricht deutlich verringert. Das reproduzierende Darstellen und Beschreiben in der Standardsituation 1 nach Leisen bezieht sich im Musikunterricht eben nicht nur auf objektive Sachverhalte, sondern kann sich auch auf Emotionen und Erfahrungen beim Musikhören und Musizieren und damit auf subjektive Eindrücke und ästhetisches Erleben beziehen.

Subjektive Wahrnehmungen und durch Musik ausgelöste Emotionen verbal auszudrücken, bietet eine besondere Chance, innere emotionale Zustände differenziert wahrzunehmen und dementsprechend auch sprachlich so differenziert wie möglich zu beschreiben. Abgesehen davon, dass dieselbe Musik auf Individuen sehr unterschiedliche Wirkungen bzw. sogar auf dasselbe Individuum zu unterschiedlichen Zeiten unterschiedliche Wirkungen haben kann, kann die übereinstimmende Äußerung von Schülern, eine gehörte Musik klinge „traurig", mit unterschiedlichen Bedeutungen aufgrund individuell unterschiedlicher innerer Zustände konnotiert sein, z. B. mit „todunglücklich", „melancholisch", „wehmütig" oder „bedrückt". Eine sprachliche Differenzierung dient daher der Selbstverständigung, aber auch der Verständigung mit anderen und kann zur Reflexion darüber anregen, weshalb eine bestimmte Musik in einem bestimmten Augenblick eine bestimmte Wirkung hat, was davon intraindividuell, d. h. durch Merkmale, die in der Person des Rezipienten liegen, bedingt ist, und was durch Merkmale bedingt ist, die in der Musik selbst liegen.

Weiterhin besteht ein gravierender Unterschied zwischen Standardsituationen im Musikunterricht und Standardsituationen in anderen Fächern darin, dass musikalische Inhalte, wie bereits beschrieben, teils auch nonverbal oder sprachbegleitend durch Demonstrationen, Mimik und Gestik vermittelt werden können, vor allem bei der Arbeit an künstlerischen Ausdrucksformen (Musizieren, Tanzen/Bewegen). Der Unterschied zwischen solchen Demonstrationen in der musikalischen Produktion oder Reproduktion und Demonstrationen in anderen Fächern wie z. B. bei naturwissenschaftlichen Experimenten liegt darin, dass in den Naturwissenschaften ein Sachverhalt demonstriert und von den Schülern auch nachgeahmt, nicht aber körperlich *erlebt* werden kann, und sich der Sachverhalt insofern nur auf einer kognitiven Ebene abspielt. Am ehesten ist die potenzielle Vielfalt der Arten, über Musik zu sprechen, mit der Vielfalt des Sprechens über einen Unterrichtsgegenstand in den Fächern vergleichbar, die wie der Musikunterricht ästhetische und subjektive Bezüge aufweisen (z. B. Kunst oder Sprachen). In den naturwissenschaftlichen oder geisteswissenschaftlichen Fächern ist diese potenzielle Vielfalt des Sprachhandelns weitaus geringer.

7.1.3 Sprachhandlungen im Fokus der Musikdidaktik: Argumentieren, Beschreiben, Erzählen

In den letzten Jahren haben innerhalb des musikpädagogischen Diskurses drei Sprachhandlungen, wenn auch in sehr unterschiedlichen Kontexten, besondere Aufmerksamkeit erfahren: Argumentieren, Beschreiben und Erzählen. Letzteres wird aktuell insbesondere im Kontext der Vermittlung von musikhistorischen Zusammenhängen, jedoch – wie auch die Operatoren Argumentieren und Beschreiben – nicht im Kontext von Sprachbildung diskutiert. Daher werden in den folgenden Kapiteln die jeweiligen Potenziale des Sprechens über Musik im Hinblick auf die Entwicklung sprachlicher Qualifikationen in Bezug auf diese drei Sprachhandlungen identifiziert und Hinweise zur methodischen Umsetzung einer Verknüpfung fachlichen und sprachlichen Lernens gegeben.

7.1.3.1 Argumentieren

Für Jünger (2017, S. 12) stellt die Fähigkeit, Werturteile differenzieren und begründen zu können, einen Teil der Musikhör-Kompetenz dar. Obwohl Jünger den Begriff „Argumentieren" nicht explizit verwendet, handelt es sich bei der Fähigkeit zur Abgabe differenzierter und begründeter Werturteile um nichts anderes als die Fähigkeit zur ästhetischen Argumentation. Aus dieser Perspektive betrachtet kann jemand, dem die sprachlichen Mittel des Argumentierens nicht zur Verfügung stehen, auch kein kompetenter Musikhörer werden. Jünger geht allerdings nicht auf die sprachlichen Anforderungen des Argumentierens ein. Rolle und Wallbaum (2011) thematisieren das Argumentieren insbesondere im Kontext des Ästhetischen Streits über Musik. Die Schüler sollen durch den Ästhetischen Streit zunehmend über eine ästhetische Argumentationskompetenz verfügen lernen, da ästhetische Argumentationsfähigkeit einen wesentlichen Faktor für das Hervorbringen musikalischer Bildung darstellt (vgl. Rolle 2014). In einem von Rolle (2013) entwickelten Arbeitsmodell ästhetischer Argumentationskompetenz werden sieben hierarchisch angeordnete Kompetenzniveaus unterschieden:

1. *Die Ebene der unmittelbaren Präferenzen:* Die Urteilenden nehmen Musik wahr und sind in der Lage, gefallen oder Nicht-Gefallen zu bekunden, wobei das Urteil Teil der Wahrnehmung ist und nicht begründet werden muss. Andere Urteilsmöglichkeiten werden kaum wahrgenommen.
2. *Die autoritätsbezogene Ebene:* Musikbezogene Urteile können geäußert und auf Nachfrage dadurch begründet werden, dass Autoritäten oder Kenntnisse aus zweiter Hand herangezogen werden. Gründe, die andere anführen, werden nicht als Begründungen, unterschiedliche Ansichten nicht als Dissens wahrgenommen.
3. *Die objektivistisch-geschmacksrelativistische Ebene:* Musikbezogene Urteile können mit Bezug auf objektive Eigenschaften von Musik begründet werden. Anders ausfallende Urteile anderer werden wahrgenommen, führen aber nicht zu Zweifel am eigenen Urteil. Vielmehr werden Differenzen als Zeichen für einen unterschiedlichen Geschmack wahrgenommen, über den man nicht streiten kann.
4. *Die subjektivistische Ebene:* Das musikbezogene Urteil wird unter Bezugnahme auf den wahrgenommenen Ausdruck der Musik begründet. Andere Begründungen werden als solche, jedoch nicht als Einwände gegen das eigene Urteil gewertet. Das eigene Urteil wird nicht hinterfragt.
5. *Die Ebene konventioneller Urteile:* Musikbezogene Urteile können sowohl unter Bezugnahme auf musikalische Parameter als auch subjektive Eindrücke und auf kulturspezifische bzw. technisch-handwerkliche Kriterien, deren Gültigkeit zweifelsfrei anerkannt wird, begründet werden. Begründungen anderer für abweichende Urteile können als Einwände aufgefasst werden, denen entgegnet werden soll.
6. *Die Ebene ästhetischer Urteile:* Musikbezogene Urteile können mittels einer Verknüpfung sachbezogener Feststellungen und subjektiver Eindrücke begründet werden, indem formale und expressive Eigenschaften der Musik und Hinweise auf stilistische und musikkulturelle Besonderheiten herangezogen werden. Argumente und Urteile anderer können aufgegriffen werden und die eigene Perspektive kann mit diesen in Beziehung gesetzt werden, um die eigene Perspektive für andere nachvollziehbar zu machen.
7. *Die Ebene des ästhetischen Diskurses:* Musikbezogene Urteile können über die auf der Ebene der ästhetischen Urteile vorhandenen Kompetenzen hinaus mittels Reflexion unterschiedlicher ästhetischer Konventionen, Hörweisen und musikkultureller Praxen begründet werden. Dabei kann auch die eigene musikalische Sozialisation reflektiert und es können sowohl unterschiedliche Perspektiven als auch Kritik anderer an der eigenen Perspektive einbezogen werden.

(Rolle 2013, S. 146)

In diesem Modell zeichnet sich der Weg von einem rein subjektiven, emotional begründeten Geschmacksurteil zu einem interpretierenden, rational und reflexiv bestimmten ästhetischen Urteil ab, wenngleich die Emotion auch im ästhetischen Urteil nicht vollständig ausgeblendet werden kann. Auf die sprachlichen Anforderungen geht Rolle in seinem Modell jedoch nicht ein.

Setzt man die einzelnen Kompetenzstufen in Rolles Modell der ästhetischen Argumentationskompetenz mit den dafür jeweils benötigten sprachlichen Anforderungen bezüglich der Sprachregister ins Verhältnis, so lässt sich feststellen, dass eine ästhetische Argumentation mindestens von der ersten bis zur vierten Ebene ausschließlich in einem alltagssprachlichen Register erfolgen kann und auch fachsprachliche Kompetenz nicht zwingend erforderlich ist. Die Argumente müssen zwar strukturiert werden, doch kann sich diese Strukturierung sowohl auf einer alltagssprachlichen als auch einer bildungssprachlichen Ebene vollziehen. Ab der fünften Stufe erfordert die Argumentation jedoch die Einbeziehung von Fachsprache, um sich effizient verständigen zu können. Fachsprachliche Begriffe *können*, *müssen* jedoch nicht in bildungssprachliche Strukturen eingebettet sein, so dass die Verwendung des Sprachregisters maßgeblich von den Erwartungen des Musiklehrers abhängt. Auf den Ebenen 5 bis 7 des Modells muss allerdings eine mindestens formal inkorrekte bildungssprachliche Kompetenz bezüglich der deutschen Sprache vorausgesetzt werden, um auch mit komplexen musikalischen Fachbegriffen und abstrakten Zusammenhängen operieren zu können. Soll im schulischen Musikunterricht ein möglichst hohes Niveau musikbezogener Argumentationsfähigkeit erreicht werden (wobei die im Musikunterricht idealerweise zu erreichende Stufe wie auch mögliche Vermittlungsmethoden von Rolle selbst nicht thematisiert werden), kann sich daher die Argumentation nicht allein auf einer alltagssprachlichen Ebene abspielen. Musiklehrende können durch unterstützende Maßnahmen sowie entsprechend formulierte Arbeitsaufträge bewusst auf die Anwendung bildungssprachlicher statt alltagssprachlicher Redemittel des Argumentierens abzielen und so die bildungssprachliche Kompetenz mit der fortschreitenden fachlichen, musikbezogenen Argumentationskompetenz verknüpfen. In diesem Zusammenhang kann auf ein didaktisches Modell von Rotter und Schmölzer-Eibinger (2015) verwiesen werden, das auf dem Konzept der Textprozeduren von Feilke (2015) basiert und als Instrument für den Erwerb von literalen Handlungsroutinen dient. In diesem Modell wird die Aufmerksamkeit der Schüler in drei Schritten sowohl auf den Inhalt als auch auf Prozedurausdrücke des Argumentierens und schließlich auf die Metaebene der angewandten Handlungsschemata gelenkt. Dabei wird vom Sprechen zum Schreiben vorangegangen, wobei ausgehend von zunächst konzeptionell mündlichen Ausdrucksweisen die Hinführung zu konzeptionell schriftlichen Ausdrucksweisen beabsichtigt ist. Aufgabenstellungen werden dabei so konzipiert, dass die Aufmerksamkeit der Lernenden auf Formen im jeweiligen Gebrauchskontext gelenkt und die Verwendung bestimmter Formen, die Feilke als „lexikalisches Inventar" für Textprozeduren bezeichnet, evoziert wird. Ziel ist es, dass sich die Lernenden implizites Wissen über Form-Funktionspaare in unterschiedlichen Gebrauchskontexten aneignen, welches sie in der eigenen Sprachproduktion routiniert einsetzen können.

Den Ausgangspunkt bilden im Rahmen einer Gruppenarbeit Schülergespräche und Notizen zu einem Thema, die anfangs zur Aktivierung von Wissen eingesetzt werden. Zunächst sollen die Arbeitsergebnisse mündlich präsentiert werden. In einem zweiten

Schritt folgt eine schriftliche Präsentation, und im dritten Schritt verfassen die Schüler gemeinsam einen zusammenhängenden Text. Die Aufmerksamkeit der Schüler wird dabei sowohl auf die Ebene des Inhalts als auch auf die Ebene der Prozedurausdrücke sowie auf die metasprachliche Ebene von Handlungsschemata gelenkt. Die einzelnen Schritte werden im Folgenden ausführlicher anhand eines Transfers des im Original vorgegebenen Themas „Fracking" auf das Thema „Castingshows" dargestellt.

1. Schritt:

Zunächst werden Vierergruppen gebildet. Die Schüler erhalten einen oder zwei informierende Texte zu einem musikbezogenen Sachthema (hier zu Castingshows), in denen das Thema aus verschiedenen Perspektiven dargestellt wird, z. B. einen Zeitungsartikel und Auszüge aus der Homepage eines Fernsehsenders. Dazu werden folgende Arbeitsaufträge erteilt:

- Lest die Texte über Castingshows. Was spricht für Castingshows, was dagegen (welche positiven/negativen Folgen können Castingshows aus Eurer Sicht haben)? Sammelt einzeln Eure Argumente auf Karten und ordnet sie nach Pro- und Contra-Argumenten.
- Diskutiert anschließend in der Gruppe: Was spricht für, was gegen Castingshows?
- Eine(r) aus der Gruppe präsentiert anschließend die Ergebnisse Eurer Diskussion vor der Klasse.
- Verfasst gemeinsam einen kurzen Text, in dem ihr die ausgewählten Argumente für oder gegen Castingshows darlegt und gegeneinander abwägt. Schreibt euren Text gut lesbar auf ein Plakat.

In dieser erste Phase werden vermutlich bereits von einigen Schülern bildungssprachliche Prozedurausdrücke einzelner Handlungsschemata des Argumentierens (z. B. „dafür spricht-dagegen spricht" als Redemittel des Abwägens; „zwar-aber" als Redemittel des Konzedierens etc.) angewandt, jedoch nicht von allen.

2. Schritt:

Die von den Schülern verfassten Kurztexte werden gemeinsam im Plenum diskutiert. Dabei werden neben den Inhalten auch die Argumentationsweisen betrachtet. Schüler und Lehrer gehen gemeinsam von Plakat zu Plakat und diskutieren die Texte. Dabei lautet die Frage des Lehrers: „Was habt ihr gemacht, als ihr geschrieben habt *für Castingshows spricht, dass...* oder *wir sind gegen Castingshows, weil...*?" Dabei stehen die Handlungsschemata des Argumentierens im Mittelpunkt und werden mit entsprechenden Textbausteinen verbunden, um eine sprachliche Absicht anzuzeigen. Die Schüler sollen dabei die angewandten Textprozeduren und ihre Funktionen auch benennen (z. B., dass das *Abwägen* durch Ausdrücke wie „einerseits–andererseits" dazu dient, Argumente zu gewichten und eine eigene Position zu finden). Alternativ kann der Lehrer auch fragen, welche Argumente für oder gegen Castingshows sprechen und ein inhaltliches und sprachbezogenes Feedback zu den lernersprachlichen Äußerungen geben, indem er diese unaufdringlich reformuliert und dabei bewusst zielsprachenkonforme Textprozedurausdrücke anwendet. Anschließend folgt die Arbeit mit Listen, die Prozedurausdrücke und Handlungsschemata (z. B. sich Positionieren, Abwägen, Begründen) enthalten. Für die Arbeit mit diesen Listen gibt es mehrere Alternativen, die je nach Leistungsstand der Schüler verwendet werden können:

- Die Schüler erstellen die Listen selbst, indem sie Prozedurausdrücke und Handlungsschemata aus ihren eigenen Texten herausarbeiten.
- Die Schüler erhalten eine vorgegebene Liste mit Prozedurausdrücken und sollen überprüfen, ob diese in ihren eigenen Texten vorkommen; formale Fehler werden korrigiert und unangemessene Formulierungen überarbeitet (hierzu bedarf es eines Feedbacks des Lehrers). Prozedurausdrücke aus der Liste werden in den Schülertext integriert. Weitere, in der vorgegebenen Liste nicht enthaltene, jedoch in den Schülertexten enthaltene Prozedurausdrücke werden in die Liste aufgenommen.
- Von den Schülern selbst erstellte Listen werden zwischen den Gruppen ausgetauscht, ergänzt und im Plenum besprochen. Der Lehrer gibt ein Feedback und korrigiert bzw. ergänzt die Listen um weitere Prozedurausdrücke.

3. Schritt:

Im dritten und letzten Schritt wird von den Schülern in Gruppenarbeit ein gemeinsamer argumentativer Text zum Thema verfasst, für dessen Formulierung alle Ergebnisse (d. h. gesammelte Argumente und Listen mit Prozedurausdrücken) aus den vorherigen beiden Schritte einbezogen werden können. Das Wissen der Schüler kann vor dem Verfassen des Textes durch einen zusätzlichen Input durch den Lehrer oder durch eigenständige Recherchen zum Thema erweitert werden. Bei der Auswahl zusätzlicher Texte erweisen sich vor allem Texte, die die in den zuvor erstellten Listen enthaltenen Prozedurausdrücke beinhalten, durch ihren modellhaften Charakter als vorteilhaft. Der Text soll einer bestimmten Textsorte entsprechen und sich an einen bestimmten Adressaten richten (z. B. könnten die Schüler einen Artikel für eine Schülerzeitung verfassen). Dementsprechend kann der Arbeitsauftrag für den dritten Schritt folgendermaßen formuliert werden:

- Schreibt einen argumentativen Artikel für eure Schülerzeitung. Legt darin überzeugend dar, warum ihr für oder gegen Castingshows seid. Versucht, Gegenargumente in eurem Text zu entkräften. Verwendet Ausdrücke aus der Liste.
- Tauscht euren Text mit dem einer anderen Gruppe aus und gebt euch gegenseitig eine Rückmeldung, ob ihr die Argumente aus dem Text überzeugend findet. Achtet dabei sowohl auf die inhaltliche Aussage als auch auf die sprachliche Formulierung.
- Überarbeitet euren Text anhand der Rückmeldungen der anderen (Gruppenarbeit).

Die Texte können abschließend in der Schülerzeitschrift veröffentlicht, im Klassenraum aufgehängt oder öffentlich zugänglich in der Schule präsentiert werden.

Dieses Modell stellt einen vielversprechenden Ansatz auch für den Musikunterricht dar, der auch für monolingual deutschsprachige Lerner, die noch nicht über eine altersangemessene bildungssprachliche Handlungskompetenz verfügen, geeignet ist. Das Modell lässt sich nicht nur auf Sachthemen, sondern auch auf die Reflexion von (gehörter) Musik anwenden, wobei nicht nur bildungssprachliche Strukturen, sondern auch fachsprachliche Begriffe einbezogen werden können, wie sie für die hierarchiehöheren Ebenen in Rolles Modell der ästhetischen Argumentationskompetenz bestimmend sind. Statt von Informationstexten zu einem Sachthema auszugehen, zu dem die Schüler sich positionieren sollen, kann bei einer ästhetischen Argumentation im Kontext der Musikrezeption von der subjektiven Musikwahrnehmung der Schüler ausgegangen werden. Wie bei einem Sachthema ist auch hierbei entscheidend, dass es sich um eine Musik handelt, die sich für eine kontroverse Diskussion eignet, z. B. Neue Musik, die vielen Schülern missfällt, oder Popmusik, die den meisten Schülern gefällt. Hier könnten die jeweiligen Geschmacksurteile der Schüler Gegenstand der Diskussion sein. Auch eine Diskussion über „Klassische" Musik, die von vielen Schülern als langweilig wahrgenommen wird, könnte angeregt werden. Ergänzend zu den Handlungsschemata „sich Positionieren", „Begründen", „Abwägen", „Schließen", „Konzedieren" und „Modalisieren" wäre im Rahmen einer solchen Diskussion als weiteres Handlungsschema das (subjektivierende bzw. objektivierende) Beschreiben der gehörten Musik einzubeziehen, das in Rolles Modell der Argumentationskompetenz ab der dritten Stufe hinzutritt.

Ästhetische und nicht ästhetische Argumentationen unterscheiden sich in den prinzipiell anwendbaren Handlungsschemata, Prozedurausdrücken und Diskursabschnitten nicht voneinander. Unterschiede bestehen lediglich auf der *Inhalts*ebene, d. h. in Bezug darauf, was als Argument angeführt wird. Während jedoch Rolle ein Stufenmodell für die *inhaltliche* Qualität einer musikbezogenen Argumentation entwickelt, fokussiert Feilkes Konzept der Textprozeduren *sprachliche* Handlungsschemata des Argumentierens. Argumentieren bedeutet nach Feilke: „*Perspektiven und Gegenperspektiven formulieren und den Wechsel anzeigen, Vorschläge machen, Zugeständnisse machen, eigene Positionen formulieren und gleichzeitig so zurücknehmen, dass sie nicht zum Affront geraten*" (Feilke 2015, S. 61, Hervorhebung im Original).[90] Um Äußerungen auf Stufe 1 des Modells der ästhetischen Argumentationskompetenz von Rolle zu produzieren, genügt es, nur das sprachliche Handlungsschema „Positionieren" anzuwenden. Auf den höheren Stufen werden in Rolles Modell jedoch auch die Handlungsschemata „Begründen", „Schließen" und „Konzedieren" erforderlich, d. h., mit den ansteigenden Ebenen der ästhetischen Argumentationskompetenz steigt die Zahl der anzuwendenden Handlungsschemata. Andererseits kann das Handlungsschema „Modalisieren", d. h. eine Hypothesenbildung, auch auf niedrigen Stufen in

---

90 Auch an dieser Definition zeigt sich, dass das Argumentieren in einem Fach wie Mathematik problematisch ist, wenn es nur genau zwei Positionen geben kann: stimme zu/stimme nicht zu.

Rolles Modell und damit auch auf einer rein subjektiven Ebene eingesetzt werden. Während Rolles Modell die Fachkompetenz fokussiert, die benötigt wird, um sich vom musikalischen Novizen zum Experten zu entwickeln, wobei für den Grad an Argumentationskompetenz nicht allein die Anzahl der Argumente, sondern die Vielfältigkeit der Bereiche, aus denen Argumente herangezogen werden können (z. B. Reflexion der eigenen musikalischen Sozialisation, kulturspezifisches Wissen, Wissen über musikalische Parameter und Phänomene wie stilistisches Wissen) ausschlaggebend ist, beschreibt das Konzept der Textprozeduren von Feilke die für eine Argumentation erforderlichen sprachlichen Mittel. Nach Rolles Modell sind Wahrnehmungsfähigkeit, Fachwissen und (Selbst-)Reflexionsfähigkeit die bestimmenden Faktoren der musikbezogenen Argumentationskompetenz, nach Feilkes Modell hingegen ist es die Fähigkeit, Handlungsschemata (bei Rolle v. a. das Bewerten als sich Positionieren, Begründen und Konzedieren) und Prozedurausdrücke kohäsionsstiftend anwenden zu können. Die sprachliche Ebene wird in Rolles Modell nicht abgebildet, obwohl Rolle unter musikbezogener Argumentationsfähigkeit „die Fähigkeit, verständlich, plausibel und ausreichend differenziert ästhetische Werturteile über Musikstücke begründen bzw. rechtfertigen zu können" versteht (Rolle 2008, S. 80), für die die Beherrschung von Textprozedurausdrücken maßgeblich ist, um das hauptsächliche Handlungsziel des Argumentierens, nämlich das Überzeugen anderer und damit einen Perspektivenwechsel, erreichen zu können.

Nach Rolle und Wallbaum (2011, S. 508) besteht die Aufgabe des Lehrers im Hinblick auf die Ausbildung einer ästhetischen Argumentationskompetenz der Schüler darin, die Kommunikation im Musikunterricht in Richtung eines Ästhetischen Streits zu entwickeln und den Diskurs durch eine entsprechende Moderation in Gang zu halten. Doch ein ästhetischer Diskurs ist nur dann als fruchtbar zu bezeichnen, wenn er tatsächlich zu neuer Erkenntnis beiträgt, wofür vor allem die Argumentations*tiefe* maßgeblich ist. Daher bedarf es seitens der Musiklehrenden einer gezielten Diskurssteuerung, was eine entsprechende Diskurssteuerungsfähigkeit voraussetzt. Von Rolle und Wallbaum selbst wird jedoch nicht ausgeführt, welche diskursiven Anforderungen an die Lehrenden mit dem Ästhetischen Streit verbunden sind. Ein Streit stellt eine soziale Handlung dar und vollzieht sich in der Interaktion zwischen Streitenden, die versuchen, die Interaktionspartner von ihren eigenen Überzeugungen, Werturteilen und Einstellungen zu überzeugen, um Einigkeit oder zumindest einen Kompromiss zu erzielen. In dieser Interaktion muss eine ständige Anpassung der Streitenden an die aktuelle Situation erfolgen. Der jeweilige Sprecher kann dabei versuchen, seine Interaktionspartner durch bestimmte Taktiken zu beeinflussen. Der jeweilige Hörer wiederum kann dabei den Versuch der Beeinflussung erkennen und entsprechend darauf reagieren. Durch die Antwort des Hörers weiß der Sprecher, ob der Hörer den Versuch der Beeinflussung erkannt hat oder nicht. Stellt er fest, dass der Beeinflussungsversuch erkannt wurde und der Hörer seinerseits versucht, ihn zu beeinflussen, kann er seine Taktik der Beeinflussung ändern. Ebenso können neue Themen in den Streit eingebracht werden, die von den Gesprächsteilnehmern angenommen oder abgelehnt werden können (vgl. Meißner 2012, S. 67). Der Musiklehrer muss daher über eine Diskurssteuerungsfähigkeit verfügen, für die sowohl das Wissen um kommunikationstheoretische Aspekte als auch analytische Fähigkeiten relevant sind. So muss der Lehrer erkennen, wann im Diskurs eine Änderung der thematischen Substanz, d. h. der Beginn einer neuen Gesprächsphase, einsetzt (vgl. Meißner 2012, S. 69) und darauf reagieren (geschehen lassen oder ablehnen). Er muss erkennen, ob und welche Taktiken Schüler anwenden und diese Taktiken sowie die dafür charakteristischen Redemittel selbst zur Sprache bringen, was auch als Beitrag zur (impliziten oder expliziten) Sprachbewusstheit zu betrachten ist. Er muss in der Lage sein, Impulse zu setzen und dabei eine Fragetechnik anzuwenden, die gerade nicht von einer bestimmten Antworterwartung geprägt ist, sondern tatsächlich eine freie Entfaltung der Gedanken von Schülern zulässt. Dies bedeutet, dass beispielsweise Ketten- oder Suggestivfragen vermieden werden sollten (vgl. Mertens 2018, S. 211). Der Lehrer muss ferner erkennen, ab wann keine neuen Argumente mehr eingebracht werden und die Diskussion beendet werden sollte. Er muss in der Lage sein, Zwischenergebnisse zu formulieren und die vorgebrachten Argumente zusammenzufassen. Außerdem müssen im Sinne eines demokratischen Miteinanders Gesprächsregeln aufgestellt werden, auf deren Einhaltung Lehrer bzw. Mitschüler achten müssen, da ansonsten die Gefahr besteht, dass der Streit der Stabilisierung des Selbstbildes dient, indem andere Beiträge abgewertet werden, und daraus ein Überlegenheitsgefühl entsteht (vgl. Meißner 2012, S. 321). Daher besteht die Notwendigkeit, Beiträge nur auf der Sachebene zuzulassen, wenngleich nach Rolle (2012) beim Ästhetischen Streit auch Gefühle als Argumente zulässig sind. Diese sind im Fall des Streitens über Musik jedoch der Sachebene zuzuordnen.

Darin, dass die ästhetische Argumentation über eine objektiv nachprüfbare Beweisführung und objektives Begründen hinausgeht, bis hin zur Einbeziehung von Gefühlen als Argumenten, liegt ein weiterer grundlegender Unterschied zu anderen (v. a. naturwissenschaftlichen) Unterrichtsfächern: Voraussetzung für eine Argumentation im Musikunterricht ist zumindest auf den unteren Stufen der Ästhetischen Argumentationskompetenz nicht objektives Wissen über den Fachgegenstand Musik, sondern die subjektive Wahrnehmungsfähigkeit, auf deren Basis Musik gewertet und gedeutet wird.

Ästhetische Argumentationsfähigkeit ist nach Rolle (2014) ein wesentlicher Faktor für das Hervorbringen musikalischer Bildung. Doch als generelle Fähigkeit, mittels sprachlicher Handlungen andere zu überzeugen und eigene Urteile selbstreflexiv zu hinterfragen, stellt sie auch eine Schlüsselkompetenz dar, zu deren Ausbildung der Musikunterricht maßgeblich beitragen kann. Sprachliche Heterogenität stellt dabei kein Hemmnis dar. Jeder Schüler kann aufgrund der prinzipiell gegebenen Subjektivität des Urteilens über Musik auf der Argumentationsstufe, auf der er sich momentan befindet, zumindest aber auf der untersten Stufe der sieben Kompetenzniveaus in Rolles Modell, etwas zur Diskussion beitragen und vom Musiklehrer unter Berücksichtigung verschiedener, besonders aber bildungssprachlicher Redemittel auf die nächste Kompetenzstufe geführt werden. Eine grundlegende Begrenzung des Kompetenzniveaus nach oben ergibt sich allein aus dem Umstand, ob eine dauerhafte Sprachentwicklungsstörung vorliegt bzw. aus deren Ursache, da davon abhängt, ob das Erreichen der nächst höheren Stufe generell möglich ist oder nicht (z. B. im Fall intellektueller Einschränkungen).

Zur Bestimmung der Qualität von Argumentationen sind somit neben der von Rolle angeführten Fähigkeit zum Perspektivenwechsel und der Anwendung fachsprachlicher Begriffe auch die Verwendung von bildungssprachlichen Prozedurausdrücken als Gütekriterien auf der *formalen* Ebene sowie Plausibilität, Vernünftigkeit, Triftigkeit und Schlagkraft als Gütekriterien auf der *inhaltlichen* Ebene der angeführten Argumente heranzuziehen (vgl. Schilcher/Rincke 2015, S. 111). Diese Kriterien sollten bei der Qualitätsbestimmung von Argumenten im Musikunterricht mit berücksichtigt werden.

7.1.3.2 Beschreiben

Als am häufigsten im Musikunterricht verwendetes Sprachhandlungsmuster kann der Operator „Beschreiben" betrachtet werden. Zum einen geht es bei der Musikbeschreibung um die Beschreibung von Klang und Struktur, zum anderen um die Beschreibung der von Musik ausgelösten Wirkungen, Assoziationen, Bedeutungen und Funktionen von Musik. Derartige Beschreibungen stellen teils hohe Anforderungen an verschiedene sprachliche Teilkompetenzen der Schüler. So müssen die Schüler, um die Anforderungen und Antworterwartungen von Musiklehrenden erfüllen zu können, zunächst in der Lage sein, den zeitlichen Verlauf des akustischen Phänomens Musik, eventuell auch unter Einbeziehung fachsprachlicher Begriffe, mit entsprechenden Redemitteln auszudrücken. Die Beschreibung von Funktionen erfordert, dass die Schüler in der Lage sind, Zweckbeziehungen auszudrücken, für die Beschreibung von Assoziationen wird Metaphernkompetenz benötigt, und die adäquate Beschreibung von Emotionen setzt vor allem einen differenzierten Wortschatz an Adjektiven zur Bezeichnung emotionaler Zustände voraus. Je nachdem, welche Dimension von Musik beschrieben wird, sind jeweils unterschiedliche sprachliche Kompetenzen besonders gefordert und werden verschiedene Redemittel benötigt. Wird bei der Beschreibung von Funktionen und Strukturen eher eine objektivierende („gefühlsneutrale") Sprache benötigt, werden Emotionen und Assoziationen mittels subjektivierender Sprache ausgedrückt.

Entsprechend unterscheidet Rora (2009, S. 151) Musikbeschreibungen nach zwei Kategorien: der analysierenden und der narrativen Musikbeschreibung. Dabei erwähnt sie auch Übergangsformen zwischen beiden Kategorien. Die Merkmale der narrativen Musikbeschreibung und ihr Potenzial für eine Sprachbildung im Musikunterricht werden in Kap. 7.1.3.3 im Kontext des Sprachhandlungsmusters „Erzählen" dargestellt. Hinsichtlich der analysierenden Musikbeschreibung wird zunächst eine weitere Unterteilung in zwei Subkategorien vorgenommen, denn auch eine analysierende Musikbeschreibung kann entweder mittels objektiver („gefühlsneutraler") oder subjektiver Beschreibungssprache sowie als Verknüpfung beider Formen erfolgen, indem subjektive Deutungen auf objektiv-analytischen Begründungen zurückgeführt werden (z. B. „die unheimliche Stimmung entsteht durch das Tremolo in den Streichern von Takt 10 bis 15"). Analytische Musikbeschreibungen sind Wirklichkeitsbeschreibungen in Form von Aussagesätzen. „Objektiv" meint in diesem Zusammenhang das Fehlen einer persönlichen Wertung, Haltung oder Meinung. Hinsichtlich der Einordnung als „subjektiv" oder „objektiv" muss allerdings zwischen der Einordnung einzelner Aussagen und der Einordung kohärenter Texte differenziert werden. Objektivität und Subjektivität werden allgemein als Gegensatz aufgefasst, so dass sich eine *einzelne* Aussage über Musik zwischen beiden Polen einordnen lässt, wie in Abbildung 12 dargestellt.

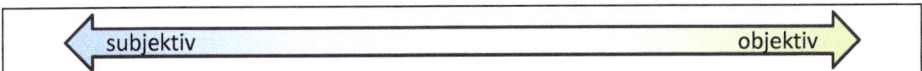

Abb. 12: Kontinuum zum Objektivitätsgehalt einzelner Aussagen

Dieses Modell hat jedoch nur für *einzelne* Aussagen über Musik Gültigkeit. Der Bestimmung des objektiven bzw. subjektiven Gehalts *kohärenter* Texte von Musikbeschreibungen hingegen liegt ein zweidimensionales Modell (Abbildung 13, siehe S. 124) zugrunde.

Ein kohärenter Text kann zu 100 % subjektive oder zu 100 % objektive Aussagen enthalten. Der Gehalt an Objektivität eines Textes, der zu 100 % objektive Aussagen enthält, ändert sich durch das Hinzufügen von subjektiven Aussagen nicht. Zwar sinkt der Anteil objektiver Aussagen am Gesamtgehalt des Textes, der durch subjektive Aussagen erweitert wird, doch der Grad an Objektivität ist derselbe wie vor der Erweiterung um die subjektiven Aussagen.

Objektive und subjektive Aussagen über Musik unterscheiden sich nicht zwangsläufig hinsichtlich der Verwendung von Alltags- oder Bildungssprache, da sowohl in der objektiven als auch in der subjektiven Musikbeschreibung alltagssprachliche oder bildungssprachliche Merkmale des Beschreibens – auch miteinander kombiniert – angewandt werden können (z. B. personalisierte Formulierungen wie „Ich höre aus dem klagenden Seufzer der Klarinette das Leid des Verlassenen heraus" als Ausdruck von Subjektivität durch das Subjekt „ich" gegenüber einer entpersonalisierten Formulierung wie „man kann aus dem klagenden Seufzer der Klarinette das Leid des Verlassenen heraushören"). Eine Aussage wie „Der klagende Seufzer der Klarinette symbolisiert das Leid des Verlassenen" ist als Aussagesatz formuliert und erweckt den Anschein eines objektiven „Es ist so" auf die gleiche Weise wie der als objektiv einzustufende Satz „In Takt 23 erklingt ein über eine halbe Note abwärts führendes Glissando in der Klarinette", der keine persönliche Bewertung eines wahrgenommenen musikalischen Phänomens (Glissando) beinhaltet. Subjektive Aussagen *können*, *müssen* aber nicht durch den sprachlichen Zusatz einer persönlichen Wertung, Haltung oder Meinung mit den Redemitteln des Sich-Positionierens gekennzeichnet sein. Aufgrund des bereits in Kap. 7 dargestellten Problems einer „Scheinobjektivität" subjektiver Aussagen, die durch bildungssprachliche Strukturen wie Entpersönlichung („man") oder Passivkonstruktionen hervorgerufen werden kann, scheint es von Bedeutung, die Schüler auf den subjektiven Gehalt von Aussagen *trotz* der Verwendung bildungssprachlicher Merkmale hinzuweisen und Schülern auch zu vermitteln, dass

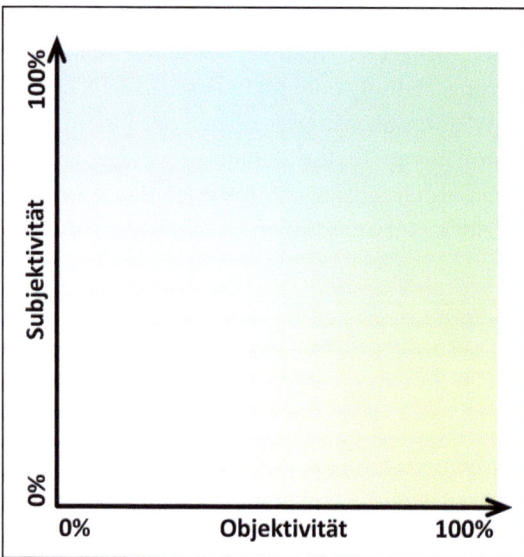

Abb. 13:
Modell zur Bestimmung des Objektivitäts- und Subjektivitätsgehalts kohärenter Texte

es angebracht sein kann, Subjektivität durch den Zusatz entsprechender sprachlicher Markierungen wie „ich bin der Meinung, dass…"/„mir scheint es, dass…"/„für mich klingt diese Stelle, als ob…" etc.) kenntlich zu machen, auch wenn dies in der medial mündlichen alltagssprachlichen Kommunikation, in welcher Vermutungen, subjektive Auffassungen und Meinungen häufig durch Tatsachenbehauptungen ohne den sprachlichen Zusatz der Subjektivität getroffen werden, weniger üblich ist. Bei einer subjektiven Musikbeschreibung handelt es sich jedoch immer um eine individuelle Einschätzung eines Sachverhaltes, mithin also um eine Positionierung, so dass sich diese subjektive Positionierung mittels der sprachlichen Mitteln ausdrücken lässt, wie Feilke (2015) sie für das Handlungsschema „Positionieren" darstellt.[91] Die generelle Fähigkeit zur Unterscheidung zwischen objektiven und subjektiven Aussagen und die Kenntnis ihrer sprachlichen Markierungen sind als Teil von Sprachbewusstheit für diskursive Kompetenzen zentral: In dem Moment, in dem ich als Diskutant die Subjektivität einer Aussage sprachlich markiere, vergewissere ich mich selbst, dass es sich um *eine* von mehreren möglichen Meinungen, Haltungen oder Auffassungen handelt, nicht um *die* „Wahrheit". Zugleich gebe ich mir selbst sowie den anderen Teilnehmern einer Diskussion zu verstehen, dass ich mir der Subjektivität meiner Aussage bewusst bin, und signalisiere Offenheit dafür, auch andere Urteile, Meinungen oder Haltungen anzuerkennen. Lasse ich die sprachliche Markierung weg und stelle meine subjektive Meinung nur als Aussagesatz dar, signalisiert dies hingegen, dass meine Meinung, meine Haltung oder Auffassung eine auch für andere gültige, feststehende „Wahrheit" darstellt, die in Frage zu stellen ich nicht ohne Weiteres bereit bin.

---

91   Dies ist ein weiteres Beispiel für die enge Verzahnung von Operatoren bis hin zur Kongruenz (hier Beschreiben und Beurteilen in der subjektiven Musikbeschreibung), die sich nicht sinnvoll trennen lassen.

Der größte sprachliche Unterschied zwischen objektiven und subjektiven Aussagen liegt darin, dass in der objektiven Musikbeschreibung zur Kennzeichnung der Objektivität eher gefühlsneutrale Fachbegriffe und bildungssprachliche Ausdrücke zur Anwendung kommen, in der subjektiven Musikbeschreibung hingegen eher Metaphern. Ob Fachbegriffe oder Metaphorik in alltags- oder bildungssprachliche Strukturen eingebettet werden, hängt maßgeblich von der kommunikativen Situation und der Formulierung der konkreten Aufgabenstellung und hierbei insbesondere davon ab, ob diese auf bestimmte Operatoren, Textbausteine und Redemittel hinweist, deren Verwendung von den Schülern erwartet wird.[92]

Eine musikbezogene „Beschreibungskompetenz" wurde bisher in der Musikpädagogik nur von Hesselmann (2015) herausgearbeitet, obwohl sie im Rahmen der ästhetischen Argumentationskompetenz eine gravierende Rolle spielt und das Beschreiben vermutlich die am häufigsten im Musikunterricht vollzogene Sprachhandlung ist. In einem von Hesselmann (2015) für Schüler entwickelten Evaluierungsbogen zur Selbsteinschätzung ihrer musikbezogenen Sprachfähigkeit nimmt das Beschreiben folglich den größten Raum ein, wobei Hesselmann verschiedene Indikatoren anführt, die auch andere Sprachhandlungen (Operatoren) beinhalten:[93]

1. *Kompetenzbereich „Musik mit einer angemessenen Sprache beschreiben"*:
   a) Wortschatzumfang (quantitativ/qualitativ),
   b) die Fähigkeit, die mit der gehörten Musik assoziierte Begriffe zu umschreiben,
   c) die Fähigkeit, die Beschreibungen anderer mit eigenen Begriffen zu ergänzen.

2. *Kompetenzbereich „Eigene Beschreibungen mit der Musik verbinden"*:
   a) die Fähigkeit, Zusammenhänge zwischen dem Ausdruck der Musik und dem Einsatz der verwendeten musikalischen Mittel zu erklären,
   b) die Fähigkeit, Beschreibungen zur Musik mit den verwendeten musikalischen Mitteln in Beziehung zu setzen,
   c) die Fähigkeit, Beschreibungen einer Musik mit dem eigenen Wissen über Kompositionen des entsprechenden Musikgenres/der Zeit/des Komponisten zu verknüpfen.

3. *Kompetenzbereich „Musik qualitätsvoll beschreiben"*:
   a) die Häufigkeit, mit der die Beschreibungen zur Musik von Mitschülern aufgegriffen und ergänzt werden,
   b) die Häufigkeit, mit der die eigenen Beschreibungen zur Musik mit anderen Begriffen und Beschreibungen in Verbindung stehen,

---

92 Das Einbeziehen sprachlicher Aspekte in die Formulierung von Lernaufgaben steht in der Musikdidaktik noch am Anfang. In neueren Unterrichtsmaterialien werden bereits häufig Operatoren in die Formulierungen mit einbezogen, so dass die Antworterwartung für die Schüler transparent ist.

93 Die musikbezogene Sprachfähigkeit setzt sich bei Hesselmann insgesamt aus Kompetenzen in den Bereichen „Musikhören", „Transformation", „Kommunikation", „Beschreiben" und „Erfahrungen bezüglich des Verhältnisses von Sprache und Musik" zusammen.

c) die Stärke der Änderung einer Beschreibung aufgrund neu erworbenen Wissens z. B. über den Komponisten/die Zeit etc.,
d) das Verständnis des Sinngehalts von sprachlichen Begriffen, das durch die gehörte Musik beeinflusst wird,
e) die Fähigkeit zur Unterscheidung starker und weniger starker Begriffe.[94]

(vgl. Hesselmann 2015, S. 244)

Deutlich wird hieran, dass auch Metaphernkompetenz eine relevante Teilkompetenz der Gesamtmusikbeschreibungskompetenz darstellt. Die unter den Punkten 1a) und 1b) angeführten Indikatoren stehen auch in Übereinstimmung mit der der in Kap. 6.2.2 angeführten Definition von Metaphernkompetenz von Drewer (2003). Allerdings ergibt sich sowohl für die Bestimmung des jeweiligen Teilkompetenzniveaus als auch für die Bestimmung der Gesamtbeschreibungskompetenz das Problem der Messbarkeit, das hier jedoch nicht vertieft werden soll. Überlegungen zu Möglichkeiten der Bewertung musikbezogener sprachlicher Leistungen werden in Kap. 14 dargestellt.

7.1.3.3 Erzählen

Narrativität als Schlüsselkategorie auch in nichtliterarischen Kontexten stößt aktuell in der Pädagogik auf interdisziplinäres Interesse und findet derzeit auch in der Musikpädagogik unter dem Begriff „narrative Musikdidaktik" Aufmerksamkeit. Unter Narrativität wird „[…] jenes Bündel von formalen und thematischen Merkmalen [verstanden], durch das sich Erzählungen bzw. narrative Texte auszeichnen und von anderen Texten unterscheiden" (Nünning 2012, S. 90). Dabei werden die Ubiquität von Erzählungen als Deutung der Welt und die Erlebnisqualität hervorgehoben, die in pädagogischen Kontexten von Interesse sind: „Narrationen dienen dazu, komplexe Geschehnisse zu vergegenwärtigen, zu erfassen, zu interpretieren und zu verstehen" (Nünning 2012, S. 97). Insbesondere werden kognitive und affektive Funktionen wie das Potenzial von Erzählformen zum Perspektivenwechsel, zum Erkennen, Verstehen und Regulieren von Emotionen und damit letztlich zur Empathiefähigkeit fokussiert: „Narrationen aller Art schildern das Ereignis aus der Perspektive eines Erzählenden oder einer Wahrnehmungsinstanz; oft integrieren sie zudem unterschiedliche Standpunkte und Meinungen, die miteinander in Beziehung gesetzt werden müssen. Durch die Form der Perspektivierung eröffnen Narrationen einen Zugang zur Vorstellungswelt, den Werten, Dispositionen und Denkweisen der Erzählenden" (Nünning 2012, S. 93). Damit eröffnet sich für den Musikunterricht die Narration als Zugang zur musikalischen Umwelt und deren Deutung. Dieser Zugang wird im Kontext einer narrativen Musikdidaktik bereits genutzt. Oberhaus (2015; 2016) bezieht sich in seiner Darstellung einer narrativen Musikdidaktik insbesondere auf das Erkenntnispotenzial, das sich aus Narrationen für die Aneignung musikhistorischer Zusammenhänge ergibt. Dies ist naheliegend, da Quellen wie Urkunden, Briefe etc. in der Geschichtswissenschaft eine herausragende Rolle spielen und als Anlass für das Verfassen eigener

---

94 Gemeint sind frische und weniger frische Metaphern.

narrativer Texte dienen können (vgl. Nünning 2012, S. 88). Oberhaus schlägt für das Arbeiten mit narrativen Formaten im Musikunterricht zum einen das Kreative Schreiben und zum anderen das Heranziehen sprachlichen Materials wie historischer Texte, aber auch visuellen Materials wie Bilder oder anderer Quellen vor. Dabei sollen die Schüler beim Kreativen Schreiben über Musik, auch unter Einbeziehung ästhetischer Medien wie Videos oder Bilder, zunächst fiktionale Bezüge zu historischen Kontexten suchen und sie anschließend mit realen Begebenheiten in Bezug setzen, um auf diese Weise Musik als Erfindungsimpuls zu nutzen. Des Weiteren können Texte, Quellen oder Bilder als vorgegebenes sprachliches Material einen Rahmen für die Erzählung bilden (vgl. Oberhaus 2016, S. 89).

Erzählen kann sich innerhalb unterschiedlicher narrativer Textsorten ereignen und ist mit dem Beschreiben eng verknüpft. Das musikdidaktische und sprachbildende Potenzial des Erzählens im Musikunterricht bezieht sich daher keineswegs nur auf musikhistorische Zusammenhänge. Die Narration dient vielmehr auch als Methode zur Musikanalyse. Hallet (2013) weist darauf hin, dass „narrating" sich keineswegs nur auf fiktionales Erzählen beschränkt, sondern auch „ein basales lebensweltliches Diskursgenre in zahlreichen Ausprägungen (zu denen z. B. alle Alltagserzählungen und -berichte gehören) und in institutionellen Lernkontexten fachübergreifend überall da präsent [ist], wo Abläufe […],Versuchsabläufe und Kausalketten" beschrieben werden (Hallet 2013, S. 66). Auch Liedtexte (insbesondere Balladen) weisen oftmals narrative Strukturen auf, so dass durch Rezeption oder Singen von Liedern implizit Wissen über den Aufbau von Erzählstrukturen erworben wird, das mit vertretbarem Zeitaufwand in einem fachübergreifenden Unterricht Musik/Deutsch auch explizit gemacht werden könnte, z. B. durch die Analyse charakteristischer Textmerkmale des Erzählens (Redemittel, Zeitformen, Aufbau einzelner Textabschnitte). Narrationen lassen sich durch Merkmale charakterisieren, die disziplin- und fachübergreifend sind, weshalb Erzählen auch als fachübergreifender Operator in einigen (jedoch nicht allen) Rahmenlehrplänen aufgeführt wird. Nünning (2012) identifiziert folgende Charakteristika, die zentral für verschiedene narrative Gattungen (Roman, Brief, Kurzgeschichte, Bild, Film etc.) sind:

- die Adressatenbezogenheit und der Zeitpunkt der Erzählung, die die inhaltlichen, strukturellen und sprachlichen Merkmale prägen,
- Kohärenz als Voraussetzung für die Verständlichkeit des Textes,
- Veränderungsbeschreibung durch handelnde Figuren (Aktanten), oft durch die klassische Dreiteilung Anfang-Mitte-Schluss,
- Linearität, Sequenzialität und Kontinuität der Ereignisdarstellung und -verknüpfung,
- der Gehalt an subjektiver Erfahrung,
- Perspektivierung als Einblick in subjektive Erlebnisperspektiven,
- implizit vorhandene moralische/wertende Positionierungen, die eine persuasive Funktion haben, da gegen implizite Wertungen nicht rational argumentiert werden kann,

- spezifische Konventionen von Genres oder Textsorten bezüglich der Auswahl des Erinnerten, Stil, Struktur und Perspektive, die eine hohe Relevanz für Bedeutungszuweisungen haben.

(vgl. Nünning 2012, S. 91 ff.)

Narrative Texte sind durch narrative Muster wie z. B. „es war einmal…"/„nach einer Weile"/„plötzlich"/„Tag für Tag" als Darstellung zeitlicher Angaben oder durch Muster wie „so weit weg, wie sie konnten"/„sie machten sich auf den Weg"/„sie liefen und liefen" als sprachliche Formen für Richtungen oder Bewegungen gekennzeichnet (vgl. Schüler 2016, S. 160 ff.). Solche Muster werden im Laufe der Sozialisation implizit mit dem Spracherwerb angeeignet und in eigenen Narrationen angewandt. Sie finden sich im Musikunterricht häufig in Geschichten wieder, die von den Schülern im Kontext der Musikrezeption erzählt werden.[95]

In der Musik selbst manifestieren sich ebenfalls narrative Charakteristika, über die im Musikunterricht gesprochen wird. Während sich verbales Erzählen jedoch innerhalb eines linguistischen Regelsystems vollzieht, handelt es sich bei dem, was ein Musikwerk erzählt, um ikonisches Erzählen, bei dem der Text durch ein dichtes Gefüge von Klangfarben, Dynamik, Harmonik, Melodik, Rhythmik und Architektonik und nicht wie in der verbalen Sprache durch diskrete Zeichen gekennzeichnet ist (vgl. Rora 2009, S. 148 f.). Ikonische Texte werden im Musikunterricht medial mündlich gedeutet oder auch in einen medial schriftlichen Text transformiert (vgl. Rora 2009, S. 151). Erzählen, Deuten und Beschreiben bilden dabei miteinander verschränkte Sprachhandlungen, da in die subjektive Musikbeschreibung im Gegensatz zur objektiven Musikbeschreibung meist auch eigene Empfindungen und Wertungen einfließen.[96] Diese Verschränkungen hängen nicht nur davon ab, ob jeweils die Musik an sich (Form, Struktur etc.) oder die von der Musik ausgelösten Wahrnehmungen, Assoziationen, Bilder, Emotionen etc. beschrieben werden, sondern sind auch darauf zurückzuführen, dass auch die musikalischen Parameter selbst mehr oder weniger objektivierbar sind. So weist Fuß (1995, S. 115 f.) darauf hin, dass Ausdruck und Charakter weniger objektivierbar sind als absolut-musikalische Komponenten.

Rora (2009) spricht daher von einer „narrativen Musikbeschreibung" als einer „Übersetzung" eines Musikwerkes in eine verbale Erzählung, die sie neben der „analysierenden Beschreibung" als zweite Grundform der Musikbeschreibung betrachtet, wobei in der narrativen Musikbeschreibung der Analogiebildung und damit der metaphorischen Sprache ein zentraler Stellenwert zukommt. In der narrativen Beschreibung von Musik finden individuelle Rezeptionserlebnisse ihren Ausdruck (vgl. Rora 2009, S. 159). Dabei werden musikalische Elemente in eine narrative Ordnung gebracht, aber

---

95 Vgl. hierzu beispielsweise die Schülertexte bei Oberschmidt (2011a).
96 Auf die unterschiedlichen Positionen der Musikpädagogik und der Musikwissenschaft zur objektiven (wissenschaftlichen) und subjektiven Musikanalyse und dem damit zusammenhängenden Gebrauch von objektivierender Sprache (Fachsprache) und subjektivierender Sprache (v. a. metaphorischer Sprache) wird hier nicht vertiefend eingegangen. Vgl. dazu beispielsweise Oberschmidt (2017b).

es werden zusätzlich weitere Elemente hinzugefügt. Insbesondere die Analogsetzung des zeitlichen musikalischen Verlaufs mit einem Handlungsverlauf und die Einführung handelnder Personen oder anderer Aktanten bezeichnet Rora (2009, S. 151 f.) als kennzeichnende Merkmale der narrativen Musikbeschreibung. Hierzu ist ergänzend anzumerken, dass, sofern Musik im Musikunterricht als Anlass für das Verfassen einer narrativen Musikbeschreibung genutzt wird, den Schülern (in Abhängigkeit von der Klassenstufe) auch vermittelt werden sollte, dass eine Narration nicht unbedingt der Absicht des Komponisten entspricht. Musik drückt oftmals statt Handlungen Situationen oder Gefühle aus. Als Beispiel sei hier die Sinfonie Nr. 1 B-Dur („Frühlingssinfonie") von Robert Schumann angeführt, über die Schumann in einem Brief an Louis Spohr schrieb: „Ich schrieb die Sinfonie zu Ende des Winters 1841, wenn ich es sagen darf, in jenem Frühlingsdrang, der den Menschen wohl bis in das höchste Alter hinauf und in jedem Jahr von neuem überfällt. Schildern, malen wollte ich nicht; daß aber eben die Zeit, in der die Sinfonie entstand, auf ihre Gestaltung und daß sie gerade so geworden, wie sie ist, eingewirkt hat, glaube ich wohl" (vgl. Demmler 2006, S. 121 f.). Die narrative Beschreibung eines Ausschnitts aus der Frühlingssinfonie, die die Wahrnehmungen, Emotionen und Bilder, die mit dem Frühling assoziiert werden, durch musikalische Mittel darstellt, würde jedoch nicht aus einer Beschreibung einer zeitlichen *Abfolge* der vertonten Emotionen oder Assoziationen bestehen (z. B. „*zuerst* hörte sie die zwitschernden Vögel, *dann* roch sie die blühenden Tulpen, *anschließend* fiel ihr Blick auf die zarten grünen Blätter, während *gleichzeitig* die Sonne ihre hellen Strahlen durch die Zweige schimmern ließ und ein warmes Gefühl auf ihrer Haut verursachte" etc.). Es ist kaum davon auszugehen, dass Schumann auf diese Weise gedacht und eine *Abfolge* von Handlungen auskomponiert hat. Ludwig van Beethovens 6. Sinfonie („Pastorale") kann als weiteres Beispiel herangezogen werden. Hier wird im zweiten Satz eine Szene am Bach, d. h. eine *Situation* und keine Aneinanderreihung von Handlungen, musikalisch beschrieben. Beethoven hat hier situative Momente wie das Murmeln des Baches oder Vogelrufe mit musikalischen Mitteln dargestellt, doch gibt es keinen Handlungsverlauf, dem sich der musikalische Verlauf analog zuordnen ließe. Nicht einzelne Handlungen, sondern die *Stimmungen* am Bach werden mit musikalischen Mitteln über einen Zeitraum von ca. fünfzehn Minuten ausgedrückt. Selbst Opern, in denen der musikalische Verlauf einem Handlungsverlauf analog gesetzt wird, verweilen in ihrem musikalischen Verlauf teils lange in Situationen und Empfindungen (z. B. in Arien, in denen Empfindungen in einer bestimmten Situation ausgedrückt werden), bevor die Handlung fortgesetzt wird.

Da Musik als Situations- oder Emotionsausdruck eines Moments und nicht nur als Abfolge einzelner musikalischer Elemente wahrgenommen werden kann, die nacheinander bestimmte Ereignisse oder Handlungen darstellen, bietet der Gegenstand Musik die gleichen Ansatzpunkte für das Verfassen narrativer Texte wie der Gegenstand Bild als „eingefrorener Moment" (vgl. Schüler 2016, S. 155), so dass sich Parallelen zur Narration in der Kunstdidaktik ergeben. Wie in einer narrativen Bildbeschreibung kann in einer narrativen Musikbeschreibung eine musikalisch dargestellte Situation analog einem auf einem Bild dargestellten Moment sowohl als Zugang zu einer Folge von Ereignissen als auch als Zugang zu einer Geschichtenwelt/einem Bruch (wie bei einem Bild z. B. durch Kontraste, Übergänge oder Stillstand) oder als Zugang zu Erfahrungen von Leben, die sich in der Vorstellung durch die gehörte Musik vermitteln, fungieren (vgl. Schüler 2016, S. 156 ff.). Zeigt ein Bild – zumindest, sofern es sich um eine gegenständliche Darstellung handelt, einen konkreten Moment als Ausschnitt aus der Realität, der eventuell keinen allzu großen Interpretationsspielraum zulässt, wird in der Musik jedoch nicht unbedingt eine *eindeutige* Situation oder ein *eindeutiges* Ereignis dargestellt, sondern bestimmte Emotionen, die mit einer Situation oder einem Ereignis verbunden sind. Der Interpretationsspielraum bei der Musikwahrnehmung ist also, zumindest, solange ein eventuell vorhandener Titel eines Werkes den Schülern noch nicht bekannt ist, größer als in der Bildbeschreibung. Anders verhält es sich bei einem abstrakten Bild, welches ebenso wie die Musik einen größeren Interpretationsspielraum zulässt. Wird das eventuell vorhandene Thema/der Titel eines Musikstücks den Schülern vor dem Verfassen eines narrativen Textes bekannt gegeben, ist dies allerdings mit einer Situation vergleichbar, die auf einem gegenständlichen Bild dargestellt wird, d. h., der Interpretationsspielraum wird eingeschränkt. Die Ausgangsthematik für einen narrativen Text ist in diesem Fall sowohl durch das Bild als auch durch das Musikstück vorgegeben.

Aufgrund der Parallelen zwischen Bild- und Musikbeschreibung bestehen auch Parallelen zwischen gängigen methodischen Verfahren der Kunst- und der Musikdidaktik: zum einen im Austausch erster, eventuell stichpunktartig oder ausformuliert festgehaltener Eindrücke beim Musikhören bzw. bei der Bildbetrachtung und zum anderen in der Möglichkeit für Transformationsprozesse in ein anderes Ausdrucksmedium, z. B. in Bewegung, Sprache, oder Szene. Wie bei der Transformation eines Bildes in Sprache werden auch bei der Transformation von Musik in Sprache imaginativ narrative Muster generiert (vgl. Schüler, S. 158 f.).

Narrationen im Musikunterricht lassen sich auch im Kontext ästhetischer Argumentationskompetenz betrachten. Wenn Narrationen, wie zuvor dargestellt, ein Potenzial für Perspektivwechsel und das Erkennen, Verstehen und Regulieren von Emotionen bieten, können sie auch Bestandteile ästhetischer Argumentationen darstellen, besonders dann, wenn – wie Rolle (2012) fordert – auch Gefühle als Argumente im ästhetischen Diskurs zulässig sind. So betrachtet stellt narrative Kompetenz eine Teilkompetenz der ästhetischen Argumentationskompetenz dar. Wer nicht imstande ist, anderen etwas über seine von Musik ausgelösten Emotionen und Assoziationen zu erzählen und nachvollziehbar zu machen und so eine Übernahme der eigenen Perspektive zu ermöglichen, wird den persuasiven Charakter des Argumentierens nicht nutzen können und kaum erreichen, was Rolle als Ziel der ästhetischen Argumentation betrachtet: dass andere „Musik so hören können, wie ich sie höre" oder „das fühlen können, was ich fühle" (Rolle 2012, S. 288).

Durch die dargestellten Bezüge einer narrativen Musikdidaktik zu den Sprachhandlungsmustern Erzählen, Deuten, Beschreiben und Argumentieren wird der potenzielle Beitrag des Musikunterrichts zur narrativen Kompetenz deutlich. Nach Nünning u. a. (2016) ist unter dem Begriff „narrative Kompetenz" die Fähigkeit, „Geschichten verstehen, produzieren und erzählen zu können bzw. Ereignisse, Erfahrungen oder Selbsterlebtes durch Erzählstrukturen wiederzugeben" zu verstehen (Nünning u. a. 2016, zit. n. Lieber 2016, S. 87 f.). Um das Potenzial von Musikbeschreibungen für die Vermittlung bildungs- und fachsprachlicher Kompetenzen und von Sprachbewusstheit (als Textsortenkompetenz) nutzen zu können, müssen die Musiklehrenden ihre sprachlichen Erwartungen an die Musikbeschreibungen der Schüler reflektieren. Dementsprechend sollten Aufgabenstellungen zur Musikbeschreibung so formuliert werden, dass die Schüler wissen, was genau sie beschreiben sollen: die Struktur, den Klang, Assoziationen, Emotionen etc. und ob sie bei der Beschreibung *überhaupt*, *nur* oder *auch* Fachbegriffe anwenden sollen, sowie welche narrative Textsorte und/oder welcher Adressat angesprochen ist. Hiervon hängen die von den Schülern erstellten Produkte maßgeblich ab. In der Primarstufe liegt der Fokus des Erzählens eher auf medialer Mündlichkeit als auf medialer Schriftlichkeit und kann hier als Anbahnung von Textverstehenskompetenz aufgefasst werden: „Das mündliche Erzählen kann methodisch als Hinführung zur Textverstehenskompetenz eingesetzt werden. Es stellt für Kinder eine erste kontextunabhängige Sprachverwendung dar. Sie eignen sich dabei Kompetenzen an, die für den Erwerb des Registers Bildungssprache zentral sind: die Beibehaltung eines Themas und seine strukturierte Entfaltung, die Herstellung von Textzusammenhang durch sprachliche Mittel, das Einnehmen verschiedener Perspektiven durch Kommentare, Leseransprachen oder direkte Rede sowie die Einführung von Akteuren und Schauplätzen und deren Beschreibung" (FörMig 2017). In den Sekundarstufen verschiebt sich der Schwerpunkt von der medialen Mündlichkeit hin zur medialen Schriftlichkeit, was letztlich auch im Hinblick auf die Anforderungen an die Musikinterpretation im Rahmen der Musikanalyse in der Abiturprüfung relevant ist.

7.1.3.4 Konsequenzen für die Sprachbildung im Musikunterricht

Ein narrativ orientierter Musikunterricht setzt einerseits voraus, dass die Schüler infolge der Kenntnis der von Nünning (2012) dargestellten Merkmale narrativer Textformate in der Lage sind, adressatengerechte, kohärente Texte selbstständig zu verfassen, um musikbezogene Ziele zu erreichen. Andererseits kann ein narrativ orientierter Musikunterricht zur Ausbildung nicht nur narrativer alltagssprachlicher Kompetenzen, sondern auch bildungssprachlicher Kompetenzen durch die Anwendung bildungssprachlicher Textprozedurausdrücke im Sinne des Sich-Positionierens auch bei subjektiven Musikbeschreibungen im Hinblick auf die Operatoren Beschreiben und Argumentieren beitragen.

Methodische Möglichkeiten, mit Narrationen im Musikunterricht zu arbeiten – neben dem bereits erwähnten Kreativen Schreiben –, stellt Rogge (2016) in seinem Beitrag „Narratologie interdisziplinär" dar, ohne sich jedoch auf die damit verbundenen Potenziale für die Sprachbildung zu beziehen. Rogges Anregungen implizieren jedoch eine Verknüpfung fachlichen und sprachlichen Lernens, indem er beispielsweise vorschlägt, Erzählmuster von Popsongs verschiedener Stilrichtungen (Punk, Hippiekultur etc.) zu identifizieren, sie auf ihre gemeinschaftsbildende Funktion hin zu untersuchen und die Einstellungen der Schüler vergleichend zur Sprache zu bringen sowie das in den Songs Erzählte zu kommentieren oder zu bewerten (Rogge 2016, S. 24 ff.).

Abschließend soll auf einen Einwand aus der Kunstdidaktik hinsichtlich der Normerwartungen beim schulischen Erzählen eingegangen werden. Schüler (2016, S. 151) kritisiert exemplarisch Schreibtipps zum Verfassen von Erzählungen aus einem Sprachbuch für den Deutschunterricht, in denen sich zahlreiche schulische Normerwartungen widerspiegeln. Darin finden sich beispielsweise Anweisungen wie „schreibe sinnvolle Sätze", „verwende treffende Adjektive und Verben", „verwende verschiedene Satzanfänge", „halte die Erzählzeit ein" u. Ä. Solche Normerwartungen sind einerseits für die Ziele einer Sprachbildung zwingend, denn es muss zunächst darum gehen, Schülern eine normgerechte Sprache zu vermitteln, da das Ziel schulischer Bildung die Befähigung zu gesellschaftlicher Partizipation ist, wofür die Einhaltung sprachlicher Regeln und Normen eine notwendige Voraussetzung darstellt. Einem adäquaten Ausdruck ästhetischer Erfahrung als einer „Übersetzung" von musikalischer Erfahrung in Sprache kann andererseits die Erwartung „passender" und normgerechter sprachlicher Mittel auch im Wege stehen. Doch Abweichungen von formal korrekten, gebräuchlichen sprachlichen Mustern sind erst dann als adäquater Ausdruck subjektiver Wahrnehmungen und Emotionen zu verstehen, wenn eine Sprache bereits soweit formal beherrscht wird, dass Abweichungen von der Sprachnorm nicht auf sprachliche Defizite zurückzuführen sind, sondern einen Ausdruck sprachlicher Kreativität, eine eigene Realisation von Sprache, darstellen. Gerade in einer Zeit, in der narrative Kompetenz aufgrund gesellschaftlicher Veränderungen nicht mehr selbstverständlich durch den Umgang mit Büchern bereits ab der frühen Kindheit erworben wird, sondern das Medium Film gegenüber der Schriftsprache mehr und mehr in den Vordergrund tritt, müssen narrative Muster schulisch vermittelt werden. Im Gegensatz zum Medium Film werden bei narrativen Texten in Schriftform Innenansichten und Gefühlslagen der Aktanten detailliert beschrieben. Beschreibungen, wie sie sprachlich möglich sind, sind filmisch schwer umsetzbar, da dem Medium Film lediglich die direkte Sprache sowie die optische Wahrnehmung der Aktanten durch die Brille des Zuschauers zur Verfügung stehen. Eine detaillierte und differenzierte Beschreibung von Emotionen der Aktanten ist daher mit filmischen Mitteln nur eingeschränkt möglich. Wie bereits erwähnt, stellt Musik jedoch i.d.R. keinen klar strukturierten Handlungsverlauf wie der Film, sondern Emotionen dar. Sollen Schüler also eigene narrative Texte zu Musik produzieren, müssen sie dafür eine narrative Kompetenz entwickeln, die über das bloße Schildern einer Handlungsabfolge hinaus geht und eine differenzierte Beschreibung von Gefühlslagen ermöglicht. Eine derartig differenzierte Beschreibungsfähigkeit kann wiederum auf die Wahrnehmungsfähigkeit von Emotionen zurückwirken und so in die Lebensrealität als Teil der Selbstwahrnehmung eingebunden werden. Hierfür ist die Einhaltung sprachlicher Normen zunächst unabdingbar. Dass sprachliche Normerwartungen in Bezug auf das Erzählen von Musik dennoch auch problematisch sein können, zeigt der Blick auf die metaphorische Sprache, deren Erkenntnispotenzial nicht unbedingt mit der Einhaltung formaler Sprachregeln konform geht. Beim Umgang mit musikbezogenen Narrationen sollte daher von den Lehrenden reflektiert werden, inwiefern es um die Vermittlung von Textprozeduren und Textsortenkompetenz gehen soll, welche Normerwartungen mit dem Erzählen verbunden sind, inwiefern der Unterschied zwischen subjektiven und objektiven Aussagen thematisiert werden soll und inwiefern sprachliche Kreativität als Normabweichung vom linguistischen Regelsystem zulässig ist. Zur Unterstützung von Schülern mit Sprachproblemen können verschiedene, für Erzählstrukturen typische sprachliche Bausteine vorgegeben werden, auch wenn hierbei sprachliche Normerwartungen möglicherweise gegen eine adäquate Umsetzung musikbezogener Wahrnehmung in das Medium Sprache stehen. Diese ist jedoch ohnehin erst auf der Basis einer altersangemessenen Sprachkompetenz möglich.

7.1.4 Sprechen über Musik im Kontext kulturell geprägter Sprachkonventionen

Sprachliche Gepflogenheiten einer Kultur können beim Sprechen über Musik im Musikunterricht eine bedeutende Rolle spielen, denn kulturelle Unterschiede manifestieren sich auch im Sprachverhalten. Vor dem Hintergrund der Diskussion um den Zusammenhang von Denken und Sprechen und insbesondere vor dem Hintergrund der Sapir-Whorf-Hypothese, nach der ein Sprachsystem mit seinen grammatischen und lexikalischen Strukturen als Spiegel der sozialen Realität einer Gesellschaft betrachtet werden kann, deren Denken bestimmt und demzufolge bestimmte Gedanken von Angehörigen anderer Sprachgemeinschaften nicht verstanden werden können (vgl. Whorf 1963), ist diese anthropologisch-linguistische Perspektive u.U. auch im Musikunterricht aufgrund der Tatsache, dass eine zunehmende Zahl von Schülern aus anderen Kulturen darin vertreten sind, relevant. Wenngleich die Sapir-Whorf-Hypothese aufgrund mangelnder empirischer Belege wissenschaftlich umstritten ist, können gesellschaftliche Konventionen auch beim Sprechen über Musik eine Rolle spielen. Als Beispiel für potenzielle Probleme beim Sprechen über Musik im Musikunterricht, die durch kulturelle Unterschiede bedingt sein können, wird hier die Äußerung der sechzehnjährigen, in Deutschland geborenen und aufgewachsenen Schülerin mit deutsch-japanischen Wurzeln angeführt, die gegenüber der Autorin äußerte, dass es ihr sehr schwerfalle, offen zu äußern, wenn ihr ein von der Musiklehrerin ausgesuchtes Musikstück nicht gefalle, da man Lehrern in Japan sehr viel mehr Respekt entgegen bringe als in Deutschland; so äußere sie sich immer positiv, dass und was ihr an einem Stück gefalle, bzw. bezeichne sie ein Stück, das ihr überhaupt nicht gefalle, zumindest als „interessant", um ihre Musiklehrerin nicht zu enttäuschen. Auch würde sie sich generell bei einer Musikanalyse lieber nicht über Assoziationen und Emotionen äußern, da ihr dies sehr unangenehm sei, sondern stattdessen eine rein fachsprachlich-objektive Musikanalyse bevorzugen. In der japanischen Gesellschaft ist es nicht üblich, sich über Wahrnehmungen und Emotionen freimütig zu äußern, so dass es japanischen Schülern schwer fallen kann, diese im Zusammenhang mit Musik auszudrücken, da es ihnen falsch erscheint (vgl. Watzlawick/Beavin/Jackson 1996, S. 58). Selbst, wenn Schüler aus verschiedenen Kulturen Musik in ähnlichen oder gleichen Kategorien wahrnehmen, kann das kulturell geprägte Sprachverhalten auf der sozialen Ebene den intersubjektiven Austausch über Musik beeinflussen bzw. wie im Fall der japanischen Schülerin verfälschen. Diese Problematik spielt bisher in der Musikdidaktik noch kaum eine Rolle, doch ergibt sich mit Blick auf die zunehmende kulturelle Heterogenität in Lerngruppen die Frage, wie und worüber im Musikunterricht über Musik gesprochen werden kann, wenn Schüler aus einer Kultur kommen, in der sich das Sprechen über Musik aufgrund anderer sozialer Normen und lebensweltlicher Erfahrungen vollkommen anders gestaltet als es in der Praxis des deutschen Musikunterrichts und der für diesen Musikunterricht konzipierten Unterrichtsmaterialien üblich ist.

7.2 Sprachbildende Potenziale von Liedern und Stimmbildung

Kaum ein musikalisches Format bietet ein so breites Potenzial für eine (implizite) Sprachbildung im Musikunterricht wie das Lied. Liedtexte transportieren Inhalte verschiedenster Art. Diese können kommunikative Situationen wie Begrüßung oder Verabschiedung thematisieren, Aufforderungscharakter haben oder Appellfunktionen einschließen wie z. B. Protestlieder oder Gefühle ausdrücken wie z. B. Liebeslieder. Lieder verschiedenster Gattungen und Stile können auf methodisch vielfältige Weise umgesetzt werden: Sie können gesungen, gehört, komponiert, bearbeitet, fortgesponnen, szenisch interpretiert werden, als Rede- oder Schreibanlass dienen u. v. m.

Die Potenziale von Liedern zur Förderung der Sprachkompetenz lassen sich hauptsächlich auf drei Ebenen und in folgenden sprachlichen Qualifikationsbereichen verorten:

- auf der Ebene des Bedeutungsgehalts eines Liedes (semantische Qualifikation/pragmatische Qualifikation/diskursive Qualifikation),
- auf der Ebene der syntaktisch-morphologischen Struktur (Form) des Textes (morphologisch-syntaktische Qualifikation),
- auf der Ebene der klanglich wahrnehmbaren Seite des Textes und der Melodie (phonische Qualifikation).

Die Inhaltsebene eines Textes ist auch für *musikbezogene* Lernziele relevant, da ein Lied nur dann adäquat interpretiert werden kann, wenn der Inhalt des Textes vom Interpreten verstanden wurde. Musikalische und sprachliche Parameter ergänzen einander im Lied, so dass ohne Verständnis des Textes auch das musikalische Verstehen des Liedes nicht erfolgen kann. Singen erfordert daher auch sprachliche Gestaltungsmittel, denn ein Lied ist „die Verbindung von sprachlichen und musikalischen Ausdrucksmitteln", die in der Wahrnehmung zu einer Einheit verschmelzen (vgl. Zaiser 2005). Um dies adäquat umzusetzen, muss daher zunächst sichergestellt werden, dass die Schüler die Bedeutung des Textes verstanden haben. Falls dies nicht der Fall ist, benötigen die Schüler entsprechende Hilfestellungen, wobei die Wortschatzebene zentral ist. Lieder können somit der Wortschatzerweiterung und -festigung, d. h. der Förderung der semantischen Qualifikation dienen, wobei auch sprachliche Phänomene wie

Idiome, Slang oder Neologismen[97] in den Blick genommen und auf ihre Wirkung hin untersucht werden können. Außerdem können anhand des Textes sprachliche Funktionen wie Forderung, Appell, Beschreibung u. Ä. analysiert werden, so dass neben der semantischen auch die pragmatische Qualifikation sowie die Sprachbewusstheit[98] weiter entwickelt werden können.

Zur künstlerischen Gestaltung eines Liedes gehören die Parameter Tonhöhe, Rhythmus, Dynamik, Klangfarbe, Tempo und Artikulation sowohl auf der musikalischen als auch auf der sprachlichen Ebene, auf der diese Parameter als „prosodische Merkmale" bezeichnet werden. Zusätzlich können beim Singen wie auch beim Sprechen Mimik und Gestik als nonverbale Kommunikationsmittel zur Verdeutlichung der Bedeutung des Textes hinzu treten. Singen spielt sich ebenso wie Sprechen auf der Bedeutungsebene der Stimme ab, so dass durch Singen von Texten diejenigen Parameter gefördert werden können, die auch beim Sprechen für eine gelingende Kommunikation relevant sind (vgl. Amrhein 1993, S. 17), denn auch beim Singen wird zwischen den Singenden und den Zuhörenden eine Kommunikationssituation geschaffen.[99] Allerdings ist hierzu anzumerken, dass beim Singen im Gegensatz zum Sprechen im Allgemeinen keine Veränderungen der Sprecherabsicht durch Akzentverschiebungen möglich sind, da die Wort- und Satzakzente durch die Notation (Rhythmus, Taktart) festgelegt sind, wohingegen andere Parameter wie Klangfarbe oder Tempo beim Singen ebenso wie in der gesprochenen Sprache verändert werden können.

Der Parameter Artikulation bezieht sich beim Singen wie beim Sprechen auf die Deutlichkeit und Korrektheit der Aussprache. Hierfür ist der kontrollierte Einsatz der Artikulationsorgane (die Sprechmotorik) essentiell. Die Fähigkeit zur deutlichen Artikulation ist ein Merkmal, das in der Person eines Sprechers bzw. Sängers liegt und vom Hörer nicht beeinflusst werden kann, das jedoch das Verständnis des Hörers maßgeblich beeinflusst. Wer verstanden werden möchte, muss in der Lage sein, prosodische Sprachmerkmale der Sprechintention entsprechend so anzuwenden, dass der Hörer die sprachliche Intention verstehen kann. Dies gilt in gleicher Weise auch für das Singen. Artikulation und prosodische Sprachmerkmale werden beim Singen immer mit trainiert, sofern die prosodischen Merkmale auch musikalisch umgesetzt werden, z. B. durch längere Notenwerte und/oder Tonhöhe oder gesteigerte Lautstärke zur Kennzeichnung des Wort- oder Satzakzents (vgl. Bossen 2010, S. 21 ff.).

Auf der Ebene der phonischen Qualifikation bieten Lieder außerdem die Möglichkeit, schwierig auszusprechende Laute oder Lautverbindungen der deutschen Sprache

---

97 Der Begriff „Neologismus" wird in der Linguistik uneinheitlich verwendet; er bezeichnet entweder ein neues Wort (z. B. „Handy") oder ein mit einer neuen Bedeutung verwendetes Wort (z. B. „Maus" als Computermaus) und gilt auch als Stilmittel.
98 Zur Sprachbewusstheit vgl. Kap. 7.3.
99 Nach Koch und Oesterreicher (1985, S. 30) gehört das Singen vor einem Publikum zum Bereich künstlerisch-ästhetischer Diskurse in primärer Mündlichkeit, die hierbei durch die Prozesshaftigkeit der Gestaltung, die Inszenierung des Vortrags und eine Interaktion zwischen Sänger und Publikum gekennzeichnet ist.

zu trainieren.[100] Dies ist insbesondere im Hinblick auf Kinder und Jugendliche von Belang, die Deutsch als Zweit- oder Fremdsprache erlernen. Je älter die Lernenden sind, desto schwieriger gestaltet sich i.d.R. eine korrekte Aussprache der Zielsprache Deutsch, da nicht nur die lautlichen Muster der Zielsprache auditiv durch das „Filter" der Muttersprache wahrgenommen werden, sondern auch die artikulatorischen Bewegungsmuster derart automatisiert sind, dass sie beim Sprechen (bzw. Singen) in der Fremdsprache wirksam bleiben: „Abweichungen bei der Aussprache sind äußerst hartnäckig, und sie lassen sich nur durch intensives Üben beheben" (Wild 2015, S. 69). Von besonderer Bedeutung auf der Ebene der phonischen Qualifikation ist die Beherrschung des Wortakzents, da er wichtige Informationen beinhaltet. So weist Wild (2015, S. 185) darauf hin, dass sich das Auswendiglernen von abtrennbaren Präfixen bei trennbaren Verben[101] erübrigt, wenn man weiß, dass trennbare Verben im Deutschen grundsätzlich auf der ersten Silbe und nicht trennbare Verben immer auf der zweiten Silbe betont werden. Weiterhin ist die Fähigkeit von Bedeutungsunterscheidungen wie z. B. bei den Verben „umfahren" bzw. „umfahren" notwendig, die phonetisch lediglich durch verschiedene Akzentuierungen unterschieden werden.

Durch die ästhetische Gestaltung von Liedern können ferner die Klangmöglichkeiten der eigenen Stimme hinsichtlich des dynamischen Umfangs, der möglichen Klangfarbe und des Tonumfangs erprobt und auch die Geschicklichkeit mundmotorischer Bewegungen trainiert werden. Liedtexte können laut gerufen, geflüstert oder mit verschiedenen Stimmfärbungen, die zum Stimmungsgehalt des Textes passen (oder ihm auch gerade widersprechen), wiedergegeben werden. Auf diese Weise kann die Stimme als Ausdrucksmittel in ihrer Wirkung auf sich selbst und auf andere erfahren werden.

Des Weiteren können Lieder Potenziale zur impliziten Förderung der morphologisch-syntaktischen Qualifikation bieten. Hierfür bietet sich insbesondere das Strophenlied an. Allmayer (2008, S. 113 ff.) nennt am Beispiel von Popsongs fünf kognitionspsychologische Aspekte des Strophenliedes als Beitrag zum Sprachlernen, die sich zwar auf den Sprachunterricht beziehen, ebenso aber für das Erlernen von Liedern im Musikunterricht relevant sind:

1. Aspekt: das Schema der Zweiteiligkeit (Strophe, Refrain),
2. Aspekt: die Zeitstruktur,
3. Aspekt: die mehrkanalige Informationsaufnahme,[102]

---

100 Z. B. Konsonantenhäufungen wie „str" oder „spr" am Anfang eines Wortes, die insbesondere für Schüler türkischer oder arabischer Herkunftssprache schwierig auszusprechen sind.

101 Trennbare Verben sind Verben, die aus einer Vorsilbe und dem Infinitiv bestehen wie z. B. das Verb „aufgehen". Innerhalb der Satzstellung wird die konjugierte Verbform stets der Vorsilbe vorangestellt: „Die Sonne geht um 5.52h auf." Dadurch entsteht eine sog. „Verbklammer", in der Satzteile durch die beiden Teile des Verbs eingerahmt werden.

102 Der dritte und vierte Aspekt treffen gleichermaßen auch für andere Liedformen als das Strophenlied zu.

4. Aspekt: den Vermittlungskontext,
5. Aspekt: den Vertiefungsaspekt.

Strophenlieder erfüllen nach Allmayer (2008) die Erwartungshaltung an gleichbleibende Text- und Melodiewendungen, die in Strophe und Refrain auftreten, wodurch auf bereits abgespeicherte Wissensrepräsentationen zurückgegriffen und zugleich Text und Melodie durch die Wiederholungen tiefer gespeichert werden (Aspekt 1). Damit hängt auch Aspekt 2, die Zeitstruktur, zusammen, da es für die Informationsspeicherung im Gedächtnis Pausen bedarf. Hierfür stehen im Strophenlied Pausen am Phrasenende oder als Zwischenspiele. Der 3. Aspekt betrifft die duale Kodierung von Musik und Sprache, die der Hörer gleichzeitig nutzt, wodurch das Behalten des Textes durch Melodie und Rhythmus unterstützt wird. Da das Gedächtnis in der Lage ist, mehrere Informationen unterschiedlicher Modalitäten zueinander in Beziehung zu setzen und zu assoziieren, kann der sowohl musikalisch als auch sprachlich auditiv kodierte und – in dem Fall, dass der Text auch gelesen wird – auch visuell kodierte Text später leicht abgerufen werden. Der Vermittlungskontext (Aspekt 4) spielt insofern eine Rolle, als das Singen den Schülern meist Spaß macht. Durch die damit verbundenen positiven Emotionen kann beim Auftreten eines grammatischen Phänomens in einem neuen Kontext an das durch das Lied gelernte Phänomen erinnert und ein Transfer auf den neuen Kontext ermöglicht werden.[103] Selbst wenn kein offenkundiges Interesse am Erlernen der grammatischen Strukturen besteht, werden grammatische Regeln dadurch implizit abgespeichert und implizite Sprachbewusstheit hergestellt. Der Vertiefungsaspekt (Aspekt 5) stellt schließlich eine Zusammenfassung der erstgenannten vier Aspekte dar, indem die Lernenden nicht nur Lieder reproduzieren, sondern selbst Texte produzieren, wie es auch im Musikunterricht üblich ist. Hierbei setzen sich die Lerner besonders intensiv mit grammatischen Strukturen auseinander. Der neu hinzugefügte Text muss dabei in ein vorhandenes Vers- und ggf. auch Reimschema eingefügt werden. Diese Versschemata ermöglichen es, innerhalb der vorgegebenen Sprachstruktur einzelne Satzglieder auszutauschen (z. B. ein Akkusativ- oder Dativobjekt bis hin zu größeren syntaktischen Einheiten, z. B. eine Nebensatzkonstruktion). Dieses Verfahren wird in der Sprachdidaktik als „Ersatzprobe" bezeichnet. Strophenlieder bieten damit neben der Möglichkeit, Satzmuster implizit abzuspeichern, auch ein sprachlich kreatives Potenzial innerhalb eines gegebenen syntaktischen Rahmens. Ein solcher Rahmen kann bei der Produktion eines Liedtextes insbesondere für Schüler mit sprachlichen Schwierigkeiten auf der morphologisch-syntaktischen Ebene hilfreich sein, da sie keinen vollständigen Text produzieren, sondern lediglich einzelne Satzglieder austauschen müssen.

Neben morphologisch-syntaktischen Strukturen können durch Singen eines Liedtextes (sofern dieser in Vers- und Reimform vorliegt) die Fähigkeit zum Erkennen und Finden von Reimen sowie die Fähigkeit zur Silbensegmentation implizit trainiert wer-

---

103 Voraussetzung hierfür ist, dass der Text von den Lernenden nicht nur akustisch, sondern auch inhaltlich verstanden wird (vgl. Heine 2016, S. 95).

den. Diese Fähigkeiten sind Teil der phonologischen Bewusstheit,[104] die eine grundlegende Fertigkeit für einen gelingenden Schriftspracherwerb darstellt (vgl. Bossen 2010), und damit vor allem für die Primarstufe relevant.

Darüber hinaus kann ein Lied als Medium zur Verdeutlichung einer komplexen außermusikalischen Gesamtthematik unter Nutzung von Spannungsbögen, die einem erzählerischen Aufbau gleichen, genutzt werden (vgl. Pathe 2008, S. 44). Beispiele hierfür sind Kunstlieder, Balladen, Märchenlieder oder Erzähllieder (vgl. Gerg 1992). Dabei kann die Bildung von narrativen Mustern gefördert werden, indem die Liedhandlung weiter erzählt, verändert oder in eigenen Worten nacherzählt wird oder von den Schülern selbst ausgewählt wird, was ihnen als erzählwürdig erscheint; Liedtexte können außerdem die Gelegenheit bieten, eigene Erfahrungen der Schüler im Schutz der Liedhandlung zur Sprache zu bringen (vgl. Schüler/Dehn 2015).

Auf der methodischen Ebene scheint darüber hinaus ein Bezug zwischen Musikdidaktik und Sprachdidaktik von Interesse, der im Bereich der Fremdsprachendidaktik in den 1970er Jahren unter der Bezeichnung „Jazz Chants" von Carolyn Graham entwickelt wurde. Dabei handelt es sich um Lieder und Gedichte, in denen verschiedene Jazzrhythmen verwendet werden und die auf dem Call-Response-Prinzip beruhen. Die Lernenden sollen dabei Intonationsmuster wahrnehmen und imitieren, die genau so auch in der gesprochenen Zielsprache vorkommen. Für jedes Lied werden ein unterschiedlicher Wortschatz und unterschiedliche Grammatikthemen bereitgestellt. Betrachtet man die methodischen Schritte zum Einüben von „Jazz Chants", fallen die Parallelen zu Methoden der Liedvermittlung in der Musikdidaktik deutlich ins Auge. Sposet (2008, S. 18, zit. n. Wild 2015, S. 103) beschreibt die Reihenfolge der methodischen Schritte folgendermaßen:

1. Be sure students know all the key vocabulary terms.
2. Write the chant on the board.
3. Read the entire chant to the class.
4. Read one line at a time and have students repeat the line until they can say the most of the words.
5. Add the rhythm-clapping, marching or pounding the table or on a drum.
6. Let the class do the rhythm and say it at the same time.
7. Let individual students „solo" (say the chant) while the rest of the class does the clapping.

Die Parallelen zur Lieddidaktik bei der Erarbeitung eines Liedes liegen auf der Hand. Im Kontext des Themas „Jazz" könnten im Musikunterricht ebenso deutschsprachige „Jazz Chants" entwickelt werden.

---

104 Phonologische Bewusstheit bezeichnet die Fähigkeit, mit phonologischen Sprachinformationen umgehen zu können. Sie wird in phonologische Bewusstheit „im weiteren Sinn" als Fähigkeit, mit Silben und Reimen operieren zu können, und phonologische Bewusstheit „im engeren Sinn" als Fähigkeit, mit Lauten operieren zu können, unterteilt. „Bewusstheit" meint dabei (implizites) Wissen über Sprache, z. B. darüber, was ein Satz, ein Wort oder ein Reim ist.

Das Lied stellt somit einen zentralen Unterrichtsbaustein dar, an dem Sprachkompetenzen in verschiedenen Qualifikationsbereichen gefördert werden können. Ein Lied kann gesungen, der Text rhythmisch gesprochen oder weiter gedichtet werden; anhand des Textes können syntaktische Strukturen und Wortschatz, aber auch artikulatorische Prozesse trainiert, der Textinhalt in einer entsprechenden Klangfarbe und Dynamik beim Singen wiedergegeben sowie die klanglichen Möglichkeiten der eigenen Stimme erprobt werden. Liederkundungen wie z. B. die Beschreibung individueller Singe- und Liederfahrungssituationen oder die Diskussion über eine selbst erfundene Liedbegleitung bzw. über Textinhalte (vgl. Jank 2017) sind nur einige Beispiele dafür, dass Lieder Sprechanlässe bieten, die die Anwendung vielfältiger Sprachhandlungen und ihrer charakteristischen Redemittel erfordern. Lieder sind auch für einen fachübergreifenden Unterricht Musik/Deutsch zentral, da an ihnen gleichermaßen musikbezogene und sprachbezogene Ziele verfolgt werden können. Die Potenziale und didaktischen Funktionen, die das Lied in dieser Hinsicht bieten kann, werden ausführlicher in Kap. 7.5 dargestellt.

Doch nicht jedes Lied eignet sich zur Förderung sprachlicher Qualifikationen. In der kompositorischen Anlage eines Liedes können entsprechende musikalische Mittel die Sprachstruktur des Liedtextes hervorheben, ihr aber auch zuwiderlaufen. Verstärkt werden die prosodischen Merkmale beispielsweise dann, wenn eine Liedmelodie entsprechend der Sprachmelodie auf- oder absteigend verläuft, auch, wenn der Tonumfang dabei in der Musik deutlich größere Spielräume zulässt als in der Sprache. Ein Satzende als Ende einer sprachlichen Sinneinheit kann demnach durch eine zum Grundton absteigende Liedmelodie verdeutlicht werden, wodurch zugleich auch das Ende einer musikalischen Sinneinheit dargestellt wird. Lieder können zudem so angelegt sein, dass lange Vokale durch längere Notenwerte als kürzere Vokale und/oder betonte Zählzeiten bzw. durch Spitzentöne symbolisiert werden. Ferner können Wort- und Satzbetonungen durch die Wahl entsprechender Rhythmen und Taktarten im Lied unterstrichen werden, Grenzen einer sprachlichen Sinneinheit musikalisch durch eine Pause, einen größeren Intervallsprung oder ein Phrasenende (Kadenz) dargestellt werden. Letzteres ist auch für die Einteilung des Atems beim Singen relevant. Die Stimmung eines Liedtextes kann durch die Wahl des Tongeschlechts, der Harmonien und des Tempos symbolisiert werden. Daraus ergeben sich folgende Kriterien für die Beurteilung, ob und inwiefern ein Lied über Potenziale auf der Ebene der phonischen Qualifikation verfügt:

- entsprechen sich musikalischer und sprachlicher Melodieverlauf (Fragesatz, Ausruf, Aussagesatz?)
- entsprechen sprachliche Sinneinheiten musikalischen Phrasen?
- entspricht der mit musikalischen Mitteln dargestellte emotionale Gehalt dem Sprachinhalt?
- entsprechen Taktart und Rhythmisierung des Liedes den Wort- und Satzbetonungen?

(vgl. Bossen 2010)

Darüber hinaus erweisen sich wiederkehrende Abschnitte wie Refrains als förderlich für die Entwicklung der morphologisch-syntaktischen Qualifikation, weil sie die Festigung von Satzmustern durch Wiederholung ermöglichen. Außerdem sollte der Text nicht gegen die im Deutschen üblichen Satzstrukturen verstoßen. Als negatives Beispiel kann der Text des Liedes „Auf einem Baum ein Kuckuck" angeführt werden, in dem die Satzstellung von der im Deutschen üblichen Satzstellung Subjekt-Verb-Objekt abweicht, indem zuerst die Lokalpräposition mit Dativobjekt, dann das Subjekt und abschließend das Verb folgt, und außerdem in der ersten Textzeile überhaupt kein Verb vorkommt:

> Auf einem Baum ein Kuckuck,
> simsalabimbambasaladusaladim,
> auf einem Baum ein Kuckuck saß.

Derartige Textstrukturen können zumindest für Schüler, die unsicher in der Beherrschung der deutschen Alltagssprache sind, verwirrend sein. Auf der Ebene der Grammatik sollten außerdem nicht zu viele verkürzte Wörter wie „hol'n" oder „geh'n" vorkommen. Solche Verkürzungen werden zwar üblicherweise in der Alltagssprache verwendet, doch handelt es sich dabei um ursprünglich zweisilbige Wörter, denen im Lied entsprechend zwei rhythmische Einheiten zugeordnet werden sollten. Im Hinblick auf den Wortschatz eines Liedtextes sollte darauf geachtet werden, ob darin veraltete, heutzutage nicht mehr gebräuchliche Wörter vorkommen, die den Schülern eventuell erklärt werden müssen, wodurch sie eine Möglichkeit zur Wortschatzerweiterung bieten. Der phonologischen Bewusstheit im weiteren Sinn sind auf der Ebene der Silbensegmentation Lieder förderlich, die dem syllabischen Prinzip folgen, bei dem sich Wortrhythmus und musikalischer Rhythmus entsprechen, und die keine oder nur wenige Melismen enthalten.

Da Lieder in vielen Fällen jedoch nicht alle genannten Kriterien zugleich erfüllen und im Musikunterricht vorrangig musikbezogene und nicht sprachbezogen Ziele im Mittelpunkt stehen, müssen die Kriterien der Liedauswahl für den Musikunterricht immer gegeneinander abgewogen werden. Für musikbezogene Ziele, z. B. das Erlernen einer Melodie oder bestimmter Rhythmen und auch für das Erfinden einer Liedbegleitung ist die Satzstellung des Liedes „Auf einem Baum ein Kuckuck" vollkommen unerheblich, aus sprachbildender Perspektive jedoch nicht. Es bestünde nun die Möglichkeit, diesen Verstoß gegen die übliche Satzstellung im Musikunterricht überhaupt nicht zu thematisieren, ihn beiläufig zu erwähnen oder ihn im fachübergreifenden Unterricht Musik/Deutsch explizit zu behandeln und eventuell Grammatikübungen zur Satzstellung anzuschließen.

Zum Bereich des Singens gehören auch Methoden und Inhalte der Stimmbildung. Mohr (2008, S. 11 ff.) zählt zu den elementaren Aufgaben der Stimmbildung u. a. das Spielen mit dem Atem, das Hören lernen, das Bewusstmachen von Klangfarben und Helligkeitsstufen von Vokalen und das Spielen mit den Sprechwerkzeugen. Zu Letzterem kann auch das bei Schülern sehr beliebte Beatboxing beitragen, das sowohl die Mundmotorik und Artikulation als auch rhythmische Fertigkeiten fördert. Eine kontrollierte Atemführung beim Einsatz der eigenen Stimme, eine differenzierte Hörfähigkeit, das Artikulieren von Vokalen und anderen Lauten sind jedoch nicht nur Ziele der Stimmbildung, sondern auch der Stimmtherapie. Sallat (2001) weist darauf hin, dass sprachheilpädagogische Konzepte daher gut in den Musikunterricht integriert werden können. Dies ist auch unter dem Gesichtspunkt sinnvoll, dass sich Stimmstörungen[105] auf die Entwicklung der ästhetischen Gestaltungsfähigkeit auswirken, da eine feine stimmliche Differenzierung, wie sie z. B. beim Vortragen eines Gedichtes, beim Erzählen, beim Szenischen Spiel sowie beim Singen notwendig ist, nicht möglich ist. Ein inklusiver Musikunterricht kann daher Ziele, die bisher nur in Musikrahmenlehrplänen für Förderschulen mit dem Schwerpunkt „Sprache" enthalten waren, einbeziehen. Dazu gehören beispielsweise eine gute Körperhaltung, die Anbahnung der kombinierten Brust-Zwerchfell-Atmung und der Atemstütze, die Entwicklung einer kräftigen Stimme, die Fähigkeit zur Unterscheidung von Stimmqualitäten (z. B. Lachen, Summen, Flüstern, Rufen, Schreien), die Erweiterung des Stimmumfangs, die Beseitigung gesangstechnischer Mängel und der Abbau von Verspannungen.

Stimmbildung und Stimmimprovisation bieten aber auch Schülern mit normal entwickelter Stimme Potenziale zu deren Entwicklung, z. B. durch den Einsatz der Stimme in Klanggeschichten oder durch stimmliche Experimente. Viele Schüler haben aufgrund mangelnder eigener stimmlicher Erfahrungen kaum Kenntnis über die Ausdrucksfähigkeit ihrer eigenen Stimme, was mit einer Verarmung der eigenen Ausdrucksmöglichkeiten und oft auch mit einem monotonen und wenig modulierten Stimmklang beim Sprechen einhergeht. Vielfältige stimmliche Ausdrucksmöglichkeiten können als Teilkompetenz für eine gelingende Kommunikation betrachtet werden, da der Stimmklang den Bedeutungsgehalt einer Sprachinformation unterstreicht; Sprechintentionen sind immer auch prosodisch kodiert. Außerdem teilen sich die Kommunikationspartner durch den Stimmklang auch immer etwas über den Beziehungsaspekt in einer kommunikativen Situation mit (vgl. Watzlawick/Beavin/Jackson 1996, S. 54), z. B. über die Stimmung des Sprechenden, das Verhältnis zum Kommunikationspartner, eine optimistische oder pessimistische Grundhaltung oder darüber, ob eine Äußerung ernst oder ironisch gemeint ist (vgl. Blank/Adamek 2010, S. 38). Stimmbildung und Stimmimprovisation können dazu beitragen, die paraverbale Ebene der Sprache[106] zu stärken. Das durch Stimmbildung und -improvisation Erfahrene lässt sich auch auf kommunikative Situationen übertragen und ist daher als Beitrag zur Förderung der phonischen Qualifikation zu betrachten, die auch Auswirkungen auf der Ebene der pragmatischen Qualifikation (Handeln mit Sprache) hat.

---

105 Unter Stimmstörungen (Dysphonien) werden Störungen der Sprechstimme wie z. B. Heiserkeit, Auffälligkeiten in der Stimmhöhe oder Lautstärke verstanden, die auf organischen oder psychologischen Ursachen oder auf bestimmten Sprechgewohnheiten (z. B. auf unökonomischem Krafteinsatz) beruhen können. Stimmstörungen bedürfen medizinischer, sprachtherapeutischer oder psychologischer Behandlung.

106 Zu den paraverbalen Elementen der Sprache gehören Stimmeigenschaften und Sprechverhalten wie Sprachtempo, Stimmlage, Sprachklang (Timbre), Tonfall, Lautstärke, Artikulation, Sprachmelodie.

Obwohl durch Singen, Stimmbildung und stimmliche Improvisation Fertigkeiten im Bereich der phonischen Qualifikation gefördert werden können, die auch für das Sprechen relevant sind, bestehen zwischen Singen und Sprechen auch einige grundlegende Unterschiede, aus denen sich Grenzen eines Transfers auf das Sprechen und unlösbare Widersprüche zwischen sprachlichen und musikbezogenen Zielen ergeben. So enthält die Sprechmelodie gleitende Tonhöhenunterschiede und keine klar abgegrenzten Intervalle wie eine gesungene Melodie. Sprechen beinhaltet des Weiteren keine harmonischen Implikationen wie Singen, da es kein tonales Zentrum gibt. Außerdem ist der Tonumfang beim Singen erheblich größer als beim Sprechen, das sich maximal innerhalb etwa einer Oktave abspielt (vgl. Rautenberg 2012, S. 33). Singen ist darüber hinaus stärker rhythmisiert als Sprechen und weist eine grundsätzlich größere Vokaldehnung auf, und zwar unabhängig von der spezifischen sprachlichen Struktur. Das bedeutet, dass auch Vokale, die in der gesprochenen Sprache eine kurze Quantität aufweisen, mit deutlich längerer Tondauer gesungen als gesprochen werden können; aus „Mitte" kann beim Singen „Miete", d. h. ein Wort mit einer völlig anderen Bedeutung, werden (vgl. Falk 2009, S. 261). Für die Förderung der phonischen Qualifikation ist es jedoch wichtig, dass Vokale ihre ursprüngliche Qualität behalten. Vokallängen sind im trochäischen Konsonant-Vokal-Muster bzw. Vokal-Konsonant-Muster der deutschen Sprache bedeutungsunterscheidend: In der gesprochenen Sprache muss der Rezipient in der Lage sein, zu hören, ob es sich um das Wort „Mitte" oder „Miete" handelt, um die Bedeutung des Wortes zu erfassen, wenngleich zur Erschließung von Wortbedeutungen auch der Kontext mit herangezogen werden kann. Lieder erweisen sich daher nur dann als förderlich für die phonische Qualifikation, wenn die prosodischen Merkmale der gesprochenen Sprache beim Singen erhalten bleiben. Weiterhin kann es auch zu Widersprüchen zwischen sprachlichen und musikalischen Zielsetzungen kommen, z. B. dann, wenn Lieder durch schwierig zu bewältigende Intervallsprünge, Takt- oder Tempowechsel musikalisch schwierig umzusetzen sind. Solche musikalischen Schwierigkeiten binden u.U. sehr viel Gedächtniskapazität, so dass für sprachliche Aspekte nicht mehr so viel Aufmerksamkeit zur Verfügung steht. Sie stellen andererseits aber auch Ziele des Musiklernens dar. Auch das Singen von Melismen mit entsprechender Einteilung des Atems ist ein musikpädagogisches Ziel, steht jedoch dem natürlichen Sprachrhythmus entgegen. Daher sollte immer reflektiert werden, ob bei der Erarbeitung eines Liedes die musikalische oder sprachliche Perspektive im Vordergrund steht und welches Lied geeignet ist, welche sprachliche Qualifikationsebene zu fördern.

7.3 Potenziale zur Aneignung von Sprachbewusstheit

In Publikationen, die sich mit dem Thema „Sprachbildung/Sprachförderung im Fach" befassen, wird häufig die Forderung erhoben, der Fachunterricht solle zur Anbahnung von Sprachbewusstheit beitragen, indem nicht nur die Lehrenden als sprachliches Vorbild mit Sprache bewusst und präzise sprachlich handeln, sondern auch, indem Sprache selbst zum Gegenstand von Reflexion gemacht wird.[107] Über Sprachbewusst-

---

107 Z. B. bei Schmölzer-Eibinger u. a. (2013, S. 26 ff.).

heit zu verfügen, bedeutet, die Regeln eines Sprachsystems kontrolliert anwenden und beurteilen sowie Regelverstöße bemerken und korrigieren zu können. Innerhalb des Regelsystems einer Sprache bestehen zahlreiche unterschiedliche Möglichkeiten, dieselbe Information sprachlich zu kodieren und damit ein bestimmtes Handlungsziel zu erreichen. Je mehr Möglichkeiten einem Sprecher zur Verfügung stehen und je mehr Wissen er über den Kontext einer Sprechsituation hat, d. h., über je mehr Sprachbewusstheit er verfügt, desto wahrscheinlicher ist es, dass er seine sprachlichen Ziele erreicht. Dabei wird zwischen impliziter und expliziter Sprachbewusstheit unterschieden. Implizite Sprachbewusstheit ist dadurch gekennzeichnet, dass sprachliche Regeln zwar unbewusst korrekt operativ angewendet, jedoch nicht benannt werden können. Die Entwicklung impliziten Sprachwissens vollzieht sich während des Erwerbs der Muttersprache zunächst durch Beobachten und Imitieren und später durch das eigene Erproben von und Spielen mit Sprache. Explizite Sprachbewusstheit hingegen bezeichnet die Fähigkeit, sprachliche Regeln benennen und bewusst anwenden zu können.[108] Diese Fähigkeit wird durch das explizite Erklären sprachlicher Regeln vermittelt. Implizite und explizite Sprachbewusstheit können im Rahmen der prozessualen Kompetenzen (Hören, Sprechen, Lesen, Schreiben), auf Diskurs- oder Textebene und im Hinblick auf registerbezogene Merkmale erworben werden (vgl. Lütke u. a. 2015), so dass neben dem Deutschunterricht auch jeder andere Fachunterricht, in dem auf diesen Ebenen operiert wird, zur Entwicklung von Sprachbewusstheit beitragen kann. Umstritten ist allerdings, inwiefern andere Fächer neben dem Deutschunterricht überhaupt zur Sprachbewusstheit beitragen *sollten*. So ist beispielsweise Leisen (2011) im Gegensatz zu Schmölzer-Eibinger u. a. (2013) der Auffassung, dass es nicht Aufgabe des Fachunterrichts sei, reines Sprachwissen (d. h. Funktionalität, Textsortenwissen, grammatisches Wissen) aufzubauen. Er unterscheidet dabei jedoch nicht nach expliziter und impliziter Vermittlung. Legt man Leisens Auffassung dahingehend aus, dass es keine Aufgabe des Fachunterrichts sei, Sprachwissen *explizit* zu vermitteln, gilt dies auch für den Musikunterricht. Der Musikunterricht bietet allerdings auch implizit in mehreren seiner Inhalts- und Themenfelder Potenziale, die sich auf die Komponenten der Sprachbewusstheit nach James und Garrett (1991) beziehen lassen.

7.3.1 Komponenten von Sprachbewusstheit

Für James und Garrett (1991) besteht (implizite und explizite) Sprachbewusstheit aus insgesamt fünf Komponenten:

---

108 Der Unterschied lässt sich am Beispiel der Pluralbildung im Deutschen illustrieren: Jeder erwachsene deutsche Muttersprachler mit altersgerecht entfalteter Sprachkompetenz ist in der Lage, zur Singularform eines Substantivs den korrekten Plural zu bilden. Fragt man jedoch, welche grundsätzlichen Möglichkeiten der Pluralbildung im Deutschen es gibt, müssen die meisten Befragten lange darüber nachdenken und können oft selbst dann nicht alle Möglichkeiten benennen. DaF-Lernende hingegen sind wesentlich eher in der Lage, alle Möglichkeiten der Pluralbildung aufzuzählen, können diese aber in der Sprachpraxis nicht immer korrekt anwenden.

1) der kognitiven Komponente,
2) der Komponente der Performanz,
3) der affektiven Komponente,
4) der sozialen Komponente,
5) der Komponente der Macht.

Bei der kognitiven Komponente (1) geht es um die Entwicklung von Bewusstheit für Muster, Kontraste, Kategorien, Regeln und Systeme. Dies kann der Musikunterricht implizit durch die Beschäftigung mit musikalischen (Regel-)Systemen (Syntax, Semantik, Pragmatik) und Strukturen im Vergleich zu sprachlichen Regelsystemen und Strukturen sowie durch die Beschäftigung mit musikalischen Kategorien, die ähnlich wie Textsorten bestimmte Funktionen haben (z. B. Musik zum Tanzen und Feiern, Kirchenmusik u. a.) leisten. Außerdem bietet der Musikunterricht das Potenzial zur Verwendung zahlreicher verschiedener fiktionaler und nicht fiktionaler Textsorten. So finden sich in Unterrichtsmaterialien für den Musikunterricht sowohl Sachtexte (z. B. historische Texte, Biografien, Definitionen, Instrumentenbeschreibungen, Musikanalysen), oft auch in Verbindung mit Abbildungen und Tabellen, als auch künstlerische Gattungen wie Comics, literarische und lyrische Texte (Gedichte, Balladen, Werbetexte, Anekdoten oder Musikmärchen). Hinzu kommt bezüglich der Entwicklung von Textsortenwissen das Potenzial, das insbesondere mit der Methode der Szenischen Interpretation in Verbindung steht (Autobiografie, Dialog, Tagebucheintrag, Brief etc.[109]). Eine *explizite* Vermittlung von Sprachregeln oder die Vermittlung von Merkmalen bestimmter Textsorten ist jedoch keine originäre Aufgabe des Musikunterrichts und sollte nur in Ausnahmefällen zur Anwendung kommen, z. B., wenn ansonsten die Verständigung im Musikunterricht nicht möglich ist oder eine Aufgabe nicht bearbeitet werden kann.

Die Komponente der Performanz (2) beschreibt die Herausbildung einer Bewusstheit für die Verarbeitung von Sprache, aber auch die Herausbildung einer Bewusstheit für das Lernen im Allgemeinen und das Sprachlernen im Besonderen. Im Sprach- und Sprachförderunterricht können zur Entwicklung des (selbst organisierten) Sprachlernens Arbeitstechniken und Lernstrategien eingeführt bzw. explizit gemacht und geübt werden. Die Einführung und Einübung solcher Techniken und Strategien kann allerdings nicht ausschließlich implizit geschehen, sondern setzt eine explizite Vermittlung voraus und sollte daher dem Deutsch- und Sprachförderunterricht vorbehalten bleiben. Im Deutschunterricht erlernte Techniken und Strategien können allerdings sinnvoll in den Musikunterricht integriert werden (z. B. Üben, Wiederholen, Analysieren), indem sie mit musikalischen Inhalten (z. B. bei der Arbeit an Liedtexten oder Fachtexten) verknüpft werden. Auch die Reflexion des eigenen Lernprozesses und die Übernahme von Verantwortung für das eigene Lernen im Musikunterricht können zur Ebene der Performanz beitragen.

---

109 Zu den sprachbildenden Potenzialen der Szenischen Interpretation vgl. ausführlich Kap. 7.4.6.

Die affektive Komponente (3) bezieht sich auf die Herausbildung von Haltungen, Aufmerksamkeit, Neugier, Interesse und auf ästhetisches Einfühlungsvermögen. Hierzu kann im Musikunterricht in besonderer Weise die Beschäftigung mit interkulturellen Inhalten dienen. Die praktische Umsetzung textgebundener Musik verschiedener Kulturen und das Sprechen über die Musik anderer Kulturen können Einblicke in die Zielsprachenkultur geben und zum Vergleichen von Kulturen anregen.[110] Die Wertschätzung anderer Kulturen, Empathie, Offenheit, Toleranz und die Fähigkeit zur friedlichen Konfliktlösung sind grundlegende Ziele des Musikunterrichts als Beitrag zur Interkulturellen Bildung.[111]

Auch zur sozialen Komponente (4), bei der die Entwicklung von Verständnis für andere Sprachen und die Toleranz für gesellschaftliche Minoritäten und ihre Sprachen im Fokus stehen, kann der Musikunterricht einen Beitrag leisten. Hier sind insbesondere Lieder anderer Kulturen zu nennen.

Die Komponente der Macht (5), die sich auf das Vermögen bezieht, Sprache im Hinblick auf die ihr immanenten Möglichkeiten der Beeinflussung und Manipulation anderer zu durchschauen, kann ebenfalls im Musikunterricht berücksichtigt werden. Hier sind als Themen das politische Lied, Musik der Rechts- oder Linksextremen Szene, aber auch Musik in der Werbung zu nennen, d. h. Themenfelder, die auch psychologische Aspekte einbeziehen und bei denen Sprache und Musik eine sich gegenseitig verstärkende ästhetische Gesamtwirkung hervorrufen, die oft mit appellativen Funktionen verbunden ist.

Nach Brandstätter besteht *ein* sprachliches Ziel des Musikunterrichts darin, zu einer individualisierten, differenzierten Sprache beizutragen. Darunter versteht sie eine Sprache, „die der Individualität des Sprechenden gerecht wird, indem sie seiner subjektiven Befindlichkeit und Betroffenheit Ausdruck zu verleihen vermag" (Brandstätter 1990, S. 185). Als Methoden zum Erreichen dieses Ziels schlägt sie u. a. Untersuchungen von Texten über Musik unter bestimmten Fragestellungen und Kriterien vor. Dazu gehören die lexikalische und syntaktische Analyse, die Analyse der verwendeten Spracharten (Fachsprache, Alltagssprache etc.), das Aufdecken von Analogien zwischen Sprache und Musik in einem Text und die Inhaltsanalyse (z. B. über textimmanente Musikauffassungen, Zielgruppen u. a.). Außerdem sollen die Schüler durch Transformation von Musik in Bewegung, durch Versprachlichung von Musik, durch verschiedene Arten des Musikhörens oder mimetisches Sprechen[112] zur Reflexion über Sprache angeregt werden. Im Kontext der Sprachreflexion ist ferner die Metafunktion

---

110 Zur praktischen Umsetzung vgl. Kap. 7.6.

111 Dabei kann, gemäß dem Ansatz einer transkulturellen Musikpädagogik, der Begriff des „Fremden" bzw. des „Gemeinsamen" auch innerhalb des eigenen kulturellen Raumes im Mittelpunkt stehen.

112 Im mimetischen Sprechen wird die klangliche und rhythmische Seite von Sprache zur ästhetischen Erfahrung, d. h. Sprache wird unabhängig von ihrer Bedeutung „musikalisiert". Dadurch können der Sprache neue Bedeutungsaspekte abgewonnen werden. Brandstätter weist hierbei auf die Bedeutung von Metaphorik hin (vgl. Brandstätter 2011, S. 40).

des Sprechens über Musik nach Kraemer (2004) zu nennen (vgl. Kap. 7). Des Weiteren verweisen Rolle und Wallbaum (2011) auf die Möglichkeit, den Ästhetischen Streit selbst zum Gegenstand des Musikunterrichts zu machen, um damit den Schülern bewusst zu machen, „was sie lernen, wenn sie lernen, in dieser Weise über Musik zu reden" (Rolle/Wallbaum 2011, S. 507). Das im Ästhetischen Streit mögliche sprachliche Lernen wird bei Rolle und Wallbaum zwar nicht betrachtet, wie anhand des folgenden Zitats deutlich wird: „Wenn wir uns überzeugen lassen, weil es den anderen gelingt, uns etwas wahrnehmbar zu machen, was wir bis dahin nicht hören, sehen, spüren konnten, wenn sich uns auf diese Weise gar neue kulturelle Welten erschließen, dann haben wir ohne Zweifel etwas gelernt beim Reden über Musik" (Rolle/Wallbaum 2011, S. 530). Doch sowohl diejenigen, die bei einem Ästhetischen Streit in der Lage waren, andere zu überzeugen, als auch diejenigen, die überzeugt wurden, haben implizit etwas über die situationsangemessene Anwendung von Sprachhandlungsmustern und Redemitteln beim Argumentieren gelernt. Insofern verfügen sowohl Rolles Modell der Ästhetischen Argumentationskompetenz als auch Rolles und Wallbaums Konzept des Ästhetischen Streits über ein Potenzial zur Förderung von Sprachbewusstheit. Hierbei kann auch der Bezug zu einer fachübergreifenden Gesprächserziehung hergestellt werden, indem in der Hörerrolle geübt wird, auf das Thema fokussiert zu bleiben, offen für neue Informationen zu sein, die Lernsituation des Unterrichts zu verstehen und dabei auch nonverbale Aspekte wie Blickkontakt zum Sprecher als Ausdruck von Interesse oder die Einhaltung von Gesprächsregeln (ausreden lassen) zu trainieren (vgl. Mertens 2018, S. 75). In der Sprecherrolle geht es darum, sich kompetent zum Thema zu äußern und den Unterricht durch eigene Beiträge voranzubringen; dabei müssen angemessene, für andere verständliche Formulierungen gewählt werden, die durch nonverbale Signale unterstützt werden.

Wie Sprachbewusstheit auch explizit und dennoch nicht als „Sprachunterricht" im Musikunterricht vermittelt werden kann, wurde bereits anhand der Adaption des schreibdidaktischen Modells von Rotter und Schmölzer-Eibinger (2015) für das Argumentieren in Kap. 7.1.3.1 dargestellt.

7.3.2 Mehrsprachigkeit als Chance?

Während in der überwiegenden Zahl der Rahmenlehrpläne Musik das Thema Mehrsprachigkeit keine Rolle spielt und bezüglich der Möglichkeiten zur Nutzung mehrsprachiger Kompetenzen lediglich auf das Umsetzen und Hören von Liedern oder Sprechstücken aus anderen Kulturen bzw. in anderen Sprachen verwiesen wird – dies allerdings nicht im Hinblick auf die Förderung sprachlicher Fertigkeiten –, wird in zahlreichen Publikationen zum Thema „Sprachförderung/Sprachbildung im Fach" wie auch im Rahmenlehrplan Musik für Berlin und Brandenburg die Auffassung vertreten, Mehrsprachigkeit sei als „besondere Chance" zu verstehen. Diese Auffassung wird damit begründet, dass mehrsprachige Schüler über besondere Fähigkeiten verfügten, die für die Entwicklung von Sprachkompetenz nutzbar gemacht werden könnten (vgl. MBJS 2015b, S. 4). Diese „besonderen" Fähigkeiten mehrsprachiger Schüler werden allerdings meist nicht konkret benannt, so dass unklar bleibt, worin genau diese Chance besteht. So wird teilweise der Eindruck erweckt, dass das Einbeziehen von Mehrsprachigkeit in den Unterricht auf eine nicht näher erläuterte Weise positiv zum Erwerb der deutschen Sprache beitragen könne. Als einziger methodischer Hinweis wird i.d.R. auf die Methode des kontrastiven Sprachvergleichs mit dem Ziel der Nutzung von Wörtern und Formulierungen in verschiedenen Sprachen verwiesen.[113] „Kontrastiver Sprachvergleich" bedeutet, die morphologisch-syntaktischen, semantischen oder phonologischen Strukturen verschiedener Sprachen auf Ähnlichkeiten oder Unterschiede hin zu untersuchen. Dies soll den Erwerb von Sprachwissen unterstützen und damit insbesondere den Spracherwerb mehrsprachiger Schüler fördern, indem diese für die Eigenarten der deutschen Sprache sensibilisiert werden (vgl. Lütke u. a. 2015). Für den Musikunterricht erwachsen daraus zwei Fragen: erstens, inwiefern Mehrsprachigkeit im Musikunterricht im Hinblick auf welche Ziele genutzt werden kann, und zweitens, ob ein kontrastiver Sprachvergleich als Methode geeignet ist, sprachliches Lernen am Gegenstand Musik zu ermöglichen.

Bezüglich der Beantwortung der ersten Frage kann festgehalten werden, dass Mehrsprachigkeit den Musikunterricht durchaus bereichern kann, indem beispielsweise in von den Schülern selbst komponierten Liedern oder Raps die in einer Lerngruppe jeweils vorhandenen Sprachen aufgegriffen werden. Insbesondere Raps leben, wie Wild (2015, S. 171) feststellt, vom Satz- und Wortakzent und werden daher auch als besonders motivierende Methode des Aussprachetrainings in der DaF-Didaktik verwendet. Interessant im Zusammenhang mit der Arbeit an Raps ist – neben der Möglichkeit, Texte in verschiedenen Sprachen zu rappen – auch die bei Stöver-Blahak und Perner (2011, S. 315) dargestellte Entwicklung von Bewertungskriterien einer Vortragsleistung durch die Schüler selbst, bei der die Sprechleistung bewertet wird und die Schüler sich während der Einübungsphase eines Raps gegenseitig korrigieren. Dies kann ohne Frage einen impliziten Beitrag zur Sprachbewusstheit darstellen. Außerdem kann mit bestimmten Formulierungen und Stereotypisierungen, mit Slang und mit den für die Gattung „Rap" typischen stilistischen Mitteln, z. B. bewusst falschen Sprachbetonungen oder den Überdehnungen von Silben, rhythmisch experimentiert werden – und dies nicht nur in der deutschen Sprache. Auch das Hin- und Herwechseln zwischen verschiedenen Sprachen („Code-Switching") kann als Stilmittel interessante Effekte haben und den Schülern die Gelegenheit geben, ihre Sprachkompetenz, über die sie in anderen Sprachen verfügen, im Musikunterricht kreativ anzuwenden. Dabei können auch bestimmte Sprachmuster zur Anwendung kommen, z. B. ein Frage-Antwort-Muster, bei dem in einer Sprache gefragt und in einer anderen geantwortet wird. Auch beim Songwriting lassen sich andere Sprachen einbeziehen und musikalische Mittel sowohl an den Inhalt der sprachlichen Information als auch an die phonetischen Merkmale der jeweiligen Sprache anbinden. Außerdem kann Mehrsprachigkeit in kommunikative Kontexte einbezogen werden, die es gleichermaßen in verschiedenen Kulturen gibt, z. B. bei der ästhetischen Gestaltung von Liedern, die bestimmte gesellschaftliche Anlässe thematisieren (Feiern, Feste, Rituale). Dabei können

---

113   Z. B. bei Schmölzer-Eibinger u. a. (2013, S. 26).

gemeinsame Bezüge zwischen den kulturellen Identitäten, die innerhalb einer Lerngruppe vertreten sind, hergestellt werden.

Die genannten Möglichkeiten zur Einbeziehung von Mehrsprachigkeit in den Musikunterricht können vor allem für Schüler, die noch unsicher in der Beherrschung der deutschen Sprache sind, entlastend wirken, da sie vorübergehend nicht mit den sonst im Unterricht permanent vorhandenen Anforderungen an das Lernen der deutschen Sprache konfrontiert werden. Zum Erlernen der deutschen Sprache und insbesondere bildungssprachlicher Handlungskompetenz tragen die genannten Möglichkeiten allerdings nur unwesentlich bei. Kritisch ist ferner anzumerken, dass ein Vergleich von Sprachstrukturen, vor allem auf der morphologisch-syntaktischen Ebene, die Kenntnis eben jener formalen Strukturen in den Vergleichssprachen voraussetzt. Doch gerade über diese Kenntnisse verfügen DaF- und DaZ-Lernende in der deutschen Sprache nur bedingt.

Die zweite Frage nach der Eignung der Methode des kontrastiven Sprachvergleichs und ihrem Potenzial für sprachliches Lernen am Gegenstand Musik lässt sich dahingehend beantworten, dass sich ein kontrastiver Sprachvergleich anhand von Gattungen und Stilen der Vokalmusik wie z. B. Lied, Oper, Operette, Jazz, Musical etc. und hierbei anhand von Übersetzungen in verschiedenen Sprachen durchaus vollziehen ließe. Allerdings läge damit der Fokus auf den Zielen des Sprach- und nicht des Musikunterrichts, denn im Mittelpunkt der kontrastiven Sprachbetrachtung eines musikalischen Gegenstandes steht die Sprachstruktur und nicht die musikalische Struktur. Daher ist ein kontrastiver Sprachvergleich nicht als Aufgabe des Musikunterrichts zu betrachten.

7.4 Sprachbildende Potenziale von Methoden des Musikunterrichts

Der Musikunterricht weist durch seine Inhalte und Methoden eine große Nähe zur Sprache und damit insbesondere zum Deutschunterricht auf, die sich für die Sprachbildung auch bewusst nutzen lässt. Vor allem die Fähigkeit zur Texterschließung spielt im Musikunterricht nicht nur im Hinblick auf Fachtexte, sondern auch im Hinblick auf poetische Texte eine gravierende Rolle. Damit liegt auf der Hand, dass der Musikunterricht Kenntnisse im Hinblick auf literarische Kommunikation, d. h. Formen, Stilistik und Strukturen (z. B. Lyrik im Schlager, Drama in der Oper, Ballade als Text und Musik), auf poetologische Begriffe wie z. B. „Auftakt", „Hyperbel", „Jambus", „Kadenz", Metapher" etc. sowie auf den Form-Inhalts-Bezug und auf die Funktionen und Wirkungen von Texten auf den Rezipienten (Analyse und Interpretation, Bewertung), erfordert. Von dieser Nähe zur Sprache ausgehend wird in den folgenden Kapiteln Bezug zu häufig verwendeten Inhalten und Methoden des Musikunterrichts genommen, die sich aufgrund ihrer Sprachbezogenheit besonders für eine Förderung sprachlicher Qualifikationen anbieten und die auch in inklusiven Settings umgesetzt werden können. Hierzu zählen:

- Werkanalyse und Werkinterpretation,
- Vertonungen von Texten bzw. Textierungen zu Musikstücken (Versprachlichen, Verklanglichen),

- Kombinationen von Musik und Sprache in Kompositionen,
- der Vergleich von Sprache und Musik bzw. von Sprachbehandlungen in verschiedenen Musikgattungen,
- Szenische Interpretation,
- Produktion und Reproduktion von Liedern und rhythmischen Sprachspielen.

Die Potenziale dieser Inhalte und Methoden zur Förderung sprachlicher Kompetenzen bestehen unabhängig vom jeweiligen konkreten musikalischen Lerngegenstand. Die Grundlage bildet eine allen folgend aufgeführten Inhalten und Methoden immanente (mehr oder weniger umfangreiche) Musikanalyse bzw. Werkinterpretation, deren Potenzial zur Sprachbildung in der Vielfalt der Operatoren und ihrer alltags-, bildungs-, fach- und teils auch wissenschaftssprachlichen Redemittel liegt, die dabei angewendet werden können. Musikdidaktische Positionen bezüglich der in der Musikanalyse enthaltenen Sprachhandlungen Beschreiben, Erzählen und Argumentieren und ihre jeweiligen Potenziale für eine Sprachbildung wurden bereits in Kap. 7.1.3 dargestellt. Die Musikanalyse als der bedeutendste Inhalt der nicht praktischen Anteile des Musikunterrichts bietet Potenziale für die Förderung sämtlicher Basisqualifikationen. Die Basis der Musikanalyse ist das Erkennen von Etwas als „Etwas", d. h. das Erkennen von musikalischen Kategorien, die verbal beschrieben werden. Wie bereits im Kontext des Beschreibens in Kap. 7.1.3.2 dargestellt, sind als Inhalte der Beschreibung musikalische Elemente und Strukturen, Parameter (Tempo, Dynamik, Harmonien, Instrumentierung), Funktionen, aber auch Wirkungen, d. h. subjektive Eindrücke und Emotionen, Assoziationen, Stimmungen etc. denkbar. Alle Inhalte können jedoch nicht nur beschrieben, sondern auch gesammelt und aufgelistet, geordnet oder zugeordnet werden. Die Inhalte einer Kategorie können ferner miteinander in Beziehung gesetzt und verglichen werden (z. B. erstes und zweites Thema in der Exposition eines Sonatenhauptsatzes), es können Vermutungen angestellt oder Hypothesen aufgestellt und begründet werden. Dabei kann aus einer Komposition ein Sachverhalt herausgearbeitet und dargestellt und dieser – eventuell auch unter Zuhilfenahme zusätzlicher Informationen – erläutert oder anhand von Beispielen erklärt werden.

Weiterhin spielt in der Musikanalyse neben dem Begründen das Argumentieren eine wichtige Rolle, da es in der Analyse auch um Interpretation und damit um Argumentation und hierbei oft nicht um „richtig" oder „falsch" geht, sondern um die Angemessenheit und Plausibilität der vorgebrachten Argumente. In der Interpretation werden auf der Basis der Analyseergebnisse (subjektive) Bedeutung, Verstehen und Sinn konstruiert. Eventuell wird auch ein (mehr oder weniges begründetes) Werturteil oder ein Kommentar abgegeben.

Die o. g. potenziellen Sprachhandlungen, die mit der Musikanalyse einhergehen, spiegeln eine Vielzahl der in den Rahmenlehrplänen aufgeführten Operatoren wider. Die jeweils innerhalb eines Operators verwendeten Prozedurausdrücke können in der Analyse sowohl dem alltagssprachlichen als auch dem bildungssprachlichen (inklusive der Verwendung fachsprachlicher Begriffe) oder dem wissenschaftssprachlichen Register zugeordnet sein. Welche Operatoren und Redemittel jeweils angewendet werden (sollen), ist abhängig von der Klassenstufe, von der Anforderung an die mediale

Darstellungsform (schriftlich oder medial mündlich), dem Sprachstand der Schüler und den Erwartungen des Musiklehrers, die sich in einer präzisen Formulierung der Aufgabenstellung niederschlagen sollten, um den Schülern transparent zu machen, welche Sprachhandlungen in welchen Sprachregistern von ihnen erwartet werden. Analysen von Schülertexten, die im Kontext der Musikrezeption erstellt wurden,[114] zeigen im Hinblick auf darin verwendeten Sprachregister, dass sich bildungssprachlich-fachsprachliche Ausdrücke innerhalb der für die Musikanalyse charakteristischen o. g. Operatoren mit anderen Sprachhandlungen wie dem Erzählen oder dem Schildern verschränken und sich verschiedene Sprachregister innerhalb eines Textes vermengen. Wo subjektive Eindrücke und Assoziationen in die Analyse einfließen, kommen mit dem Erzählen und Schildern narrative Textsorten und ihre Merkmale ins Spiel, mittels derer Geschehnisse geschildert werden, die sich kaum anhand objektivierender, unpersönlicher Bildungs- und Fachsprache darstellen ließen. Stattdessen werden bestimmte sprachliche Stilmittel verwendet, die im Gegenteil gerade darauf abzielen, Emotionen und das Interesse des Lesers durch Spannungsaufbau hervorzurufen (z. B. durch die Verwendung von Superlativen, einen festen Zeitrahmen, definierte Charaktere). Der Teil der Musikanalyse, der vor allem eine objektive Musikbeschreibung darstellt, kann zwar bildungs- und fachsprachliche Redemittel einbeziehen, doch wo subjektive Deutung (Interpretation) ins Spiel kommt, geht es um die Beschreibung von Assoziationen, Bildern und Emotionen, die mit einem fach- und bildungssprachlichen Wortschatz allein nicht adäquat ausgedrückt werden können. Hier werden alltagssprachliche Redemittel und Metaphorik sowie die Strukturmerkmale anderer Textsorten wie z. B. Merkmale der Erzählung verwendet, die dem zeitlichen Verlauf der Musik analog gesetzt werden und die von den wahrgenommenen Elementen und Strukturen der Musik inspiriert sind, oder es werden Situationen, Lebe- oder Fabelwesen, Gefühle und Stimmungen, Naturphänomene o.Ä. beschrieben, die durch die Musik verkörpert werden.

Sprachbasierte Methoden des Musikunterrichts beziehen die Musikanalyse in sehr unterschiedlichem Umfang ein, so dass nicht immer *alle* mit der Musikanalyse potenziell verbundenen Sprachhandlungen auch zur Anwendung kommen. Welche sprachbildenden Potenziale in welchen Qualifikationsbereichen einzelne Methoden beinhalten können, wird in den folgenden Kapiteln ausgeführt.

7.4.1 Versprachlichen von Musik

Mit „Versprachlichung" von Musik bezeichnet Gruhn (1978, S. 3 ff.) das Hervorrufen von Wortsprache als Reaktion auf eine musikalische Komposition. Das Beschreiben musikalischer Sachverhalte ist damit hingegen nicht gemeint. Vielmehr bedingt die musikalische Komposition die wortsprachliche Produktion, wobei einzelne Strukturmerkmale und Prinzipien von Musik unmittelbar in Strukturen und Prinzipien der Wortsprache übertragen werden können (z. B. ein deklamatorischer Charakter, Beto-

---

114   Z.B. die von Oberschmidt (2011a) im Kontext metaphorischen Sprechens angeführten Schülertexte.

nungen, Tonlängen etc.). Dabei geht es um die Beziehung von klanglichen und sprachlichen Mitteln als Analogiebildung. Gruhn führt hierfür zwei mögliche Verfahren an:

a) das nachträgliche Unterlegen eines Textes unter ein Musikstück,
b) das Nachvollziehen von musikalischen Gestalten und Prozessen in einer autonomen Textversion (z. B. eine Sprechfuge mit kontrapunktischen Elementen oder andere Formen).

Beide Verfahren trainieren auf der phonischen Qualifikationsebene den Umgang mit prosodischen Merkmalen und fördern sprachliche Kreativität, da es immer *mehrere* verschiedene Zuordnungsmöglichkeiten von Sprache zu musikalischen Rhythmen und bezüglich der Melodiegestaltung gibt. Auch das Umtextieren eines bereits vorhandenen Textes bietet ein kreatives Potenzial hinsichtlich des Gebrauchs von Sprachstrukturen als Abbildung auf rhythmische Strukturen. Das nachträgliche Unterlegen eines Textes unter ein Musikstück stellt deutlich höhere Anforderungen an die sprachlichen Leistungen der Schüler als das Umtextieren, da die musikalische Struktur auf die sprachliche Struktur, für die noch kein Vorbild existiert, übertragen werden muss. Parameter wie Rhythmus, Betonung, Pausierung und andere prosodische Merkmale müssen hier von der musikalischen auf eine selbst zu findende sprachliche Struktur transferiert werden. Dabei kann davon ausgegangen werden, dass Musikstücke, die bereits im Original Text beinhalten, bereits gut an prosodische Merkmale angepasst sind. Bei Stücken ohne Text, denen nachträglich ein Text unterlegt werden soll, bestehen Unterschiede hinsichtlich der grundsätzlichen Eignung für eine Abbildung von musikalischen Strukturen auf prosodische Merkmale, d. h., nicht jedes Stück eignet sich gleichermaßen für eine Unterlegung mit einem Text. Dies sollte bei der Stückauswahl bedacht werden.

7.4.2 Verklanglichung von Sprache

Bei der Verklanglichung von Sprache werden sprachliche Bedeutungsgehalte oder Sprachklänge in musikalischen Klang transformiert. Die der Verklanglichung zugrunde liegenden Texte müssen zunächst rezipiert werden, was entweder durch Lesen oder durch Hören erfolgen kann, so dass beide rezeptiven Fähigkeiten grundsätzlich trainiert werden können. Dabei können unterstützend Hör- oder Lesestrategien, wie sie beispielsweise von Leisen (2011, Grundlagenteil) angeführt werden, an musikbezogenen Inhalten angewendet werden.[115]

Krämer (2012a, S. 240 ff.) verweist auf drei Verfahren zur Verklanglichung von Texten:

1. Die Verwendung von Text als Stimmungsimpuls: Hierbei werden Texte auf ihre Atmosphäre hin untersucht und in eine entsprechende musikalisch-klangliche Atmosphäre umgesetzt. Dabei geht es um den Bedeutungsgehalt von Sprache, der

---

115 Vgl. zur praktischen Umsetzung Kap. 11.3.2.1.

zunächst verstanden werden muss, um ihn musikalisch-klanglich adäquat umsetzen zu können.

2. Das Absuchen von Texten nach Klanghinweisen: Textvorlagen, insbesondere Märchen, Sagen oder Legenden, können auf direkte Klanghinweise (z. B. „zarter Klang", „Harfe" oder andere Wörter, die auf Akustisches verweisen) hin untersucht werden. Diese können zugleich eine Abfolge von unterschiedlichen musikalischen Klängen bei der musikalischen Umsetzung bilden. Auch eine Kombination aus Text und Musik im Wechsel kann umgesetzt werden.

3. Das Vertonen von Texten, das sich an sprachlichen Intonationsmerkmalen, aber auch an Sinn tragenden Schlüsselwörtern orientiert und auf vielfältige Weise umgesetzt werden kann. Die Identifikation von Schlüsselwörtern spielt sowohl für das Hörverständnis als auch für das Leseverständnis eine wesentliche Rolle und gehört zum sprachdidaktischen Bereich der Vermittlung von Lesestrategien.[116]

Bei einer Verklanglichung können verschiedene Textsorten berücksichtigt werden. So ist es möglich, Gedichte, Balladen, Erzählungen, Fabeln, Märchen, Sagen, Werbetexte, Reportagen oder Hörspiele in Klang umzusetzen bzw. musikalisch zu untermalen, so dass der Musikunterricht hierdurch einen Beitrag zur Sprachbewusstheit leisten kann. Dabei werden bestimmte Textmerkmale in Klang transformiert, wobei der Bedeutungsgehalt eines Textes klanglich sehr unterschiedlich umgesetzt werden kann, da Spannungsverläufe (Märchen), plakative Aussagen (Werbetexte) oder wechselnde Sprecherrollen (Hörspiel) individuell unterschiedliche Vorstellungen hervorrufen.

7.4.3 Kombination von Musik und Sprache in Kompositionen

Die klanglichen Grenzen zwischen Sprache und Musik können in Kompositionen überschritten werden, in denen Sprache und Musik in einer Sprachkomposition zusammenfallen (vgl. Gruhn 1978, S. 103). Steht bei einer Textvertonung immer die Textvermittlung, -darstellung oder -begleitung in der musikalischen Komposition im Vordergrund, werden bei der Sprachkomposition Elemente der Wortsprache, Laute und Ausdrucksgesten als kompositorisches Material absolut gesetzt. Sprachliche Artikulationsarten wie Lallen, Schreien oder Flüstern können in analoge musikalische Klangprozesse transformiert oder umgekehrt Sprachlaute in musikalische Klänge transformiert werden. Die Ausführenden können abwechselnd oder gleichzeitig spielen und sprechen und zusätzlich sprachbegleitende Ausdruckgesten (Mimik/Gestik) einbeziehen. Die Analyse oder Komposition von Sprachkompositionen regt die Auseinandersetzung mit und den Gebrauch von musikalischen und sprachlichen Mitteln zugleich an und kann – wie auch die stimmliche Improvisation – in der praktischen Umsetzung dazu beitragen, (eigene) stimmliche Möglichkeiten als Ausdrucksmittel zu entdecken, mit ihnen spielerisch umzugehen, sie zu verfremden und sie im Hinblick auf das Hervorrufen bestimmter Wirkungen gezielt einzusetzen. Die Stimme als Instrument einzusetzen, das unabhängig vom Inhalt einer Äußerung, d. h. allein auf

---

116 Vgl. zur praktischen Umsetzung Kap. 11.3.2.1, Punkt 7.

der klanglichen Ebene von Sprache, ästhetische Erfahrungen ermöglicht, kann wie die Stimmbildung Wirkungen auf der paraverbalen Sprachebene zeigen und stellt zugleich ein Ziel ästhetischer Bildung dar.

7.4.4 Songwriting und Rap

Sprache und Musik können auch im Rahmen von Songwriting und im Kontext der Arbeit mit Raps miteinander in Beziehung gesetzt werden. Hierbei spielen die Parallelen zwischen Sprache und Musik (Tempo, Rhythmus, Pausierung, Akzentuierung, Klangfarbe, Artikulation), die sich in der Sprache auf der Ebene der Prosodie widerspiegeln, eine tragende Rolle, da diese Parameter miteinander in Beziehung gesetzt werden müssen. Da beim Songwriting vom Text ausgegangen wird, zu dem eine passende Komposition entstehen soll, müssen die phonetischen Parameter von den Schülern erkannt und musikalisch adäquat umgesetzt werden. Songwriting erfordert außerdem einen kreativen Umgang mit Sprache und das Spielen mit Wörtern, Wortbedeutungen und syntaktischen Strukturen. Mit dem Songwriting ist daher eine Förderung sprachproduktiver Leistungen im Bereich der lyrischen Sprache (Versmaße, Reime, Wortschatz, Syntax und Morphologie) und damit auf den Ebenen der phonischen und morphologisch-syntaktischen Qualifikation verbunden. Zugleich weisen lyrische Texte häufig einen appellativen Charakter oder narrative Strukturen auf, so dass auch Potenziale zur Förderung der pragmatischen und literalen Qualifikation vorhanden sind. Darüber hinaus trägt Songwriting aufgrund der expliziten oder impliziten Auseinandersetzung mit größeren oder kleineren sprachlichen Einheiten (Sätze, Silben, Laute) zur Ausbildung impliziter Sprachbewusstheit und insbesondere der phonologischen Bewusstheit bei.

Das Erfinden oder Reproduzieren von Raps bietet einen weiteren Zugang zur Sprache. Stehen jedoch beim Songwriting Versmaße und Übereinstimmungen prosodischer Sprachmerkmale mit musikalischen Merkmalen im Mittelpunkt, setzt sich der Rap bewusst darüber hinweg. Hierbei kommt es vielmehr auf Originalität und Sprachwitz an als auf korrekte prosodische Sprachstrukturen. Der Rap lebt gerade von bewussten Verstößen gegen die prosodischen Parameter der Sprache. Falsche Silbenbetonungen, das Wiederholen und Überdehnen von Silben, besondere, von den üblichen Reimtechniken abweichende Techniken wie die Assonanztechnik,[117] das Spielen mit Homonymen und Vokalen sowie Storytelling dienen im Rap als stilistische Mittel. Um Sprachmaterial für einen Rap zu sammeln, muss eine sehr intensive Auseinandersetzung mit den erwähnten stilistischen Mitteln erfolgen (vgl. Loh 2010), so dass auf der Ebene der phonologischen Bewusstheit im engeren Sinn (Laute) und weiteren Sinn (Silben und Reime), auf der Ebene der phonischen Qualifikation, aber auch der semantischen Qualifikation (Homonyme, Metaphern, Wortbedeutungen) operiert wird. Um bewusst Sprachverstöße begehen zu können, müssen die Schüler zuvor über die Kenntnis der korrekten Sprachstrukturen verfügen. Zugleich können in einen Raptext auch bestimmte Varietäten (Slang, Jugendsprache) einbezogen werden.

---

117 Vgl. hierzu die Hinweise in „Rap@school" von Hannes Loh (2010).

Auf der Ebene der literalen Basisqualifikation II können Textvorlagen wie Gedichte, Kurzgeschichten, Märchen, Romane, Sachtexte oder Zeitungsartikel in einem Rap verarbeitet werden, so dass dies wiederum als Beitrag zum Textsortenwissen und damit zur Sprachbewusstheit betrachtet werden kann.

7.4.5 Vergleichen

Eine der wichtigsten und vermutlich im Musikunterricht am häufigsten eingesetzten Methoden ist der Vergleich. „Vergleichen" bedeutet, Gegenstände im Hinblick auf bestimmte Merkmale zwischen den entgegengesetzten Polen „gleich" und „verschieden" einzuordnen. Hier kann der Musikunterricht vor allem zur bildungssprachlichen Handlungskompetenz beitragen, indem die für den Operator Vergleichen charakteristischen bildungssprachlichen Redemittel angewendet werden. Zu diesen Redemitteln gehören beispielsweise: „während", „wogegen", „im Gegensatz zu", „im Unterschied zu", „im Vergleich zu", „aber", „doch", „jedoch", „hingegen", „demgegenüber", „im Gegensatz dazu", „einerseits–andererseits".

Durch einen Vergleich von Musik und Sprache kann ferner die Reflexion beider Regelsysteme angeregt werden. Sprachwissenschaftliche Begriffe wie „Pragmatik", „Grammatik" und „Semantik" lassen sich auf Sprache und Musik gleichermaßen anwenden, da es in beiden Systemen um die Einhaltung von Regeln geht (Grammatik), Musik und Sprache gefühlte, beabsichtigte oder gedachte Bedeutungen haben (Semantik), sich an Empfänger richten und Aufforderungscharakter haben (Pragmatik) (vgl. Amrhein 1996, S. 46). Auch das Thematisieren des Handlungs- und Aufforderungscharakters von Musik kann die Reflexion über Sprache anregen. Der Vergleich von Sprache und Musik kann sich ferner auf die Parameter „Klang" (als akustisches Erscheinungsbild einschl. Artikulation und Intonation), „Struktur" (als Harmonielehre/Funktionszusammenhang) und „Ausdruck" bzw. „Inhalt" (als Ausdrucksgesten/Signale/Motive/Ton- und Lautmalerei) beziehen. Sprechakte und Akte musikalischer Äußerungen können aus verschiedenen Perspektiven dieser Ebenen miteinander verglichen und Analogien herausgearbeitet werden. Gruhn bezeichnet die verwandtschaftlichen Beziehungen zwischen Sprache und Musik daher als „Sprachcharakter der Musik". Explizites Sprachwissen über die Stilmerkmale von Sprache[118] und sprachanalytische Fähigkeiten müssen hierbei mit musikalischem Wissen über kompositorische und spieltechnische Mittel und musikanalytischen Fähigkeiten verknüpft und wiederum sprachlich zum Ausdruck gebracht werden. Für einen Vergleich von Sprache und Musik können insbesondere Gedichte und Sinfonische Dichtung, aber auch unterschiedliche Vertonungen desselben Textes durch denselben Komponisten, in unterschiedlichen Musikstilen oder von verschiedenen Komponisten innerhalb desselben Musikstils sowie themengleiche Stoffe des Musiktheaters in verschiedenen Musikstilen (vgl. Heukäufer 2012, S. 218 ff.) herangezogen werden. Heukäufer (2012) und Rebscher (1976) schlagen darüber hinaus vor, Musik und andere Kunstformen wie Bilder oder Skulpturen zu gleichen Themen zu vergleichen. Im Kontext seiner

---

118 Z. B. Onomatopoesie, Anaphern, Metaphern, Motive, rhetorische Fragen etc.

Konzeption einer Kommunikativen Musikdidaktik weist auch Orgass (2007) auf die Bedeutung des Vergleichs im Rahmen musikhistorischen Denkens hin, ohne jedoch auf den Vergleich als Sprachhandlung einzugehen. Nicht zuletzt beruht der Ästhetische Streit, wie ihn Wallbaum und Rolle (2011) darstellen und in den Musikunterricht integrieren, ebenfalls auf einem Vergleich, nämlich auf dem Vergleich eigener ästhetischer Erfahrungen mit den Erfahrungen anderer.

Ein weiteres Feld des Vergleichs stellt der Gebrauch musikbezogener metaphorischer Sprache in der Literatur dar, z. B. in Gedichten, Romanen, Erzählungen oder Kurzgeschichten. Dem gemeinsamen Metapherngebrauch in der Musikwissenschaft und in musikbezogener Literatur liegt eine fachliche Tradition zugrunde, denn Bildfelder sind in musikgeschichtliche und wissenschaftsgeschichtliche Prozesse eingebunden, und fachtypische Bildfelder der Musikwissenschaft sind auch für musikbezogene Literatur typisch (vgl. Störel 1997, S. 124). Sowohl in der Musikwissenschaft als auch in der poetischen Sprache kommen Metaphern als ästhetischen sprachlichen Zeichen die Funktionen zu, zu veranschaulichen, zu emotionalisieren oder zu schmücken. Als Beispiele hierfür lassen sich poetische Texte von Musikschriftstellern des 19. Jahrhunderts wie E.T.A. Hoffmanns Analyse der 5. Sinfonie Ludwig van Beethovens oder der musikbezogene Metapherngebrauch in Romanen von Thomas Mann oder in Werken von Heinrich Heine anführen, in denen sich Parallelen des metaphorischen Sprachgebrauchs zwischen Musikwissenschaft und Dichtung widerspiegeln (vgl. Störel 1997, S. 113 ff.). Auch in Werken des 20. und 21. Jahrhunderts finden sich zahlreiche musikbezogene Metaphern. Diese können auf sehr unterschiedliche Arten in einen literarischen Text integriert sein: von punktuellen Metaphern ohne weiteren Einfluss auf den poetischen Sinnzusammenhang bis hin zu zusammenhangsstiftenden, symbolträchtigen Metaphern (z. B. Sprache der Töne als Sprache der Liebe) und textstrukturierenden Metaphern, die einen Ebenenwechsel herbeiführen können (z. B. vom Realen hin zum Fantastischen, in dem Töne als Lebewesen handeln). Dichtung kann fachwissenschaftliche Darstellungen auf andere Ebenen heben und damit über das, was Fachkommunikation leisten kann, weit hinausgehen. Störel (1997, S. 120) führt hierfür das Beispiel des „Messias" von G.F. Händel an, bei dem in der historischen Miniatur „Händels Auferstehung" von Stefan Zweig das literarische Tonstrom-Metaphernnetz „Strom-Stromschnelle-Katarakte-Schleuse-niederbrausen-wegschwemmen-mitreißen" erschaffen wird. Das innermusikalische Geschehen wird in der Erzählung auf den Kompositionsprozess und die Biografie Händels verlagert. Doch während „für den metaphernschöpfenden Fachmann [den Musikwissenschaftler, A. B.] immer der wissenschaftliche Sachverhalt im Vordergrund steht (die Musikbeschreibung ist primär), weitet der Dichter die Metaphorik auf die angrenzende Erzählhandlung aus (die Musikbeschreibung ist sekundär)" (Störel 1997, S. 114).

Auch der Vergleich metaphorischen Sprachgebrauchs zur Beschreibung von Musik in verschiedenen Epochen stellt ein potenzielles Untersuchungsfeld dar, in dem die Sprache als solche im Mittelpunkt steht. Auf weitere Anknüpfungspunkte, insbesondere für den Musikunterricht in der Sekundarstufe II, verweist Störel (1997, S. 125). Hier ist beispielsweise die Frage zu nennen, inwiefern Metaphern zur Klischeebildung beitragen (klingt der Ton der Flöte immer „süß"?) oder inwiefern bestimmte Metaphern hartnäckig den Werken bestimmter Komponisten zugeordnet werden (z. B. das Architektonische in Werken Anton Bruckners) und ob dadurch musikbezogene Einsichten eher erleichtert oder eher erschwert werden. Insofern birgt der Vergleich zwischen musikwissenschaftlichem und literarischem metaphorischen Sprachgebrauch das Potenzial, das Sprechen über Musik auf einer Metaebene selbst zum Unterrichtsgegenstand zu machen.

Ferner bietet sich ein Vergleich der Sprachbehandlung und des Wort-Ton-Verhältnisses zwischen verschiedenen Musikgattungen wie Pop, Jazz oder europäischer Vokalmusik verschiedener Jahrhunderte an. Hierbei können auch Symbole wie der Neapolitanische Sextakkord, verminderte Akkorde oder Intervalle als Symbole für eine semantische Bedeutung und die Verwendung bestimmter rhetorisch-musikalischer Mittel bei Komponisten (z. B. bei J.S. Bach, J. Haydn, W.A. Mozart) thematisiert und die Wirkungen solcher Mittel verglichen werden.

Die Methode des Vergleichs eignet sich zur Förderung sprachlicher Kompetenzen in allen Klassenstufen, variiert dabei jedoch nicht nur bezüglich ihres Inhaltsbezugs, sondern in den einzelnen Klassenstufen auch erheblich hinsichtlich des notwendigen bzw. erreichbaren Sprach- und Abstraktionsniveaus.

7.4.6 Szenische Interpretation

Das Szenische Spiel mit seinen vielfältigen Methoden lässt sich als Szenische Interpretation von Musik insbesondere auf Opern, Musicals, Revuen, Lieder, Liedzyklen, Chorkompositionen, Kantaten, Oratorien, absolute Musik und Programmmusik anwenden (vgl. Brinkmann/Kosuch/Stroh 2010). Die zentrale Handlungsform in der Szenischen Interpretation ist das verbale Handeln, wenngleich auch nonverbale Handlungsformen wie das Bauen von Standbildern oder Pantomime angewendet werden können. Immer geht es jedoch um innere und äußere Kommunikationsprozesse, mit denen sich Schüler zu sich selbst bzw. zu ihrer sozialen Umwelt anhand von Musikbeispielen in Beziehung setzen (vgl. Scheller 1998, S. 30). Dabei werden Sprachhandlungssituationen unter dem Aspekt der sprachlichen Handlungsabsicht erprobt. Scheller (1998) führt als Methoden der Szenischen Interpretation u. a. verschiedene Sprechübungen in den Feldern „Sozialer Gestus", „ Inhalte" und „soziale Beziehungen in Gesprächen" sowie „Motive und Wirkungen sprachlichen Handelns" im Zusammenhang mit verschiedenen Gesprächsarten wie Monolog, Selbstgespräch, Einfühlungsgespräch, Konfrontationsgespräch oder Interviews und Rollengespräche an, z. B. das Spielen mit Intonationsmerkmalen, Mimik und Gestik. Ähnlich wie bei stimmlichen Improvisationen und in der Stimmbildung können hierbei die Möglichkeiten der eigenen Stimme erfahren und erweitert werden. Damit werden die Ebene der phonischen Qualifikation bzw. die paraverbalen Merkmale als Bestandteil der pragmatischen Qualifikation (Handeln mit Sprache) angesprochen. Ein bedeutender Unterschied zwischen der stimmlichen Arbeit im Szenischen Spiel und der stimmlichen Improvisation in der Musik bzw. der Stimmbildung liegt darin, dass in der Szenischen Interpretation die Stimme als Ausdrucksmittel einer zielgerichteten kommunikativen Absicht eingesetzt wird, d. h. mit einer bestimmten beabsichtigten Wirkung auf andere und aus einer bestimmten sozialen Rolle heraus, die der Sprechende und der Adressat jeweils einnehmen. Dies ist in der Stimmbildung und Stimmimprovisation nicht der Fall.

Beim Spielen mit prosodischen Merkmalen wie Tempo, Lautstärke oder Rhythmus kann auch bewusst übertrieben werden, wodurch diese Merkmale eine eigenständige Zeichenfunktion erhalten (vgl. Hartwig 2002, S. 133). Zusätzlich können Wirkungen inkongruenter Äußerungen[119] erprobt werden, was wiederum die Aufmerksamkeit auf die Bedeutung der prosodischen Merkmale für eine erfolgreiche Kommunikation lenken kann und damit einen Beitrag zur expliziten Sprachbewusstheit leistet. Beim Spielen mit prosodischen Merkmalen geben die Reaktionen der Interaktionspartner dem Sprecher Rückschlüsse auf das Erreichen oder Misslingen des beabsichtigten kommunikativen Ziels bzw. über die Wirkungen inkongruenter Äußerungen, aus denen er Rückschlüsse für sein künftiges Sprachverhalten auf der paraverbalen Ebene ziehen kann. Nicht nur im Hinblick auf paraverbale Merkmale, sondern auch im Hinblick auf andere Sprachgewohnheiten können Verfahren der Szenischen Interpretation zur Reflexion dieser Gewohnheiten anregen. Durch Rollenzuweisungen unter Hinzunahme gestischer oder mimischer Mittel können gänzlich neue oder bisher wenig genutzte Sprachhandlungsmuster erprobt und übernommen werden. Zugleich bietet die Szenische Interpretation ein Übungsfeld für die Anwendung verschiedene Sprachregister, die in Abhängigkeit von der jeweils eingenommenen Rolle und der jeweiligen kommunikativen Situation (z. B. in einem Rollenspiel) angewandt werden können, und damit Potenziale im Bereich der pragmatischen und diskursiven Qualifikation. Die gespielte soziale Situation und die angenommene Zugehörigkeit zu einer sozialen Gruppe, das Hineinschlüpfen in eine soziale Rolle ermöglichen ein Experimentieren mit Sprachregistern und Redemitteln. In diesem Kontext scheinen im Musikunterricht explizite Hinweise auf die Verwendung ritualisierter Sprachformen und typischer Redemittel nicht nur vertretbar, sondern unabdingbar.

Auch im Bereich medial schriftlicher Texte bieten die Verfahren des Szenischen Spiels äußerst vielfältige Ansätze, z. B. das Lesen bzw. Verfassen von Rollenbiografien, Tagebüchern, Briefen, Erörterungen, Berichten, Reportagen, Nachrichten, Erzählungen, Dialogen, Charakterisierungen oder Notizen zu Gedanken, Fantasien und Träumen. Kenntnisse über verschiedene Textsorten sind für die Lese- und Schreibdidaktik zentral (vgl. Augst u. a. 2007), so dass sich durch diese Verfahren Potenziale zur Förde-

---

119 Inkongruenz bedeutet, dass die inhaltliche Sprachinformation nicht mit den eingesetzten stimmlichen Mitteln (prosodischen Merkmalen) einer Äußerung übereinstimmt, die sowohl im Hinblick auf Sprachrezeption als auch Sprachproduktion immer kulturspezifisch erlernt werden und über deren Verwendung bei den Mitgliedern einer Sprachgemeinschaft eine (meist unbewusst vorhandene) Normvorstellung existiert. Z. B. wird eine Äußerung, die inhaltlich Freude ausdrückt, aber in schleppendem Sprachtempo und klagendem, leisen Tonfall vorgebracht wird, beim Adressaten zur Verunsicherung führen, da er nicht einschätzen kann, ob der Sprechende tatsächlich Freude empfindet. Auch Ironie und Sarkasmus sind Beispiele für einen eigentlich inkongruenten Sprachgebrauch, der jedoch in der sprachlichen Sozialisation mit erworben wird.

rung der literalen Qualifikation II und von impliziter und expliziter Sprachbewusstheit eröffnen.

7.4.7 Der Stellenwert von Sprachvermittlung in Methodenbüchern für den Musikunterricht

In der Praxisliteratur über Methoden des Musikunterrichts nimmt das Sprechen über Musik einen unterschiedlich breiten Raum ein und fungiert entweder als methodischer Oberbegriff oder als Subkategorie eines anderen Oberbegriffs (z. B. Fachsprache). Richter (2012) widmet in Norbert Heukäufers Methodenband „Musikmethodik" für die Sekundarstufe I und II (2012) in seinem Beitrag „Interpretation/Werkbetrachtung" dem Unterkapitel „Sprechen und Schreiben über Musik" knapp drei Seiten; auch bei Beiderwieden (2008) nimmt das Sprechen über Musik nicht mehr Raum ein. Inhaltlich unterscheiden sich die methodischen Vorschläge zum Sprechen über Musik allerdings erheblich, wobei jeweils nur ein einzelner Aspekt des Sprechens thematisiert wird. Stellt Richter ein Stufenmodell des Sprechens über Musik als Weg zum Musikverstehen dar, geht Beiderwieden auf verschiedene Methoden zur Gestaltung von Unterrichtsgesprächen ein und verweist ansonsten auf weiterführende Literatur.

Grohé und Jasper (2016) führen mit ihrem Methodenbuch das Thema „Sprachförderung" erstmals als festen Bestandteil der Methodik des Musikunterrichts ein. Im Index des Buches erscheint das Stichwort „Sprachförderung" neben den Stichwörtern „Sprechen über Musik" und „Fachsprache". Die Kategorie „Fachsprache" wird weiter unterteilt in die Subkategorien „Fachsprache anwenden", „Fachsprache lernen" und „Fachsprache üben". Zu allen Stichwörtern werden jeweils im Methoden- und Inhaltsteil einzelne Verfahren vorgestellt. Doch zeigt sich an dieser Aufteilung zugleich die generelle Problematik einer Trennung von Kategorien wie „Fachsprache lernen", „Fachsprache anwenden" und „Fachsprache üben" bzw. der Kategorien „Sprachförderung" und „Sprechen über Musik", da die einer Kategorie zugeordneten Methoden im Index teilweise mehreren Kategorien zugeordnet werden.[120] Der Begriff „Sprachförderung" wird dabei von Grohé und Jasper offensichtlich in der Bedeutung des Begriffs „Sprachbildung" verwendet. Dieser ist im Index nicht enthalten, doch wird anhand der dargestellten Methoden ersichtlich, dass es nicht explizit um die Förderung von Schülern mit Sprachförderbedarf geht.

Welche sprachlichen Qualifikationen mit einer Methode jeweils gefördert werden können bzw. sollen, wird bei Grohé und Jasper nicht durchgängig erläutert, so dass Musiklehrenden zwar ein breites Spektrum an Methoden zur Verzahnung fachlichen und sprachlichen Lernens geboten wird, eine gezielte Entwicklung bestimmter sprachlicher Qualifikationen jedoch sehr viel linguistisches und sprachdidaktisches Wissen

---

120 Dass das Problem von den Autorinnen selbst erkannt wird, zeigt sich daran, dass im Index das Stichwort „Sprachförderung" folgendermaßen aufgeführt wird: „Sprachförderung siehe auch Analogien, Beschreiben, Fachbegriffe, Merkhilfen, Rhythmussprache, Stimmklang" (Grohé/Jasper 2016, S. 293). Diese Kategorien ließen sich jedoch ebenso auch der Kategorie „Sprechen über Musik" zuordnen.

voraussetzt, da die Musiklehrenden eine Einordnung der mit einer Methode verbundenen sprachbildenden Potenziale und Formulierungen möglicher Ziele selbst vornehmen müssen. Während zu einigen wenigen Methoden zwar explizite Hinweise auf die damit jeweils verbundene Entwicklung bestimmter sprachlicher Qualifikationen gegeben werden und auch Methoden und Methodenwerkzeuge der Sprachdidaktik (z. B. die Anwendung von Lesestrategien an Musikrezensionen) ausführlich dargestellt werden, erschließt sich der Zusammenhang mit den sprachlichen Qualifikationsbereichen, die jeweils gefördert werden sollen, bei anderen Methoden kaum. Zugleich wird bei Jasper und Grohé deutlich, dass nicht jegliche Methode, die Sprache in irgendeiner Weise fokussiert, tatsächlich „sprachfördernd" ist. Hierfür wird exemplarisch das Aufgabenformat „Bingo mit Fachbegriffen" angeführt, bei dem jeder Schüler eine Tabelle mit mindestens 3 x 3 Feldern anlegt und nach dem Zufallsprinzip in jedes Feld einen Fachbegriff aus einer vom Lehrer vorgegebenen Gesamtmenge an Fachbegriffen einträgt, wobei jeder Begriff nur einmal vorkommen darf. Der Lehrer liest nun nacheinander jeden der vorgegebenen Fachbegriffe laut vor. Die Schüler markieren den jeweils vorgelesenen Begriff in ihrer Tabelle. Wer zuerst eine vertikale, horizontale oder diagonale Reihe vollständig markiert hat, ruft „Bingo!" und hat damit gewonnen. Dieses Spiel wird unter der Kategorie „Fachsprache üben" aufgeführt. Bei genauer Betrachtung wird jedoch deutlich, dass tatsächlich weder die Anwendung von Fachsprache geübt wird noch die Schüler überhaupt verstanden haben müssen, was die Fachbegriffe bedeuten, denn um zu gewinnen, genügt es, lediglich die vom Lehrer laut vorgelesenen Fachbegriffe in der Tabelle zu markieren. Dieses Aufgabenformat ist daher nicht geeignet, die Anwendung fachsprachlicher Begriffe am Gegenstand Musik zu *üben*, sondern kann lediglich dazu dienen, das Hörverständnis bzw. die basale Lesekompetenz auf der Wortebene zu überprüfen. Sinnvoll wäre dieses Format im Hinblick auf das Üben von Fachsprache nur dann, wenn die Schüler mit den Fachbegriffen auch arbeiten würden. Auch ein Fachlexikon könnte angelegt und im weiteren Verlauf des Musikunterrichts erweitert werden. Das Anlegen eines fachsprachlichen Lexikons wird von Jasper und Grohé auch vorgeschlagen, allerdings nicht in Verbindung mit dem Format „Bingo". Eine weitere, der Sprachentwicklung förderliche Alternative bezüglich des Spielformats „Bingo" bestünde darin, dass der Lehrer nicht die Begriffe vorliest, die in der Tabelle der Schüler enthalten sind, sondern stattdessen Oberbegriffe wie „Dynamik", „Tonart" oder „Oper", denen von den Schülern die in den Zellen des „Bingo"-Aufgabenblatts enthaltenen Fachbegriffe zugeordnet werden sollen. Die Tabelle der Schüler könnte zum Oberbegriff „Dynamik" z. B. den Begriff „pianissimo", zum Oberbegriff „Tonart" (z. B. „F-Dur"), oder zum Oberbegriff „Oper" (z. B. „Libretto") enthalten, die bei der Nennung der jeweiligen Oberkategorie durchgestrichen werden müssten. Dadurch hätte der Lehrer zugleich eine Information darüber, welche Fachbegriffe die Schüler in welches Begriffsnetz einordnen.

Kritisch ist aus kognitionswissenschaftlicher Sicht auch ein anderes von Jasper und Grohé dargestelltes Aufgabenformat zu betrachten: die Anlage von alphabetischen Listen fachsprachlicher Begriffe. Begriffe werden in Wortfeldern, in semantischen Netzen, und nicht in alphabetischen Strukturen mental repräsentiert. Das Erstellen einer alphabetischen Wortliste trainiert zwar die Fähigkeit, die Reihenfolge des Alphabets zu repetieren, nicht aber die korrekte Anwendung fachsprachlicher Begriffe. Diese Beispiele zeigen, dass Aufgabenformate, die dafür konzipiert sind, sprachliche Kompetenzen zu fördern, sehr genau auf ihre dafür tatsächlich vorhandenen Potenziale überprüft werden sollten. Weiterhin sollte zwecks besserer Orientierung für die Lehrkräfte nach Aufgabenformaten, die rezeptive Sprachkompetenzen trainieren, und Aufgabenformaten, die produktive Sprachkompetenzen trainieren, unterschieden werden.

Innerhalb der Rubrik „Sprechen über Musik" unterscheiden Grohé und Jasper fünf Kategorien von Wörtern und Satzmustern:

1. zur Beschreibung von Musik,
2. zur Wirkung,
3. zur Funktion,
4. zur Bedeutung (Semiotik),
5. zur Bewertung.

Hierbei handelt es sich um eine Vermischung von Operatoren (Bewerten und Beschreiben von Musik) mit den Inhalten (Funktionen, Wirkungen, Bedeutungen), die beschrieben bzw. bewertet werden können. Brauchbarer scheint für die Vermittlung von Bildungssprache die Verwendung bzw. Vorgabe bildungssprachlicher Bausteine, die von den Autorinnen exemplarisch aufgeführt werden. Erstmalig werden hier musikbezogene Ausdrücke und bildungssprachliche Verben im Kontext des Operators Beschreiben[121] dargestellt, die als charakteristisch für das Sprechen über Musik, d. h. als Bestandteil musikalischer Fach*sprache* und nicht nur als zum Fach*wortschatz* gehörig, betrachtet werden können. Dazu gehören Verben, die sich auf die Beschreibung verschiedener Parameter von Musik (Melodie, Harmonik, Klang, Form etc.) beziehen, z. B. „fortschreiten", „sequenzieren", „sich ergänzen", „sich entwickeln", „ausdünnen", „sich überschneiden", „erkennbar sein", „kontrastieren", „ausprägen", „variieren", „überleiten" u. v. m. (vgl. Grohé/Jasper 2016, S. 244).

Trotz der hier dargestellten Kritik kommt dem Methodenband von Jasper und Grohé das Verdienst zu, dass Musiklehrenden hiermit erstmals konkrete Strategien, Methoden und Methodenwerkzeuge an die Hand gegeben werden, die eine Verknüpfung fachlichen und sprachlichen Lernens im Musikunterricht ermöglichen. Musiklehrer sollten jedoch auch dazu befähigt werden, beurteilen zu können, welche Methoden tatsächlich als der Sprachentwicklung förderlich einzuschätzen sind, und vor allem im Hinblick auf welche sprachlichen Qualifikationsebenen.

---

121 Die aufgeführten bildungssprachlichen Verben werden von den Autorinnen selbst nicht in den Kontext des Operators Beschreiben gestellt, lassen sich diesem aber zuordnen, da es um die Beschreibung verschiedener Parameter von Musik geht.

7.5 Rhythmische Sprachspiele und Lieder im fachübergreifenden Unterricht Musik/Deutsch

Lieder, Raps und rhythmische Sprachspiele, zu denen auch Sprechgesang und Sprechverse (Rhythmicals) zu zählen sind, bieten ein breit gefächertes Potenzial für die Verknüpfung fachlichen und sprachlichen Lernens, da sie jeweils sowohl aus musikdidaktischer Zielperspektive (z. B. Erlernen von Melodie und Rhythmus, ästhetische Gestaltung) als auch aus sprachlicher Zielperspektive (Erwerb von grammatischen Strukturen, Hörverständnis, prosodischen Sprachmerkmalen und phonologischer Bewusstheit) betrachtet werden können. So trägt das rhythmische Sprechen eines Liedtextes, das beispielsweise bei der Liederarbeitung im Musikunterricht angewandt wird, in sprachlicher Hinsicht dazu bei, dass alle Wortendungen deutlich ausgesprochen werden müssen, was beim freien Sprechen weniger der Fall ist.[122] Darüber hinaus können rhythmische sprachbegleitende Bewegungen zu einem Lied oder Sprachspiel mittels Bodypercussion oder Rhythmusinstrumenten zu einer intensiveren Wahrnehmung des Sprachrhythmus führen. (vgl. Zaiser 2005). Auch Fertigkeiten auf der Ebene der morphologisch-syntaktischen Qualifikation können anhand von Satzmustern, die in einem Sprachspiel vorgegeben sind, angebahnt, gefestigt und erweitert werden. Die Sprachdidaktikerin Gerlind Belke bezeichnet Sprachspiele als eine authentische Form des Mündlichen, die vor allem in mehrsprachigen Lerngruppen dazu genutzt werden sollte, Sprachrichtigkeit und sprachliche Komplexität gleichermaßen zu fördern (Belke 2003, S. 179). Darüber hinaus können Parameter, die gleichermaßen in Sprache und Musik vorkommen, in einem Sprachspiel gegenseitige Entsprechungen finden, wie in folgendem Beispiel zum Bereich der Artikulation: Werden fachsprachliche Begriffe zur Bezeichnung der musikalischen Artikulation wie „legato" oder „staccato" eingeführt, ließen sich hierfür sprachliche Laute oder Lautverbindungen in einem rhythmischen Sprachspiel als Entsprechung zur Verdeutlichung der Artikulationsart finden, z. B. in Form von staccatohaft gesprochenen Konsonanten oder Silben, bzw. in Form von legatoförmigen Vokalverbindungen wie „a-u" oder „e-u", die ohne sprachlichen Bedeutungsgehalt die Bedeutung der Fachbegriffe „staccato" oder „legato" unmittelbar auf der klanglichen Ebene widerspiegeln und zugleich stimmbildende Elemente darstellen.

Der größte Teil der sprachbildenden Potenziale, die Lieder im Musikunterricht beinhalten, wurde bereits ausführlich dargestellt. Zusätzlich zu diesen Potenzialen lässt sich im unteren Primarstufenbereich im fachübergreifenden Unterricht Musik/Deutsch eine Verbindung von Liedern zum Schriftspracherwerb ziehen, indem Buchstabenlieder ästhetisch ansprechend gesungen, Silbensegmentation mit begleitender Bodypercussion oder einfachen Rhythmusinstrumenten ausgeführt sowie Schwungübungen zu Musik in ungeraden Taktarten durchgeführt werden, wie es beispielsweise auch in Rahmenlehrplänen Musik für die Förderschule mit dem Schwerpunkt Sprache vorgeschlagen wird. Silben, Laute oder Lautverbindungen können darüber hinaus als

---

122 Insbesondere Schüler, die Deutsch als Zweitsprache erlernen, tendieren häufig dazu, Flexionsendungen zu verschlucken.

Bausteine für rhythmische Kompositionen verwendet werden und berücksichtigen damit auch Inhalte und Ziele des Musikunterrichts (vgl. Bayerisches Staatsministerium für Unterricht und Kultus 2003, S. 303). Abgesehen von der Arbeit an Liedtexten mittels gängiger Aufgabenformate der Deutschdidaktik wie die Aufbereitung eines Liedtextes als Silbenlesetext oder Lückentext, das Verfassen eigener Strophen, das Ersetzen von Buchstaben in Wörtern, das Finden von Reimwörtern etc.[123] lassen sich in einem fachübergreifenden Unterricht Musik/Deutsch die Methode des Vergleichs zwischen musikalischen und sprachlichen Strukturen oder die Verfahren der Szenischen Interpretation anwenden.

Bei der Einführung eines Liedes oder Musikstücks bietet sich für die Verknüpfung musikalischen und sprachlichen Lernens insbesondere die Methode des Assoziogramms an. Bei dieser Methode wird ein Stichwort an die Tafel geschrieben, z. B. das Thema eines Liedes oder der Inhalt eines Musikstücks. Die Schüler nennen daraufhin Assoziationen, die ihnen zu diesem Stichwort einfallen. Diese Assoziationen werden um das Stichwort herum gruppiert, wobei auch Wörter aus anderen Herkunftssprachen verwendet werden können. Bevor das Lied oder Musikstück gehört oder praktisch umgesetzt wird, können die Schüler einen eigenen Text verfassen, in dem die Wörter des Assoziogramms vorkommen, wobei die Möglichkeit besteht, verschiedene Textsorten zu berücksichtigen, die je nach Vorliebe der Schüler auch individuell unterschiedlich sein können. Die von den Schülern verfassten Texte können nach dem Singen bzw. Hören mit dem tatsächlichen Text des Liedes oder dem Titel bzw. der Aussage des Musikstücks verglichen werden. Als Variante bietet sich statt des initialen Stichworts auch die Verwendung eines Bildes oder einer Abbildung an.

Obgleich sich zahlreiche Möglichkeiten und Anknüpfungspunkte für einen fachübergreifenden Unterricht Musik/Deutsch finden, die es ermöglichen, musikbezogenes wie auch sprachliches Lernen gleichermaßen einzubeziehen, wurden bisher keine Unterrichtsmaterialien entwickelt, die explizit sowohl musikbezogene als auch sprachbezogene Zielsetzungen am selben Lerngegenstand (Lied bzw. Sprachspiel) verfolgen.

7.6 Sprachbildende Potenziale Interkultureller Musikpädagogik

Interkulturelle Bildung wird in allen Rahmenlehrplänen als eine zentrale fachübergreifende Aufgabe der Schule über alle Klassenstufen hinweg betrachtet, zu der dementsprechend auch der Musikunterricht beitragen soll. Als einer der bedeutendsten methodischen Zugänge zur Interkulturellen Bildung gilt in der Musikpädagogik das Konzept der Szenischen Interpretation von Musik im erweiterten Schnittstellenansatz von Wolfgang Martin Stroh (vgl. Knigge 2013, S. 50). Dass und wie die im Rahmen der Szenischen Interpretation potenziell anwendbaren Methoden auch für sprachliches Lernen gezielt genutzt werden können, wurde in Kap. 7.4.6 ausgeführt. Die Interkulturelle Musikpädagogik bietet jedoch darüber hinaus durch ihre vielfältigen fachübergreifenden Bezüge weitere Potenziale für sprachliches Lernen. Deutlich wird dies anhand des folgenden Zitats von Böhle (1996) über eine Unterrichtssequenz im

---

123   Weitere Aufgabenformate werden bei Bossen (2010) dargestellt.

Musikunterricht zum Thema „Gewalt und Intoleranz": „Die Lehrerin führte das Unterrichtsvorhaben an insgesamt 10 Tagen mit 30 Unterrichtsstunden durch. Sinnvoll ließen sich dabei Inhalte zum deutschen Spracherwerb, wie z. B. Wortschatzübungen und Reime finden und Textarbeit integrieren. Die SchülerInnen sammelten Zeitungsausschnitte und Bilder, erstellten eine Wandzeitung, schrieben Gedichte und Briefe und texteten einen Rap. Neben diesen produktiven Arbeiten wurde auch reproduktiv, reflexiv und rezeptiv gearbeitet. Es wurden Texte abgeschrieben, auswendig gelernt, gesprochen und gesungen, Musik angehört und gelesen, Material gesichtet und ausgewertet, Einstellungen diskutiert und Erfahrungen reflektiert. Das Lernfeld berührte dabei die Fachbereiche Deutsch, Musik, Kunst, Geographie, Politik und Religion" (Böhle 1996, S. 177). Auch, wenn aktuelle Entwicklungen in der Musikpädagogik auf eine Ablösung der Interkulturellen Musikpädagogik durch eine Transkulturelle Musikpädagogik hindeuten, bleibt die Szenische Interpretation als Methode des Musikunterrichts und somit auch ihr sprachbildendes Potenzial erhalten.

Im Kontext Interkultureller Bildung ist ferner auf die Funktion metaphorischer Sprache zu verweisen, die darin besteht, metaphorische Konzepte in unterschiedlichen Kulturen aufzudecken, kulturelle Unterschiede offenzulegen und sich darüber in Form eines interkulturellen Dialogs auszutauschen (vgl. Hesselmann 2015, S. 117 f.). Im Fremdsprachenunterricht hat die Arbeit mit alltagssprachlichen Metaphern eine wichtige Funktion für die Wortschatzarbeit, dient aber auch dem Erwerb kulturellen Wissens (vgl. Weininger 2013). Dies ist auch für den Musikunterricht denkbar, z. B. anhand des Vergleichs musikbezogener Metaphern. Auch in anderen Ländern gibt es musikbezogene Sprichwörter und alltägliche musikbezogene metaphorische Redewendungen, über deren Herkunft und unterschiedliche Bedeutungen ein Austausch erfolgen kann. Exemplarisch werden hierfür folgende Wendungen genannt:

„Der Ton macht die Musik." (Deutschland)
„Wess' Brot ich ess', dess' Lied ich sing'." (Deutschland)
„Das Ende vom Lied" (Deutschland)
„Hier spielt die Musik." (Deutschland)
„Ballando non duole il piede": „Beim Tanzen tut der Fuß nicht weh."[124] (Italien)
„Parayı veren, düdüğü çalar": „Wer das Geld gibt, spielt die Flöte."[125] (Türkei)
„Wie du den Ton anstimmst, so werden sie dir singen."[126] (Griechenland)
„Blase nicht eher, bis du das Horn hast."[127] (Russland)

---

[124] http://www.spruecheportal.de/italienische_sprichwoerter.php, [09.01.2019].
[125] https://de.wikiquote.org/wiki/T%C3%BCrkische_Sprichw%C3%B6rter, [09.01.2019].
[126] http://www.sprichworte-der-welt.de/sprichworte_aus_europa/griechische_sprichworte/Griechische_Sprichworte.html, [09.01.2019].
[127] http://www.sprichworte-der-welt.de/sprichworte_aus_europa/russische_sprichworte/Russland_1.html, [09.01.2019].

„Jemand, der nicht weiß, wie man tanzt, sagt, der Boden ist schief."[128] (Irak)
„Was im Ton übereinstimmt, schwingt miteinander. Was wahlverwandt ist im innersten Wesen, das sucht einander."[129] (China)

Neben einem interkulturellen Vergleich metaphorischer Wendungen können lexikalisierte Metaphern wie der Ausdruck „jemandem die Flötentöne beibringen" auch absichtlich wörtlich genommen werden, wobei sprachliche Konventionen ebenso wie die relative Ordnung von Wahrheiten, Werten und Ordnungen aufgedeckt und hinterfragt werden können (Novikova 2011, S. 93). Dieses in der Metapherndidaktik verankerte Verfahren der Reifikation scheint allerdings nur für Schüler mit einem altersangemessenen Sprachstand geeignet, da für das Aufdecken sprachlicher Konventionen explizites Sprachwissen vorhanden sein muss.

Bei einem interkulturellen Vergleich musikbezogener Sprichwörter und Redewendungen im Hinblick auf Herkunft und Bedeutung können Schüler aus den jeweiligen Herkunftskulturen auch als „Sprachexperten" einbezogen werden, was motivierend und entlastend wirken kann, da hier im Gegensatz zu sonstigen Unterrichtssituationen das sprachliche Können und nicht das Nicht-Können im Mittelpunkt steht.

---

128 http://www.sprichworte-der-welt.de/sprichworte_aus_asien/sprichworte_aus_asien/irakische_sprichworte.html, [09.01.2019].

129 http://www.sprichworte-der-welt.de/chinesische_sprichworte/Chinesische_Sprichworte_4.html, [09.01.2019].

8 Zum Verhältnis von Mündlichkeit und Schriftlichkeit im Musikunterricht

Der Musikunterricht erfordert ebenso wie alle anderen Fächer den adäquaten Umgang der Schüler mit medialer Schriftlichkeit. Kraemer geht auf den Aspekt der Schriftsprache im Musikunterricht folgendermaßen ein: „Sprachlich vermittelte Dokumente wollen Musik begreifbar, für andere nachvollziehbar und verstehbar machen. Diesem Zweck dienen Analysen, Konzertführer, Programmhefte, Musikkritiken, Einführungen in Rundfunk und Fernsehen für das interessierte Laienpublikum" (Kraemer 2004, S. 274). Damit zeigt Kraemer Möglichkeiten auf, die Arten des Sprechens über Musik auch an musikspezifische Schriftdokumente zu koppeln.

Aussagen über die prozentuale Anteile der medialen Varietäten „Mündlichkeit" und „Schriftlichkeit" am Musikunterricht lassen sich derzeit allerdings nicht treffen, da dazu eine empirische Datenbasis fehlt. Obwohl daher nur Vermutungen angestellt werden können, ist anzunehmen, dass die jeweiligen Anteile medialer Mündlichkeit und medialer Schriftlichkeit am Musikunterricht durch das hinter dem Unterricht stehende individuelle Unterrichtskonzept des Lehrers sowie von folgenden weiteren Faktoren bestimmt werden:

- von der Klassenstufe,
- von der Präferenz des Lehrers,
- vom Thema/Unterrichtsgegenstand,
- von den gewählten Methoden,
- von den sprachlichen Fähigkeiten der Schüler.

In welchem Umfang im Musikunterricht Fachtexte gelesen oder Schreibprodukte erstellt werden, lässt sich aufgrund der defizitären Forschungslage derzeit ebenfalls nicht feststellen. Unter dem Stichwort „Darstellungsformen" finden sich bei Jünger (2006) bezüglich der charakteristischen Informationsträger im Musikunterricht vor allem folgende sprachliche Darstellungsarten:

- Texte (Sachtext, musikwissenschaftliche Analyse, historisches Dokument, Konzertkritik, Aufgabe etc.),
- Notentexte (Partitur, Einzelstimme, graph. Notation),
- Bilder (Foto, Zeichnung, Gemälde),
- Tabellen (Statistik, Übersicht),
- Grafische Darstellungen (Diagramme, Schaubilder),
- Landkarten.

(Jünger 2006, S. 79)

In diesen Darstellungsformen schlagen sich die zahlreichen fachübergreifenden Bezüge des Musikunterrichts nieder. So verwendet der Musikunterricht zahlreiche Darstellungsformen, die auch in anderen Fächern vorkommen.

Etwas schriftlich zu fixieren, dient dem Festhalten von Wissen für sich selbst oder für andere, kann aber auch einem vertieften Musikverständnis dienen, indem im Vorgang der Verschriftlichung eigene Gedanken präzisiert und sowohl für sich selbst als auch für andere verständlich fixiert werden müssen. Vage Eindrücke, Emotionen und Ideen müssen dabei so formuliert werden, dass sie für den Denkenden selbst bzw. für andere auch später noch nachvollziehbar sind. Soll eine bildungssprachliche Handlungskompetenz ausgebildet werden, müssen Musiklehrende in der Lage sein, konzeptionell mündliche Äußerungen nicht nur in der medial mündlichen, sondern auch in der medial schriftlichen Sprachproduktion bewusst zu konzeptionell schriftlichen Äußerungen hin zu führen. Wenn Schreiben ein Werkzeug des Lernens im Sinne des Erlernens von Handlungsschemata und Textprozeduren mit bildungs- und fachsprachlichen Textbausteinen werden soll, darf die Schreibproduktion nicht unterhalb der Textebene verbleiben (vgl. Thürmann/Pertze/Schütte 2015, S. 35). Demnach trägt das stichpunktartige Notieren von Eindrücken z. B. beim Musikhören oder das Abschreiben von der Tafel oder aus Büchern nicht substanziell zum Erwerb konzeptioneller Schriftlichkeit bei. Thürmann/Pertze und Schütte (2015, S. 35 ff.) verweisen außerdem auf den verbreiteten unreflektierten Gebrauch von Schreibaufgaben seitens der Lehrkräfte und fordern eine neue Aufgabenkultur, indem Schreibaufgaben von Fachlehrenden auf ihre Funktion und ihr sprachbildendes Potenzial hin untersucht werden. Dabei unterscheiden sie:

- Schreibaufgaben zur Aktivierung und konzeptuellen Restrukturierung vorhandenen Diskurswissens (z. B. Mind-Map, Clustering, Stichwortsammlungen), die zwar fachsprachliche Kenntnisse auf der lexikalen Eben einbeziehen können, jedoch unterhalb der Textebene verbleiben,
- sinnentwickelnde Schreibaufgaben zur Generierung neuen Wissens, die die Verbindung von Fach- und Diskurswissen erfordern, ohne dass notwendigerweise auf ein bestimmtes Genre abgezielt wird (z. B. die Beantwortung komplexer Fragen),
- Schreibaufgaben zur Sicherung erworbenen Wissens und Könnens (auf der Wort- oder Textebene), wobei zwischen Lern- und Kontrollfragen zu unterscheiden ist,
- Schreibaufgaben zur Selbstreflexion von Lernprozessen (von Stichwortarrangements, Collagen, Satzfragmenten bis hin zu zusammenhängenden Texten, z. B. Lerntagebücher, Portfolios),
- Schreibaufgaben zum Aufbau (fachspezifischer) Diskurskompetenzen im Sinne einer fachbezogenen Kommunikationsfähigkeit (d. h. das Verfassen von Texten nach Konventionen, die im privaten und öffentlichen Raum kommunikativ-pragmatische Funktionen erfüllen).

Im Hinblick auf sprachliche Ziele sollten demnach auch im Musikunterricht über den Inhalt von Schreibprodukten hinaus bestimmte textuelle Merkmale (Adressat, situativer Kontext, Funktion, Genre, Textprozeduren) besprochen werden. Musiklehrende sollten sich allerdings auch bewusst machen bzw. hinterfragen, inwiefern sie bei der Erstellung von schriftlichen Produkten aus welchen Gründen eher Wert auf konzeptionelle Schriftlichkeit oder eher auf konzeptionelle Mündlichkeit legen, welchen Wert sie auf die Verwendung von Fachsprache legen und welche sprachlichen Kompetenzanforderungen mit welcher Art von Schreibaufgabe verbunden sind.

Das epistemische Potenzial des Schreibens als Medium des fachlichen Lernens, d. h. die inhaltbezogene Dimension, wurde in den letzten Jahren verstärkt innerhalb der Schreibdidaktik herausgearbeitet.[130] Im Sinne dieser epistemischen Funktion als Festhalten und Reflektieren von Gedachtem kann es im Musikunterricht u.U. auch sinnvoll sein, Textsorten und Prozedurausdrücke bei Schreibaufgaben gerade *nicht* vorzugeben, wie es z. B. im textprozeduroriertierten didaktischen Modell des Argumentierens von Rotter und Schmölzer-Eibinger (2015) vorgesehen ist, sondern auch unstrukturierte Schriftprodukte als Ausdruck ästhetischer Erfahrungen zuzulassen, die nicht bildungs- und fachsprachlichen Normerwartungen entsprechen.

In einigen didaktischen Modellen und Konzepten des Musikunterrichts (z. B. „Aufbauender Musikunterricht", Klassenmusizieren) sowie in der Primarstufe bildet das praktische Musizieren den Schwerpunkt des Musikunterrichts. Die zunehmende Verbreitung von musikpraktisch ausgerichteten musikdidaktischen Konzeptionen auch in der Sekundarstufe I führt Rolle (2014, S. 3) auf den Trend zur Gegenbewegung zu einem Musikunterricht zurück, in dem „zu viel sinnlos geredet wird". Ein Musikunterricht, der überwiegend aus vokaler oder instrumentaler Musizierpraxis besteht, spielt sich überwiegend in den musikdidaktischen Feldern „Produktion" bzw. „Reproduktion" ab. Für einen solchen musikpraktisch betonten Musikunterricht kann angenommen werden, dass der Sprachanteil der Schüler am Unterricht deutlich geringer ist als in einem Musikunterricht, der auch andere didaktische Felder, vor allem das Feld der Reflexion, einbezieht. Eine Auseinandersetzung mit konzeptioneller Schriftlichkeit ereignet sich in der Musikpraxis weder in produktions- noch in reproduktionsorientierten Settings, da die Schüler vorrangig eine rezeptive Rolle als Empfänger von (umgangssprachlichen) Anweisungen des Probenleiters einnehmen bzw. – sofern ohne Anwesenheit des Lehrers in Gruppen musiziert wird – untereinander vermutlich eher konzeptionell mündlich kommunizieren. Die Musizierpraxis kommt zudem in weiten Teilen ohne sprachliche Vermittlung aus. Stattdessen basiert die Aneignung musikpraktischer Fertigkeiten zu einem erheblichen Teil auf Nachahmung (Vor- und Nachspielen bzw. Vor- und Nachsingen). Sprache dient hier überwiegend der Anzeige, wann das Lernziel als erreicht zu betrachten ist, was mit Äußerungen wie „genau so", „gut" etc. ausgedrückt wird (vgl. Thorau 2012, S. 97). Dabei stehen i.d.R. die Äußerungen der Lehrkraft im Mittelpunkt. Ein echter Dialog kommt hierbei kaum zustande. Doch ließe sich auch das Klassenmusizieren zur Erweiterung sprachlicher Qualifikationen nutzen, wenn dafür gezielte Ansätze konzipiert würden. So könnten sich die am Musizieren Beteiligten über das gemeinsam Musizierte oder über Vorstellungen zur künstlerischen Gestaltung intersubjektiv (auch in Kleingruppen) verständigen und ihre musikbezogene Argumentationsfähigkeit im Ästhetischen Streit stärken.[131]

---

130 Vgl. dazu z. B. Schmölzer-Eibinger/Thürmann (2015).
131 Mehrere Beispiele zur Initiierung und Steuerung ästhetischer Diskurse beim Klassenmusizieren finden sich bei Rolle und Wallbaum (2011).

Darüber hinaus könnten Lehrgänge bzw. Instrumentalschulen für das Klassenmusizieren sprachsensibel gestaltet werden. Beim Klassenmusizieren, das keinem festgelegten Lehrgang folgt, können Lehrer durch die Wahl entsprechender Methoden Einfluss darauf nehmen, in welcher Weise und in welchem Umfang bei einer musikalischen Produktion oder Reproduktion sprachliche Anteile und Ziele eine Rolle spielen. Das sprachbildende Potenzial musikpraktischer Unterrichtssituationen hängt also weniger von einem didaktischen Konzept wie „Klassenmusizieren" als vielmehr von dessen Umsetzung ab. So, wie Lehrgänge zum Klassenmusizieren für Instrumentalklassen derzeit gestaltet sind, kann das Klassenmusizieren als eher nicht geeignet zur Umsetzung von Sprachbildung im Fach bezeichnet werden – dies war bisher jedoch auch nicht die Aufgabe eines vorrangig künstlerisch-praktisch orientierten Musikunterrichts. Dabei darf allerdings auch nicht außer Acht gelassen werden, dass die Sprachkompetenz der Schüler auch beim Klassenmusizieren für musikbezogene Lernprozesse von Bedeutung ist. Zwar kann das Erlernen eines Instruments und die musikalische Gestaltung in weiten Teilen auf Demonstration und Imitation basieren, doch sind bezüglich der Vermittlung von Spieltechniken auch differenzierte und komplexe Anweisungen (z. B. wie man ein Rohrblattinstrument anblasen soll, um ein gewünschtes Klangergebnis hervorzurufen) sprachabhängig. Die Schüler müssen in der Lage sein, differenzierte Anweisungen zu verstehen, um sie in Klang umsetzen zu können. Das Klangergebnis wirkt sich wiederum auf die Qualität des ästhetischen Erlebens der Schüler und damit auf die Einstellungen gegenüber dem Klassenmusizieren als Unterrichtsmodell sowie auf das musikalische Selbstkonzept der Schüler aus. Dies bedeutet einerseits, dass die sprachliche Gestaltung des Klassenmusizierens seitens des Musiklehrers zumindest die aktuelle Hörverstehensfertigkeit einer Lerngruppe einbeziehen muss. Andererseits lässt sich dies aber auch dahingehend interpretieren, dass sich das Klassenmusizieren eventuell eher für Schüler eignet, die in der Lage sind, sprachlich differenzierte Anweisungen zu verstehen, zumindest dann, wenn das Klassenmusizieren vorrangig mit einer künstlerischen Zielsetzung (hohe Klangqualität und Ausbildung einer ästhetischen Urteilsfähigkeit in Bezug auf eigene musikalische Ergebnisse und die anderer) verbunden ist und nicht außermusikalische Ziele wie soziale Kompetenz, Gemeinschaftsbildung oder andere Ziele gegenüber musikbezogenen Zielen im Vordergrund stehen.

Doch auch ohne Orientierung an Konzepten wie dem des „Aufbauenden Musikunterrichts" oder des Klassenmusizierens widmet sich ein großer Anteil der Unterrichtszeit im Musikunterricht – in Abhängigkeit von der Klassenstufe und Schulart – musikpraktischen Tätigkeiten, bei denen die Sprachanteile sowohl der Lehrer als auch der Schüler geringer ausfallen als in einem fakten- und wissensbasierten Unterricht, wie er für die Naturwissenschaften oder einige geisteswissenschaftliche Fächer charakteristisch ist. Kommunikation über Musik erfolgt meist medial mündlich, auch, wenn auch im Musikunterricht wie in anderen Fächern Fachtexte gelesen, Informationen aufgeschrieben und eigene Fachtexte (z. B. Werkinterpretationen) oder poetische Texte (z. B. Geschichten zu gehörter Musik) verfasst werden. Aufgrund der zu vermutenden Dominanz der musikdidaktischen Felder „Produktion" und „Reproduktion" im Musikunterricht ist davon auszugehen, dass bezogen auf die gesamtsprachlichen Anteile des Unterrichts den größten zeitlichen Anteil aus Schülerperspektive die Rezeption der Lehrersprache bzw. der Sprache der Mitschüler einnimmt, in absteigender Reihenfolge gefolgt von der eigenen medial mündlichen Sprachproduktion, Lesen und Schreiben. Aus Perspektive der Sprachbildung sollten Musiklehrende das Verhältnis von medialer Mündlichkeit und medialer Schriftlichkeit in ihrem Unterricht nicht der zufälligen Entwicklung durch entstehende Unterrichtssituationen überlassen, sondern die Verteilung bei der Unterrichtsplanung bewusst mit einbeziehen.

9 Sprachbildende Potenziale kooperativer Lernformen

Im Zusammenhang mit der Reflexion des Anteils medialer Schriftlichkeit und medialer Mündlichkeit am Musikunterricht sollte von den Lehrenden auch der eigene Anteil an Redezeit kritisch hinterfragt werden. Eine Erhöhung des Anteils der Redezeit von Schülern kann sowohl im Frontalunterricht als auch in kooperativen Lernformen durch den Einsatz bestimmter Gesprächstechniken umgesetzt werden – im Frontalunterricht z. B. durch Rundgespräche, bei denen reihum alle Schüler Gelegenheit erhalten, sich zu einem Thema zu äußern (vgl. Beiderwieden 2008, S. 20 f.). Der Lehrer hat hierbei eine moderierende Funktion, die auch Gelegenheit zum sprachdidaktischen Handeln (z. B. bezüglich des Umgangs mit sprachlichen Fehlern oder zur Förderung diskursiver Fertigkeiten) bietet. Da sich auf empirischer Basis kooperatives Lernen als eine Maßnahme effizienter sprachförderlicher Maßnahmen erwiesen hat (vgl. Schneider u. a. 2013, S. 97), können bewusst auch Sozialformen wie Partner- oder Gruppenarbeit als Unterrichtsformen eingesetzt werden. Dabei können als Grundstruktur kooperativen Lernens „Think-pair-share"-Techniken angewandt werden. „Think" steht für die erste Phase, die Einzelarbeit, in der die Schüler eine schriftlich gestellte Aufgabenstellung oder einen Text zunächst in Einzelarbeit lesen, ihr Wissen aktivieren, sich Notizen machen oder Nachforschungen anstellen. In der zweiten Phase („pair") werden die in der Einzelarbeit gewonnen Ergebnisse und Überlegungen in Partner- oder Gruppenarbeit vertieft. Die dritte Phase („share") besteht darin, die gemeinsam erstellten Arbeitsergebnisse im Plenum zu präsentieren. Die Gruppenergebnisse werden verglichen und ggf. nochmals vertieft. Die Think-pair-share-Technik lässt sich innerhalb kooperativer Settings auch in ästhetischen Transformationsprozessen von Musik in andere Darstellungsformen wie Bewegung, Bilder oder Texte anwenden. Hierbei kommen bereits zu Beginn des Transformationsprozesses bei der Entwicklung eines Gestaltungskonzeptes in der Gruppe Sprachhandlungsmuster wie Vorschlagen, Argumentieren, Begründen und Abwägen zum Tragen (vgl. Oberschmidt 2017a, S. 18).

In der sprachlichen Interaktion innerhalb kooperativer Settings werden nicht nur produktive und rezeptive Sprachfähigkeiten auf allen Qualifikationsebenen, sondern insbesondere auch die diskursive Qualifikation gefördert. Kooperative Lernformen können, da sie mehr Interaktion zwischen allen am Unterricht Beteiligten ermöglichen als lehrerzentrierte Unterrichtsformen, einen größeren Beitrag zur sozialen Partizipation leisten als Frontalunterricht. Bei der Entscheidung für kooperative Lernformen sollten jedoch auch die sprachlichen Lernvoraussetzungen innerhalb einer Gruppe reflektiert werden. Einerseits können relativ sprachhomogene Gruppen (Paare) zusammengestellt werden, so dass Schüler, die sich möglicherweise im Frontalunterricht aufgrund mangelnder Sprachkompetenz gehemmt fühlen und sich nur wenig oder gar nicht am Unterricht beteiligen, eher motiviert sind, sich sprachlich aktiv einzubringen. Andererseits ist auch die Bildung sprachheterogener Gruppen oder Paare denkbar. Aufgrund von sprachlichen Unsicherheiten eher zurückhaltende Schüler beteiligen sich in Kleingruppen eventuell eher am Gruppengeschehen als im Frontalunterricht und können dabei von den Fähigkeiten sprachstärkerer Schüler profitieren. Voraussetzung für die Gruppenzusammenstellung ist eine gute sprachdiagnostische Kompetenz bzw. die Information des Musiklehrers über Sprachprobleme einzelner Schüler durch andere Personen (Eltern, Sonderpädagogen, Sprach- oder Lerntherapeuten). Nur, wenn der Lehrer darüber in Kenntnis gesetzt wird und darüber hinaus beobachtet, wie in den einzelnen Gruppen kommuniziert wird, kann er als Moderator tätig werden und notwendige Hilfestellungen leisten. Zu berücksichtigen ist dabei, dass der Lehrer kaum einen Einfluss auf die gesamte diskursive Gestaltung in allen Gruppen haben kann. Eine explizit erwünschte Verwendung von Bildungs- und Fachsprache muss vom Lehrer gesteuert werden, da Gespräche in Gruppen eher konzeptionell mündlich geführt werden (vgl. Tajmel/Hägi-Mead 2017, S. 49). Eine Steuerung kann durch die entsprechende Formulierung von Arbeitsaufträgen – z. B., indem darin explizit auf die erwünschte Verwendung fachsprachlicher und bildungssprachlicher Begriffe Bezug genommen wird, – oder durch die Vorgabe von Listen mit Prozedurausdrücken erfolgen.

10 Sprachsensibel – sprachaufmerksam – sprachbewusst – De- und Rekonstruktion des Terminus „sprachbewusster Musikunterricht"

Für die Konzeption eines Musikunterrichts, der sich neben der Förderung fachlicher Kompetenzen die Förderung sprachlicher Kompetenzen zum Ziel gesetzt hat, kann auf mehrere für einen „sprachsensiblen", „sprachaufmerksamen" oder „sprachbewussten" Fachunterricht vorliegende Konzepte zurückgegriffen werden. Diese Konzepte unterscheiden sich hinsichtlich ihrer unterschiedlichen Bezeichnungen als „Sprachbildung im Fach" bzw. „Sprachförderung im Fach", wobei beide Begriffe meist synonym verwendet werden, sowie bezüglich ihres theoretischen Hintergrunds und der jeweils in einer Konzeption berücksichtigten sprachlichen Felder (Hören, Sprechen, Lesen, Schreiben). Weiter sind erhebliche Unterschiede bezüglich der jeweils entwickelten didaktischen Leitlinien, der methodisch-didaktischen Hinweise und der dargestellten Scaffoldinginstrumente[132] festzustellen. Demnach entsteht der mitunter verwirrende Eindruck, dass „Sprachbildung im Fach" und „Sprachförderung im Fach" jeweils Unterschiedliches bedeutet, obwohl in allen Ansätzen eine Verzahnung von Fach- und Sprachlernen mittels bestimmter Strategien, Methoden und Methodenwerkzeuge gemeint ist. Diese Begriffsvielfalt erschwert nicht nur die Umsetzung einer Sprachbildung für die Lehrkräfte und die Implementierung von Sprachbildung in die Lehrerbildung, sondern auch die Kommunikation sowohl innerhalb des fachdidaktischen als auch des sprachdidaktischen Diskurses. Neben den Begriffen „Sprachförderung im Fach", „Sprachbildung im Fach", „sprachsensibler", „sprachbewusster" oder „sprachaufmerksamer" Fachunterricht spielen auch die Begriff „DaZ-Unterricht" und „Sprachförderunterricht" weiterhin eine Rolle, ohne dass klare konzeptionelle Abgrenzungen erkennbar sind. Im Hinblick auf Inklusion kommt hinzu, dass sprachdidaktische Publikationen die Förderung von Kindern und Jugendlichen mit Aussprache- oder Redeflussstörungen, mit Hörbeeinträchtigungen oder anderen sprachlichen Einschränkungen wie Mutismus bislang nicht einbeziehen.

Eines der umfassendsten fachübergreifenden Konzepte wurde 2011 von Josef Leisen unter dem Titel „Sprachförderung im Fach" veröffentlicht und gilt mittlerweile als Standardwerk für die Umsetzung eines sprachsensiblen Fachunterrichts. Es gliedert

---

132 Der in der Sprachdidaktik verwendete Begriff „Scaffolding" geht maßgeblich auf Gibbons (2009) zurück und bezeichnet die Unterstützung von Lernprozessen durch die Bereitstellung von Lernhilfen, Denkanstößen o.Ä. als „Lerngerüst", das jedoch nur solange erhalten wird, wie es die Lerner benötigen. Im Kontext von Sprachbildung steht der Begriff für eine Technik, die es ermöglicht, „sprachliches Handeln so zu unterstützen, dass die von der jeweiligen Aufgabe erwarteten kognitiven und metakognitiven Operationen für die Schülerinnen und Schüler leistbar sind" (Thürmann 2011, S. 9). Dazu gehört nicht nur die Bereitstellung entsprechend aufbereiteter Unterrichtsmaterialien, sondern auch die Bereitstellung von Möglichkeiten zu Äußerungen, die mehr als Einwortsätze erfordern.

sich in einen theoretischen Grundlagenteil und einen Praxisteil mit sprachdidaktischen Strategien, Methoden und Methodenwerkzeugen. Leisen verwendet (allerdings nicht im Titel) für sein Konzept die Bezeichnung „Sprachsensibler Fachunterricht". Es bezieht sich auf die Sekundarstufe I bzw. den Unterricht an berufsbildenden Schulen und dabei vorrangig auf die Fächer Deutsch, Fremdsprachen, Mathematik, Naturwissenschaften, Erdkunde und Geschichte, wohingegen die ästhetischen Fächer Musik, Kunst und Sport sowie die Fächer Religion/Ethik nicht berücksichtigt werden. Die von Leisen dargestellten Strategien, Methoden und Methodenwerkzeuge lassen sich jedoch zumindest teilweise auch für den Musikunterricht adaptieren.

Leisen definiert den Begriff „Sprachsensibler Fachunterricht" folgendermaßen: „Sprachsensibler Unterricht ist der bewusste Umgang mit Sprache beim Lehren und Lernen im Fach" (Leisen 2011, Grundlagenteil, S. 3). Ein „sprachsensibler" Musikunterricht wäre demnach ein Musikunterricht, in dem bewusst mit Sprache beim Musiklehren und Musiklernen umgegangen wird. In dieser Definition bleibt allerdings unscharf, was genau mit „bewusstem Umgang" gemeint ist: das Bewusstsein der Lehrenden gegenüber dem Sprachstand der Schüler im Hinblick auf Standarddeutsch und/oder gegenüber dem Sprachstil[133] der Schüler? Ist das Bewusstsein der Lehrenden gegenüber ihrem eigenen Sprachstil und damit auch gegenüber den Wirkungen ihres Sprachhandelns auf die Schüler ebenfalls gemeint? Und: Wäre, falls Letzteres mit gemeint ist, darin auch das Bewusstsein der Lehrenden gegenüber der Sprache der Schüler, die sie auch untereinander, z. B. im Rahmen einer Gruppenarbeit im Unterricht verwenden, eingeschlossen? Offen bleibt hier, auf welche Aspekte von Sprache sich das „Bewusstsein" bezieht und inwiefern es sich auf die Lehrersprache oder auf die Schülersprache bezieht. Leisen selbst geht nur am Rande seines Konzepts auf die Lehrersprache ein, z. B. im Rahmen von Strategien zur Verbesserung der Gesprächsführung.

Im Gegensatz zu Leisen (2011) beziehen Schmölzer-Eibinger u. a. (2013) mit ihrer Publikation „Sprachförderung im Fachunterricht in sprachlich heterogenen Klassen" in ihr Konzept eines „sprachaufmerksamen" Fachunterrichts die Reflexion der eigenen Lehrersprache sowie die Reflexion der Schülersprache durch die Lehrenden explizit im Rahmen der von ihnen entwickelten didaktischen Leitlinien ein. Der Begriff der Aufmerksamkeit orientiert sich in ihrem Konzept an Roth (2011) und meint einen Zustand erhöhter Wahrnehmung. Unklar bleibt aber auch hier, wessen Wahrnehmung gemeint ist und auf welche Aspekte der an der verbalen Unterrichtsinteraktion Beteiligten sie sich bezieht.

Sowohl im „sprachsensiblen" Fachunterricht nach Leisen (2011) als auch im „sprachaufmerksamen" Fachunterricht nach Schmölzer-Eibinger u. a. (2013) sollen von den Fachlehrkräften Strategien, Methoden und Methodenwerkzeuge der Didaktik Deutsch, Deutsch als Zweitsprache sowie der LRS-Förderung angewandt werden. Obwohl sich zahlreiche Strategien, Methoden und Methodenwerkzeuge für den Musikunterricht adaptieren lassen, greifen diese Ansätze nach der hier vertretenen Auf-

---

[133] Unter dem Begriff „Sprachstil" werden in der Literatur sowohl verbale Elemente wie Satzbau, Artikulation, Wortschatz als auch paraverbale Elemente wie Sprachtempo, Stimmklang, Lautstärke und andere prosodische Sprachmerkmale verstanden.

fassung für den Musikunterricht insgesamt zu kurz. Ein Musikunterricht, der nur auf Strategien, Methoden und Methodenwerkzeuge der DaZ- und DaF-Didaktik sowie auf Lese- und Schreibstrategien der LRS-Förderung zurückgreift, wird der in der Realität existierenden sprachlichen Heterogenität im Hinblick auf eine inklusive Schule und den bildungspolitisch gestellten sprachbezogenen Entwicklungsaufgaben an den Musikunterricht nicht umfassend gerecht, da der Musikunterricht als einziges Schulfach auch implizite sprachtherapeutische (logopädische) Potenziale, vor allem durch Singen/Stimmbildung, bietet. Daraus kann zunächst kein Vorwurf an sprachdidaktische Konzepte erwachsen, da Sprachtherapie keine schulische Aufgabe ist. Der Musikunterricht nimmt jedoch durch seine Potenziale eine Sonderstellung im schulischen Fächerkanon ein und kann damit neben dem erwähnten sprachtherapeutischen Potenzial auch die bei Leisen und Schmölzer-Eibinger überhaupt nicht berücksichtigte Ebene der phonischen Basisqualifikation (Aussprache) ansprechen. Für den Musikunterricht ist es daher nicht ausreichend, lediglich Strategien, Methoden und Methodenwerkzeuge aus fachübergreifenden sprachdidaktischen Konzepten zu adaptieren. Es bedarf vielmehr einer Erweiterung, um den potenziellen Beitrag, den der Musikunterricht zur Sprachbildung auf *allen* sprachlichen Qualifikationsebenen nach Ehlich, Valtin und Lütke (2012) und in *allen* Klassenstufen, d. h. auch im noch nicht so stark gefächerten Unterricht der Primarstufe leisten kann, auszuschöpfen. Ein Musikunterricht, der sich die Umsetzung einer inklusiven Sprachbildung zum Ziel gesetzt hat, erfordert daher eine theoretische Basis, die Strategien, Methoden und Methodenwerkzeuge aus *allen* sprachdidaktischen Ansätzen (DaF-Didaktik, DaZ-Didaktik, Deutschdidaktik, LRS-Förderung) mit den sprachbildenden inhaltlichen und methodischen Potenzialen des Musikunterrichts vereinigt.

Im Rahmen der Entwicklung einer solchen Basis werden die Begriffe „sprachsensibel" bzw. „sprachaufmerksam", die Leisen und Schmölzer-Eibinger sinngemäß in der Bedeutung von „Sensibilität/Aufmerksamkeit des Lehrers gegenüber den sprachlichen Fertigkeiten seiner Schüler" definieren, aufgrund ihrer mangelnden Reichweite für die Bezeichnung einer inklusiven Sprachbildung im Fachunterricht Musik verworfen. Hierzu erfolgt ein Rückgriff auf den Duden, der für das Wort „sensibel" die Synonyme „einfühlsam", „empfindsam", „feinfühlig", „rücksichtsvoll" und „taktvoll" aufführt. Diesbezüglich wird hier die Auffassung vertreten, dass es nicht genügt, als Lehrkraft dem formalen Sprachgebrauch der Schüler gegenüber nur „sensibel" zu sein – wie bei Leisen – bzw. sich im „Zustand erhöhter Wahrnehmung" gegenüber der formalen Ebene der Schüler- und Lehrersprache – wie bei Schmölzer-Eibinger u. a. (2013) – zu befinden, wenngleich „Sensibilität" und die „erhöhte Wahrnehmung" des Musiklehrers unabdingbare Voraussetzung für einen angemessenen Umgang mit sprachlicher Heterogenität und der Förderung der sprachlichen Kompetenzen der Schüler darstellen. Über Einfühlsamkeit, Empfindsamkeit, Rücksichtnahme und Aufmerksamkeit gegenüber der Sprache als System hinaus bedarf es jedoch weiterer Eigenschaften, Einstellungen und Fähigkeiten seitens der Musiklehrenden. Verbales Lehrerhandeln ist auch im Hinblick auf den *Inhalt* von Äußerungen über fachliches und sprachliches Schülerhandeln bei der Entwicklung von fachlichen und sprachlichen Selbstkonzepten von Schülern relevant, da Äußerungen von Lehrenden von den Schülern immer gedeutet werden. Doch neuere empirische Befunde der Musikpädagogik deuten darauf hin, dass Musiklehrer mehr als Lehrende anderer Fächer in fachlichen Handlungssituationen (singen, tanzen, etc.) verbal verletzend agieren und damit zu einem negativen Selbstkonzept von Schülern beitragen können. Daher wird der Blick über die Ebenen des IALT-Sprachmodells „Grammar and Vocabulary" und „Discourse" hinaus auf die Ebene der Bedeutungen („meaning") in sozialen Kontexten („social context") gerichtet. Die Perspektive auf Sprache als System wird damit um die Perspektive von Sprache als sozialer Handlung erweitert. Mit dieser Erweiterung auf die *inhaltliche* und nicht nur *formale* Dimension von sprachlichen Äußerungen rücken die Dimension „Einstellungen" des IALT-Curriculums und damit auch interaktionstheoretische und kommunikationstheoretische Ansätze mit in den Fokus der Sprachbildung. Die Lehrenden sollten „bewusst" auch im Hinblick auf den Inhalt ihrer Äußerungen und die mögliche Bedeutung, die bei Schülern durch ihr Sprachhandeln erzeugt wird, agieren, da sich im sprachlichen Lehrerhandeln Einstellungen gegenüber Schülern manifestieren. Doch selbst in Fachpublikationen für einen „sprachbewussten" Fachunterricht, die sich u. a. auch mit Einstellungen von Lehrenden befassten, wird der Begriff „Diskriminierung" lediglich dahingehend verstanden, dass Schüler aufgrund eines zu hohen, nicht auf ihr Sprachniveau abgestimmten Niveaus der Unterrichtssprache benachteiligt werden, nicht jedoch aufgrund herabsetzender, verletzender sprachlicher Äußerungen: „Kritisch sprachbewusst zu sein bedeutet, das Selektionspotenzial sprachlicher Normen zu reflektieren" (Tajmel/Hägi-Mead 2017, S. 10). Antidiskriminierend und kritisch-reflexiv, d. h. „sprachbewusst" im Sinne Tajmels und Hägi-Meads, ist ein Fachunterricht demnach dann, wenn Lehrer bereit sind, sich mit der Bedeutung von Sprache im Fach (gemeint ist offenbar: für das Fachlernen) auseinanderzusetzen, über linguistisches und sprachdidaktisches Grundlagenwissen verfügen, sich ihrer Verantwortung für Sprachbildung bewusst sind und einen nicht diskriminierenden Zugang zu fachlicher Bildung ermöglichen. Ferner gehört zur „Sprachbewusstheit" nach Tajmel und Hägi-Mead Wissen darüber, dass Sprache ein Mittel der Selektion und Exklusion darstellen kann und Normen, Traditionen oder fachkulturelle Merkmale ebenfalls selektierende oder exkludierende Wirkungen haben können. In das von Tajmel und Hägi-Mead dargestellte Modell von Sprachbewusstheit der Lehrkräfte werden soziale Aspekte (Schule und Unterricht als soziale Felder) zwar einbezogen, jedoch nicht die bedeutungserzeugende, sozial-interaktive Ebene sprachlicher Äußerungen, d. h. die Wirkung von Lehreräußerungen auf die Persönlichkeitsentwicklung der Schüler (vgl. Tajmel/Hägi-Mead 2017, S. 11).

Diesen Aspekt ebenfalls unter den Terminus „Sprachbewusster Musikunterricht" zu fassen, stellt gegenüber bisherigen Publikationen zum „sprachbewussten" Fachunterricht eine Erweiterung dar. Um den hier gemeinten Begriff „sprachbewusst" von der Bedeutung des in anderen Publikationen verwendeten Begriffs „sprachbewusst" sowie von synonym verwendeten Begriffen wie „sprachaufmerksam" oder „sprachsensibel" abzugrenzen, wird für die Fokussierung auf die Ebene der Sprache als System daher an dieser Stelle der Terminus „Sprachorientierter Musikunterricht" eingeführt, da sich die Anwendung von sprachdidaktischen Unterstützungsmaßnahmen zur Entwicklung einer Bildungs- und Fachsprache am aktuellen Stand der Sprachentwicklung der Schüler orientieren und diese weiter entwickeln soll. „Sprachbewusster Musikunterricht" im künftig hier verwendeten Sinn meint über den Blick auf die formale Ebene von Sprache als „grammar", „vocabulary" und „discourse" hinaus, dass Musiklehrende sich neben der Anwendung von sprachdidaktischen Strategien, Methoden und Methodenwerkzeugen zur Förderung bildungs- und fachsprachlicher Handlungskompetenzen auch der Relevanz des sprachlichen Gehalts von Äußerungen im Unterricht „bewusst" sein sollten. Weiterhin werden auch der Einsatz körpersprachlicher Kommunikation (Gestik, Mimik), sowie der bewusste Umgang mit paraverbalen Merkmalen der Sprache wie Sprachtempo, Pausierung, Tonhöhe etc. unter den Begriff „Sprachbewusster Musikunterricht" subsumiert. Lehrer sollten auch auf diesen Ebenen ein Sprachvorbild abgeben und ihre eigene Sprache im Hinblick auf diese Merkmale – soweit diese bewusst steuerbar sind – so einsetzen, dass sie einen förderlichen Rahmen für Lernprozesse bilden.

Um die Unterschiede zwischen einem sprach*orientierten* und sprach*bewussten* Musikunterricht zu verdeutlichen, wird im Folgenden zunächst das Modell des Sprachorientierten Musikunterrichts vorgestellt, das bis auf den Bereich der Sprachtherapie auch für andere Fächer Gültigkeit beanspruchen kann und sämtliche sprachdidaktischen Ansätze einbezieht, die nach der hier vertretenen Auffassung für die Konzeptionierung einer Sprachbildung im Fach heranzuziehen sind, und über deren theoretische Annahmen, Strategien, Methoden und Methodenwerkzeuge Fachlehrende verfügen müssen, um eine Entwicklung bildungssprachlicher und fachsprachlicher Handlungskompetenzen systematisch unterstützen zu können. Das Modell des Sprachorientierten Musikunterrichts wird anschließend um weitere Perspektiven und Handlungsfelder zum Modell eines im oben beschriebenen Sinn „sprachbewussten" Musikunterrichts weiter entwickelt.

„Sprachorientiert" bedeutet, dass der Unterricht den individuellen Sprachstand der Schüler als Ausgangspunkt für den Sprachgebrauch des Lehrers, die sprachliche Formulierung von Arbeitsaufträgen und Aufgabenstellungen, von Unterrichtsmaterialien sowie für das Hinzuziehen unterstützender sprachdidaktischer Maßnahmen (Scaffolding) nimmt und sich zum Ziel setzt, die Schüler in die nächste Zone ihrer sprachlichen Entwicklung (vgl. Wygotski 1934/1971) zu führen. Dabei besteht die Herausforderung für die Lehrenden weniger in der Kenntnis von prinzipiell anwendbaren Scaffoldingtechniken wie z. B. der Einbeziehung des Vorwissens der Schüler, der Zuhilfenahme von Zusatzmaterialien, der Sequenzierung von Lernaufgaben im Hinblick auf das Abstraktionsniveau oder der Planung von metasprachlichen Reflexionsphasen, als vielmehr in der Herstellung einer wirklichen Passung zwischen sprachunterstützenden Methoden bzw. Methodenwerkzeugen und dem Sprachstand der Schüler. Sprachorientierter Musikunterricht nimmt die gesamte Bandbreite sprachlicher Heterogenität, die innerhalb einer Lerngruppe auftreten kann, in den Blick, und soll dieser Heterogenität durch die Integration aller bisherigen Ansätze zur Förderung sprachlicher Kompetenzen inklusive der Nutzung der im Umgang mit Musik implizit vorhandenen sprachtherapeutischen Potenziale (z. B. Singen oder rhythmisches Sprechen) Rechnung tragen. Dabei basieren alle Unterstützungsmaßnahmen, die im Musikunterricht sinnvoll eingesetzt werden können, auf den folgenden, bisher getrennten didaktischen Konzepten mit ihren jeweiligen theoretischen Hintergründen:

- dem Unterricht Deutsch als Zweitsprache (DaZ),
- dem Unterricht Deutsch als Fremdsprache (DaF),
- dem muttersprachlichen Deutschunterricht (DaM),
- sprachtherapeutischen Konzepten,
- der LRS-Förderung.

Diese Konzepte werden nunmehr im Modell des Sprachorientierten Musikunterrichts integriert.

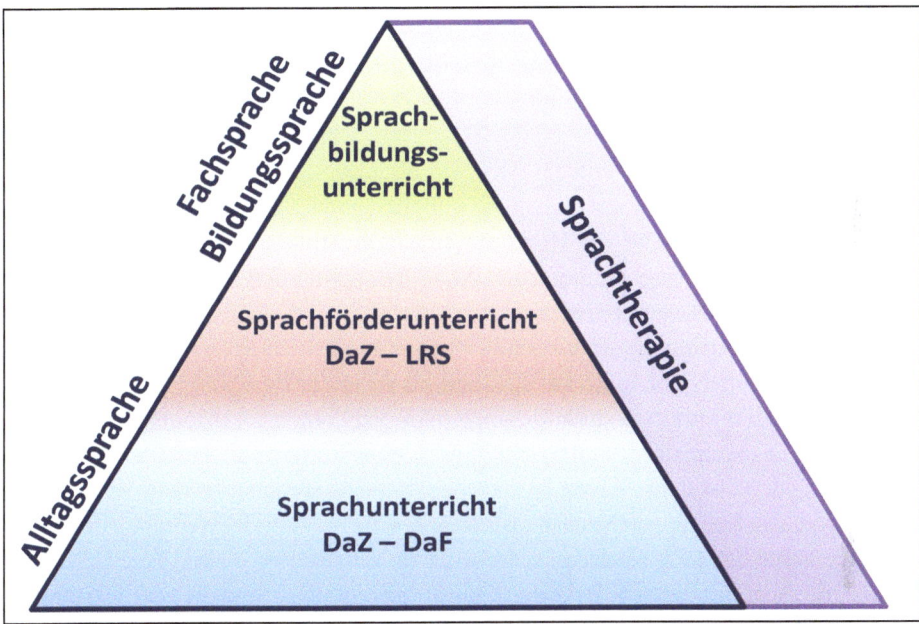

Abb. 14: Modell des Sprachorientierten Musikunterrichts

Die in dem Modell dargestellten Konzepte unterscheiden sich hinsichtlich der Zielgruppen, für die sie jeweils konzipiert wurden, wobei die Zuordnungen von Zielgruppe und Konzept auf der Kategorisierung jeweils unterschiedlicher Rahmenbedingungen des Spracherwerbs und der sich daraus ergebenden potenziellen Probleme beim Spracherwerb beruhen (Deutsch als Zweitspracherwerb in Deutschland auf der Basis einer altersangemessen entwickelten Erstsprache oder zweier nicht altersangemessen entwickelten Sprachen, Deutsch als Fremdspracherwerb außerhalb Deutschlands auf der Basis einer altersangemessen entwickelten Erstsprache,[134] Spracherwerb bei geis-

---

134 Eine neue Herausforderung für die Sprachdidaktik stellt der Erwerb der deutschen Sprache als Fremdsprache innerhalb des deutschsprachigen Raums dar, in welchem Deutsch

tiger Behinderung etc.) oder auf der Art der Sprachschwierigkeiten (z. B. LRS, Redeflussstörung, Aussprachestörung etc.).

In der bisherigen Fachterminologie der Sprachdidaktik werden unter das Konzept „Sprachförderunterricht" alle Maßnahmen subsumiert, die zur Förderung von Schülern mit nicht altersangemessener Sprachkompetenz in Bezug auf die deutsche Sprache eingesetzt werden können. Zielgruppe eines Sprach*förder*unterrichts, unabhängig davon, ob es sich um unterrichtsinterne oder zusätzliche externe Unterrichtsangebote handelt und unabhängig davon, ob Deutsch als Muttersprache oder als Zweitsprache erworben wird, sind Schüler mit Sprachentwicklungsverzögerungen oder Sprachentwicklungsstörungen, bei denen Förderbedarf in einem oder mehreren Bereichen der sprachlichen Basisqualifikationen im Hinblick auf die deutsche Sprache diagnostiziert wurde. Bei der Gruppe, die Förderbedarf aufweist, handelt es sich somit um Schüler, die nicht über eine mindestens altersangemessene alltagssprachliche Kompetenz bezüglich der deutschen Sprache (und damit auch nicht über eine bildungssprachliche Handlungskompetenz) verfügen. Im Sprach*förder*unterricht liegt der methodische Schwerpunkt auf Scaffoldinginstrumenten des DaZ-Unterrichts und der LRS-Förderung.

Die Zielgruppe des *Sprach*unterrichts sind hingegen Schüler, die *mindestens* über eine altersangemessene alltagssprachliche, möglicherweise auch bildungssprachliche Kompetenz in *einer* Sprache (der Herkunftssprache) verfügen, deren deutsche Sprachkompetenz aber so gering ist, dass eine aktive Beteiligung am Unterricht überhaupt nicht möglich ist (z. B. keine Deutschkenntnisse aufgrund einer erst kurzen Aufenthaltsdauer in Deutschland). Diese Schüler benötigen keinen Sprach*förder*unterricht, sondern Sprachunterricht, und zwar so lange, bis sie in der Lage sind, der Unterrichtssprache Deutsch mindestens situationsangemessen zu folgen. Der Übergang zwischen den Bereichen „Sprachförderunterricht" und „Sprachunterricht" gestaltet sich allerdings fließend. Es ist daher davon auszugehen, dass im Sprachunterricht Scaffoldinginstrumente des Konzepts „Deutsch als Zweitsprache" verwendet werden, jedoch keine Instrumente der LRS-Förderung, wenn davon ausgegangen wird, dass diejenigen Schüler, die Sprachunterricht benötigen, zumindest in *einer* Sprache (der Herkunftssprache) mindestens altersangemessen literalisiert sind. Sofern sie überhaupt nicht oder zumindest nicht in einer lateinischen Schrift alphabetisiert sind und noch über eine sehr geringe mündliche Sprachkompetenz im Deutschen verfügen, benötigen diese Schüler zusätzlich zum Sprachunterricht Sprach*förder*unterricht, der, wie oben dargestellt, auch Strategien, Methoden und Methodenwerkzeuge der LRS-Förderung umfassen kann. Sprachunterricht und Sprachförderunterricht dienen in dem hier gemeinten Sinn in erster Linie zur Entwicklung altersangemessener alltagssprachlicher Kompetenzen. Nur, wenn diese hinreichend entwickelt sind, kann darauf im bildungssprachlichen Fachunterricht eine komplexe Bildungs- und Fachsprache aufbauen. So kann z. B. ein Fachtext erst dann sinnverstehend erfasst werden, wenn die dazu

---

zugleich die Verkehrssprache ist. Hinzu kommt die Heterogenität bezüglich der bei den Schülern vorhandenen Alphabetisierung in lateinischer Schrift, anderer Schrift oder gänzlich fehlender Alphabetisierung.

notwendigen Qualifikationen entsprechend ausgebildet sind, z. B. eine ausreichend schnelle Leseflüssigkeit, entsprechende Wortschatzkenntnisse und die Fähigkeit zur Erfassung der grammatischen Strukturen.

Der reguläre Fachunterricht Deutsch schließlich richtet sich an Schüler, die mindestens über eine altersangemessene alltagssprachliche bzw. eventuell bereits auch über eine bildungssprachliche Kompetenz verfügen, die ausreicht, um sich im Unterricht sowohl rezeptiv als auch produktiv beteiligen und alle sprachlichen Intentionen erreichen zu können. Der Fachunterricht Deutsch ist weiter in zwei Bereiche zu unterteilen: zum einen in einen Unterricht, der der Entwicklung alltagssprachlicher Kompetenz und expliziter Sprachbewusstheit dient (wozu auch die Schriftsprache gehört), und zum anderen in einen Unterricht, der Deutsch als Bildungs- und Fachsprache, d. h. als Sprach*bildungs*unterricht vermittelt (z. B. Gedichtanalysen, Textsorten etc. im Literaturunterricht) und der auch – wie der Musikunterricht – ästhetische Aspekte umfasst und in dem die Metaphorik entsprechend ebenfalls von hoher Bedeutung ist. Zu den grundlegenden Aufgaben des Deutschunterrichts gehört der Schriftspracherwerb. Schüler, bei denen der Schriftspracherwerb gestört verläuft, benötigen fachübergreifend besondere Unterstützungsmaßnahmen (LRS-Förderung). Therapeutische Maßnahmen wie Psychotherapie und umfangreiche Übungsmaßnahmen zur Verringerung der bestehenden Probleme können jedoch unterrichts- bzw. schulintern nicht geleistet werden.

Einen separat zu betrachtenden Förderbereich stellen Sprachstörungen wie Aussprache- oder Redeflussstörungen (z. B. Lautbildungsstörungen, Stottern, Poltern) dar. Diese Störungen, die bei allen Zielgruppen zwischen Sprachunterricht, Sprachförderunterricht und Sprachbildungsunterricht auftreten können, d. h., bei denen *nur* auf der Ebene der phonischen Basisqualifikation im Bereich der Produktion Förderbedarf besteht, erfordern sprachtherapeutische Maßnahmen. Dass der Musikunterricht durch seine Umgangsweisen mit Musik – insbesondere durch Singen und rhythmisches Sprechen – implizit Potenziale bietet, die sich positiv auf solche Sprachprobleme auswirken können, wurde in Kap. 7.2 und 7.5 bereits dargestellt. Daher soll an dieser Stelle die bisherige Trennung zwischen den verschiedenen sprachdidaktischen Ansätzen und Elementen der Sprachtherapie in einem inklusiven Musikunterricht aufgegeben werden.

Die jeweils individuellen sprachlichen Lernvoraussetzungen erfordern den Einsatz individueller sprachunterstützender Maßnahmen seitens der Musiklehrenden. Das Modell des Sprachorientierten Musikunterrichts definiert jedoch nicht die Aufgaben *eines* Musiklehrers, sondern umfasst sämtliche in allen sprachdidaktischen Konzepten potenziell enthaltenen Maßnahmen des Scaffoldig sowie die dem Musikunterricht immanenten Potenziale zur Entwicklung sprachlicher Kompetenzen. Diese implizit vorhandenen Potenziale können nicht als Scaffolding bezeichnet werden, weil sie in den Umgangsweisen mit Musik und in bestimmten Methoden des Musikunterrichts per se enthalten sind. Um diese Potenziale *bewusst* für die Sprachbildung nutzen zu können, müssen Musiklehrende dazu befähigt werden, sie aufgreifen und mit Scaffoldingtechniken verbinden zu können. Musiklehrende können und sollen sich weder als

Deutsch-, DaZ- oder DaF-Lehrer oder gar als Sprachheilpädagogen betätigen. Sie sollten jedoch über so viel Wissen hinsichtlich der jeweiligen im Modell des Sprachorientierten Musikunterrichts dargestellten Konzepte verfügen, um bemerken zu können, ob Schüler einer sprachlichen Förderung bedürfen, sowie um geeignete Strategien, Methoden und Methodenwerkzeuge für eine Verzahnung fachlichen und sprachlichen Lernens auswählen zu können.

Alle in das Modell des Sprachorientierten Musikunterrichts aufgenommenen Konzepte haben die Funktion, die Sprachkompetenz der Schüler auf der Grundlage ihrer individuellen sprachlichen Lernvoraussetzungen so weit wie möglich zu entwickeln, wobei sich in der Praxis immer Überschneidungen der verschiedenen Ansätze ergeben werden. „Sprachorientiert" ist demzufolge ein Musikunterricht, der die sprachlichen (Basis-)Qualifikationen aller Schüler auf der Basis von Unterrichts- und Selbstreflexion systematisch fördert, indem er

- die individuell gegebenen sprachlichen Voraussetzungen der Schüler in allen sprachlichen Qualifikationsbereichen nach Ehlich, Valtin und Lütke (2012) zur Ausgangsbasis macht,
- Methoden und Methodenwerkzeuge des muttersprachlichen Deutschunterrichts, des Unterrichts Deutsch als Zweitsprache, der LRS-Förderung und des Unterrichts Deutsch als Fremdsprache an Inhalten des Faches Musik anwendet,
- die Ausbildung von alltagssprachlichen, bildungssprachlichen und fachsprachlichen Strukturen unter der Berücksichtigung der Qualifikationsbereiche nach Ehlich, Valtin und Lütke (2012) anhand von Inhalten, Methoden und Umgangsweisen des Faches Musik fördert,
- stimmbildende Elemente einbezieht, die vorrangig musikbezogenen Lernzielen dienen, jedoch implizit Bestandteil auch sprachtherapeutischer (logopädischer) Maßnahmen sein können und die die produktive Ebene der phonischen Basisqualifikation betreffen.

Im Musikunterricht, in dem künstlerische und kreative Leistungen und Äußerungen von Schülern über Musik von den Lehrenden oft subjektiv bewertet werden, trägt jedoch nicht nur die Verknüpfung fachlichen und sprachlichen Lernens zum Lernerfolg bei, sondern auch die Art und Weise der verbalen Lehrer-Schüler-Interaktion. Dabei stehen die Auswirkungen sprachlicher Äußerungen auf die Persönlichkeitsentwicklung und damit auf das musikalische bzw. sprachliche Selbstkonzept der Schüler im Mittelpunkt. Nach Shavelson, Hubner und Stanton (1976) handelt es sich beim Selbstkonzept, das sich aus den Dimensionen körperbezogenes, emotionales, soziales und leistungsbezogenes Selbstkonzept zusammensetzt, um „durch Umwelterfahrungen und deren Interpretation durch das Individuum geformte Selbstwahrnehmungen einer Person" (Shavelson/Hubner/Stanton 1976, S. 415). Erfahrungen mit ihrer musikalischen Umwelt werden Schülern im Musikunterricht in erheblichem Umfang durch Fremdzuschreibungen und Bewertungen des Musiklehrers sprachlich vermittelt. Anerkennung in der verbalen Lehrer-Schüler-Interaktion ist daher als wesentlicher Faktor für die Entwicklung eines positiven musikbezogenen Selbstkonzepts zu betrachten.

Dass das verbale Handeln von Musiklehrenden jedoch nicht immer der Persönlichkeitsentwicklung und der Entwicklung eines positiven musikalischen Selbstkonzepts zuträglich ist, tritt in einer Studie von Tellisch (2015) zur verbalen Lehrer-Schüler-Interaktion im Musikunterricht im Kontext von Menschenrechtsbildung zutage, auf die in Kapitel 10.1 näher eingegangen wird. Verbale Lehrer-Schüler-Interaktionen auf der kommunikationstheoretischen Ebene werden in sprachdidaktischen Fachpublikationen kaum thematisiert. Wenn „Sprachkompetenz" im Sinne Heines (2015, S. 83 ff.) jedoch bedeutet, sich in verschiedenen kommunikativen Situationen angemessen verhalten und seine Intentionen mit sprachlichen Mitteln erreichen zu können, um auf dieser Basis am gesellschaftlichen Geschehen zu partizipieren, sind dafür nicht nur formal korrekte Sprachstrukturen, sondern auch kommunikationstheoretische und kulturspezifische Kenntnisse und Fähigkeiten notwendig. Ein „sprachbewusster" Fachunterricht kann sich daher nicht nur auf die formale Sprachebene beschränken. Daher werden vor dem Hintergrund der Forschungsbefunde von Tellisch im Folgenden weitere Dimensionen aus der Perspektive auf Sprache als Kommunikationsmittel in sozialer Interaktion angeführt und in das Modell eines Sprachbewussten Musikunterrichts integriert.

10.1 Verbale und nonverbale Lehrer-Schüler-Interaktion als psychologische Dimension des Musiklernens und des musikalischen Selbstkonzepts

Lehrersprache ist nicht nur ein Element von Lehr- und Lernprozessen, sondern schafft auch Beziehungen und Bedeutungen im Sinne von Zuschreibungen (vgl. Eiberger/Hildebrandt 2014, S. 6). Somit kommt es nicht nur darauf an, was inhaltlich gesagt wird, sondern *wie* eine Äußerung formuliert wird, d. h. mittels welcher Wortwahl und mittels welcher paraverbalen Merkmale. Ein und derselbe Sachverhalt lässt sich auf unzählige Arten verbal ausformulieren, wobei Gestik und Mimik die Sprecherabsicht unterstützen und Sprechereinstellungen und die soziale Beziehung zwischen Sprecher und Adressat widerspiegeln (z. B. Abwertung durch abfälliges Verziehen des Mundes oder eine wegwerfende Handbewegung). Daher kommt sowohl verbaler als auch nonverbaler Sprache ein zentraler Stellenwert innerhalb von Anerkennungstheorien zu. Im Musikunterricht haben verbale oder nonverbale Äußerungen einen nicht unerheblichen Einfluss auf die Musikerfahrung. Richter (1987) resümiert über die Bedeutung von Sprache im Musikunterricht: „Sie kann bereichern, anregen, Zusammenhänge aufzeigen, auf Verborgenes aufmerksam machen, Beziehungen stiften... – sie kann aber auch einengen, nivellieren, die Erfahrung stören oder zerstören" (Richter 1987, S. 569). (Musikalische) Umwelterfahrungen kumulieren neben weiteren, psychologischen Faktoren in (musikalischen) Selbstkonzepten. Für die Ausbildung des individuellen musikalischen Selbstkonzepts tragen Musiklehrende neben anderen Sozialisationsinstanzen wie Eltern oder Peers eine erhebliche Verantwortung. Ihre Einstellungen gegenüber Schülern werden sowohl durch verbales als auch nonverbales Lehrerhandeln sichtbar. Die Lehrenden müssen auf die sprachlichen Äußerungen über Musik und die künstlerischen und kreativen Beiträgen von Schülern angemessen reagieren, was gerade in einem Unterrichtsfach, in dem objektive Maßstäbe zur Beurteilung künstlerischer und kreativer Leistungen oft fehlen, problematisch sein kann. Eine Kommunikation über Musik, in der Schüler immer auch etwas über sich selbst, über ihre Emotionen, Werte und das, was Musik für sie bedeutet, preisgeben, kann sich nur in einem angstfreien und positiven Unterrichtsklima offen und ehrlich ereignen und wird nur dann einen Erkenntnisgewinn für die Schüler darstellen. Dieses Klima herzustellen, erfordert entsprechende pädagogische Einstellungen und Kompetenzen seitens der Musiklehrenden, die sich u. a. in ihrem Sprachgebrauch und darin manifestieren, wie sie den Sprachgebrauch der Schüler untereinander bewerten und ggf. reglementieren. Zu Recht weist Mertens (2018, S. 99) auf den Stellenwert einer angemessenen Feedback-Kultur hin, auf Regeln, die den „Ton" der Rückmeldung rahmen, „damit Verurteilungen oder Aburteilungen vermieden werden". In diesem Zusammenhang kann auch auf Ergebnisse der Begleitforschung des Singprojektes „Primacanta" (Spychiger/ Aktas 2015) verwiesen werden, in der Ermutigung als eine wesentliche Determinante pädagogischen Handelns im Zusammenhang mit musikalischen Selbstkonzepten identifiziert wurde. Dabei wurden in Videoanalysen sieben verschiedene Kategorien von Ermutigung im Musikunterricht beobachtet: (1) sprachliche Ermutigung, (2) starkes sprachliches Lob, (3) schwaches sprachliches Lob, (4) positive Ansprache, (5) körpersprachliche Ermutigung, (6) Einbezug der Schülerinnen und Schüler und (7) gegenseitiges Ermutigen der Schüler. Dass Musiklehrer jedoch keineswegs immer ermutigen und positive Einstellungen gegenüber ihren Schülern vertreten, wurde durch die interaktionstheoretische Forschungsarbeit von Tellisch „Lehrer-Schüler-Interaktionen im Musikunterricht als Beitrag zur Menschenrechtsbildung" (2015) aufgedeckt. Tellisch stellt ihre Arbeit in den Kontext der Menschenrechtsbildung vor dem Hintergrund der UN-Kinderrechtskonvention, die in Deutschland 1992 in Kraft trat. Darin heißt es in Artikel 29, Abs. 1a: „Die Vertragsstaaten stimmen darin überein, dass die Bildung des Kindes darauf gerichtet sein muss, die Persönlichkeit, die Begabung und die geistigen und körperlichen Fähigkeiten des Kindes voll zur Entfaltung zu bringen" (Bundesministerium für Familie, Senioren, Frauen und Jugend 1990, S. 22). In Artikel 28, Abs. 2, findet sich außerdem folgende Passage: „Die Vertragsstaaten treffen alle geeigneten Maßnahmen, um sicherzustellen, dass die Disziplin in der Schule in einer Weise gewahrt wird, die der Menschenwürde des Kindes entspricht" (Bundesministerium für Familie, Senioren, Frauen und Jugend 1990, S. 22). Tellisch weist in einer Analyse von über 1000 Szenen aus nahezu 100 Musikstunden, die zwischen 2008 und 2012 an 30 Primar- und Sekundarschulen protokolliert wurden, nach, dass Musiklehrende öfter als andere Fachlehrer offenbar nicht über die pädagogische Kompetenz verfügen, Schüler in ihrer Persönlichkeitsentwicklung durch Anerkennung und Wertschätzung zu unterstützen. Tellisch identifizierte folgende Kategorien anerkennenden und verletzenden verbalen Verhaltens.

Tab. 5: Kategorien verbalen Verhaltens (Tellisch 2015)

Anerkennende Verhaltensweisen	Verletzende Verhaltensweisen
loben, belohnen, positiv hervorheben, Humorvoller Umgang mit schwierigen Situationen, helfen, konstruktiv kritisieren, bestärken, ermutigen, beruhigen, bestätigen, verstärken, zutrauen	Ironie, Sarkasmus, brüllen, drohen, herabsetzen, Verweigern von Hilfe, destruktiv ermahnen, lächerlich machen, nachäffen, beleidigen, beschimpfen, verängstigen, beschuldigen, nicht konstruktiv kritisieren, verunsichern, entwerten, unterstellen, unterbrechen, bloßstellen, verspotten

Obwohl insgesamt mehr anerkennende als verletzende verbale Lehrer-Schüler-Interaktionen beobachtet wurden, wurde in ca. einem Drittel aller beobachteten Lehrer-Schüler-Interaktionen verletzendes Sprachhandeln seitens der Musiklehrenden festgestellt. Tellisch schließt daraus, dass ein Defizit in der Musiklehrerausbildung besteht und fordert, das Thema „Lehrer-Schüler-Interaktion" auf der Basis des von ihr entwickelten Modells eines Humanen Musikunterrichts in die Musiklehrerbildung zu integrieren.

Dies ist nicht nur aus der Perspektive von Menschenrechtsbildung, sondern auch aus musik- und sprachdidaktischer Perspektive geboten, da Emotion und Motivation der Schüler sowohl im Hinblick auf musikbezogenes als auch auf sprachbezogenes Lernen maßgeblich durch das verbale und nonverbale Lehrerhandeln beeinflusst werden. Die vielfach in der Sprachdidaktik formulierte Forderung, Fachlehrer sollten ein sprachliches Vorbild abgeben (vgl. Roth 2015), bezieht sich i.d.R. auf die formale, sprachstrukturelle Ebene, nicht jedoch auf das, *was* gesagt wird und *wie* es (auch auf der paraverbalen und nonverbalen Ebene) gesagt wird. Die Reflexion des formalen Sprachgebrauchs allein ist für einen Sprachbewussten Musikunterricht jedoch nicht ausreichend, da bei der Entwicklung des musikalischen und des sprachlichen Selbstkonzepts „die pädagogische Interaktion eine hohe Bedeutung hat: Es kommt sehr drauf an, was Lehrpersonen in Leistungs- und weiteren selbstrelevanten Situationen sagen. […] Es ist auch nicht immer scharf zu trennen zwischen verbaler und nichtverbaler Kommunikation, die körpersprachlichen Botschaften begleiten und färben die Sprache. Sehr oft aber wirken nicht-verbale Interaktionen – Gestik, Mimik, Bewegung im Raum – und vokale Färbungen bzw. nicht-verbale, aber vokale Äußerungen wie Lachen, Seufzen, Schmunzeln etc. besonders stark als Botschaften" (Spychiger/Aktas 2015, S. 53). Zur Dimension der Lehrer- und Schülersprache des im IALT-Sprachmodell aufgeführten Bereichs „interaction" gehört im Hinblick auf die Entwicklung von Selbstkonzepten der Schüler somit auch Wissen um nonverbale und paraverbale Aspekte. Darüber hinaus spielen Kenntnisse über kommunikationstheoretische Aspekte eine gravierende Rolle wie im Vier-Seiten-Modell von Schulz v. Thun (1998), das innerhalb der Kommunikationstheorie einen zentralen Stellenwert hat. Demnach unterliegt jede sprachliche Äußerung

- einem Sachaspekt (worüber informiere ich? Drücke ich Sachverhalte klar und verständlich aus?),

- einem Beziehungsaspekt (wie behandle ich meine Mitmenschen durch die Art meiner Kommunikation? Was halte ich von ihnen und wie stehen wir zueinander?),
- einem Selbstoffenbarungsaspekt (was offenbare ich von mir selbst, z. B. welche Einstellung gegenüber der sprachlichen Kompetenz meiner Schüler?),
- einem Appellaspekt (was will ich mit meiner Äußerung bewirken? Wozu soll der Empfänger veranlasst werden?).

(vgl. Schulz v. Thun 1998)

Auch einige der von Watzlawick, Beavin und Jackson (1996) entwickelten kommunikationstheoretischen Axiome, die in Teilen dem Modell von Schulz v. Thun ähneln, sind vor dem Hintergrund von Tellischs Befunden für einen Sprachbewussten Musikunterricht relevant. So gehen das erste, zweite und fünfte Axiom davon aus, dass

- man nicht nicht kommunizieren kann (Watzlawick/Beavin/Jackson 1990, S. 53),
- jede Kommunikation einen Inhalts- und einen Beziehungsaspekt hat, wobei der Beziehungsaspekt den Inhaltsaspekt bestimmt („Metakommunikation") (Watzlawick/Beavin/Jackson 1990, S. 56),
- zwischenmenschliche Kommunikationsabläufe entweder symmetrisch oder komplementär sind, je nachdem, ob die Beziehung zwischen den Partnern auf Gleichheit oder Unterschiedlichkeit beruht. Beide Interaktionspartner verhalten sich gesellschaftlichen und kulturellen Konventionen entsprechend, wobei das Verhalten des jeweiligen Kommunikationspartners einerseits vorausgesetzt wird, sich aber auch gegenseitig bedingt (Watzlawick/Beavin/Jackson 1990, S. 70).

Da Unterricht aus einer Folge kommunikativer Ereignisse besteht (vgl. Proske 2015, S. 18), kann auch im Musikunterricht nicht nicht kommuniziert werden. Der Beziehungsaspekt wird als Kommunikation über Kommunikation, d. h. als – meist unbewusste – Metakommunikation, betrachtet. Tellisch selbst thematisiert den Beziehungsaspekt in den von ihr identifizierten Kategorien verbaler Interaktion nicht explizit. Dennoch liegt auf der Hand, dass mit jeder Äußerung von Musiklehrenden gegenüber einem Schüler bzw. mit jeder Äußerung der Schüler untereinander neben dem Inhalt etwas über die Beziehung zwischen den Kommunikationsbeteiligten mitgeteilt wird, das zur Ausbildung von Selbstkonzepten beitragen kann. Sowohl Musiklehrer als auch Schüler legen in Äußerungen über Musik neben dem Inhalt (Inhaltsaspekt) immer auch etwas über sich selbst, ihre Art zu denken (Selbstoffenbarungsaspekt) und ihre Einstellungen gegenüber den jeweiligen Kommunikationspartnern (Beziehungsaspekt) offen. Den eigenen Wahrnehmungen, Emotionen, Ideen, Meinungen und Werturteilen offen Ausdruck zu verleihen, setzt daher eine intakte, wertschätzende Beziehung zwischen Lehrer und Schülern und zwischen den Mitgliedern einer Lerngruppe voraus. Durch die Subjektivität zur Sprache gebrachter ästhetischer Erfahrungen lässt sich aber auch die Appellfunktion herausstellen: Beschreibungen und Bewertungen fordern oft auch zum Widerspruch, zum argumentativ geführten Diskurs, einem Ästhetischem Streit, heraus und provozieren andere Meinungen zum selben Gegenstand. Das Wissen um kommunikationstheoretische Aspekte kann zur Entwicklung eines Bewusstseins von Musiklehrenden darüber beitragen, dass sowohl die formale als auch inhaltliche Formulierung von Sprachäußerungen in Verbindung mit Prosodie und körpersprachlichem Verhalten positive, aber auch negative Wirkungen auf Schüler haben kann und dass daher dem Inhaltsaspekt in Verbindung mit der nonverbalen und paraverbalen Sprachebene hohe Bedeutung zukommt.

Während paraverbale Aspekte in der Musiklehrerausbildung üblicherweise im Fach Sprecherziehung behandelt werden, sind kommunikations- und anerkennungstheoretische Aspekte bislang noch kein Inhalt der Musiklehrerbildung. Auch das IALT-Kompetenzmodell lässt, obwohl Sprache darin „auch von der Seite ihres Funktionierens, Handelns und Wirkens her" (Brandenburger u. a. 2011., S. 24) im Kompetenzbereich „Einstellungen" des Moduls I („Sprache, Zweitspracherwerb und Sprachaneignung in Kontexten institutioneller Bildung") aufgefasst und verwendet wird, den Bezug zur Kommunikationstheorie vermissen. Obwohl Tellisch keine eindeutigen Ursachen für die verbal verletzenden Verhaltensweisen der Musiklehrenden identifizieren konnte, da sich keinerlei konkrete Muster ergaben, kann eine Auseinandersetzung mit kommunikations- und anerkennungstheoretischen Aspekten von Sprache im Zusammenhang mit den jeweils eigenen Einstellungen und Haltungen in der Musiklehrerausbildung als Prophylaxe zur Vermeidung verletzenden verbalen Verhaltens betrachtet werden.

10.2 Merkmale des Sprachbewussten Musikunterrichts

Mit der Einbeziehung von kommunikationstheoretischen Dimensionen wird das Modell des Sprachorientierten Musikunterrichts, das auf Sprache als System abzielt, im Folgenden zum Modell des „Sprachbewussten Musikunterrichts" erweitert. Da sprachliche Interaktion immer auch in kulturelle Normen und Wertvorstellungen eingebunden ist, die sich im Sprachverhalten manifestieren, wird neben kommunikationstheoretischen Dimensionen des Weiteren auch die Dimension „Kultur" einbezogen. Obwohl sich die Begriffe „sprachsensibler", „sprachaufmerksamer" oder „sprachbewusster" Fachunterricht in der Fachdiskussion bereits etabliert haben und in einigen Publikationen darunter auch (mehr oder weniger begründet und systematisch) ausgewählte Aspekte der Lehrersprache subsumiert werden,[135] geht aus den bisherigen Ausführungen hervor, dass die dahinter stehenden Konzepte im Hinblick auf das Lehren und Lernen im Musikunterricht zu eng gefasst sind. Folglich werden in Anlehnung an das IALT-Curriculum und an das dem IALT zugrunde liegende Sprachmodell die formale, die sozial-kommunikative und die kulturelle Ebene im Modell eines Sprachbewussten Musikunterrichts (Abb. 15) integrativ zusammengeführt.

---

135 Dabei besteht allerdings Uneinigkeit darüber, welche Ebenen der Lehrersprache (formal, inhaltlich, paraverbal, körpersprachlich) ein „sprachsensibler", „sprachaufmerksamer" oder „sprachbewusster" Fachunterricht einbeziehen soll.

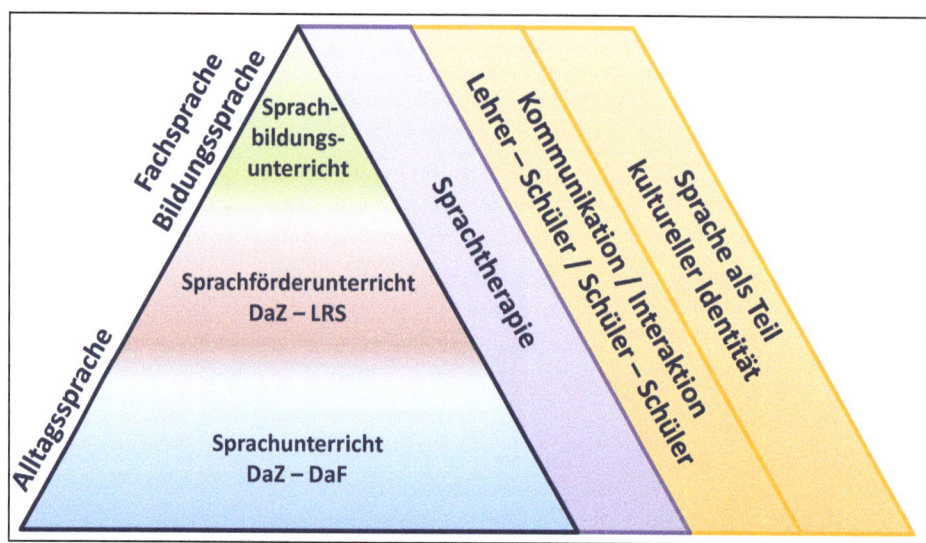

Abb. 15: Modell des Sprachbewussten Musikunterrichts

Unter sprach*bewusst* ist in diesem Sinn zu verstehen, dass Musiklehrende über alle im IALT-Kompetenzmodell aufgeführten Kompetenzen verfügen, dass ihnen darüber hinaus aber auch der zentrale Stellenwert von Sprache im Musikunterricht (Sprache als Medium zur Vermittlung musikbezogener Fertigkeiten, Wissen, Ausdruck eigenen emotionalen Erlebens und des Musikverstehens), der pragmatische Aspekt (das Bewusstsein von Lehrern über Sprechakte als soziale Handlungen, in denen sich Einstellungen und Haltungen manifestieren und das Lernen beeinflussen), paraverbale Aspekte (Phonetik, Mimik, Gestik) und Wirkungen von Körpersprache sowie Wissen um Sprache als Ausdruck kultureller und sozialer Denk- und Verhaltensweisen bekannt sind. Sie sollten in der Lage sein, diese Aspekte in ihrem Unterricht zu berücksichtigen, um dadurch bestmögliche sprachbezogene Rahmenbedingungen für fachliches *und* sprachliches Lernen zu ermöglichen. In diesem Sinn ist ein Sprachbewusster Musikunterricht durch folgende Merkmale gekennzeichnet:

- Musiklehrenden ist die zentrale Bedeutung des Mediums Sprache in all seinen Funktionen für den gesamten Unterricht bewusst; infolgedessen wird der gesamte Unterrichtsprozess multiperspektivisch unter formalsprachlichen, inhaltlichen (bedeutungserzeugenden) und paraverbalen Aspekten im Hinblick auf Lehrer- und Schülersprache und deren Wirkungen geplant, beobachtet, analysiert und reflektiert. Dazu gehört auch die Reflexion der eigenen pädagogischen und sprachlichen Einstellungen gegenüber den Lernenden, die sich in der Kommunikation als soziale Handlungen manifestieren.
- Den Schülern wird durch den Einsatz von sprachbetonten Methoden der Musikdidaktik in Verbindung mit Scaffolding eine Weiterentwicklung ihrer sprachlichen Fertigkeiten auf jeder Ebene der Basisqualifikationen in den Registern Alltagssprache, Bildungssprache und Fachsprache ermöglicht. Dabei werden die

sprachbildenden Potenziale musikdidaktischer Methoden und die Inhalte des Rahmenlehrplans Musik bewusst genutzt.
- Der Musikunterricht trägt durch methodisch-didaktische Maßnahmen dazu bei, das Verstehen von Musik zu fördern, indem die Schüler sich durch Sprache selbst in ein bewusstes Verhältnis zu Musik setzen.
- Die Musiklehrenden agieren auf der formalen *und* inhaltlichen Ebene der Sprache als Vorbild; der Musikunterricht stärkt damit auch die Persönlichkeitsrechte von Schülern durch die Einhaltung sprachlicher Verhaltensregeln und das Vermeiden verbal verletzenden Verhaltens aller am Unterricht Beteiligten.
- Die Musiklehrenden berücksichtigen den kulturellen und sozialen Kontext von Sprache in ihren Lerngruppen.

Der Begriff sprach*bewusst* übersteigt hiermit den Begriff sprach*orientiert*, aber auch die Begriffe sprach*sensibel*, sprach*aufmerksam* oder sprach*bewusst* in dem bisher in Fachpublikationen verwendeten Sinn, da sich diese Begriffe vorrangig auf sprachdidaktische Methoden, Methodenwerkzeuge oder Strategien zur Unterstützung der formalen Sprachentwicklung von Schülern, insbesondere aus sog. „Risikogruppen", beziehen, nicht hingegen auf das Bewusstsein der Lehrenden gegenüber dem Sprachverhalten der Schüler untereinander oder auf das Bewusstsein der Lehrenden gegenüber ihrem eigenen Sprachverhalten auf der formalen, inhaltlichen, sozialen und kulturell geprägten Ebene.

11   Praxis des Sprachbewussten Musikunterrichts

Sprachbewusster Musikunterricht in diesem erweiterten Sinn kann nur dann adäquat umgesetzt werden, wenn die Musiklehrenden über das dafür notwendige Wissen, die erforderlichen methodisch-didaktischen Fähigkeiten sowie über wertschätzende pädagogische Einstellungen im Hinblick auf die Persönlichkeit der Schüler verfügen. Dazu gehören auch Spracheinstellungen (z. B. die Einstellung gegenüber Schülern bestimmter Herkunftssprachen oder gegenüber dem alltagssprachlichen Sprachgebrauch von Schülern). Ausgehend von den Standardsituationen des Musikunterrichts werden, insbesondere in Anlehnung an Leisen (2011) und Kraemer (2004), in den folgenden Kapiteln Umsetzungsmöglichkeiten eines Sprachbewussten Musikunterrichts skizziert, die die zuvor dargestellten Konzepte zusammenführen und die den Musiklehrenden eine Orientierung mit dem Ziel einer zunehmenden Professionalisierung des eigenen Lehrerhandelns in Bezug auf den Umgang mit Sprache geben sollen. Die Befunde aktueller Forschung münden in Anlehnung an das aus dem amerikanischen Raum in die Sprachdidaktik übernommene SIOP („Sheltered Instruction Observation Protocol")-Modell zum integrierten Fach- und Sprachlernen[136] (vgl. Beese 2010) in die Formulierung von Grundsätzen sprachbewussten Musiklehrerhandelns. Den Musiklehrenden soll durch die Erstellung von Checklisten und Fragenkatalogen zu den einzelnen Dimensionen eines Sprachbewussten Musikunterrichts die Unterrichtsplanung erleichtert sowie Gelegenheit zur (Selbst-)Reflexion und Selbstevaluation gegeben werden.[137]

Im Hinblick auf einen inklusiven Musikunterricht werden darüber hinaus Möglichkeiten des Umgangs mit spezifischen sprachlichen Störungsbildern dargestellt. Abschließend werden verschiedene Scaffoldinginstrumente vorgestellt und einige insbesondere aus Leisen (2011, Praxisteil) übernommene Methoden und Methodenwerkzeuge für den Musikunterricht adaptiert, wobei der Schwerpunkt hierbei den Rahmenlehrplänen entsprechend auf dem Umgang mit Fachtexten, d. h. auf der Ausbildung fachsprachlicher und bildungssprachlicher Kompetenzen im Bereich medialer Schriftlichkeit liegt.

---

136   Beim „Sheltered Instruction Observation Protocol" handelt es sich um einen Kriterienkatalog aus acht Komponenten mit insgesamt dreißig Unterpunkten, die auf Unterrichtsplanung, Unterrichtsgestaltung und Unterrichtsevaluation eines integrierten Fach- und Sprachlernens im Fach abzielen. Das SIOP-Modell wurde vorrangig für den Unterricht mit Zweitsprachenlernenden konzipiert, will aber zugleich *allen* Schülern zu Gute kommen (vgl. Beese 2010) und wird daher hier in Teilen für den Sprachbewussten Musikunterricht adaptiert.

137   Vgl. dazu auch die Selbstreflexionsbögen für Fachlehrer von Schmölzer-Eibinger u. a. (2013) zu verschiedenen Unterrichtsbereichen wie Arbeit mit Texten, sprachdidaktischem Handeln, Formulierung von Aufgabenstellungen etc.

11.1 Beobachtung, Analyse und Reflexion der Lerngruppensprache

Neben positiven Einstellungen, Sprachwissen und Wissen um die methodischen und inhaltlichen Potenziale des Musikunterrichts für eine inklusive Sprachbildung stellt die Fähigkeit zur Beobachtung, Analyse und Reflexion der Lerngruppensprache eine wesentliche Grundlage für einen Sprachbewussten Musikunterricht dar. Lehrer- und Schülersprache als Bestandteile der Lerngruppensprache müssen beobachtet und gedeutet werden, um daraus Schlussfolgerungen für methodische Überlegungen zur Förderung der Sprachkompetenz *und* für eine unmissverständliche und wertschätzende Lehrer-Schüler-bzw. Schüler-Schüler-Interaktion abzuleiten. Beobachtung, Analyse und Reflexion beziehen sich dabei jeweils auf folgende Dimensionen:

- das zeitliche Verhältnis der Kommunikationsanteile von Lehrer und Schülern,
- die formale Struktur (formale Korrektheit,)
- die Register (Alltagssprache, Bildungssprache, Fachsprache),
- den Sprachstil (inkl. Körpersprache),
- die Inhaltsebene hinsichtlich verletzenden oder anerkennenden Verhaltens,
- diskursive Fertigkeiten der Schüler und Diskurssteuerung durch den Lehrer.

In den folgenden vier Kapiteln werden zu allen Kategorien außer zur Körpersprache jeweils sowohl im Bereich der Lehrersprache als auch im Bereich der Schülersprache praktische Hinweise zur Umsetzung eines Sprachbewussten Musikunterrichts anhand von Fragenkatalogen und Checklisten gegeben.[138] Auch Hinweise zur Planung und Evaluation von Unterricht im Hinblick auf sprachliche Ziele werden einbezogen.

11.1.1 Beobachtung, Analyse und Reflexion der Lehrersprache

Der Sprachstil von Lehrenden spielt als eine Rahmenbedingung des Lernens eine wichtige Rolle für den Lernerfolg. Er setzt sich aus verbalen und paraverbalen Elementen zusammen. Zu den verbalen Elementen gehören z. B. Satzbau, Wortschatz, stereotype Äußerungen, Länge der Sätze, der Soziolekt[139] und Fragetechniken. Bezüglich der Fragetechniken verweisen Rolle und Wallbaum (2011, S. 517 f.) darauf, dass Musiklehrer oftmals dazu neigen, Schüler auszufragen, Pseudo-Fragen zu stellen, ein bestimmtes Musikverständnis vorzugeben oder geschlossene Fragen anzuwenden. Da das Fragen die häufigste im Unterricht angewandte Methode darstellt, gilt es, den eigenen Umgang mit Fragetechniken besonders zu reflektieren. Auch die Fähigkeit zur Diskurssteuerung mit dem Ziel, ästhetische Diskurse zu initiieren, die zu neuen musikbezogenen Erkenntnissen und zugleich zu einer Entwicklung sprachlicher Kompetenzen führen können, sollte reflektiert und erweitert werden.

---

138 Auf Körpersprache wird hierbei nicht näher eingegangen, da hierzu bereits zahlreiche Publikationen vorliegen und die Körpersprache nur bedingt bewusst steuerbar ist.

139 Unter „Soziolekt" werden die in einer gesellschaftlichen Gruppe oder Schicht verwendeten Varietäten verstanden, die nur für die Angehörigen dieser Gruppe oder Schicht verständlich sind, z. B. Kiezdeutsch oder Jugendsprache.

Die paraverbale Ebene als Teil des Sprachstils ist ebenfalls sowohl für das Fach- als auch für das Sprachlernen relevant. Unter paraverbalen Elementen werden prosodische Sprachmerkmale wie Sprachmelodie, Tempo, Lautstärke oder Stimmklang verstanden, die in Äußerungen stets mit verbalen Elementen zusammenwirken. Sprachliche Prägnanz und akustische Verständlichkeit sind relevante Kriterien für die Klarheit von Unterricht, die gemeinsam mit dem Merkmal „Stukturiertheit" ein Merkmal von Unterrichtsqualität darstellt (vgl. Helmke 2015, S. 191). Die Reflexion des eigenen Sprachstils kann, gemäß der Forderung, dass Lehrer selbst ein sprachliches Vorbild sein sollten, durch folgende Fragen angeregt werden:

- Wie spreche ich? Benutze ich bestimmte (Fach-)Wörter, Ausdrücke und Wendungen besonders häufig?
- Wie laut (der Sprachintention angemessen?) und wie deutlich artikuliert spreche ich?
- Hebe ich Wichtiges gegenüber Unwichtigem durch Lautstärke und Betonung hervor?
- Moduliere ich den Stimmklang und das Sprachtempo?
- Verwende ich Füllwörter (wie „äh" oder „halt")?
- Verwende ich eine den Schülern unverständliche Bildungssprache oder passe ich meine Sprache dem Sprachstand der Schüler an, ohne selbst auf deren Sprachniveau zu agieren?
- Setze ich Mimik und Gestik zur Unterstützung verbaler Äußerungen ein?
- Welche Fragetechniken und Impulse verwende ich?
- Wie gestalte ich Diskussionen?

Grundsätzlich ist auf die Passung der Lehrersprache zu den sprachlichen Kompetenzen der Schüler zu achten, d. h., das gewählte Sprachniveau sollte etwas über dem der Schüler liegen. Keineswegs ist damit jedoch gemeint, nur noch extrem kurze Sätze oder einen extrem einfachen alltagssprachlichen Wortschatz anzuwenden, um sich einem niedrigen Sprachniveau anzupassen.

Auf der Inhaltsebene von Äußerungen sind vor dem Hintergrund der in der UN-Kinderrechtskonvention festgeschriebenen Rechte von Kindern und Jugendlichen die von Tellisch identifizierten anerkennenden verbalen Verhaltensweisen positiv hervorzuheben. Die Rechte der Kinder und Jugendlichen gelten im Hinblick auf die gesamte Persönlichkeit von Schülern und damit auch im Hinblick auf ihre musikalischen und sprachlichen Leistungen. Anerkennendes Sprachverhalten in der Interaktion gehört nach Tellisch mit zu den pädagogischen Grundkompetenzen von Musiklehrenden. Verletzende verbale Verhaltensweisen sollten daher in keiner Form, auch nicht in der Schüler-Schüler-Interaktion, geduldet werden. Auch das von Tellisch identifizierte ambivalente verbale Verhalten ist durch die damit verbundene Uneindeutigkeit und den jeweiligen Interpretationsspielraum als unangemessen zu beurteilen, da es von den Schülern nur schwer eingeordnet werden kann. Dazu gehören beispielsweise:

- Loben einiger Schüler, anderer bei gleicher Leistung jedoch nicht,
- Loben einer ganzen Gruppe, auch wenn sich nur wenige Schüler beteiligt haben,

- inkongruentes Verhalten, z. B. Loben mit bösem Unterton,
- Zuschreiben von negativen Verhaltensweisen, die der Lehrer gar nicht kennen kann,
- schwer einzuordnende Fragen, z. B. wenn der Lehrer bei Raufereien der Schüler untereinander fragt, ob er mitprügeln darf.

Hinsichtlich der Wirkungen verbalen Handelns können z. B. folgende Fragen zur Selbstreflexion anregen:

- Wie handle ich mit Sprache in welchen Situationen (z. B.: drohe ich, wenn ich unter Zeitdruck stehe?)
- Verwende ich überwiegend anerkennende Verhaltensweisen?
- Wende ich bestimmte Sprachhandlungen (z. B. drohen, loben etc.) bestimmten Schülern gegenüber regelmäßig an? Welche und weshalb?

Die Wirkungen verbaler Äußerungen sind nicht auf alle Schüler gleich und auch nicht immer vorhersehbar, und nicht immer sind Schülerreaktionen auf verbales Lehrerverhalten durch den Lehrer allein verursacht, sondern durch Faktoren, die in den Schülern selbst liegen. Daher gehört auch die Fähigkeit von Musiklehrenden, zu erkennen, wann Schüler wiederholt unangemessen auf verbale Äußerungen reagieren, sowie die Fähigkeit, beurteilen zu können, wann Schüler professionelle psychologische Hilfe benötigen, als pädagogisch-psychologische Kompetenz zu einem Sprachbewussten Musikunterricht.

11.1.2 Beobachtung, Analyse und Reflexion der Schülersprache

Schülersprachen können stark differieren und hängen u. a. vom Alter, vom Soziolekt und vom allgemeinen und sprachlichen Wissens- und Entwicklungsstand ab. Beobachtung, Analyse und Reflexion der Schülersprache beziehen sich im Sprachbewussten Musikunterricht auf folgende fünf Aspekte:

1. auf die Ermittlung des Sprachstandes in einer Lerngruppe bezüglich der sprachlichen Qualifikationsbereiche nach dem Modell der Basisqualifikationen von Ehlich, Valtin und Lütke (2012). Der Ermittlung des Sprachstandes liegt die Frage zugrunde, in welchen Qualifikationsbereichen bei den Schülern welche Kompetenzen auf welchem Niveau vorhanden sind bzw. ob und welche Probleme bestehen. Daraus ergibt sich die Auswahl geeigneter sprachunterstützender methodischer Umsetzungsmöglichkeiten. Sofern sich in einer Lerngruppe Schüler mit bereits diagnostiziertem Sprachförderbedarf befinden, müssen den Musiklehrenden entsprechende Informationen von Deutschlehrern, Sonderpädagogen, Bezugspersonen oder Sprachtherapeuten zur Verfügung gestellt werden. Auch Informationen über die Ursache einer diagnostizierten Sprachabweichung sind notwendig, da sie u.U. entsprechende Konsequenzen im Umgang mit den bestehenden Schwierigkeiten erfordern. Das gleiche Abweichungsbild kann durch unterschiedliche Ursachen hervorgerufen werden, so dass die Notwendigkeit be-

steht, Fördermaßnahmen mit Blick auf die Ursache zu implementieren, soweit dies im Rahmen schulischen Unterrichts überhaupt möglich ist. Zusätzlich bedarf es eines Repertoires an Strategien, Methoden und Methodenwerkzeugen, um Schüler differenziert fördern zu können.

2. auf die Aneignung von Bildungs- bzw. Fachsprache bzw. den Gebrauch von Sprachregistern: Hierbei wäre zunächst die selbstreflexive Fragen zu stellen, wie das, was ich als Lehrer sage, von den Schülern verstanden wird und welche Bedeutungen damit in einer Lerngruppe konnotiert sind. Im Hinblick auf den Gebrauch von Bildungs- und Fachsprache ist zu klären, in welcher Situation aus welchen Gründen Bildungs- und Fachsprache von den Schülern angewendet werden soll und welche Antworterwartung die Lehrenden bei der Beantwortung/Lösung der von ihnen gestellten Fragestellungen und Aufgaben hegen. Zu reflektieren ist auch, ob und in welcher Weise im Unterricht eingeführte fachsprachliche Begriffe von den Schülern angewendet werden. Damit untrennbar verbunden sind vor dem Hintergrund der Forschungsergebnisse von Biegholdt zur Lerngruppensprache (2013) weitere selbstreflexive Fragen:
   - Bietet mein Unterricht Anregungen zur Kommunikation über musikbezogene Phänomene? Lasse ich dabei auch Alltagssprachen der Schüler zu?
   - Setze ich bestimmte Begriffe selbstverständlich als bekannt bei den Schülern voraus?
   - Wie führe ich Fachbegriffe ein – lasse ich die Entwicklung fachsprachlicher Begriffe aus kreativen Erfindungen der Schüler heraus als temporäre lerngruppenspezifische Begriffe zu und führe sie später zu fachsprachlichen Begriffen weiter?
   - Wiederhole und festige ich eingeführte Fachbegriffe, indem ich den Schülern Gelegenheit gebe, fachsprachliche Begriffe eigenaktiv im musikalischen Handlungsvollzug anzuwenden?

3. auf die Anbahnung von Sprachbewusstheit: Welche Inhalte und Methoden, die der Vermittlung von musikbezogenen Lerninhalten dienen, sind auch bezüglich der Komponenten von Sprachbewusstheit (kognitive, performative, affektive, soziale Komponente und Komponente der Macht) geeignet?

4. auf die Art und Weise, in der die Schüler untereinander verbal interagieren:
   - Wenden sie einen bestimmten Soziolekt an, der eventuell auch verletzende verbale Verhaltensweisen einschließt – nicht nur untereinander im mündlichen Sprachgebrauch, sondern auch bei der eigenen Textproduktion, z. B. bei Raps?
   - Wo verläuft die Grenze zwischen verbal verletzendem Verhalten/Diskriminierung und künstlerischer Freiheit bei der Gestaltung eigener Texte zu Musik?

5. auf den Faktor Zeit:
   - Wie gestalte ich das zeitliche Verhältnis von sprachlicher Aktivität der Schüler und eigener sprachlicher Aktivität?

- Gebe ich den Schülern Zeit zum Formulieren auch komplexerer Redebeiträge und fördere ich diese durch offene Fragestellungen?[140]

Ziel der Analyse und Reflexion aufgrund der Beobachtungen ist es, eine Passung zwischen Lehrer- und Schülersprache als momentaner Lerngruppensprache herzustellen, diese stetig weiter in Richtung bildungs- und fachsprachlicher Kompetenzen zu entwickeln und verletzende und diskriminierende verbale Verhaltensweisen zu thematisieren.

11.1.3 Planung des Sprachbewussten Musikunterrichts

Bei der Planung eines Sprachbewussten Musikunterrichts und insbesondere bei der Auswahl von Scaffoldingtechniken sind einige grundlegende Vorüberlegungen anzustellen, die sich jeweils auf eines oder mehrere Sprachfelder (Hören, Sprechen, Lesen, Schreiben, Interaktion, Sprachbewusstheit) beziehen können. Um ein Gerüst aus entsprechenden Unterstützungsmaßnahmen bereitzustellen, sind folgende Fragen bei der Unterrichtsplanung von Belang:

- In welchen sprachlichen Handlungsfeldern benötigen die Schüler Unterstützung (z. B. Informationsbeschaffung, Strukturierung von Wissen, Kommunikation und Interaktion bei Arbeitsprozessen, Präsentation)?
- Welche Schüler benötigen besondere Unterstützung und welche unterstützenden Maßnahmen beziehe ich ein?
- Ist Differenzierung nötig? Falls ja, welche Formen der Differenzierung wähle ich?
- Welche alltags-, bildungs- oder fachsprachlichen Ziele verfolge ich?
- Welchen Wert lege ich auf die Verwendung von Fachsprache durch die Schüler und wie erzeuge ich welche Bedeutungen fachsprachlicher Begriffe?
- Welche Möglichkeiten gibt es, die angestrebten musikbezogenen Lernziele mit sprachunterstützenden Methoden und Methodenwerkzeugen zu erreichen? Welche Sozial- und Aktionsformen wähle ich dafür? Welche Umgangsweisen mit Musik wähle ich dafür? Welche Materialien/Medien wähle ich dafür? Analysiere ich die Unterrichtsmaterialien, die ich verwende, auf potenzielle „Stolpersteine" unter Berücksichtigung der jeweiligen Zielgruppe hin?
- Wie formuliere ich Arbeitsaufträge/Aufgaben und welche Erwartungen sind damit jeweils verbunden? Über welche sprachlichen Mittel müssen die Schüler hinsichtlich der Dimensionen „Inhalte", „Zeichensystem" (z. B. Grafiken), „Textsorten", „kognitiv-sprachliche Funktionen" (Operatoren) in den Handlungsfeldern Hören, Sprechen, Lesen, Schreiben verfügen, um eine Aufgabe erfolgreich bearbeiten zu können?

---

140 Vgl. zu Fragetechniken im Unterricht Meyer (2011, S. 207 ff.). Für Meyer stellt die Gesprächsführung ein bedeutendes Merkmal für sinnstiftendes Kommunizieren und damit für die Qualität von Unterricht dar.

Schließlich stellt sich auch die Frage nach einem sprachbezogenen Feedback, das zusätzlich zu einem fachbezogenen Feedback gegeben werden sollte. Art, Umfang und Häufigkeit eines sprachbezogenen Feedbacks sind dabei jeweils situationsabhängig. Befindet sich z. B. nur ein Schüler mit Sprachförderbedarf in einer Lerngruppe, kann es sinnvoll sein, diesem ab und zu ein sprachbezogenes Feedback zu geben, jedoch ist es nicht sinnvoll, die sprachliche Entwicklung dieses einen Schülers in der gesamten Gruppe zu thematisieren. Setzt sich hingegen eine Lerngruppe überwiegend aus Schülern ohne altersangemessene Sprachkompetenz zusammen, ist es sinnvoll und manchmal auch notwendig, öfter und in zeitlich größerem Umfang ein sprachbezogenes Feedback zu erteilen; je mehr Lernende mit Sprachförderbedarf sich in einer Lerngruppe befinden, desto mehr sprachbezogenes Feedback kann nötig sein. Dennoch sollte immer auch reflektiert werden, wie viel Unterrichtszeit mit einem sprachbezogenen Feedback verbracht werden soll. Zu bedenken ist weiterhin, dass vor allem durch die Inklusion von Schülern mit geistigen und sprachlichen Behinderungen das gesamte Lehrerverhalten zwangsläufig einen sonderpädagogischen Subkontext bekommt, und zwar immer dann, wenn der Lehrer seinen Unterricht bewusst auf die sprachliche Einbindung der Inklusionsschüler ausrichtet. Dies betrifft nicht nur das eigene verbale Lehrerverhalten, sondern die gesamte Unterrichtsplanung, vor allem aber die Auswahl der Unterrichtsgegenstände. Dabei gilt es, die Balance zwischen der Förderung intellektuell und/oder sprachlich beeinträchtigter und nicht beeinträchtigter Schüler zu finden. Dies soll durch ein Beispiel illustriert werden. Angenommen, ein Musiklehrer plant, ein rhythmisches Sprachspiel mit einer Lerngruppe einzustudieren, und in seiner Lerngruppe befinden sich mehrere Schüler deutscher Herkunftssprache mit altersangemessener Sprachkompetenz, einige Schüler nicht deutscher Herkunftssprache mit Ausspracheschwierigkeiten in Bezug auf bestimmte Laute der deutschen Sprache sowie ein stotternder Schüler deutscher Herkunftssprache mit altersangemessener Sprachkompetenz in allen sonstigen Qualifikationsbereichen außer der phonischen Basisqualifikation (im Bereich der Sprachproduktion). Hier wäre eine Balance dadurch gegeben, dass der stotternde Schüler von rhythmischen Übungen grundsätzlich profitieren kann (vgl. Lehmann 2007), d. h., möglicherweise ein Transfereffekt der rhythmischen Aktivität erwartet werden kann. Gleichzeitig könnten die Schüler nicht deutscher Herkunftssprache mit Ausspracheschwierigkeiten dadurch profitieren, dass der Lehrer bewusst ein Sprachspiel mit einem oder mehreren dieser schwierig auszusprechenden Lauten auswählt und die Aussprache daran trainiert wird. Das Sprachspiel muss jedoch so ausgewählt werden, dass auch die Mitglieder der Lerngruppe, die über eine altersangemessene Sprachkompetenz in *allen* Qualifikationsbereichen verfügen, ein definiertes (nicht sprachbezogenes, sondern musikbezogenes) Lernziel erreichen können, z. B. eine bestimmte Bodypercussion dazu ausführen, die sowohl der Körperkoordination als auch der Entwicklung rhythmischer Fertigkeiten dient, das Stück als Kanon sprechen etc. Dies ist ein Beispiel dafür, wie sprach- und musikbezogenes Lernen miteinander verknüpft und dabei individuelle Lernziele innerhalb einer Lerngruppe ausdifferenziert werden können.

11.1.4 Selbstevaluation des Sprachbewussten Musikunterrichts

Sprachbewusster Musikunterricht stellt für die meisten Musiklehrenden eine neue und äußerst anspruchsvolle Aufgabe dar. Ein Patentrezept dafür gibt es nicht. Erfahrungen müssen erst nach und nach gesammelt, Vieles muss zunächst ausprobiert, Einiges, nicht zuletzt eventuell aufgrund des hohen Vorbereitungsaufwands, vermutlich wieder verworfen werden. Ein wesentlicher Punkt auf dem Weg zu einem Sprachbewussten Musikunterricht ist die sprachbezogene Reflexion der erteilten Unterrichtsstunden, da sich hieraus die Möglichkeit zur Weiterentwicklung des eigenen Unterrichts ergibt. Eiberger und Hildebrandt (2014) schlagen hierfür vor, nach jeder Stunde mehrere selbstreflexive Fragen zu stellen, die hierarchisch aufeinander aufbauen:

1. Wie ist es gelaufen?
2. Was war das Ziel einer sprachlichen Intervention?
3. Was habe ich erreicht und wodurch habe ich es erreicht?
4. Wenn ich auf meine Ziele schaue, fehlt mir noch…
5. Mit welchen Förderinstrumenten der Lehrersprache kann dies geschehen?
6. Wie könnte ich die nächste Situation anders gestalten?

(Eiberger/Hildebrandt 2014, S. 69 ff.)

Dabei sollte der Fokus immer auf wenige Unterrichtshandlungen gerichtet werden (z. B. „heute schaue ich auf die Erteilung eines bestimmten Arbeitsauftrags- wie setze ich hierbei Sprache ein und welche sprachlichen Instrumente könnte ich verstärken oder reduzieren?") statt auf globale Handlungen (z. B. „heute achte ich auf meine Wortwahl"), da dies eine Überforderung darstellen kann. Selbstbeobachtungen können auch mittels eines Portfolios dokumentiert werden. Aus dem Portfolio können anschließend eigene Ziele formuliert werden:

- Was ist mein nächstes sprachliches Ziel?
- Was will ich damit erreichen?
- Woran erkenne ich, dass ich es erreicht habe?
- Was will ich dafür konkret tun?
- Was brauche ich dafür?

(Eiberger/Hildebrandt 2014, S. 73)

Zur Reflexion der Unterrichtsstunden gehören außerdem

- die Reflexion des Anteils der Zeit, in der verbal kommuniziert wurde,
- die Reflexion des eigenen zeitlichen Redeanteils gegenüber dem der Schüler,
- die Reflexion der jeweils gewählten Sozial- und Aktionsform im Hinblick auf den Umfang der Eigentätigkeit der Schüler in den Feldern Hören, Sprechen, Lesen und Schreiben,
- die Reflexion einer Differenzierung in der Kommunikation: Habe ich mit allen Schülern auf die gleiche Weise kommuniziert oder habe ich zwischen (welchen) Schülern differenziert? Welche Möglichkeiten der Differenzierung habe ich genutzt?

Für die Evaluation und Weiterentwicklung des eigenen Unterrichts können neben der Selbstbeobachtung auch gegenseitige Hospitationen und Sprachcoaching gewinnbringend sein. Hierfür finden sich Hinweise und Beobachtungsbögen z. B. bei Schmölzer-Eibinger u. a. (2013).

11.2 Sprachbewusster Musikunterricht im Kontext von Inklusion

Musiklehrende werden künftig in der inklusiven Schule zunehmend mit Schülern arbeiten, die Förderbedarf in den Schwerpunkten Lernen, Sprache, emotional-soziale Entwicklung, geistige Entwicklung, körperliche-motorische Entwicklung, Sehen, Hören und Kommunikation, an Autismus oder chronischen Krankheiten leiden, die ihre Sprachkompetenzen beeinträchtigen.[141] Zu diesen Schülern müssen ebenso wie zu Schülern ohne Förderbedarf Beziehungen aufgebaut, Feedback zu ihren fachlichen Leistungen gegeben und Rahmenbedingungen für eine gelingende Unterrichtskommunikation geschaffen werden. Wenn Inklusion die Ermöglichung größtmöglicher Partizipation bedeutet (vgl. Albers 2016), kommt Musiklehrenden im Hinblick auf den sozialen Interaktionsprozess die Aufgabe zu, kooperative Lerngelegenheiten und Situationen des gemeinsamen lang andauernden Denkens zu schaffen, diskursive Fertigkeiten zu fördern und dabei auch Sprachlehrstrategien einzusetzen. Wo eine verbale Interaktion mit sprachentwicklungsverzögerten oder sprachentwicklungsgestörten Schülern nicht gelingt, besteht die Gefahr, dass eine negative Spirale, wie sie im transaktionalen „Social Consequences Account" von Rice (1993) beschrieben und von Hartmann (2004) in erweiterter Form dargestellt wird (s. Abbildung 16), entsteht.

Bei Schülern mit Sprachförderbedarf besteht die Gefahr, dass ihr Selbstvertrauen im Laufe der Zeit sinkt und dadurch psychosoziale Probleme verursacht werden (vgl. Grimm/Wilde 1998, S. 471). Soziale Partizipation als Ziel von Inklusion wird durch die Entstehung einer solchen negativen Spirale deutlich erschwert oder verhindert.

Alle Förderschwerpunkte auch außerhalb des eigentlichen Förderschwerpunkts „Sprache" können den Aspekt der Sprache mit einschließen, da zahlreiche Beeinträchtigungen mit sprachlichen Einschränkungen einhergehen. Verzögerungen und Störungen der Sprache können nicht nur primär verursacht sein, d. h., isoliert und unabhängig von anderen Beeinträchtigungen auftreten, sondern im Zusammenhang mit verminderter Intelligenz, Schwerhörigkeit, neurologischen oder organischen Beeinträchtigungen sowie im Kontext sozial-emotionaler Störungen auch sekundär verursacht sein.

Die Heterogenität des Sprachstandes, mit dem Lehrende im inklusiven Musikunterricht künftig rechnen müssen, bedeutet letztlich, dass sie sich auch mit den spezifischen sprachlichen Problemen, die für bestimmte Gruppen von Schülern (d. h. Schüler mit gleichen Störungsbildern) als „typisch" gelten können, befassen sollten. Obwohl breite Spektren von Sprachstörungen innerhalb derselben Art von Beeinträchtigung existieren bzw. sich innerhalb desselben Störungsbildes unendlich viele Ausprägungen

---

141 Die am häufigsten vertretenen Förderschwerpunkte sind „Lernen", „Sprache", „geistige Entwicklung" und „emotional-soziale Entwicklung" (vgl. KMK 2014).

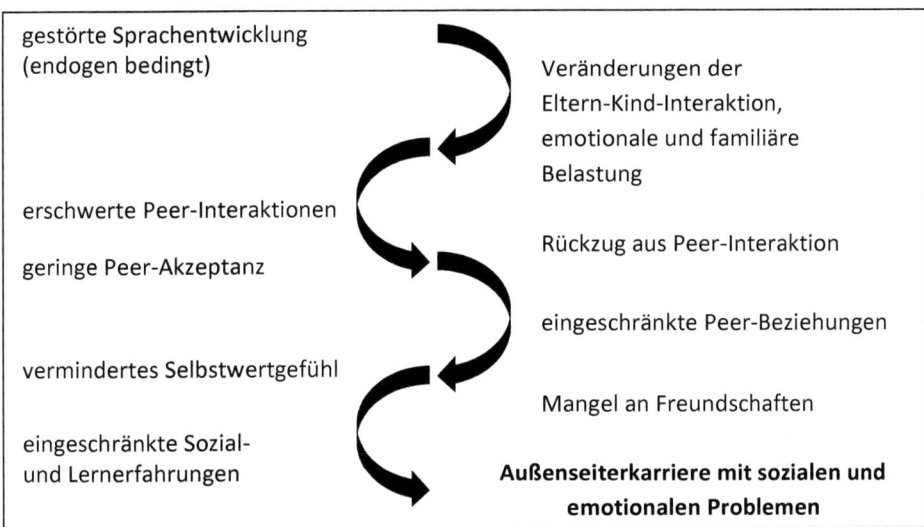

Abb. 16: Erweiterte Version des Modells der negativen Spirale sozialer Konsequenzen nach Rice (1993) und Hartmann (2004, S. 9)

finden, lassen sich für bestimmte Arten von Beeinträchtigungen und Störungsbildern auch häufig zu beobachtende Gemeinsamkeiten feststellen. Auch in Bezug auf die in sich bereits äußerst heterogene Gruppe von Schülern mit Migrationshintergrund, bei denen Sprachförderbedarf diagnostiziert wird,[142] lassen sich Gemeinsamkeiten und Probleme beobachten, die oft (aber nicht immer) bei sehr vielen Schülern in ähnlicher oder gleicher Weise auftreten. Teilweise hängen diese Probleme mit der jeweiligen Herkunftssprache, aber auch mit den Strukturen der deutschen Sprache und hierbei u. a. mit der Häufigkeit des Auftretens bestimmter, vor allem bildungssprachlicher Strukturen, zusammen. Bestimmte Phänomene der deutschen Sprache können jedoch auch für monolingual deutschsprachige Schüler problematisch sein (z. B. Unterscheidung von langen und kurzen Vokalen, Groß- und Kleinschreibung etc.).

Sprachentwicklungsverzögerungen und -störungen, auch wenn sie im Zusammenhang mit einer Behinderung auftreten, bedürfen oftmals (sprach)therapeutischer Maßnahmen, die keine schulische Aufgabe darstellen und damit auch nicht zur Aufgabe von Musiklehrern gehören. Dennoch kann die Kenntnis häufig beobachteter „typischer" sprachlicher Verhaltensweisen hilfreich sein, weil sie es den Musiklehrenden ermöglicht, bestimmte potenzielle Probleme in ihrer Unterrichtsplanung vorausschauend zu berücksichtigen und sprachfördernde musikalische Elemente bewusst in den Unterricht einzubinden (z. B. im Bereich der Stimmbildung, des Singens oder des rhythmischen Sprechens). Daher sollen hier einige Merkmale von häufiger auftretenden Störungsbildern innerhalb bestimmter Gruppen sowie Möglichkeiten des Umgangs damit dargestellt werden. Diese Darstellungen ersetzen keinesfalls eine tiefer-

---

142 Das Merkmal „Migrationshintergrund" ist keineswegs mit dem Merkmal „Sprachförderbedarf" gleichzusetzen. Dennoch hat unter den förderbedürftigen Kindern die Mehrzahl einen Migrationshintergrund (vgl. Haug 2008).

gehende Beschäftigung mit einer bestimmten Problematik, die im Unterricht konkret auftritt. Oft müssen weitere, z. B. psychologische Faktoren, die als Ursache oder Folge von Sprachentwicklungsverzögerungen und Sprachentwicklungsstörungen auftreten können, berücksichtigt werden. Die damit verbundenen erforderlichen Unterstützungsmaßnahmen erfordern die Kompetenzen eines transdisziplinären Teams und sind nicht allein von den Musiklehrenden zu leisten.

Für Inklusionsschüler mit Förderbedarf im Schwerpunkt „Sprache" ist vor allem eine ganzheitlich orientierte Wahrnehmungsförderung wichtig. Musikunterricht kann dazu beitragen, bestimmte Wahrnehmungsqualitäten von Tönen, Klängen, Geräuschen und zeitlich-räumlich-quantitative Beziehungen wie Dauer, Struktur (z. B. Reihe, Schichtung), Richtung oder Intensität zu trainieren und Speicherungs- und Automatisierungsprozesse zu unterstützen. Dabei sind besonders das emotionale Erleben und die soziale Interaktion in einer Gruppe von Bedeutung. Als musikalische Formate eignen sich beispielsweise Verse und Reime, Lieder, Tänze, Bodypercussion, Rhythmus- und Klangspiele, als Methoden insbesondere Musik malen und szenische Interpretation (vgl. Bayerisches Ministerium für Unterricht und Kultus 2006b, S. 57 f.).

11.2.1 Umgang mit Sprach- und Sprechstörungen

Störungsbilder werden hinsichtlich ihrer Entstehung im kognitiven oder motorischen Bereich unterschieden, nach der sie sich jeweils in Sprach- oder Sprechstörungen unterteilen lassen. Der Begriff der Sprechstörung bezieht sich auf die motorische Erzeugung von Lautsprache, z. B. auf Redeflussstörungen wie Stottern, Poltern[143] oder Stammeln sowie auf Lautbildungsstörungen (z. B. Aussprachefehler bei der Bildung bestimmter Laute wie beim Lispeln). Bei Redeflussstörungen ist es angezeigt, im Unterricht ruhig und gelassen zu reagieren, den Blickkontakt zu halten und den Betroffenen genug Zeit zum Antworten zu geben. Es sollte genug Geduld aufgebracht werden, von einem Schüler angefangene Sätze nicht selbst zu beenden, sondern sie vom Schüler beenden zu lassen. Außerdem können Verabredungen zur mündlichen Mitarbeit getroffen werden, beispielsweise dahingehend, dass ein Schüler entweder nur nach einer Meldung drangenommen wird oder bei einer Meldung sofort drankommt. Stotterer sollten nicht allein Texte vorlesen, sondern mindestens zu zweit (Partnerlesen) oder in einer größeren Gruppe (Chorlesen) (vgl. Lattermann/Neumann 2005).

11.2.2 Sprachliche Probleme bei geistiger Behinderung[144]

Geistig behinderte Schüler können in sehr unterschiedlichem Ausmaß von sprachlichen Einschränkungen betroffen sein. Kennzeichnend für eine geistige Behinderung sind ein langsames Lerntempo, die Gebundenheit des Gelernten an die konkrete Lernsituation, ein geringes Abstraktionsvermögen und damit verbundene Probleme auch mit dem Erlernen von Fach- und Fremdsprachen (im Musikunterricht z. B. bei der

---

143 Unter Poltern wird überhastetes, unrhythmisches Sprechen verstanden.
144 Der Inhalt dieses Kapitels beruht überwiegend auf Wilken (2010).

Rezeption fremdsprachiger Liedtexte), eine große Wiederholungsbedürftigkeit, eine begrenzte Fähigkeit zur selbstständigen Aufgabengliederung und eine weitgehende Eingeengtheit des Lernfeldes auf räumlich und zeitlich Naheliegendes.

Bei geistig behinderten Schülern können die Fähigkeiten zum Sprachverstehen und zur Sprachproduktion oft sehr weit auseinanderliegen. Angesprochen zu werden, ist für geistig behinderte Schüler oft eine große Herausforderung, bei der sie sich u.U. hilflos fühlen und Fragen oder Forderungen mechanisch wiederholen, da sie den Inhalt nicht verstehen (vgl. Wilken 2010, S. 130).

Eine Unterstützung von Schülern mit geistiger Behinderung im Musikunterricht sollte ganzheitlich angelegt sein, z. B. durch eine Verbindung von Sprache, Musik und Bewegung. Wichtig ist vor allem die Verbindung von praktischem Handeln begleitend zu sprachlichem Handeln. Im Unterricht mit geistig behinderten Schülern kann auch „Leichte Sprache" zur Anwendung kommen, die eine Form barrierefreier Kommunikation darstellt und Menschen mit Leseproblemen (dies können Menschen mit geistiger Behinderung, aber auch Deutschlernende oder bildungsferne Menschen sein) eine gesellschaftliche Teilhabe ermöglichen soll. Die Verwendung Leichter Sprache ist laut Beschluss der Kultusministerkonferenz auch im schulischen Unterricht mit Jugendlichen mit Behinderungen vorgesehen (vgl. KMK 2011, S. 10). Für einige Unterrichtsfächer wurden dementsprechend bereits Unterrichtsmaterialien in Leichter Sprache entwickelt, jedoch noch nicht für den Musikunterricht.

Für den Begriff „Leichte Sprache" existiert keine eindeutige Definition, doch lässt sie sich durch folgende Merkmale charakterisieren:

- Jeder Satz steht in einer einzelnen Zeile.
- Pro Satz sollten nicht mehr als acht Wörter verwendet werden.
- Es sollten einfache, kurze Wörter verwendet werden (max. acht Buchstaben).
- Die Satzstellung sollte der Reihenfolge Subjekt-Prädikat-Objekt folgen.
- In jedem Satz sollte nur eine Aussage enthalten sein.
- Metaphorische Sprache sollte vermieden werden.
- Aktivsätze sind gegenüber Passivsätzen zu bevorzugen.
- Konjunktiv und Genitiv sowie Negationen sollten vermieden werden.
- Fachwörter sollten vermieden oder (mit Hilfe von Bildern) erklärt werden.
- Zur Unterstützung des Inhalts können Bilder herangezogen werden.
- Abkürzungen und andere Zeichen wie Bindestriche sollten vermieden werden.
- Zahlen sollten als arabische Zahlen dargestellt werden.
- Schüler sollten auch in Texten persönlich mit „du" angesprochen werden.
- Texte sollten in einfachen Schriftarten gestaltet sein, z. B. Arial, Verdana, Century Gothic, linksbündig sein und mindestens eine Größe von 14 pt und einen mindestens 1,5 fachen Zeilenabstand aufweisen. Worttrennungen am Ende einer Zeile sind zu vermeiden. Der Text sollte in viele Absätze gegliedert sein, wobei Absatztrennungen bei Seitenübergängen ebenfalls zu vermeiden sind. Das Papier sollte so dick sein, dass die Schrift nicht durchscheint.

(Lebenshilfe Bremen 2017)

Zur Verwendung Leichter Sprache ist einschränkend kritisch anzumerken, dass diese kaum auf den Ausbau sprachlicher und fachlicher Kompetenzen ausgerichtet ist. Somit liegt in der Verwendung von Leichter Sprache zwar ein Potenzial zur inneren Differenzierung, doch kaum zur Weiterentwicklung sprachlicher Qualifikationen. Ebenso wenig ist eine Differenzierung nach Zielgruppen erkennbar. Bildungssprachliche Formulierungen werden in der Leichten Sprache bewusst vermieden, doch komplexe Zusammenhänge, die durch fachsprachliche Begriffe ausgedrückt werden, lassen sich mittels einer Subjekt-Prädikat-Objekt-Struktur und ohne die Verwendung von Nebensätzen, Konnektoren o.Ä. nicht darstellen.

Schüler mit Down-Syndrom sind besonders häufig von multifaktoriell verursachten Sprach- oder Stimmstörungen betroffen. Bei ihnen kommt es durch häufig auftretende Fehlbildungen des Artikulationsapparates oft zu Artikulationsschwierigkeiten, aber auch zu Redeflussstörungen wie Stottern oder Poltern; dadurch sind Schüler mit Down-Syndrom manchmal schwer zu verstehen. Besondere Probleme bestehen häufig bei der Artikulation der Konsonanten g, k, t, d, n, l, p, b, f und w. Teils werden Konsonanten in Wörtern durch andere ersetzt. Vokale werden verkürzt gesprochen und Wörter reduziert (z. B. „na" für „Banane"). Können einzelne Laute oft richtig ausgesprochen werden, sind sie innerhalb von ganzen Wörtern oder Sätzen teils unverständlich. Einschränkungen betreffen auch den produktiven Wortschatzumfang. Viele Schüler mit Down-Syndrom sprechen in sehr kurzen Sätzen und verwenden Adjektive und Verben nur sehr eingeschränkt (z. B. Beschränkung auf Adjektive wie „gut", „schlecht", „schön" und Hilfswörter wie „tun" oder „machen" für verschiedene Tätigkeiten). Häufig werden Satzteile weggelassen oder in nicht korrekter Reihenfolge genannt. Teils sind Schüler mit Down-Syndrom zwar auch in der Lage, längere Sätze korrekt auszusprechen, bevorzugen aber dennoch einen „Telegrammstil". Zumindest für eine Verständigung über die von Musik ausgelösten Emotionen reichen jedoch oft auch formalsprachlich nicht korrekte Sätze und ein eingeschränkter Wortschatz aus, da formalsprachliche Korrektheit nicht in allen musikbezogenen kommunikativen Situationen eine zwingend notwendige Voraussetzung dafür ist, Fragen zu stellen, zu antworten, Gefühle oder Bedürfnisse zu äußern.

Neben der Sprachproduktion ist auch das Hörverstehen von Schülern mit Down-Syndrom oftmals beeinträchtigt, insbesondere auf der Ebene komplexerer Sätze, die von der üblichen Satzstellung Subjekt-Prädikat-Objekt abweichen, aber auch bereits auf der Wortebene. Adjektive werden häufiger falsch verstanden als Nomen und Verben. Probleme können außerdem bei der korrekten Interpretation von Funktionswörtern (insbes. Negationen, Präpositionen, Personalpronomen) auftreten (vgl. Witecy/Szustkowski/Penke 2015, S. 229).

Arbeitsaufträge für geistig behinderte Schüler sollten sehr gut strukturiert sein und in kleingliedrige Arbeitsschritte unterteilt werden. Sie sollten – eventuell auch mit einer reduzierten Sprechgeschwindigkeit – mehrfach wiederholt werden, da geistig behinderte Schüler Probleme mit der Speicherung und Erinnerung von gehörten Äußerungen haben. Grundsätzlich sollte ein einfacher Wortschatz verwendet werden. Zur Unterstützung des Gesprochenen können zusätzlich Symbole und Bilder herangezogen werden. Zur Hervorhebung von Wichtigem sollten in der Lehrersprache sprachbegleitend Mimik und Gestik sowie eine größere Laustärke oder eine erhöhte Tonlage eingesetzt werden. Wichtig ist es weiterhin, die Aufmerksamkeit der betroffenen Schüler zu sichern. Dies kann durch direkten Blickkontakt, eine gezielte Ansprache mit dem Namen oder auch durch eine Berührung geschehen. Oft kann es auch hilfreicher sein, eine Aufgabe vorzuführen statt sie verbal zu erklären bzw. beides zu verknüpfen (vgl. Witecy/Szustkowski/Penke 2015, S. 230). Für Schüler mit Down-Syndrom sind daher die bereits erläuterten im Musikunterricht möglichen sprachunterstützenden Demonstrationen sehr gut geeignet, das Verständnis dafür, was wie getan werden soll, zu unterstützen.

Trotz der dargestellten potenziellen Sprachprobleme ist sprachliches Lernen mit entsprechender sonderpädagogischer und sprachtherapeutischer Unterstützung generell auch bei Schülern mit geistiger Behinderung möglich. Da vor allem Menschen mit Down-Syndrom meist große Freude an Musik haben, bietet sich eine Verbindung von Sprachlernen und Musiklernen besonders an. Dabei können Schüler durch die zusätzliche Verwendung optischer Materialien (z. B. Spiegel, Fotos, Bilderbücher) und technischer Geräte (Mikrofon, MP3-Player, Walkman) zu stimmlichen oder sprachlichen Äußerungen motiviert werden (vgl. Bayerisches Staatsministerium für Unterricht und Kultus 2003, S. 300).

Ungeklärt im fachdidaktischen Diskurs ist derzeit noch, inwieweit und wie Schüler mit geistiger Behinderung in die Reflexion über Musik eingebunden werden können. Da die Bedeutung einer altersangemessenen Sprachkompetenz insbesondere für das musikdidaktische Feld der Reflexion bereits herausgestellt wurde, ergeben sich daraus die Fragen, welche Bedeutung die Reflexion von Musik im Kontext eines inklusiven Musikunterrichts künftig überhaupt haben kann, und wie Schüler darin eingebunden werden können, die nicht über die Fähigkeit verfügen, sich für andere verständlich verbal auszudrücken, oder ob der Unterricht in diesem Fall auf das Sprechen über Musik weitestgehend verzichten sollte. Dies wiederum würde bedeuten, das praktische Musizieren in den Vordergrund zu stellen. Damit würden allerdings bisher auch in den Rahmenlehrplänen aufgeführte Kompetenzbereiche (Musik deuten, Reflektieren und Kontextualisieren von Musik) wegfallen oder zumindest stark eingeschränkt werden.

11.2.3 Sprachliche Probleme bei Autismus

Die Bandbreite an Sprachproblemen bei Schülern mit einer Störung aus dem Autismus-Spektrum ist enorm breit gefächert und reicht vom kompletten Fehlen sprachlicher Fähigkeiten bis zu einer formal korrekten, aber in kommunikativen Situationen unangemessenen Sprachkompetenz, die sich nachteilig auf soziale Beziehungen auswirken kann. Nur ein Teil von Kindern mit Störungen aus dem Autismus-Spektrum, Autisten mit Asperger, erlernt die Sprache überhaupt. Sprachprobleme von Asperger-Autisten liegen eher auf der inhaltlichen als auf der formalen Ebene. Jüngere Kinder wiederholen oft sinnlos pausenlos Sätze oder Wörter. Ältere Autisten sprechen oft nur über ihr Lieblingsthema oder sagen geradeheraus, was sie denken, wodurch sie die gesellschaftlichen Konventionen der Kommunikation nicht einhalten; sie wirken distanzlos oder ungezogen. Es gibt jedoch auch Formen von Autismus, die mit tiefgreifenden geistigen Beeinträchtigungen einhergehen,[145] infolge derer es zu verschiedenen Arten von Sprachstörungen kommen kann. Auch das Sprachverständnis kann stark beeinträchtigt sein. Viele Autisten haben Probleme, alltagssprachliche verkürzte Ausdrücke und Redewendungen wie „Na sowas!" oder „Noch mehr!" auf etwas zu beziehen und verstehen auch metaphorische Ausdrücke nicht, was sich für den Musikunterricht als sehr problematisch erweist. Autistische Schüler benötigen umfassende therapeutische Maßnahmen (z. B. auditive Wahrnehmungstherapie, Musiktherapie, sensomotorische Wahrnehmungstherapie, lernpsychologisch-systemische Therapie, Kommunikationsförderung). Hierzu kann der Musikunterricht durch seine Umgangsweisen mit Musik (z. B. Wahrnehmen, Hören, Bewegung zu Musik, spürbar körperliche Wirkungen beim Musikhören) u.U. implizit positiv beitragen.

11.2.4 Sprachliche Probleme bei Hörbeeinträchtigungen

Eine grundlegende Voraussetzung für die Ausbildung von Sprach-und Schriftsprachkompetenz ist ein altersangemessenes Hörverständnis. Bereits auf der untersten Stufe des hierarchischen Modells der sprachlichen Qualifikationen von Ehlich, Valtin und Lütke (2012), der phonischen Basisqualifikation, spielt das Hörverständnis als Fähigkeit, den Lautstrom der Sprache auditiv richtig wahrnehmen und verarbeiten zu können, eine gravierende Rolle und hat daher einen Einfluss auf die hierarchiehöheren Stufen.

Bei Schülern mit Hörbeeinträchtigungen und auditiven Wahrnehmungs- und Verarbeitungsschwierigkeiten (AVWS), die meist nicht isoliert, sondern im Kontext anderer Beeinträchtigungen wie AD(H)S, LRS, Sprachentwicklungsstörungen oder kognitiven Störungen auftreten, sind Hörmuster meist unsicher ausgeprägt; infolgedessen werden Wortgrenzen nur mit Mühe erkannt. Aufgrund der eingeschränkten Hörfähigkeiten unterliegen auch Musikhören, Instrumentalspiel und Singen Einschränkungen, die jeweils von der Art und vom Grad einer Hörschädigung bzw. Wahrnehmungs- oder Verarbeitungsschwäche abhängen. Daraus resultiert ein breites Spektrum an Problemen nicht nur im Hinblick auf die Ziele des Musikunterrichts, sondern auch im Hinblick auf die Sprachentwicklung. Schüler mit Hörbeeinträchtigungen zeigen häufig Auffälligkeiten beim Wortschatzerwerb, in der Artikulation und/oder der Grammatik. Selbst bei Schülern mit einem Cochlea-Implantat[146] zeigen sich häufig sprachliche Probleme, vor allem beim Erwerb von Artikeln und Funktionswörtern sowie bei der Pluralbildung (vgl. Schatton 2012). Zudem sind ihre sprachproduktiven Äußerungen

---

145 Bei ca. 45% der Autisten ist die Intelligenz stark vermindert (DBL 2017).
146 Normalerweise wird der Schall bei intaktem Gehör über das äußere Ohr zum Trommelfell und von dort über die Gehörknöchelchen des Mittelohres zum Innenohr geleitet. Die Hörschnecke (Cochlea) setzt die akustische Information in elektrische Impulse um, die dann über den Hörnerven an das Gehirn weitergeleitet werden. Das Cochlea-Implantat stimuliert den Hörnerv in der Cochlea durch kleine elektrische Impulse und ermöglicht oder verbessert so die Hörfähigkeit.

häufig sehr kurz. Damit überschneiden sich die Sprachprobleme hörbeeinträchtigter Schüler mit häufigen Problemen nicht hörgeschädigter sprachentwicklungsverzögerter oder sprachentwicklungsgestörter Schüler.

Musik kann einen positiven Effekt auf die Sprachentwicklung hörbeeinträchtigter Kinder zeigen und wird daher in der Sprachtherapie häufig eingesetzt. Dabei wird das Ziel verfolgt, mit Musik, mit Singen oder dem Ausprobieren von Instrumenten auditive Fähigkeiten, aber auch Gedächtnis- und Erinnerungsleistungen sowie die gesamte Sprach- und Interaktionsfähigkeit zu fördern. Abgesehen von medizinischen und sonderpädagogischen Maßnahmen wie der Verwendung von Hörhilfen und Gebärdensprache, können hörbeeinträchtige Schüler dadurch unterstützt werden, dass Vortragende (Lehrer oder Schüler) im Raum so platziert werden, dass die betroffenen Schüler die Lippenbewegungen der Vortragenden sehen können. Wird im Musikunterricht gesungen, ist es angebracht, Lieder mit kurzen, aussagekräftigen Texten zu wählen und bei der musikalischen Gestaltung zusätzlich körperbezogene Kommunikationsmittel wie Mimik, Gesten, Pantomime oder körpersprachliche Signale einzusetzen, die sowohl Emotionen, Stimmungen und Bedürfnisse als auch zusätzliche Informationen über Bedeutungen von Texten vermitteln. Diese Mittel können grundsätzlich als Kommunikationsmittel über (gehörte oder durch Vibrationen taktil wahrgenommene) Musik und in der Musikpraxis angewandt werden. Insofern bedeutet „sprachbewusst" im Hinblick auf Unterricht mit hörbeeinträchtigten Schülern auch, verbale Sprache in Abhängigkeit vom Resthörvermögen zu verwenden und sich ansonsten auf nonverbale, körperbezogene Kommunikations- und Gestaltungsmittel zu verlegen (vgl. Bayerisches Staatsministerium für Unterricht und Kultus 2007). Bei neu zu erlernenden Liedern kann das Anschreiben von wichtigen Ankerwörtern das Erlernen des Textes unterstützen. Für Schüler mit AVWS ist es zudem hilfreich, wenn Teilergebnisse aus dem Unterrichtsgespräch zusammengefasst werden und wenn der Lehrer in seiner Sprache besonderen Wert auf prosodische Elemente wie Betonung, nicht zu schnelles Sprechtempo und melodiöses Sprechen legt (vgl. Butt 2016, S. 139). Darüber hinaus können Rahmenbedingungen wie das Vermeiden von Überakustik im Unterrichtsraum und ein möglichst geringer Pegel an Nebengeräuschen während des Unterrichts zu einer Verringerung der Probleme beitragen.

11.2.5 Sprachliche Probleme von Schülern mit Deutsch als Zweit- oder Fremdsprache

Bei Weitem nicht alle Schüler mit Migrationshintergrund weisen sprachliche Entwicklungsverzögerungen auf, so dass das Merkmal „Migrationshintergrund" zunächst nichts über die jeweils vorhandenen sprachlichen Kompetenzen aussagt. Bei denjenigen Schülern, die Deutsch als Zweit- oder Fremdsprache erwerben und bei denen Förderbedarf diagnostiziert wurde, können die Schwierigkeiten prinzipiell in allen Qualifikationsbereichen und sowohl im Bereich rezeptiver als auch produktiver Fertigkeiten angesiedelt sein. Die „typischen" Schwierigkeiten beim Erlernen der deutschen Sprache hängen einerseits von der jeweiligen Herkunftssprache und andererseits von bestimmten Strukturen der deutschen Sprache sowie der Häufigkeit ihres Auftretens ab. Problematisch sind daher in allen Qualifikationsbereichen Strukturen, die es in der Herkunftssprache nicht oder aber in ähnlicher Weise gibt. Bei Ähnlichkeiten zwischen zwei Sprachen kann es zu Fehlern durch Interferenzen kommen, indem fälschlicherweise Strukturen der Muttersprache auf die Zweitsprache übertragen werden. Auf der Ebene der Phonetik erschweren einige Laute und Lautverbindungen den Erwerb der deutschen Sprache. Sie sind für Schüler nicht deutscher Herkunftssprache oftmals schwierig auszusprechen und können teils auch nur mit Mühe korrekt auditiv wahrgenommen werden, da diese Laute durch das „Filter" der jeweiligen Herkunftssprache gehört werden. Dies betrifft insbesondere die für das Deutsche typischen Konsonantenhäufungen (z. B. sch/spr/str), Vokalunterscheidungen (z. B. e/i) oder Vokallängenunterscheidungen (z. B. „Schal"/„Schall"). Der Erwerb bestimmter grammatischer Strukturen wie Pluralbildung, Hilfs- und Modalverben, unregelmäßige Verben, Präpositionen, Artikel, Adjektivflexion, Pronomen und Groß- und Kleinschreibung ist ebenfalls für einen großen Teil der Schüler nicht deutscher Herkunftssprache mit Schwierigkeiten verbunden.[147] Schüler mit Deutsch als Zweitsprache sprechen oder lesen darüber hinaus oft stockend, erraten beim Lesen Wörter, ersetzen in der mündlichen Kommunikation mangels Wortschatzkenntnissen Wörter durch generalisierte Begriffe wie „Dings" oder „das da" und geben nur ungern zu, dass sie etwas nicht verstanden haben (z. B. einen Arbeitsauftrag); entsprechend fragen sie auch nicht nach, wenn sie etwas nicht verstanden haben. Aus diesen Gründen empfiehlt es sich, die Schüler in eigenen Worten zusammenfassen zu lassen, *was* sie verstanden haben, statt zu fragen, *ob* sie es verstanden haben. Leisen (2011, Grundlagenteil, S. 26) weist darauf hin, dass Schüler mit Deutsch als Zweitsprache aufgrund der komplexen Anforderungen in einer fachbezogenen Kommunikationssituation oftmals überfordert sind, und empfiehlt daher, den Schülern Zeit für das Finden von Formulierungen zu geben und sie in Ruhe zu Ende sprechen zu lassen, nonverbale Kommunikationshilfen (Vormachen, Zeigen) zuzulassen, sprachliche Fehler nicht sofort zu verbessern, und die Schüler dazu zu ermutigen, sich überhaupt zu äußern, auch, wenn dies zunächst noch nicht so gut funktioniert. Im Kontext des bereits dargestellten transaktionalen Modells der sozialen Konsequenzen nach Rice (1993) ist diese Empfehlung von besonderer Relevanz.

11.2.6 Störungen der Schriftsprache

Störungen der Schriftsprache können sich auf eine Störung der Lesefähigkeit, eine Störung der Schreibfähigkeit oder auf beides zugleich beziehen. Eine Störung im Bereich des Lesens kann sich in buchstabierendem Lesen, Auslassungen von Buchstaben oder Wortteilen, Verwechslungen von Buchstaben (besonders häufig bei optisch ähnlichen Buchstaben wie b/d oder q/p, die sich in der Raumlage unterscheiden), Problemen beim Lesen unbekannter oder längerer Wörter, Problemen bei der Sinnentnahme von Wörtern oder Texten oder dem Erraten statt Erlesen von Wörtern äußern. Im Bereich des Schreibens können u. a. Fehler beim Abschreiben, Buchstaben- oder Wort-

---

147 Vgl. dazu auch Kap. 11.3.1.

auslassungen, eine Vertauschung der Buchstabenreihenfolge, Nicht-Anwendung von Rechtschreibregeln oder extrem langsame Schreibbewegungen auf eine Störung der Schreibentwicklung hindeuten.

Störungen des Schriftspracherwerbs treten häufig gemeinsam mit einem verminderten Selbstwertgefühl, Aggressivität oder Hyperaktivität, einer Konzentrationsschwäche oder psychosomatischen Symptomen auf. Sie können multifaktoriell verursacht sein und bedürfen teils therapeutischer Maßnahmen, die auf der Basis der individuellen Diagnose erfolgen. Für den Musikunterricht ist zu bedenken, dass sich eine gestörte Schriftsprachentwicklung nicht nur auf die Rezeption oder Produktion von (Fach-)Texten auswirken kann, sondern auch auf das Erlernen der Notenschrift. So kann es z. B. zu Verwechselungen der Richtungen von Notenhälsen, Tönen und Notenlinien kommen, wenn Schüler z. B. von einer Raum-Lage-Labilität betroffen sind.

Schülern mit gestörtem Schriftspracherwerb kann der Umgang mit Schriftlichkeit durch folgende Maßnahmen erleichtert werden:

- Der Sitzplatz sollte so gewählt sein, dass die Tafel gut sichtbar ist.
- Texte für leseschwache Schüler sollten in großer Schrift (12 bis 14 pt.) und mit serifenlosen Schriftarten verfasst werden, z. B. Arial oder Helvetica.
- Anschreiben an die Tafel oder Vorlesen sollten nur auf freiwilliger Basis erfolgen.
- Den Betroffenen sollte mehr Zeit zum Bearbeiten von schriftlichen Aufgaben eingeräumt werden.
- Den Betroffenen sollten schriftliche Aufgabenstellungen vorgelesen werden.
- Bei feinmotorischen Problemen sollte den Betroffenen das Anfertigen von Arbeiten am PC ermöglicht werden.
- Mit Fehlern sollte konstruktiv umgegangen werden und trotz Fehlern sollten Ermutigungen ausgesprochen werden.

(Ganser/Richter 2003, S. 75 ff.)

Die Bildungsministerien der Bundesländer haben sog. „Legasthenieerlässe" herausgegeben, aufgrund derer Rechtschreibleistungen bei Schülern mit einer diagnostizierten und dauerhaft fortbestehenden Störung der Schriftsprache bei schriftlichen Leistungsnachweisen nicht mit in die Notengebung einfließen. Für den Musikunterricht ist zu konstatieren, dass sich – sofern Musikpraxis dominiert – Probleme im Bereich der Schriftsprache weniger negativ auf das Fachlernen auswirkt als in schriftsprachlich dominierten Fächern. Betroffene Schüler können daher im Musikunterricht eine Entlastung erfahren; allerdings trägt ein überwiegend musikpraktisch ausgerichteter bzw. auf medialer Mündlichkeit basierender Musikunterricht auch nicht zur Entwicklung schriftsprachlicher Fertigkeiten bei.

11.3 Scaffolding im Musikunterricht

Scaffolding kann nur auf der Basis einer umfassenden Analyse sowohl der Unterrichtskommunikation und der im Musikunterricht verwendeten Texte und Aufgabenstellungen als auch auf der Basis einer Sprachstandsdiagnose der Schüler in den

Bereichen Hören, Lesen, Sprechen und Schreiben erfolgen. Problematisch für die Umsetzung von Scaffolding im Musikunterricht ist die nahezu unüberschaubare Zahl von Scaffoldinginstrumenten und Methodenwerkzeugen. Hier sind neben dem Katalog an Methoden, Strategien und Methodenwerkzeugen von Leisen (2011) z. B. die „Qualitätsmerkmale durchgängiger Sprachbildung" (Gogolin 2011), die „Checkliste zu sprachlichen Aspekten des Fachunterrichts" (Thürmann/Vollmer 2011), der „Planungsrahmen zur sprachsensiblen Unterrichtsplanung" von Tajmel (2012) oder das „Instrument zur sprachbildenden Analyse von Lernaufgaben im Fach" (ISAF) von Caspari u. a. (2017) zu nennen. Da zwischen diesen Scaffoldinginstrumenten auch Schnittmengen bestehen, wäre ein derzeit noch ausstehender zusammenfassender Überblick über die verschiedenen Ansätze als Orientierungsrahmen für Musiklehrende hilfreich.

Da Musiklehrende i.d.R. keine ausgebildeten Sprachlehrkräfte sind, kann auch die Kenntnis über potenzielle sprachbezogene Schwierigkeiten in Unterrichtsmaterialien ein erster Schritt für die praktische Umsetzung einer Sprachbildung im Fach darstellen. Daher werden im Folgenden zunächst potenzielle „Stolpersteine" in der Fachkommunikation, insbesondere in Fachtexten, dargestellt, bevor aus der Vielzahl der Scaffoldinginstrumente exemplarisch das oben bereits genannte „Instrument zur sprachbildenden Analyse von Lernaufgaben" von Caspari u. a. (2017) in den Blick genommen wird. Da dieses Instrument aufgrund seines erheblichen Umfangs als zu zeitaufwändig für den Einsatz im Unterrichtsalltag betrachtet wird, wird eine stark verkürzte Version vorgestellt.

11.3.1 „Stolpersteine" der deutschen Sprache

Schwierigkeiten beim Erwerb der Zielsprache Deutsch können bei Schülern, die Deutsch als Zweit- oder Fremdsprache erwerben, von der jeweiligen Herkunftssprache abhängen, da es aufgrund von Unterschieden und Gemeinsamkeiten in den Strukturen der Erstsprache und der Zielsprache Deutsch für Lernende mit bestimmten Erstsprachen unterschiedlich schwierig sein kann, Deutsch zu lernen. Probleme können jedoch auch durch Besonderheiten der Bildungssprache bedingt sein, die für viele Schüler unabhängig von ihrer Herkunftssprache schwierig zu erlernen sind, wenngleich neuere Forschungsarbeiten[148] die Problematik weniger in den Strukturen der Bildungssprache an sich sehen als vielmehr darin, dass bestimmte bildungssprachliche Strukturen zwar auch in der Alltagssprache vorkommen, jedoch weniger häufig als andere Strukturen. Es ist daher anzuraten, dass Musiklehrende sich sowohl mit den Strukturen der Bildungssprache als auch mit anderen linguistischen Phänomenen befassen, die als problematisch beim Erlernen der deutschen Sprache gelten. Die Kenntnis potenzieller Probleme auf der linguistischen Ebene ermöglicht es, Unterrichtsmaterialien und insbesondere Fachtexte daraufhin zu analysieren. Probleme bei der medial mündlichen Kommunikation oder bei der Texterschließung können so im Vorfeld bei der Planung kommunikativer Situationen und bei der Auswahl von Fachtexten berücksichtigt und entsprechende Methoden und Methodenwerkzeuge

---

148 Z. B. Ahrenholz (2017).

vorausschauend eingebunden werden, ohne dass dafür eine detaillierte individuelle Sprachdiagnostik bei allen Schülern erfolgen muss. Stattdessen können Textoberfläche, semantische Basis und Textsortenmerkmale eines Textes „diagnostiziert" werden.

Sog. „Stolpersteine" lassen sich auf verschiedenen linguistischen Ebenen identifizieren (vgl. Senatsverwaltung für Schule, Jugend und Sport Berlin 2001):

- im Bereich der Wortbildung und der Wortbedeutung, z. B. bei der Bildung von Komposita: Komposita können im Deutschen aus sehr vielen verschiedenen Wortarten gebildet werden (z. B. Nomen + Nomen: „Holzbläser"; Adjektiv + Nomen: „Paralleltonart"; Nomen + Partizip I: „musikliebend"; Nomen + Adjektiv: „tanzartig"). Sie gehören zu den häufigsten Wortbildungsarten der deutschen Sprache und treten in Fachtexten gehäuft und oft auch mehr als zweigliedrig auf (z. B. „Tonhöhenverlauf"; „Halbtonschritt"). Komposita sollten immer erklärt werden.
- im Bereich der Formenbildung, z. B. bei unregelmäßigen Verben, bei denen einige Formen (insbesondere Imperfekt oder Konjunktiv) in der Alltagssprache nur selten vorkommen: „ich sang/ich sänge". Auch Verben mit Vorsilben sind oft problematisch, da sie mit immens vielen verschiedenen Vorsilben erscheinen können. Dabei kann die Vorsilbe weit vom Verb entfernt stehen (Verbklammer): „Als Ludwig van Beethoven in Wien Unterricht bei Joseph Haydn nahm, suchte er ihn mehrmals in der Woche in seiner Wohnung auf." Die Trennbarkeit des Verbs sollte in einem Text immer wie in dem o. g. Beispielsatz markiert werden, da es ansonsten zu einer Verwechslung mit Präpositionen (hier: „auf") kommen kann.
- im Bereich bildungs- und fachsprachlicher Strukturen, z. B. bei Nominalisierungen, die als bildungssprachliches Merkmal in Gestalt gehäufter substantivierter Verben in Fachtexten enthalten sein können (sog. „Nominalstil"); der Nominalstil führt zu einem unpersönlichen, passiven Charakter von Aussagen: „*Das Streichen* mit dem Bogen über die Saiten dient *der Erzeugung* des Klangs. Durch *das Einreiben* der Pferdehaare, mit denen der Bogen bespannt ist, mit Kolophonium, *wird* eine Erhöhung des Reibungswiderstandes zwischen Bogen und Saite *erzielt*." Da Schüler den Umgang mit dem Nominalstil jedoch erlernen sollen, sollte er außer in Arbeitsanweisungen und Aufgabenstellungen nicht grundsätzlich vermieden werden. Unterstützend können Nominalisierungen jedoch in einen Verbalstil umgewandelt werden: „Der Klang wird bei Streichinstrumenten erzeugt, indem man mit einem Bogen über die Seiten streicht. Der Bogen ist mit Pferdehaaren bespannt. Die Pferdehaare werden mit Kolophonium eingerieben. Dadurch erhöht sich der Reibungswiderstand zwischen Bogen und Saite." Auch diese Version entspricht einer bildungssprachlichen Struktur. Sie ist durch die Passivkonstruktion und den unpersönlichen Sprachstil („Man") als Kennzeichen von Bildungssprache ebenfalls nicht unproblematisch, vermeidet jedoch Nebensätze und verzichtet weitgehend auf Nominalisierungen. Passivkonstruktionen können das Verständnis erschweren, da sie nicht erkennen lassen, wer der Handelnde ist. Stattdessen entpersönlichen sie die Handlung: „Nachdem das zweite Thema in den Holzbläsern erklungen ist, wird es von den hohen Streichern übernommen."

In eine Aktivkonstruktion umformuliert, wäre der Satz leichter verständlich, da klarer wird, wer jeweils das handelnde Subjekt ist: „Zuerst spielen die Holzbläser das zweite Thema. Anschließend spielen die hohen Streicher das zweite Thema."
- Um zu überprüfen, ob die Schüler eine Passivkonstruktion verstanden haben, sollten Passivsätze von den Schülern selbst in Aktivsätze umgewandelt werden. Zu beachten ist außerdem, dass die Fähigkeit, Passivkonstruktionen zu bilden, erst im Alter von ca. 8 bis 9 Jahren vorhanden ist. Die Fähigkeit zum Verstehen von Passivkonstruktionen ist hingegen früher ausgeprägt.

Probleme mit „Stolpersteinen" und bildungssprachlichen Strukturen können sowohl in der Sprachrezeption als auch der Sprachproduktion auftreten, vor allem aber bei der Rezeption von Fachtexten. Die o. g. Beispiele bilden lediglich einen kleinen Teil potenzieller „Stolpersteine" exemplarisch ab. Ausführliche Darstellungen finden sich insbesondere in Materialien, die im Rahmen des Projektes FörMig[149] erstellt wurden, oder in zahlreichen weiteren Handreichungen für den DaZ-Unterricht.[150] Die potenziell problematischen Strukturen können im Musikunterricht von den Lehrenden zum einen bei der Formulierung von Aufgabenstellungen berücksichtigt werden, zum anderen kann deren Kenntnis die Basis für die Analyse von Fachtexten bilden, die im Unterricht verwendet werden sollen. Eine solche Analyse ermöglicht die Vorwegnahme potenzieller Verständnisprobleme der Lernenden und die Bereitstellung entsprechender Methodenwerkzeuge, um den Lernenden das Verständnis von Aufgabenstellungen und Fachtexten zu erleichtern. Was an einer Textstruktur als jeweils „schwierig" gelten kann, lässt sich allerdings nur vor dem Hintergrund des Sprachstandes der jeweiligen Lerngruppe bestimmen.

11.3.2 Methoden und Methodenwerkzeuge zur Rezeption und Produktion von Fachtexten

Die in den Rahmenlehrplänen fokussierte Ausbildung von Bildungs- und Fachsprache kann und soll sich vor allem anhand der Arbeit mit Fachtexten, die im Musikunterricht zumindest ab der Sekundarstufe I eine zunehmende Rolle spielen, vollziehen, da Fachtexte als konzeptionell und medial schriftliche Texte auf diesen Strukturen basieren. Doch nicht nur hinsichtlich der Informationsentnahme aus Texten, sondern auch bezüglich der eigenen Textproduktion sollen die Schüler in die Lage versetzt werden, zunehmend mit bildungs- und fachsprachlichen Strukturen zu operieren. Fachtexte

---

149 FörMig (Förderung von Kindern und Jugendlichen mit Migrationshintergrund) ist ein seit 2004 in zehn Bundesländern laufendes Projekt, das auf den Abbau der Bildungsbenachteiligung von Kindern und Jugendlichen mit Migrationshintergrund zielt. Im Rahmen dieses Projektes wurden in den Schriftenreihen FörMig-Edition und FörMig-Material bereits zahlreiche Praxismaterialien und Handreichungen zur Sprachbildung im Fach herausgegeben.

150 Z.B. Senatsverwaltung für Schule, Jugend und Sport Berlin (Hrsg.) (2001): Handreichung Deutsch als Zweitsprache. Verfügbar unter: https://www.bildungsserver.de/onlineresource.html?onlineressourcen_id=28817 [08.01.2019].

lassen sich verschiedenen pragmatischen Funktionen zuordnen, wobei es zwischen den Funktionsbereichen auch zu Überschneidungen kommen kann:

1) Fachtexte mit deskriptiver Funktion als möglichst genaue objektive Beschreibung von Sachverhalten und Gedanken in Gestalt von Aussagesätzen mit dem Zweck, Wissen festzuhalten, darzustellen und weiterzugeben; deskriptive Texte lassen sich drei Unterkategorien zuordnen:
   a) deskriptiv-beschreibende Texte im Präsens (was ist),
   b) deskriptiv-berichtende Texte im Präteritum (was geschah, wann und wo),
   c) deskriptiv erörternde Texte im Präsens (was ist möglich, wenn und wo),
2) Fachtexte mit instruktiver Funktion als Anleitung zum fachlichen Handeln (z. B. Anweisungen oder Anleitungen),
3) Fachtexte mit direktiver Funktion als fachliches Handeln in einer ganz bestimmten Weise, z. B. auf der Basis von Regeln, Ordnungen, Normen oder Sanktionen u.Ä., die den Handlungsspielraum der Betroffenen vorgeben bzw. begrenzen.

(Möhn/Pelka 1984)

Medial schriftliche Fachtexte beschränken sich hinsichtlich ihrer linguistischen Charakteristika auf die Tempora Präsens (1a, 1c, 2, 3) oder Präteritum (2b). Sie beziehen oft zusätzlich außersprachliche Mittel wie Diagramme, Zeichnungen, Abbildungen oder Skizzen zur Veranschaulichung von Sachverhalten und Vorgängen ein. Eine linguistische Analyse zur Identifikation von potenziellen „Stolpersteinen" steht in Zusammenhang mit den jeweiligen fachspezifischen Zielen, die durch die Textrezeption erreicht werden sollen.

In den folgenden Kapiteln werden in Anlehnung an den Praxisteil von Leisen (2011) einige Methoden und Methodenwerkzeuge im Bereich der Textrezeption und -produktion exemplarisch dargestellt, die auch auf andere Fachtexte des Musikunterrichts übertragbar sind. Eine Trennung zwischen lese- und schreibunterstützenden Methoden und Methodenwerkzeugen ist dabei nicht immer möglich, da einige der Methoden und Methodenwerkzeuge, die dem Bereich des Schreibens zugeordnet sind, zugleich auch die Lesefertigkeit einbeziehen. Jede Methode bzw. jedes Methodenwerkzeug kann einzeln in einer sprachlich relativ homogenen Gruppe eingesetzt werden, doch können in sprachlich heterogenen Gruppen auch mehrere verschiedene Methoden oder Methodenwerkzeuge parallel als Verfahren der Binnendifferenzierung angewandt werden.

Ein weiterer Schwerpunkt im Bereich des Scaffolding wird, da insbesondere die fachsprachliche Wortschatzarbeit eine zentrale Dimension des Musikunterrichts darstellt, auf Methoden der Wortschatzarbeit gelegt. Leisen (2011, Praxisteil) listet jeweils zwanzig Lese- und Schreibstrategien sowie vierzig Methodenwerkzeuge und weitere Übungen auf. Es würde den Rahmen sprengen, sämtliche dieser Verfahren anhand verschiedener musikbezogener Beispiele darzustellen. Dies scheint auch deshalb nicht sinnvoll, weil zum einen nicht alle der von Leisen ursprünglich für den naturwissenschaftlichen Unterricht konzipierten Verfahren für den Musikunterricht geeignet sind und zum anderen nicht wenige dieser Verfahren als so zeitaufwändig für die

Anwendung im Musikunterricht einzuschätzen sind, dass sie deutlich zu Lasten der Lernzeit für das musikbezogene Lernen gehen würden. Daher werden hier nur solche Methoden und Methodenwerkzeuge für den Musikunterricht adaptiert, bei denen der Zeitaufwand für den Einsatz im Musikunterricht vertretbar scheint. Des Weiteren werden Verfahren ausgeklammert, die als reines Sprachlernen (d. h. als Sprachunterricht) einzustufen sind, ohne dass daraus ein unmittelbarer Nutzen für das Fachlernen erkennbar wird.

Einige Methoden und Methodenwerkzeuge, die Leisen anführt, sind bereits Bestandteile gängiger Aufgabenformate in Materialien für den Musikunterricht (z. B. Kreuzworträtsel, bei denen musikalische Fachbegriffe eingesetzt werden sollen, Bildergeschichten inkl. des Ausfüllens von Sprechblasen, Kugellager etc.). Diese werden hier ebenfalls nicht berücksichtigt, da davon auszugehen ist, dass sie vielen Musiklehrenden aufgrund ihrer häufigen Verwendung in Unterrichtsmaterialien bereits bekannt sind. Diese Aufgabenformate fördern implizit (schrift)sprachliche Fertigkeiten, ohne explizit als spezifisch „sprachfördernd" gekennzeichnet zu sein.

Die Anwendung eines oder mehrerer der im Folgenden dargestellten Methoden und Methodenwerkzeuge für das musikbezogene Fachlernen macht für sich genommen noch keinen Sprachbewussten Musikunterricht aus. Musikunterricht wird erst dann sprachbewusst, wenn diese Methoden und Methodenwerkzeuge in Verbindung mit den in Kap. 11 dargestellten (selbst)reflexiven Verhaltensweisen angewandt werden.

Um nachvollziehbar zu machen, wie Methoden und Methodenwerkzeuge zur Unterstützung des Lese- und Schreibprozesses konkret an Fachtexten eingesetzt werden können, dienen zwei Texte, auf die im Folgenden immer wieder Bezug genommen wird, als Grundlage zur Veranschaulichung der jeweiligen Methode bzw. des Methodenwerkzeugs. Die Beispieltexte und Abbildungen werden den einzelnen Methoden und Methodenwerkzeugen daher vorangestellt. Sie wurden in Anlehnung an gängige Textformate in Unterrichtsmaterialien für den Musikunterricht selbst erstellt.

Beispieltext 1: Ludwig van Beethoven (1770–1827)

Ludwig van Beethoven wird 1770 in Bonn als zweites von sieben Kindern einer Musikerfamilie geboren. Seinen ersten Musikunterricht erhält er bei seinem Vater Johann Beethoven, der seine Begabung erkennt und versucht, aus Ludwig ein Wunderkind wie Wolfgang Amadeus Mozart zu machen. Im Alter von sieben Jahren tritt Beethoven zum ersten Mal öffentlich als Pianist auf. 1784 wird der erst Dreizehnjährige in die Hofkapelle des Kurfürsten Maximilian Franz in Bonn aufgenommen. Dort wirkt er als Bratschist und Cembalist mit. Zusätzlich erhält er eine Festanstellung als Hoforganist. 1786 unternimmt Beethoven eine Reise nach Wien, um dort Kompositionsunterricht bei Mozart zu nehmen. Ob es jedoch zu einer Begegnung mit Mozart gekommen ist, ist bis heute nicht geklärt. 1792 siedelt Beethoven nach Wien über und wird bis Anfang 1794 Kompositionsschüler von Joseph Haydn. Allmählich wird Beethoven zunächst als Pianist, dann aber auch als Komponist immer bekannter. Mit seiner Gesundheit steht es jedoch nicht zum Besten, er leidet immer wieder an verschiedenen Krankheiten. Vor allem das Auftreten eines Gehörleidens, das schließlich zu völliger Taubheit führt, stürzt Beethoven in eine tiefe Lebenskrise. Dennoch komponiert er weiter, selbst nachdem er vollkommen taub ist. Beethoven wird schließlich über die Grenzen Wiens hinaus in ganz Europa bekannt. Als er 1827 stirbt, wird er in einem prunkvollen Trauerzug, an dem tausende Einwohner von Wien teilnehmen, zu Grabe getragen. Einer der Fackelträger, die die Beerdigung begleiten, ist der dreißigjährige Franz Schubert, der nur ein Jahr nach Beethoven stirbt. Noch heute ist die Musik Beethovens in der ganzen Welt bekannt.

Beispieltext 2: Ausnahmetalent Ludwig van Beethoven

Ludwig van Beethoven wurde während seiner Jahre in Wien von reichen Adeligen (Mäzenen) unterstützt, mit denen er auch befreundet war. Die Adeligen wussten sein Kompositionstalent zu schätzen und sorgten dafür, dass er sich ganz dem Komponieren widmen konnte. Dies stellte im 18. Jahrhundert eine große Ausnahme dar, da Musiker üblicherweise eine Anstellung am Hofe innehatten oder Unterricht erteilen mussten, um ihren Lebensunterhalt zu verdienen. Obwohl Beethoven auch Einnahmen aus Veröffentlichungen von Noten und aus Konzerten bezog, reichten diese unregelmäßigen Einkünfte nicht zum Leben aus. Beethovens wichtigster Mäzen war Fürst Karl Lichnowsky, der ihm von 1800 bis 1806 einen jährlichen festen Betrag zahlte, der für Beethovens Lebensunterhalt ausreichte. 1806 zerstritt sich Beethoven jedoch mit Fürst Lichnowsky. Beethoven war im Umgang mit anderen Menschen ungeschickt, galt als leicht reizbar und launisch und war oft aufbrausend, was auch auf seine zunehmende Ertaubung zurückgeführt wird. Nach dem Streit mit Lichnowsky wurde Beethoven von anderen Adeligen aus seinem Freundeskreis finanziell unterstützt. Die einzige Bedingung dafür war, dass Beethoven nicht aus Wien fortziehen durfte, um woanders eine Stelle anzunehmen.

11.3.2.1 Methoden und Methodenwerkzeuge zur Rezeption von Fachtexten

Bei der Auswahl von Fachtexten sollte darauf geachtet werden, dass das Niveau nur wenig über dem Leseniveau der Schüler, d. h. in der „Zone der nächsten Entwicklung", liegt. Werden Texte von Schülern als zu schwierig empfunden, kann die grundsätzliche Motivation, sich mit einem Fachtext auseinanderzusetzen, sinken, da die Beurteilung von Texten nicht nur vom Inhalt, sondern maßgeblich auch davon abhängt, als wie schwierig der Text empfunden wird. Erfordert das Lesen eine zu große Anstrengung bzw. reicht die maximal aufgebrachte Anstrengung nicht aus, um den Text zu verstehen, kann dies der Motivation nachhaltig schaden. Wiederholen sich solche negativen Erfahrungen, werden Fachtexte schließlich überhaupt nicht mehr gelesen. Zur Unterstützung des Leseprozesses und des sinnverstehenden Lesens können in Anlehnung an Leisen (2011, Praxisteil) folgende Methoden und Methodenwerkzeuge herangezogen werden:

1. Vom Lehrer gestellte Fragen zum Text beantworten

Grundsätzlich können zu jedem Text Fragen gestellt werden, wobei sich die Fragen entweder auf das globale, selektive oder detaillierte Leseverständnis beziehen können. Fragen zum Textbeispiel 1 könnten beispielsweise folgendermaßen lauten:

- Worum geht es in dem Text? (globales Leseverständnis)
- An welchen Orten hat Beethoven gelebt? Welche anderen Komponisten hat Beethoven persönlich kennengelernt? (selektives Leseverständnis, das sich gezielt auf bestimmte Informationen richtet)
- Wie verlief Beethovens Leben? (detailliertes Leseverständnis, bei dem der gesamte Inhalt verstanden werden soll)

2. Schüler stellen selbst Fragen an einen Text

Leisen schlägt zu dieser Methode vor, dass jeder Schüler nach dem Lesen eines Textes fünf Fragen an sich selbst stellt, die nicht mit „ja" oder „nein" beantwortet werden können. Auf Beispieltext 1 bezogen könnten z. B. folgende Fragen formuliert werden:

- Von wann bis wann hat Beethoven gelebt?
- Welche Instrumente konnte Beethoven spielen?
- Wer hat Beethoven wann unterrichtet?
- Wo hat Beethoven gelebt?
- Warum reiste Beethoven nach Wien?

Dieses Verfahren dient dazu, sich mit dem Text nochmals tiefgründiger auseinanderzusetzen und ihn tiefgehender zu verstehen als beim ein- oder mehrmaligen Lesen ohne derartige Fragestellungen.

3. Einen Text strukturieren

Dieses Verfahren ist nur bei längeren Texten sinnvoll anwendbar, die sich teils in Musikbüchern oder Fachzeitschriften für den Musikunterricht finden. Teilweise sind sie bereits in zusammenhängende Sinnabschnitte gegliedert, die jeweils mit einer Zwischenüberschrift versehen sind. Nach Leisens Vorschlag erhalten die Schüler den Text nun ohne solche Zwischenüberschriften und Absätze. Die Aufgabe für die Schüler besteht darin, den Text selbst in Absätze zu strukturieren und die selbst gefundenen Zwischenüberschriften zu thematisch zusammenhängenden Abschnitten einzutragen. Als Variante können auch Zwischenüberschriften vorgegeben werden, die die Schüler den entsprechenden Abschnitten zuordnen. Für einen längeren Text über Beethoven (oder einen anderen Komponisten/Musiker, d. h. für die Textsorte „Biografie") bieten sich beispielsweise Abschnitte wie „Kindheit", „Jugend", „Ausbildung", „Freundschaften", „Liebesbeziehungen", „Krankheiten" oder „Die letzten Lebensjahre" an. Dieses Verfahren ermöglicht ein differenziertes Arbeiten und lässt neben Verallgemeinerungen über die spezifische Unterkategorie „Musikerbiografie" Verallgemeinerungen über die Textsorte „Biografie" und ihre Textsortenmerkmale zu.

4. Den Text mit einem Bild lesen

Bei diesem Verfahren wird ein Text mit einer Abbildung kombiniert. Die Aufgabe für die Schüler besteht darin, auf eine bestimmte Weise (z. B. als eckige Umrahmung) im Text die Begriffe zu markieren, die im Bild abgebildet sind, und auf eine andere Weise (z. B. durch Unterstreichen) im Text Begriffe zu markieren, die nicht im Bild beschriftet sind, für die aber Linien im Bild vorgegeben sind. Diese (unterstrichen) Begriffe sollen auf die Linien im Bild übertragen werden. Dieses Verfahren wird hier am Beispiel eines selbst erstellten Fachtextes über den Aufbau der Geige demonstriert:

Die Geige

Die Geige gehört zu den Streichinstrumenten. Die Töne werden erzeugt, indem man mit einem Bogen über die Saiten streicht. Der obere Teil des etwa 35 cm langen Korpus besteht aus der Decke, der untere Teil aus dem Boden. In der Decke befinden sich zwei Schalllöcher, die F-Löcher genannt werden. Zwischen Decke und Saiten wird der Steg positioniert, der ohne Leim nur von den gespannten Saiten in seiner Position gehalten wird. Decke und Boden des Korpus werden vom Zargenkranz zusammengehalten. Am oberen Teil des Korpus befindet sich der Hals mit dem Griffbrett. Am oberen Ende des Halses ist der Wirbelkasten angebracht, der in der Schnecke endet. Im Wirbelkasten befinden sich vier Wirbel, mit denen die vier Seiten der Geige gespannt werden. Auf diese Weise wird die Geige gestimmt.

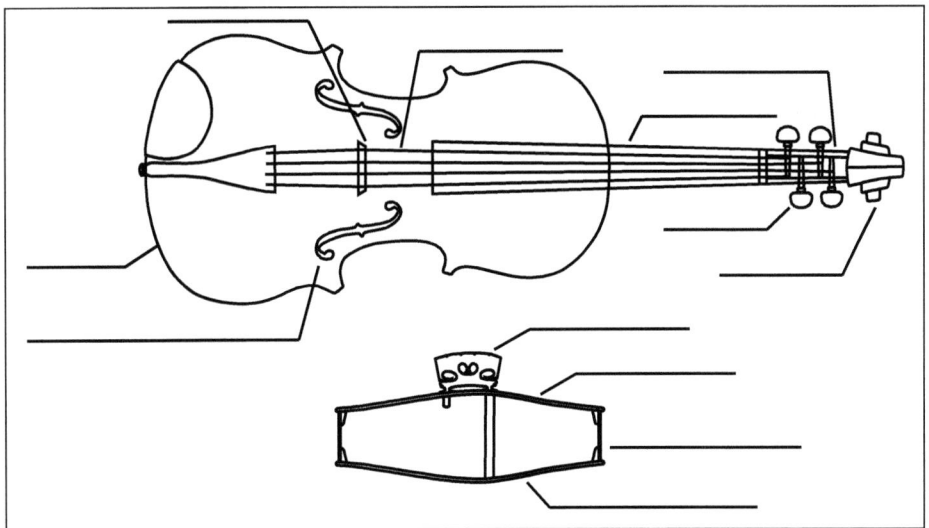

5. Texte expandieren

Hierbei wird ein in mehrere Abschnitte geteilter Text expandiert, indem zusätzliche Informationen in jeden Abschnitt eingefügt werden. Diese Zusatzinformationen können anderen vorgegebenen Texten entnommen werden oder im Internet oder aus anderen Quellen von den Schülern selbst recherchiert werden. Beispieltext 1 könnte z. B. um Informationen aus Beispieltext 2 expandiert werden, so dass aus der Schnittmenge der Informationen aus Text 1 und Text 2 ein neuer Text entsteht:

Ludwig van Beethoven

Ludwig van Beethoven wurde 1770 in Bonn in einer Musikfamilie geboren, die insgesamt sieben Kinder hatte. Ludwig van Beethovens erster Musiklehrer war sein Vater. Mit sieben Jahren gab Ludwig van Beethoven sein erstes Konzert als Pianist. Mit nur dreizehn Jahren wurde er am Hofe des Kurfürsten Maximilian Franz als Organist, Bratschist und Cembalist angestellt. Im Alter von sechzehn Jahren reiste Beethoven von Bonn nach Wien, um bei Mozart Kompositionsunterricht zu nehmen. Bis heute ist allerdings nicht geklärt, ob sich Beethoven und Mozart tatsächlich begegnet sind. Als sicher gilt hingegen, dass Beethoven 1792 endgültig nach Wien übersiedelte, um zwei Jahre lang Kompositionsunterricht bei Joseph Haydn zu nehmen. In Wien wurden Beethovens Kompositionen bald sehr bekannt. Er war mit zahlreichen Mäzenen befreundet, die ihn finanziell unterstützten. Dies war für damalige Zeiten sehr ungewöhnlich, denn Komponisten mussten im 18. Jahrhundert meistens Instrumentalunterricht geben oder als Berufsmusiker angestellt sein, um ihren Lebensunterhalt bestreiten zu können. Obwohl Beethoven ein schwieriger Mensch war, der jähzornig und unberechenbar sein konnte, waren die Adeligen aus seinem Freundeskreis bereit, ihn zu unterstützen, weil sie sein außergewöhnliches Kompositionstalent erkannten. Die Ursache für Beethovens unberechenbare Gefühlsschwankungen und seinen schwierigen Charakter war vermutlich eine Ohrenkrankheit, durch die er im Laufe der Zeit vollkommen taub wurde. Dennoch komponierte er, selbst als er völlig taub war, weiter. Mit seinem wichtigsten Mäzen, dem Fürsten Karl Lichnowsky, der ihm seit 1800 jährlich einen festen Betrag als Lebensunterhalt zahlte, zerstritt sich Beethoven im Jahr 1806, wurde anschließend jedoch von anderen Adeligen aus seinem Freundeskreis finanziell unterstützt. Die einzige Bedingung, die sie ihm dafür stellten, war, dass er nicht aus Wien wegziehen durfte. So konnte Beethoven sich bis zu seinem Tod weiter ganz dem Komponieren widmen. Als er 1827 starb, war er bereits so berühmt, dass sein Sarg von tausenden Menschen in einem prächtigen Trauerzug zum Friedhof begleitet wurde. Auch der Komponist Franz Schubert, der nur ein Jahr nach Beethoven im Alter von einunddreißig Jahren starb, nahm daran als Fackelträger teil. Auch heute, fast dreihundert Jahre nach Beethovens Tod, werden seine Kompositionen überall auf der Welt gehört und aufgeführt.

Texte können außerdem dahingehend genutzt werden, eine gemeinsame inhaltliche Schnittmenge herauszufinden. Soll den Schülern z. B. klar werden, in welch einer geringen Zeitspanne sich der Übergang von der Klassik zur Romantik vollzogen hat, könnten die Schüler anhand verschiedener biografischer Texte (z. B. je ein Text über C.W. Gluck, über J. Haydn, über A. Salieri und über F. Schubert) diese nach einer bestimmten Perspektive absuchen, die in allen vier Texten enthalten ist. Dies könnte beispielsweise die Perspektive sein, welcher der vier genannten Komponisten welche(n) der anderen drei Komponisten persönlich kannte. Die Verbindung zwischen den Epochen wäre in diesem Beispiel A. Salieri, der sowohl von C.W. Gluck unterrichtet wurde als auch seinerseits J. Haydn und F. Schubert unterrichtete; anhand dessen wird deutlich, dass sich innerhalb nur einer Generation ein Epochenwechsel von der Vorklassik über die Klassik bis hin zur Frühromantik vollzog.

6. Texte vergleichen

Bei dieser Methode vergleichen die Schüler zwei Texte über dasselbe Thema, in denen das Thema aus verschiedenen Perspektiven dargestellt wird. Die Texte werden in ihren Kernaussagen miteinander verglichen, Gemeinsamkeiten und Widersprüche aufgedeckt. Neben biografischen Texten eignen sich hierfür z. B. Texte über Musikepochen und die Entstehung von Gattungen und Formen, verschiedene Darstellungen desselben historischen Ereignisses, Musikkritiken desselben Konzerts von zwei verschiedenen Kritikern, verschiedene Analysen desselben Werkes (auch aus verschiedenen Epochen) oder Äußerungen (Interviews, schriftliche Äußerungen) verschiedener Interpreten zu ihren jeweiligen Interpretationen desselben Werkes. Bei diesem Verfahren können auch Texte auf verschiedenen Sprachniveaus (ein Text auf unterdurchschnittlichem Niveau, der zweite etwas über dem aktuellen Sprachniveau der Lernenden liegend) verwendet werden.

7. Schlüsselwörter suchen und Text zusammenfassen

Hierbei erhalten die Schüler den Auftrag, mit Bleistift alle Wörter eines Textes zu markieren, die sie als Schlüsselwörter (Kernaussagen) vermuten. Schlüsselwörter dienen dazu, den Text „aufzuschließen". Es handelt sich dabei um Wörter, die häufig am Anfang eines Sinnabschnittes oder eines Satzes stehen und damit das jeweilige Thema vorgeben, bzw. zu denen im Verlauf des Textes immer wieder Bezug genommen wird. Zur Identifikation von Schlüsselwörtern können den Schülern folgende Fragen vorgegeben werden:

- Worum geht es (global)?
- Wie wirkt der Text auf mich?
- Womit bringe ich den Text in Verbindung?
- Was könnte wichtig sein?

Als Schlüsselwörter im Beispieltext 1 könnten z. B. identifiziert werden:

- in Bonn geboren
- Vater unterrichtet ihn
- reist nach Wien

- Unterricht bei Haydn
- einer der besten Pianisten in Wien
- als Komponist immer bekannter
- wird taub
- stürzt in Lebenskrise
- in ganz Europa bekannt

Die gekennzeichneten Schlüsselwörter können mit denen eines Partners verglichen oder innerhalb der Klasse gemeinsam verhandelt werden. Zu dem von Leisen vorgeschlagenen Vergleich der Schlüsselwörter ist allerdings anzumerken, dass dieses Vorgehen zumindest beim Vergleich im Klassenverband (mehr noch als im Vergleich zwischen zwei Partnern) viel Zeit beansprucht. Möglich ist allerdings auch eine Eingrenzung auf eine bestimmte Anzahl von Schlüsselwörtern in Abhängigkeit von der Länge des Textes, wodurch sich der zeitliche Umfang für den Vergleich reduzieren ließe. Zu beachten ist weiterhin, dass Schlüsselwörter als Sinn tragende Einheiten dazu dienen sollen, den Text „aufzuschließen", aber erst als solche identifiziert werden können, wenn man sie oder zumindest Teile eines Textes bereits verstanden hat. Außerdem darf ein Text nicht zu viele Schüsselwörter enthalten. Diese Methode eignet sich daher eher für breiter angelegte Texte als für inhaltlich sehr konzentrierte.[151] Hinzuweisen ist darauf, dass diese Methode für Lerner mit Leseschwäche eher ungeeignet ist und dass die Schüler niemals unterstreichen sollten, was sie *nicht* verstanden haben, sondern das, was sie verstanden haben, da Texterschließung immer vom Verstandenen zum Nichtverstandenen und nicht umgekehrt funktioniert.

8. Mit Bildern arbeiten

Hierbei geht es darum, Bilder und grafische Zeichen zu verwenden, die den Schülern die Bedeutung eines Textes bzw. von Wörtern verdeutlichen sollen. Dabei wird im folgenden Beispiel exemplarisch auf das musikdidaktische Feld „Produktion" zurückgegriffen, wobei die durch Bilder verdeutlichten Spielanweisungen auch im Feld der Reproduktion, z. B. in der Probensprache, in ähnlicher Weise vorkommen können. Um ein gewünschtes Klangergebnis zu erhalten, wird hierbei sehr häufig auf Analogien („spiele wie/als ob…") zurückgegriffen. Die folgenden Beispiele wurden einem Arbeitsmaterial von Melanie Barth zum Thema „Improvisation" in der Primarstufe in der Zeitschrift „Musik in der Grundschule" entnommen.

---

151 Unter diesem Aspekt ist Textbeispiel 1 eher weniger geeignet, da der Text eine sehr hohe Dichte an relevanten Informationen aufweist.

1 Spielanweisungen

Klangzeichenerklärungen   • • = Punktklänge mittellaut   = Gleitklänge   = Schwebeklänge

• • = Punktklänge leise   • • = Punktklänge sehr leise   ——— = Liegeklang

Spiele zwei tiefe Töne, wie ein Bär, der brummt. Wiederhole sie dreimal.

Spiele vier hohe, längere Töne, wie ein Vogel, der leise singt. Wiederhole sie zwei- bis dreimal.

Spiele verschiedene Klänge, die zu einem alten Schloss passen (Türknarren, Wind, Uhr...).

Spiele leise, zirka 30 Sekunden lang, wie in einem spannendem Fantasyfilm. Wiederhole einmal.

Spiele wenige Töne, sehr schnell, wie ein Erdhörnchen, welches aus seiner Höhle schaut und ganz schnell wieder verschwindet. Wiederhole sie zweimal.

Spiele zwei mittellaute und zwei leisere Töne, wie ein Pferd, das sich entfernt. Wiederhole sie zweimal.

Spiele vier lange Töne oder Klänge, ganz leise – wie Lichter in einem Zauberwald. Wiederhole sie zweimal.

Spiele zwei Töne im Wechsel, beginne langsam, werde schneller und dann wieder langsamer – wie eine Eisenbahn, die anfährt, braust und wieder langsamer wird.

Spiele drei kurze und dann einen langen Ton! (Rhythmus des Hauptmotivs aus der Sinfonie Nr. 5 von Beethoven). Wiederhole sie zweimal.

Spiele einen Rhythmus, den du vom Fußball kennst. Wiederhole ihn dreimal.

Kommuniziere mit einem Partner Rhythmen (Frage – Antwort).

Spiele einen Rhythmus. Mach eine Pause! Spiele wieder einen Rhythmus, wie ein Specht im Wald.

Abb. 17: Spielanweisungen aus Barth (2016, mit freundlicher Genehmigung von Schott Music)

Alle Bildkarten sollen dazu beitragen, innere Vorstellungen zu imaginieren, die durch Bewegungen/Spieltechniken auf einem Instrument zu einem bestimmten Klangergebnis führen. Dabei bleibt im Gegensatz zur Arbeit mit Bildern, die bestimmte Bedeutungen von Gegenständen in einem Text verdeutlichen sollen (z. B. ein Bild von einem Fußball als Visualisierung der Bedeutung des Wortes „Fußball"), ein Spielraum für das klangliche Ergebnis, da es keine eindeutige richtige „Lösung" für eine Klangvorstellung gibt – hierin unterscheidet sich die Arbeit mit Bildkarten im Musikunterricht von der in anderen Fächern, bei denen Bilder meist zur Wortschatzarbeit, meist bezogen auf Nomen oder Adjektive, herangezogen werden. Zur Visualisierung von Wortbedeutungen durch Bilder ist allerdings anzumerken, dass die Bilder teils so uneindeutig gezeichnet sind, dass nicht immer eindeutig erkennbar ist, was genau dargestellt wird. Die Auswahl von Bildmaterial sollte daher immer kritisch erfolgen.

9. Mit einer Mind-Map arbeiten

Eine Mind-Map als visuelle Strukturierungshilfe lässt sich im Zusammenhang mit der Rezeption eines Fachtextes anwenden. Dabei wird ein Text zu einem Thema vorgegeben und daraus in Einzel-, Partner- oder Gruppenarbeit eine Mind-Map erstellt. Die jeweiligen Kategorien und Unterkategorien ergeben sich dabei aus den Informationen des Textes. Hierbei können auch Fragen innerhalb der einzelnen Kategorien gestellt werden, die der vorgegebene Text nicht beantwortet und die anderweitig recherchiert werden müssen. Als Beispiel soll hier das Thema „Oper" dienen, dem man sich aus sehr verschiedenen Perspektiven (z. B. Rollen/Sänger, musikalische/stilistische Merkmale, Orchester, Technik, bekannte Opernkomponisten, Publikum, Geschichte) nähern kann. Jede dieser Perspektiven kann einen zentralen Begriff in einer Mind-Map darstellen, zu dem Unterbegriffe gefunden und in semantischen Netzen dargestellt werden können (Abbildung 18).

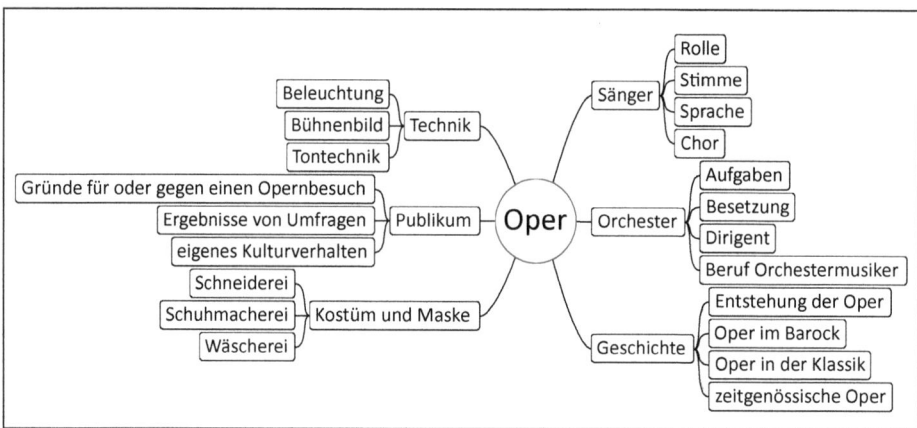

Abb. 18: Beispiel für eine Mind-Map zum Thema Oper

10. Fachwörter aus einer vorgegebenen Liste aussuchen und zuordnen

Bei diesem Verfahren geht es um den Aufbau eines Fachwortschatzes. Dies wird hier anhand des thematischen Beispiels „Opernaufführung" dargestellt, in dem die folgenden alltagssprachlichen Umschreibungen von den Schülern durch Fachbegriffe ersetzt werden sollen:

1) Der Ort, an dem eine Oper aufgeführt wird, heißt _____.
2) Welche Handlung die Oper hat, steht im _____.
3) Der _____ bestimmt, wie das Stück aufgeführt werden soll.
4) Die Gruppe aller Sänger, die an einem Opernhaus beschäftigt sind, heißt _____.
5) Wann und wie viele Proben stattfinden, steht auf dem _____.
6) Wenn man wissen möchte, wann eine Oper aufgeführt wird, kann man auf den _____ schauen.
7) Wenn eine neu komponierte Oper zum allerersten Mal aufgeführt wird, nennt man diese Aufführung _____.

Arbeitsauftrag: Setze in jede Lücke den passenden Fachbegriff aus dem Kasten ein.

Opernhaus Probenplan Libretto Regisseur Spielplan Ensemble Uraufführung

11. Multiple-Choice-Fragen zur Überprüfung des Leseverständnisses

Ein gängiges Verfahren der Lesedidaktik zur Überprüfung des Leseverständnisses ist die Beantwortung von Fragen zu einem Fachtext anhand von Single Choice oder Multiple Choice. Dabei sollen aus einer Anzahl vorformulierter Antworten eine (Single Choice) oder mehrere (Multiple Choice) zutreffende Antwort(en) angekreuzt werden, so dass das dem Fachtext entnommene reproduzierte Wissen der Schüler überprüft werden kann. Dabei sollten alle vorformulierten Antworten annähernd gleich lang und plausibel sein und Häufungen korrekter Antworten an einer bestimmten Stelle vermieden werden. Die Fragen sollten klar und eindeutig formuliert, die Satzstruktur einfach sein.[152] Passend zu Beispieltext 1 ließen sich z. B. folgende Fragen vorformulieren, zu denen jeweils nur eine einzige vorgegebene Antwort ausgewählt werden soll (Single Choice):

1. Wo wurde Ludwig van Beethoven geboren und in welcher Stadt lebte er später?
   a) Ludwig van Beethoven wurde in Berlin geboren und lebte später in Hamburg.

---

152 Die Hinweise zur Gestaltung von Single Choice- bzw. Multiple Choice-Aufgaben wurde einem Leitfaden der Leibniz Universität Hannover entnommen: https://www.uni-hannover.de/fileadmin/luh/content/elearning/practicalguides2/didaktik/elsa_handreichung_zum_erstellen_und_bewerten_von_mc-fragen_2013.pdf [08.01.2019].

b) Ludwig van Beethoven wurde in Bonn geboren und lebte später in Wien.
c) Ludwig van Beethoven wurde in Wien geboren und lebte später in Bonn.
d) Ludwig van Beethoven wurde in Bonn geboren und lebte später in Salzburg.

2. Wer war Beethovens erster Lehrer?
a) Beethovens erster Lehrer war sein Vater.
b) Beethovens erster Lehrer war Joseph Haydn.
c) Beethoven erster Lehrer war Wolfgang Amadeus Mozart.
d) Beethovens erster Lehrer war Maximilian Franz.

Ein Multiple-Choice-Verfahren zu Beispieltext 1 könnte z. B. folgende vorformulierte Antworten enthalten:

Aufgabenstellung: Kreuze alle Sätze an, die richtig sind:
1. Beethoven wurde in Wien geboren.
2. Beethoven lebte viele Jahre in Wien.
3. Joseph Haydn erteilte Beethoven Kompositionsunterricht.
4. Beethoven wollte Kompositionsunterricht bei Wolfgang Amadeus Mozart nehmen.
5. Mit dreizehn Jahren wurde Beethoven Mitglied der Hofkapelle in Bonn.
6. Beethoven konnte außer Klavier auch Orgel, Cembalo und Bratsche spielen.
7. Beethoven hörte nicht auf zu komponieren, als er taub wurde.

Ein Vergleich der korrekt angekreuzten Antworten innerhalb der Lerngruppe gibt sowohl den Lernenden als auch dem Lehrer ein schnelles Feedback, inwieweit der Text verstanden wurde. Insbesondere wird bei diesem Aufgabenformat die Lesegenauigkeit trainiert. Dabei kann das Niveau der vorgegebenen Antworten auf der Ebene des Wortschatzes (Ausdifferenzierung, Fachsprache) und auf der Ebene der Syntax (von einfachen Sätzen bis hin zu komplexeren Nebensatzkonstruktionen) sehr breit ausdifferenziert werden.

12. Aus einer Auswahl von Sätzen inhaltlich passende aussuchen und in einen Text einfügen

Hierbei sollen von den Schülern Satzlücken in einem Text mit inhaltlich passenden vorgegebenen Sätzen gefüllt werden, nachdem ein Thema im Unterricht behandelt und dazu ein oder mehrere Fachtexte gelesen wurden. Auf Beispieltext 2 bezogen, könnte solch ein Text z. B. folgendermaßen gestaltet sein:

Ludwig van Beethovens schwieriger Charakter

Ludwig van Beethoven wurde in Wien finanziell von reichen Adeligen (Mäzenen) unterstützt, mit denen er auch befreundet war. Die Adeligen wussten sein Kompositionstalent zu schätzen und sorgten dafür, dass er sich ganz dem Komponieren widmen konnte.

_____

_____

Obwohl Beethoven auch Einnahmen aus Veröffentlichungen von Noten und aus Konzerten bezog, reichten diese unregelmäßigen Einkünfte nicht aus. Beethovens wichtigster Mäzen war Fürst Karl Lichnowsky, der ihm von 1800 bis 1806 einen jährlichen festen Betrag zahlte, der zum Leben reichte. 1806 zerstritt sich Beethoven mit Lichnowsky. Beethoven war im Umgang mit anderen Menschen ungeschickt, galt als leicht reizbar und launisch und war oft aufbrausend, was auch auf seine zunehmende Ertaubung zurückgeführt wird.

_____

_____

Die einzige Bedingung dafür war, dass Beethoven nicht aus Wien fortziehen durfte, um woanders eine Stelle anzunehmen.

Finde für jede Lücke den passenden Satz und trage ihn in die Lücke ein:

 a) Dies war in der damaligen Zeit ganz normal, denn die reichen Adeligen unterstützten sehr oft junge Musiker.
 b) Beethoven ist nur eines von vielen Beispielen dafür, dass reiche Adelige im 18. Jhdt. Komponisten förderten.
 c) Nach dem Streit mit Lichnowsky wurde Beethoven von anderen Adeligen aus seinem Freundeskreis finanziell unterstützt.
 d) Das war für die damalige Zeit sehr ungewöhnlich, denn in der Regel brauchten Komponisten eine feste Anstellung oder sie mussten Unterricht erteilen, damit sie leben konnten.

Hierbei wird auf das bereits dargestellte Single-Choice-Verfahren zurückgegriffen, wobei hier ein korrekter vorformulierter Satz an einer bestimmten Stelle in einen kohärenten Text eingefügt werden muss. Dieses Verfahren stellt daher höhere Anforderungen an das Textverständnis als das Single-Choice-Verfahren, das sich auf jeweils einzelne Aussagen bezieht.

13. Einen Text auf verschiedenen Sprachniveaus formulieren

Im Rahmen der inneren Differenzierung können Fachtexte zum selben Thema auf unterschiedlichen Sprachniveaus formuliert werden. Die Differenzierung kann sich auf die grammatische Komplexität, z. B. die Länge der Sätze, die Verwendung von Nebensätzen und Konjunktionen, den Wortschatz (umgangssprachlich, bildungs- oder fachsprachlich) oder das Layout beziehen. Für Schüler mit erheblichen sprachbedingten Lernschwierigkeiten können Texte in Leichter Sprache herangezogen werden. Eine Biografie über Beethoven, die die gleichen Informationen wie Beispieltext 1 enthält, könnte in „Leichter Sprache" z. B. folgendermaßen formuliert werden:

> Ludwig van Beethoven wurde vor langer Zeit in Bonn geboren.
> Später lebte er in Wien.
> Er hatte 6 Geschwister.
> Als Kind lernte Ludwig van Beethoven das Klavier spielen.
> Ludwig van Beethovens lernte das Klavier spielen von seinem Vater.
> Ludwig van Beethoven konnte sehr gut Klavier spielen.
>
> Außerdem war Ludwig van Beethoven ein Komponist.
> Ein Komponist ist jemand, der sich Musik ausdenkt.
> Er schreibt sie auf.
> Das nennt man komponieren.
> Das Komponieren lernte Ludwig van Beethoven bei Joseph Haydn.
> Joseph Haydn war auch ein Komponist.
>
> Ludwig van Beethovens Musik gefiel vielen Leuten.
> Reiche Leute gaben Ludwig van Beethoven Geld für seine Musik.
> Von dem Geld konnte er sich alles kaufen, was er brauchte.
>
> Ludwig van Beethoven dachte sich sehr viel Musik aus.
> Als er 30 Jahre alt war, wurde er krank.
> Durch diese Krankheit konnte er immer schlechter hören.
> Bald war er taub.
> Trotzdem komponierte er noch viele Musikstücke.
>
> Ludwig van Beethoven starb vor langer Zeit.
> Noch heute mögen viele Menschen auf der ganzen Welt die Musik von Ludwig van Beethoven.

11.3.2.2 Sprachunterstützende Verfahren für die Produktion von Texten

Schreiben in der Schule ist mit der Erwartung an die Verwendung bestimmter Textsorten und den Gebrauch bildungs- und fachsprachlicher Strukturen verbunden, die in der medial schriftlichen Alltagskommunikation weniger eine Rolle spielen (z. B. SMS, Notizen, E-Mail). Doch die beim Verfassen von Texten im Unterricht ablaufenden Textprozeduren sind auch Werkzeuge des Lernens, die durch eine vertiefende Auseinandersetzung mit Gedachtem zu neuen Erkenntnissen führen können, die sich wiederum in der Oberfläche von Texten widerspiegeln. Somit kann Schreiben als Medium des Lernens betrachtet werden (vgl. Rotter/Schmölzer-Eibinger 2015). Obwohl, wie bereits erläutert wurde, zu vermuten steht, dass die Textproduktion gegenüber der Textrezeption im Musikunterricht als eher untergeordnet zu betrachten ist, bietet der Musikunterricht dessen ungeachtet für die Entwicklung von Textsortenwissen und damit von textprozeduralem Wissen zahlreiche Potenziale, so dass in Folgenden auch Methoden und Methodenwerkzeuge zur Unterstützung der Textproduktion angeführt werden. Dabei wird wiederum auf Leisen (2011, Praxisteil) Bezug genommen.

1. Mit anderen gemeinsam schreiben

Hierbei wird eine Schreibaufgabe (z. B. ein Text über das Leben eines Komponisten, über die Konstruktion, Spielweise und den Klang eines Instruments, eine Werkanalyse) innerhalb einer Gruppe zunächst in Einzelarbeit ausgeführt. Anschließend wird auf der Basis der Einzelbeiträge ein gemeinsamer Text ausgehandelt. Dies kann allerdings sehr zeitaufwändig sein. Eine Alternative zur Gruppenarbeit stellt die Partnerarbeit dar. Diese Methode eignet sich vor allem für Fachtexte, bei denen Daten und Fakten zusammengestellt werden, jedoch weniger für Texte mit kreativem Potenzial wie z. B. das Schreiben einer Geschichte zu einem gehörten Musikstück, da hier beim Zusammenführen sehr unterschiedlicher individueller Vorstellungen und Assoziationen aus der Einzelarbeit Schwierigkeiten zu erwarten sind. Bei Schreibaufgaben mit einem kreativen Potenzial ist die Phase der Einzelarbeit wenig sinnvoll. Stattdessen ist es günstiger, wenn von vornherein ein gemeinsamer Text in der Gruppe verfasst wird, weil die unterschiedlichen kreativen Ideen oft weniger gut in einer einzigen Idee und damit in einem zusammenhängenden Text zusammenfließen können.

2. Darstellungsformen vertexten

Die Lernenden erhalten mit der Schreibaufgabe eine themengerechte Darstellungsform wie eine Abbildung oder eine Bildersequenz, die sie vertexten sollen. Besonders gut geeignet ist dieses Verfahren für den Bereich der Musikgeschichte. Hier können Handlungssequenzen aus Biografien von Musikern/Künstlern oder andere historische Ereignisse als Bildfolgen (auch als Comic) dargestellt werden, wobei auch zusätzlich Sprechblasen eingefügt werden können, die von den Schülern mit Texten gefüllt werden sollen. Auch eine Anleitung zum eigenen Zusammenbauen eines Instruments (z. B. aus Alltagsgegenständen) könnte als Bildsequenz zur Vertextung vorgegeben werden. Ebenso eignen sich eine Orchesteraufstellung, ein Bühnenaufbau, Abbildungen von Instrumenten oder technische Abbildungen für eine Vertextung.

3. Mit Schreibhilfen schreiben

Die Lernenden erhalten hierbei zu einer Schreibaufgabe eine zusätzliche Schreibhilfe. Dabei sind verschiedene Formen von Schreibhilfen denkbar.

a) Wortlisten

Soll z. B. ein Text über die Geige verfasst werden, könnte folgende Wortliste vorgegeben werden, in der sich die Nomen und Verben einer Zeile der tabellarischen Liste jeweils aufeinander beziehen:

Nomen	Verben
Teile	bestehen aus
Korpus Decke Boden	sich zusammensetzen aus
F-Löcher	sich befinden
Steg	anbringen
Saiten	spannen
Wirbel	drehen, stimmen
Griffbrett	greifen
Bogen	streichen
Rosshaar	beziehen
Kolophonium	einreiben

Die Nomen und Verben dienen als Formulierungshilfe und sollen in dem zu schreibenden Text in entsprechend sinnvollen Verbindungen vorkommen. In dem o. g. Beispiel sind die Nomen bereits den Verben in den jeweiligen Zeilen der einzelnen Spalten so zugeordnet, dass sie in einer für das Fach charakteristischen Ausdrucksweise kombiniert werden. Eine Wortliste kann aber auch weitere Wortarten einbeziehen und auch ungeordnet vorgegeben werden, wie in dem folgenden Beispiel, das als Grundlage zum Verfassen eines biografischen Textes über Beethoven (im Sinne der Beispieltexte 1 und 2) dienen kann:

Nomen	Verben	Adjektive
Geburtsort	reisen	unabhängig
Unterricht	hören	berühmt
Bonn	studieren	aufbrausend
Ausbildung	komponieren	launisch
Wien	leben	bekannt
Geld	verdienen	befreundet
Adel	unterstützen	reich

4. Mit einer vorgegebenen Gliederung schreiben

Hierbei sollen die Lernenden einen Text nach vorgegebenen Gliederungspunkten verfassen. Als Beispiele können die Themenfelder Instrumentenkunde oder Musikgeschichte herangezogen werden. In der Instrumentenkunde könnte z. B. ein Text zu den vorgegebenen Gliederungspunkten „Material", „Spielweise", „Klang", „bekannte Stücke (für das dargestellte Instrument)" und „berühmte Virtuosen" verfasst werden. Auch für das Verfassen eines biografischen Textes ist diese Methode sehr gut geeignet. Hier können die Gliederungspunkte „Familie", „Kindheit und Jugend", „Aufenthaltsorte", „Berufstätigkeit", „Heirat und Familiengründung", „Freundeskreis", „Charakter" und „bekannte Stücke" vorgegeben werden. Auch Texte über eine Musikgattung bieten sich in ähnlicher Weise an: „Begriff und Ursprung", „Entwicklung", „Stile", „Merkmale und Formen", „bekannte Stücke" und „Interpreten" können hierbei vorgegebene Kategorien darstellen. Alternativ zur Vorgabe von Gliederungspunkten können diese auch von den Schülern selbst erstellt werden.

5. Verschiedene Texte zum Thema nutzen

Die Lernenden erhalten mehrere Texte zum selben Thema und sollen auf dieser Basis einen eigenen Text verfassen. Hierbei wird ein Text jedoch nicht expandiert, wie unter Punkt 5 in Kap. 11.3.2.1 angeführt, sondern die Schüler sollen auf der Basis von Informationen aus verschiedenen Texten einen eigenen Text ausformulieren. Die Beispieltexte 1 und 2 könnten also um weitere zwei bis drei Texte mit weiteren Informationen über Ludwig van Beethovens Leben und seine Werke ergänzt werden, so dass aus den Informationen aller Texte ein neuer Text entsteht. Die vorgegebenen Textzusammenstellungen können dabei auch differenziert werden, und zwar sowohl im Hinblick auf das jeweilige Textniveau als auch bezüglich der Schreibaufgabe an sich (z. B. Texte an verschiedene Adressaten/verschiedene Textsorten; vgl. dazu auch die Methoden der Szenischen Interpretation: Die Schüler könnten unterschiedliche Textsorten wie Briefe oder Tagebucheinträge, Dialoge, Monologe etc. verfassen). Zusätzlich kann eine Aufgabe darin bestehen, den eigenen Text in einer anderen Zeitform zu verfassen als in der Zeitform, die in den vorgegebenen Texten verwendet wird, so dass hierdurch die Ebene der Grammatik noch in erweiterter Form angesprochen wird.

6. Nach einem Frageraster/Schreibplan schreiben

Die Lernenden verfassen einen Text an einem vorgegebenen Frageraster entlang, das anhand der sog. „W-Fragen": „Was?", „Wer?", „Wo?", „Wie?", „Warum?" und „Wozu?" erstellt wird. Diese W-Fragen lassen sich insbesondere auf Musikgeschichte, Musikgattungen, Technik, andere Kulturen, d. h. auf Texte, in denen es vorrangig um Fakten und Daten und nicht um die Darstellung subjektiver Wahrnehmungen und Emotionen geht, anwenden. Das Frageraster kann sich nicht nur auf den Textinhalt, sondern auch auf den Lernprozess beziehen:

- Was ist das Thema?
- Welche Ideen/Vorstellungen habe ich spontan?
- Welches Wissen und welche aktuellen Informationen benötige ich und wie kann ich diese recherchieren?
- Was habe ich dazugelernt?
- Welche Fragen habe ich noch an das Thema?

Eine Variante besteht darin, einen Schreibplan zu erstellen, bei dem das Frageraster über die o. g. Fragen hinaus erweitert wird. Ein Schreibplan kann im Musikunterricht insbesondere bei Methoden der Szenischen Interpretation (Rollenbiografien, Tagebücher, Briefe, Erörterungen, Berichte, Reportagen, Nachrichten, Erzählungen, Dialoge, Charakterisierungen oder Notizen zu Gedanken, Fantasien und Träumen) zur Anwendung kommen. Hierbei können neben Daten und Fakten auch subjektive Erfahrungen und Emotionen im Mittelpunkt stehen. Bei dieser Methode können beispielsweise folgende Fragen formuliert werden:

- Für wen schreibe ich? (Adressatenbezug)
- Wozu schreibe ich?
- Was soll in meinem Text stehen?
- Wie soll der Text geschrieben werden: ausführlich-kurz/sachlich-bildhaft/informativ-unterhaltsam?

Für Schüler, die sich mit emotionalen Äußerungen und subjektiven Wahrnehmungen eher schwer tun, kann es hilfreich sein, einem Frageraster zu folgen, das ihnen erlaubt, sich mit ihren Emotionen und Wahrnehmungen intrasubjektiv auseinanderzusetzen. Dabei kann es, je nachdem, wie schwer einem Schüler die Darstellung der Wahrnehmung und Äußerung eigener Emotionen fällt, hilfreich sein, vorformulierte Antwortkategorien sogar vorzugeben (bei allem Bewusstsein für die gleichzeitig damit einhergehenden Einschränkungen). Die Antworten auf das Frageraster können in diesem Fall je nach Situation allein beim Schüler verbleiben, dem Lehrer zugänglich gemacht oder nur innerhalb einer Lerngruppe diskutiert werden. Die Antworten können so einerseits der Selbstwahrnehmung und Selbstverständigung dienen, andererseits aber auch der intersubjektiven Verständigung.

Der Schreibplan wird individuell abgearbeitet. Dieses Verfahren ist jedoch für schwächere Leser und Schreiber eher ungeeignet.

7. Abbildungen mit Textinformation füllen

Bei dieser Methode erhalten die Schüler eine Abbildung, die sie beschriften sollen. Dieses Verfahren spielt insbesondere bei der Vermittlung fachsprachlicher Begriffe (v. a. bei Nomen) eine Rolle. Hierbei muss vom realen Gegenstand abstrahiert werden. Dieses Methodenwerkzeug findet sich bereits häufig in Lernmaterialien für den Musikunterricht und wird hier am Beispiel des Aufbaus der Geige exemplarisch dargestellt:

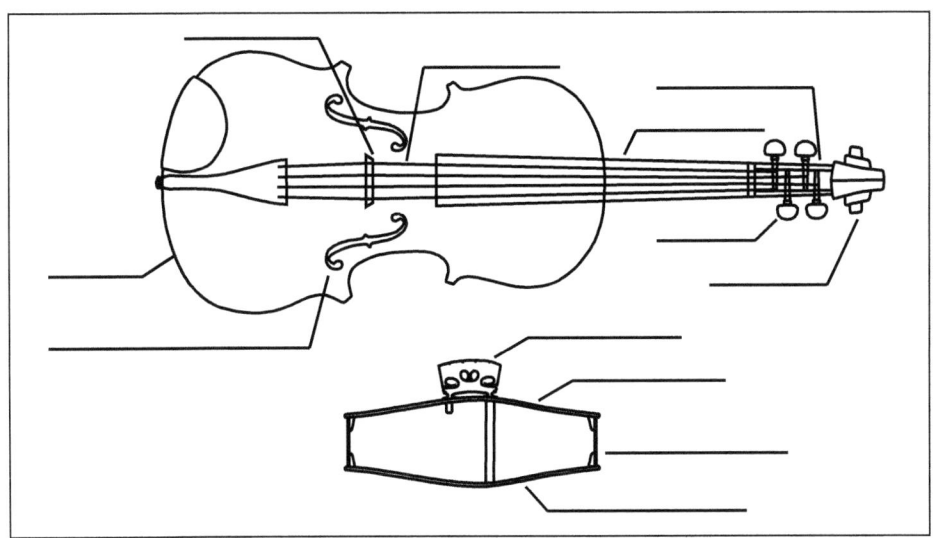

8. Text aus einer Mind-Map generieren

Das Verfahren, einen Text aus einer Mind-Map zu generieren, stellt den umgekehrten Weg des unter Punkt 9 in Kap. 11.3.2.1 dargestellten Arbeitens mit einer Mind-Map dar. Ursprünglich dient eine Mind-Map der Strukturierung von Ideen oder Assoziationen. Der Grundgedanke im Bereich der Textproduktion besteht darin, eine Mind-Map mit verschiedenen Ober- und Unterkategorien zu einem Thema vorzugeben und die Schüler daraus einen Text generieren zu lassen. Exemplarisch soll hier wie in Kap. 11.3.2.1 nochmals auf das Thema „Oper" verwiesen werden. Ein Beispiel für eine Mind-Map zum Thema Oper ist in Abbildung 18 (S. 218) dargestellt.

Bei der Verwendung einer Mind-Map muss ein Rückgriff auf bereits vorhandenes Wissen erfolgen bzw. müssen externe Informationen von den Schülern recherchiert werden. Die Bearbeitung ist in Einzel-, Partner- oder Gruppenarbeit möglich. Dabei können auch einzelne Kategorien von einzelnen Gruppenmitgliedern erarbeitet werden, so dass zunächst verschiedene Texte zu den vorgegebenen Schwerpunkten entstehen, die anschließend zu einem kohärenten Gesamttext zusammengeschrieben werden können.

Eine Variante mit deutlich erhöhten Anforderungen besteht darin, Kategorien vorzugeben, bei denen ein Zusammenhang nicht auf den ersten Blick ersichtlich ist, die aber bei entsprechender Recherche bzw. Analyse Verbindungsmöglichkeiten bieten. Das in Kap. 11.3.2.1 unter Punkt 5 angeführte Beispiel zur Expansion von biografischen Texten könnte hierbei so eingesetzt werden, dass zum hier exemplarisch angeführte Unterrichtsthema „Vom Barock zur Romantik" Kategorien in einer Mind-Map mit Informationen zu den jeweiligen Oberkategorien „Christoph W. Gluck", „Joseph Haydn", „Antonio Salieri" und „Franz Schubert" vorgegeben werden, die zunächst relativ unverbunden nebeneinander stehen können, z. B.

- Lebensdaten,
- Lehrer von… (anderen Komponisten),
- Aufenthalts- und Lebensorte,
- Reisen,
- Kompositorische/stilistische Neuerungen,
- Bekannte Stücke

Beim Verfassen von Textabschnitten zu jeder dieser Unterkategorien über jeden der vier Komponisten besteht die Aufgabe darin, Gemeinsamkeiten und Unterschiede zu entdecken und den Weg vom Barock zur Romantik aufgrund dieser Daten und Fakten nachzuvollziehen.

Denkbar ist auch, zum Thema „Vom Barock zur Romantik" verschiedene Gruppen zu bilden, die jeweils unterschiedliche Mind-Maps erhalten. So könnte eine Gruppe eine Mind-Map zum Oberthema „Komponisten" erhalten, eine zweite Gruppe eine Mind-Map zum Oberthema „Konzertleben", eine dritte Gruppe könnte das Oberthema „Entwicklung von Instrumenten" und eine vierte Gruppe das Oberthema „Formen und Werke" in jeweils darauf abgestimmten vorgegebenen Unterkategorien bearbeiten und dazu jeweils zunächst in Einzelarbeit eigene Texte verfassen, aus denen schließlich ein gemeinsam verfasster Gruppentext entsteht. Aus allen vier Gruppentexten kann so ein Gesamtbild über die Entwicklung vom Barock zur Romantik aus verschiedenen Perspektiven heraus gezeichnet werden, das aus der intensiven Auseinandersetzung mit den in den Kategorien enthaltenen Vorgaben resultiert. Diese Variante stellt allerdings eine recht anspruchsvolle Aufgabe dar, sowohl hinsichtlich der Vorbereitung (Erstellung der Kategorien) als auch im Hinblick auf die Bearbeitung durch die Schüler.

11.3.3 Sprach- und fachdidaktische Analyse und Formulierung von Fachaufgaben

Die Rezeption von Fachtexten erfolgt häufig nicht isoliert, sondern als Teilaufgabe im Rahmen einer breiter angelegten Aufgabenstellung. Im Sprachbewussten Musikunterricht sollten der sprach- und fachdidaktische Aspekt bei der Analyse und Formulierung von Lernaufgaben miteinander verknüpft werden, wie es das „Instrument zur sprachbildenden Analyse von Aufgaben im Fach" (ISAF) vorsieht, das von Caspari u. a. (2017) im Rahmen des Berliner Projekts „Sprachen – bilden – Chancen" für die Lehrkräftebildung erarbeitet wurde.[153] Bei diesem Instrument geht es darum, für Fachtexte, die Bestandteil einer Lernaufgabe sind, Ziele des Lesens und die jeweils verwendete Textsorte mit ihren Merkmalen zu bestimmen, den für das Textverständnis not-

---

153 „Sprachen – bilden – Chancen" war ein gemeinsames Projekt der Freien Universität Berlin (FU), der Humboldt-Universität zu Berlin (HU) und der Technischen Universität Berlin (TU), bei dem es um Verbesserungen in der Lehrkräftebildung in den Bereichen Sprachbildung, Sprachförderung und Deutsch als Zweitsprache ging. Das Projekt lief von 2014 bis 2017. Materialien und Informationen finden sich unter http://www.sprachen-bilden-chancen.de/[05.01.2019].

wendigen Wortschatz zu analysieren, potenzielle Schwierigkeiten der grammatischen Struktur herauszuarbeiten und Lesestile und Strategien zu bestimmen, die hilfreich für eine erfolgreiche Bearbeitung der Leseaufgabe sein können. Erst, wenn die fachlichen Ziele einer Lernaufgabe festgelegt sind, kann der Bezug zu den damit verbundenen Anforderungen an die Schüler und zur sprachlich präzisen und für die Schüler verständlichen Formulierung einer Aufgabenstellung sinnvoll hergestellt werden. Dies bildet wiederum die Basis für den Einsatz von Methoden und Methodenwerkzeugen und für die möglicherweise notwendigen Umformulierungen von Arbeitsaufträgen und Lernaufgaben, die von den Musiklehrenden bereits existierenden Materialien für den Musikunterricht entnommen werden. Das ISAF soll Lehrkräften aller Fächer als Anleitung zur selbstständigen systematischen Analyse und zur Überarbeitung von Lernaufgaben dienen und gliedert sich in insgesamt fünf Bereiche:

a) in die fachdidaktische Analyse einer Aufgabe (z. B. Teilaufgaben ermitteln; einzelne Schritte zur Lösung der Aufgabe ermitteln),
b) in die sprachliche Analyse der in einer Aufgabe verwendeten schriftlichen Texte (z. B. Bestimmung der Textsorte und der sprachlichen Strukturen wie Grammatik und Wortschatz),
c) in die sprachliche Analyse der von den Schülern geforderten produktiven Aktivitäten bzw. Produkte (z. B. Bestimmung der für das zu erstellende Produkt erforderlichen Sprachhandlungen und des notwendigen Wortschatzes),
d) in die Analyse der Aufgabenstellung (z. B. Feststellung, ob die Aufgabe verständlich und dem fachlichen und sprachlichen Niveau der Schüler angemessen ist),
e) in die sprachbildende Überarbeitung (z. B. Bestimmung von textentlastenden Maßnahmen und Hilfestellungen zur Produkterstellung).

Jeder Bereich umfasst zahlreiche Fragen zur Analyse und scheint in der Originalversion für die Praxis des Musikunterrichts nur begrenzt geeignet, da die Beantwortung sämtlicher Fragen für jede im Unterricht verwendete Lernaufgabe als enorm zeitaufwändig einzuschätzen ist. Darüber hinaus ist nicht transparent, welche Kompetenzanforderungen an die Musiklehrenden im Hinblick auf die Analyse der Lernaufgaben gestellt werden. Daher wird an dieser Stelle anstelle der Originalversion des ISAF ein Leitfaden zur Reflexion von Aufgabenstellungen vorgestellt, der in Anlehnung an das ISAF sowie an Leisen (2011) im Wintersemester 2017/2018 im Rahmen des Begleitseminars zum Praxissemester am Lehrstuhl für Musikpädagogik und Musikdidaktik der Universität Potsdam entwickelt wurde[154] und dessen Anwendung in der alltäglichen Unterrichtspraxis eher umsetzbar scheint.

Der Leitfaden basiert auf der Beobachtung, dass Studierende im Praxissemester unsicher im Gebrauch der Operatoren bei der Formulierung von Aufgabenstellungen sind. Operatoren wie beispielsweise Zusammenfassen oder Erörtern gehen auf Textsorten zurück, deren Merkmale den Studierenden nicht geläufig sind, jedoch bei

---

154 Dieser Leitfaden wurde von Jana Buschmann (Universität Potsdam) gemeinsam mit der Autorin entwickelt.

Tab. 6: Leitfaden zur Reflexion von Lernaufgaben nach Buschmann/Bossen (unveröffentlicht)

Wichtige Inhaltsbestandteile einer Aufgabenstellung	Reflexionshilfen zur Überarbeitung von Aufgabenstellungen
1. Kompetenzorientierte Ziele benennen mit Verhaltensteil (Operatorverwendung) und Inhaltsteil 2. Arbeitsschritte nach Leistungstand in Teilaufgaben untergliedern (verschiedene Zugänge und Funktionen der Teilaufgaben berücksichtigen) und gegebenenfalls Hilfestellungen bereithalten 3. Sozialform(en) im Arbeitsprozess organisieren 4. Operationalisierbare Leistungs-/Produkterwartung mitteilen Mögliche Hilfestellungen bei der Formulierung: • Sprachstand/-entwicklung der SuS berücksichtigen > Fachsprache bewusst einsetzen • einfache Satzkonstruktionen verwenden • komplexe Anweisungen in Aufzählungen unterteilen • mit Visualisierungen das Gelesene unterstützen (Zugangserweiterung) • Gebrauch der in der Aufgabenstellung enthaltenen Operatoren erläutern • die Aufgabenstellung von den SuS mit eigenen Worten wiederholen lassen	1. Über welche Fähigkeiten, Informationen und Materialien muss ein Schüler verfügen, um eine Aufgabe erfolgreich bearbeiten zu können? 2. Welche Unterstützung benötigt ein Schüler, um die Aufgabe bewältigen zu können (Differenzierung)? 3. Wie kann ein Schüler auch sprachlich in die „Zone der nächsten Entwicklung" im Hinblick auf seine bildungssprachliche Handlungskompetenz geführt werden?

Textrezeption	**Textrezeption**
Mögliche Hilfestellungen zum Text: - Vorwissen aktivieren - Kriterien (Textsortenmerkmale, erwartetes Sprachregister, Adressatenbezug, Textlänge) - Textvorlage bearbeiten - wichtige Begriffe hervorheben - erläuternde Lernhilfe (Textsortenmerkmale, -bausteine, sprachliche Mittel) - Glossar erstellen - Lesestil vorgeben - Lesestrategie oder Methodenwerkzeug zur Verfügung stellen - Visualisierung in eigenem Denkmuster erstellen lassen (z. B. Mind-Map, Tabelle, Piktogramm)	1. Welches Ziel ist mit dem Lesen des Textes verbunden? 2. Wie muss die Aufbereitung des Textes für die Verwendung aussehen? 3. Sind zur Bearbeitung Textsortenmerkmale relevant? 4. Welcher Wortschatz und welche grammatischen Strukturen sind für das Gesamtverständnis zentral? 5. Welche Wörter und Formulierungen können das von der Aufgabe intendierte Textverstehen beeinträchtigen?
Textproduktion	**Textproduktion**
Mögliche Hilfestellungen bei der Textproduktion: - passende Sprachhandlungen verwenden (beschreiben, erläutern, zusammenfassen, ermitteln, analysieren, interpretieren, vergleichen, erörtern, bewerten) - geschlossene vs. offene Aufgabenstellung - Textsortenmerkmale einführen, vertiefen oder wiederholen - Schreibstrategie oder Methodenwerkzeug zur Verfügung stellen - Sensibilisierung für die verschiedenen Sprachregister - Reflexion des Schreibprozesses durch Feedback, Beobachtung oder Korrekturhilfen	1. Gelingt den SuS, mit ihrem Vorwissen Textsorte, Sprachregister und Adressat/Funktion aufeinander abzustimmen? 2. Wie geschlossen und durch welche Lernhilfen gestützt muss die Aufgabenstellung sein, damit die Schüler das Erwartungsbild erfüllen können? 3. Wie kann der Überarbeitungsprozess angeleitet sein?

der sachgerechten Beantwortung der gestellten Frage mitgedacht werden müssen. Weiterhin fällt es ihnen schwer, in komplexeren Aufgabenstellungen einzelne Arbeitsschritte unter Berücksichtigung der Lernvoraussetzungen zu antizipieren. Die Folge ist Unzufriedenheit mit den Arbeitsergebnissen der Schüler. Der von Buschmann und Bossen entwickelte Leitfaden ist sowohl in der Primar- als auch in den Sekundarstufen einsetzbar. Die Anwendung des Leitfadens erfordert allerdings die Fähigkeiten der Musiklehrenden, die potenziellen sprachlichen Schwierigkeiten einer Lernaufgabe überhaupt erkennen, im Hinblick auf die Sprachkompetenz der Lernenden einschätzen und unterstützende Maßnahmen ergreifen zu können. Die nach Auffassung der Verfasserinnen mindestens notwendigen fachlichen und didaktischen Kompetenzen zur Anwendung des Leitfadens gliedern sich in

- Wissen über den aktuellen Forschungsstand zur Rechtschreibung und Grammatik,
- Textsortenkenntnis,
- Wissen über unterstützende Methoden zur Weiterführung der Textrezeption und -produktion bei den Schülern,
- Fähigkeit zur Sensibilisierung für die Sprachregister,
- Fähigkeit zur Sensibilisierung für den verschiedentlichen Gebrauch von Operatoren im Fach,
- sprachdiagnostische Kompetenz.

Diese Kompetenzen müssen den Lehrkräften im Rahmen ihrer Ausbildung *mindestens* vermittelt werden.

Bezüglich der Verwendung von Aufgabenformaten in Materialien für den Musikunterricht ist weiterhin anzumerken, dass einige gängige Aufgabenkonstruktionen dem Erwerb schriftsprachlicher Kompetenzen eher zuwider laufen, woran sich zeigt, dass die Herausgeber solcher Materialien (noch) eine recht unreflektierte Haltung zum Thema „Sprachbildung" einnehmen. Zu diesen häufig anzutreffenden Aufgabenformaten gehören beispielsweise sog. „Schüttelwörter", die in Lückentexte eingesetzt werden sollen, wie in folgendem Beispielsatz:

„Welche Handlung eine Oper hat, steht im _____ (betroLit)."

Meist finden sich in Unterrichtsmaterialien auch längere kohärente Texte, die sich aus Sätzen mit Schüttelwörtern zusammensetzen. Doch Schüttelwörter konfrontieren die Schüler nicht mit orthografisch korrekten Wortbildern und ermöglichen beim Lesen auch keine silbische Durchgliederung eines Wortes. Daher ist es günstiger, die einzusetzenden Wörter in ihrer korrekten Wortgestalt abzubilden und sie ausstreichen zu lassen bzw. gar keine Wörter vorzugeben. Auch sog. „Wörterschlangen", bei denen aus einer lückenlosen Aneinanderreihung von Wörtern bestimmte Wörter herausgefiltert werden sollen, sind aufgrund der nicht markierten Wortgrenzen, die keine visuell korrekte Erfassung des Wortbildes ermöglichen, vor allem für leseschwächere Schüler kontraproduktiv.

11.3.4 Anregungen zur Vermittlung eines bildungs- und fachsprachlichen Wortschatzes

Im Hinblick auf eine musikbezogene Sprachfähigkeit steht in allen verbalen Standardsituationen des Musikunterrichts insbesondere die musikbezogene Wortschatzarbeit (d. h. die semantische Basisqualifikation) im Fokus, denn nur auf der Basis eines entsprechenden mentalen Lexikons[155] können die Arten des Sprechens über Musik nach Kraemer adäquat umgesetzt werden und kann ein über die Schuljahre hinweg zunehmend komplexer Aufbau eines Fachwortschatzes erfolgen. Dabei sind sowohl Quantität als auch Qualität des Wortschatzes zu beachten, denn nicht derjenige verfügt bereits über eine hohe semantische Qualifikation, „der viele Lexeme mit ihren Grundbedeutungen kennt, sondern erst derjenige, dem auch möglichst viele potenzielle Lesarten der Lexeme vertraut sind" (vgl. Ulrich o.J., S. 317). Nach Ulrich soll der Erwerb von Fachkompetenz und Sprachkompetenz parallel erfolgen, indem alltagssprachliche Ausdrucksweisen zunehmend von fachlichen abgelöst werden. Fachsprachliche Begriffe sollten dabei sinnvollerweise innerhalb eines Begriffsnetzes statt isoliert erarbeitet werden. Als Verfahren zur selbstständigen Erarbeitung von Fachbegriffen können Internetrecherchen, das Nachschlagen in Wörterbüchern, Unterstreichungen in Texten und die Erschließung von Bedeutungen aus dem Kontext herangezogen werden. Außerdem sollten die Schüler ausreichend Gelegenheit erhalten, fachsprachliche Begriffe in musikbezogenen Handlungssituationen selbst anzuwenden und zu reflektieren (vgl. Ulrich o.J., S. 321; Biegholdt 2013; Leisen 2011, Grundlagenteil, S. 185). Ulrich empfiehlt die Arbeit am Fachwortschatz mittels abwechslungsreicher Methoden. Dazu zählen:

- einen mit einem Fachwort gemeinten Gegenstand oder Sachverhalt beschreiben,
- ähnliche Sachverhalte vergleichen,
- Sachverhalte mittels Fachsprache präzise benennen,
- Gegenstände/Sachverhalte mit Hilfe von Fachbegriffen ordnen,
- einen Fachbegriff selbstständig definieren/wesentliche Merkmale eines Fachbegriffs angeben,
- ein Netzwerk (Mind-Map) aus (Fach-)Begriffen anlegen/inhaltlich verwandte (Fach-)Begriffe zu einem Begriffsnetz ordnen,
- einen Begriff im Hinblick auf seine Konnotationen bewerten,
- unter mehreren vorgegebenen Fachtermini einen zutreffenden auswählen.

(Ulrich o.J., S. 323 f.)

Außerdem können Unterschiede zwischen alltagssprachlichen und fachsprachlichen Bedeutungen von Wörtern herausgearbeitet werden (z. B. bedeutet das Wort „Fuge" alltagssprachlich „schmale Spalte", bezeichnet fachsprachlich jedoch ein musikalisches

---

155 Unter dem Begriff „Mentales Lexikon" wird nach Ulrich (o.J., S. 310) der von einem Individuum erworbene und im Gedächtnis gespeicherte Anteil am gesamten Wortschatz einer Sprachgemeinschaft verstanden.

Kompositionsprinzip, das durch eine besondere Anordnung von Imitationen gekennzeichnet ist).

Der Lernerfolg bezüglich der fachsprachlichen Wortschatzentwicklung kann daran bemessen werden, ob von den Schülern die Bedeutungsmerkmale eines Fachbegriffs ermittelt werden können, die Verflechtung der Begriffe im fachspezifischen Begriffsnetz erkannt wird, wesentliche Merkmale zu einer Begriffsdefinition zusammengeführt werden können, eine Abgrenzung von ähnlichen Begriffen erfolgt (indem gemeinsame und unterscheidende Merkmale erfasst werden) und die erlernten Fachbegriffe in der Fachkommunikation angewandt werden (Ulrich o.J., S. 324). Nach Biegholdt (2013) wäre der Erfolg auch daran zu bemessen, ob die Schüler ein im Musikunterricht erworbenes Fachvokabular auch außerhalb des Unterrichts anwenden, d. h. daran, ob Fachbegriffe in ihren Alltagswortschatz übernommen wurden.

Da sich ein großer Teil musikbezogener Kommunikation im Musikunterricht im Medium metaphorischer Sprache vollzieht und hierfür ein umfangreicher und differenzierter Wortschatzbesitz grundlegend ist, ist die Wortschatzarbeit im Musikunterricht zentral. Ohne entsprechenden quantitativen und qualitativen Wortschatzumfang sind Erkenntnisprozesse im Sinne Eggebrechts „erkennenden" Verstehens nicht möglich. Häufig wird in Methodenbüchern und anderen Materialien für den Musikunterricht zur Vermittlung eines subjektiv musikbezogenen Wortschatzes die Arbeit mit Adjektivzirkeln oder Polaritätsprofilen empfohlen, in denen Adjektive mit gegensätzlicher Bedeutung einander gegenüber gestellt werden. Krämer (2012b, S. 149 f.) unterscheidet bei der Verwendung von Polaritätsprofilen vier Gruppen von Gegensatzpaaren:

a) musikbezogene, die sich deskriptiv auf klangliche Sachverhalte beziehen (z. B. laut–leise),
b) emotionsbezogene, die Gefühlsreaktionen beschreiben (z. B. fröhlich–traurig),
c) assoziative, die Qualitäten anderer Quellbereiche auf den Zielbereich Musik transferieren (z. B. kalt–warm),
d) ästhetisch wertende, die die eigene Einstellung erkennen lassen (z. B. angenehm–unangenehm)

Dabei geht es implizit um die Operatoren Analysieren und Beschreiben, bezogen auf die sinnliche Wahrnehmung und emotionale Wirkung von Musik, sowie um den Operator Beurteilen im Sinne ästhetischer Einstellungen:

	1	2	3	4	5	6	
hell	☐	☐	☐	☐	☐	☐	dunkel
farbig	☐	☐	☐	☐	☐	☐	blass
vertraut	☐	☐	☐	☐	☐	☐	ungewohnt
gefühlvoll	☐	☐	☐	☐	☐	☐	kühl
spielerisch	☐	☐	☐	☐	☐	☐	ernst
erholsam	☐	☐	☐	☐	☐	☐	anstrengend

	1	2	3	4	5	6	
verträumt	☐	☐	☐	☐	☐	☐	nüchtern
einleuchtend	☐	☐	☐	☐	☐	☐	unverständlich
fröhlich	☐	☐	☐	☐	☐	☐	traurig
schön	☐	☐	☐	☐	☐	☐	hässlich
klar	☐	☐	☐	☐	☐	☐	verschwommen
natürlich	☐	☐	☐	☐	☐	☐	künstlich
rund	☐	☐	☐	☐	☐	☐	eckig
interessant	☐	☐	☐	☐	☐	☐	langweilig
fein	☐	☐	☐	☐	☐	☐	grob
fantasievoll	☐	☐	☐	☐	☐	☐	einfallslos
geordnet	☐	☐	☐	☐	☐	☐	zufällig
kontrastreich	☐	☐	☐	☐	☐	☐	einförmig
angenehm	☐	☐	☐	☐	☐	☐	unangenehm
gelöst	☐	☐	☐	☐	☐	☐	angespannt
kunstvoll	☐	☐	☐	☐	☐	☐	primitiv
ausdrucksstark	☐	☐	☐	☐	☐	☐	matt
glänzend	☐	☐	☐	☐	☐	☐	stumpf
übersichtlich	☐	☐	☐	☐	☐	☐	verwirrend

Abb. 19: Polaritätsprofil aus Krämer (2012, S. 151)

Mit einer solchen Gegenüberstellung von Adjektiven lassen sich ohne Zweifel unterschiedliche subjektive Höreindrücke grafisch darstellen und vergleichen, was auch eine Grundlage für einen Ästhetischen Streit darstellen kann. Zu widersprechen ist allerdings der Behauptung, dass sich mit Hilfe eines solchen Profils bei mehrmaligem Einsatz zu einer Musik eine Veränderung der ästhetischen Bewertung (gefällt mehr oder weniger) durch die Hörer ablesen lässt. Nach Krämer befinden sich in dem oben dargestellten Polaritätsprofil die positiv besetzten Adjektive auf der linken Seite, die eher negativ besetzten hingegen auf der rechten Seite. Diese Auffassung muss jedoch kritisch und differenziert betrachtet werden: Vielmehr muss sich die Wahl und Anordnung (links–rechts) der Adjektivpaare nach dem *Ziel*, d. h. nach der Fragestellung, richten, in deren Kontext mit dem Polaritätsprofil gearbeitet wird. Lautet die Fragestellung z. B., ob eine Filmmusik eine Szene besonders passend untermalt, können „hell" und „dunkel" eine positive bzw. negative Wertung sein. Für die Fragestellung, wie den Schülern eine Musik gefällt, sind die Adjektive „hell" und „dunkel" hingegen kein entgegengesetzter Bewertungsmaßstab. Selbst auf den ersten Blick wertende Adjektive wie „schön" und „hässlich" tragen nicht zwangsläufig den erwarteten Bewertungsmaßstab „positiv–negativ" in sich, denn auch eine als hässlich (also negativ) empfundene Musik kann von Schülern als passende Vertonung einer Filmszene und damit als positiv wahrgenommen werden. Insofern ist das von Krämer erstellte Profil, das eine willkürliche Zusammenstellung von nicht einmal immer tatsächlich gegensätzlichen Adjektiven enthält,[156] auf keine Fragestellung wirklich sinnvoll anwendbar. Um eine Bewertung abgeben zu können, müssten ausschließlich Adjektive der Bewertung verwendet werden, jedoch keine Adjektive, die wie „hell" oder „dunkel", „rund" oder „eckig" keinerlei Wertung ausdrücken. Wichtig für die Arbeit mit Polaritätsprofilen ist auch, dass die Bedeutung der verwendeten Adjektive mit den Schülern möglichst präzise geklärt werden muss. Aus sprachdidaktischer Perspektive ist es dabei günstiger, wenn die Schüler selbst die Bedeutung der Wörter erklären statt dass der Lehrer dies übernimmt. Weiterhin ist zu beachten, dass Polaritätsprofile als sprach- und situationsgebundenes Methodenwerkzeug lediglich vage die Oberfläche musikbezogener Urteile zu beschreiben in der Lage sind (vgl. Maas 1989, S. 210) und dass bei der Einführung eines Profils Vorsicht mit der Verwendung der Begriffe „Gegensatzpaare" oder „Gegensätze" geboten ist.

Günstiger zur Erfassung der *Beurteilung* bzw. der subjektiv wahrgenommenen *Wirkung* von gehörter Musik (was keineswegs gleichzusetzen ist) scheint daher die Arbeit mit Adjektivzirkeln, in denen jeweils mehrere (basismetaphorische) Adjektive einem Ausdrucksbereich von Musik bzw. einem emotionalen Empfindungsbereich (z. B. Trauer, Freude, Sehnsucht) zugeordnet werden, wobei entgegengesetzte Bereiche in der Abbildung einander gegenüber liegen.

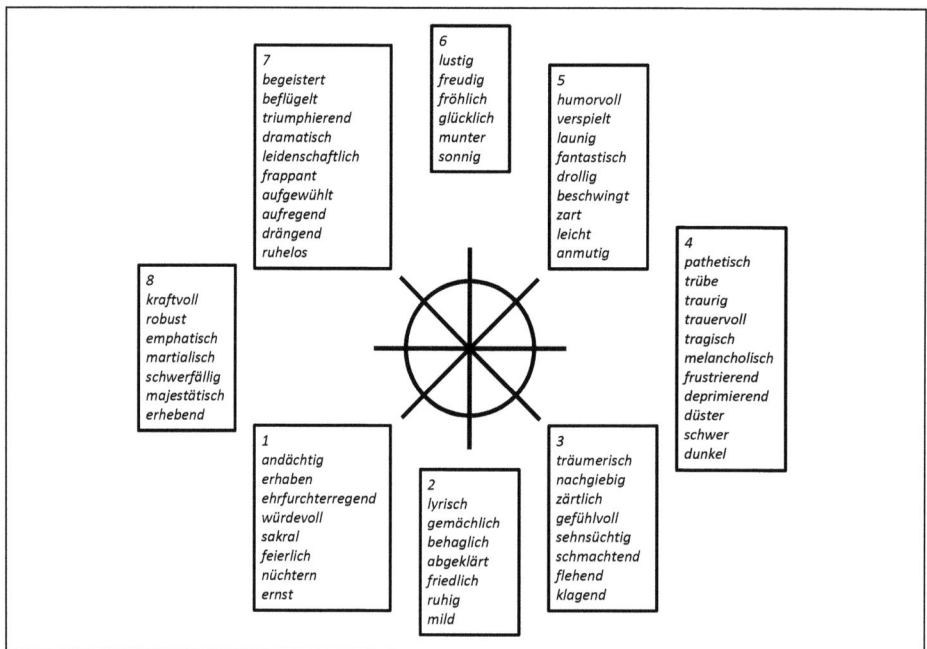

Abb. 20: Adjektivzirkel/Polaritätsprofil (Hevner 1936, zit. n. Krämer 2012b, S. 145)

---

156 Das Gegenteil von „ausdrucksstark" ist beispielsweise eher „ausdrucksschwach" als „matt"; das Gegenteil von „matt" wiederum ist eher „glänzend", und auch darüber, ob das Gegenteil von „geordnet" nicht eher „ungeordnet" bzw. „durcheinander" ist statt „zufällig", ließe sich streiten.

Die in Abbildung 20 aufgeführten Adjektive ermöglichen eine wesentlich breiter gefächerte Beschreibung der durch die Musik ausgelösten Assoziationen oder Emotionen und damit eine differenziertere und auch mehr bildungssprachlich orientierte Wortschatzarbeit als das Polaritätsprofil. Auch hier muss, wie bei der Arbeit mit Polaritätsprofilen, die Wortbedeutung der Adjektive vor dem Hören geklärt werden (vgl. Krämer 2012, S. 146), insbesondere bei in kommunikativen Alltagssituationen eher selten gebrauchten oder bildungssprachlichen Adjektiven wie „frappant" oder „melancholisch". Das damit verbundene Potenzial zur quantitativen und qualitativen Wortschatzerweiterung wird auch von Krämer selbst als „Differenzierung des Wortschatzes in Hinblick auf musikbeschreibende Adjektive" und „Förderung der Sprachkompetenz" gesehen (Krämer 2012, S. 146).

Obwohl die Arbeit mit Polaritätsprofilen und Adjektivzirkeln aufgrund ihrer Einengung auf einige wenige Adjektive die Wahrnehmungen, Einstellungen und Emotionen auf einige wenige Nuancen beschränken, die möglicherweise viel differenzierter und nuancenreicher erlebt werden, in der Musikdidaktik umstritten ist (vgl. Oberschmidt 2011a, S. 100; Hesselmann 2015, S. 196),[157] können beide Methodenwerkzeuge dennoch dazu beitragen, das mentale Lexikon der Schüler zu erweitern, sowohl im Hinblick auf die Alltagssprache als auch im Hinblick auf Bildungs- und Fachsprache sowie auf metaphorische Sprache, vor allem bei Lerngruppen mit einem noch geringen und wenig differenzierten Wortschatz. Mit der Festlegung auf binäre Codes wie „traurig" oder „fröhlich" wie in einem Polaritätsprofil sind zwar lediglich zwei grobe Kategorien festgelegt, die keine weitere Differenzierung und Schattierungen der jeweiligen Kategorie beschreiben – insofern kann die Arbeit mit diesem Profil einerseits dazu beitragen, Stereotype zu zementieren. Andererseits stellt das Polaritätsprofil z. B. für Schüler mit Sprachentwicklungsverzögerungen oder für Schüler mit geringen Deutschkenntnissen eine grobe Orientierung und eine erste – wenn auch noch undifferenzierte – Ausdrucksmöglichkeit der Musikwahrnehmung und -bewertung dar. Aufgrund der potenziellen Vor- und Nachteile sollte auf die Arbeit mit Polaritätsprofilen und Adjektivzirkeln jedoch sehr reflektiert (warum und unter welcher Fragestellung wird das Verfahren im Unterricht eingesetzt?) und unter Berücksichtigung des Sprachstandes in einer Lerngruppe zurückgegriffen werden; möglicherweise stellen diese beiden Methodenwerkzeuge für nicht wenige Schüler auch eine Unterforderung bezüglich ihrer Differenzierungs- und Ausdrucksfähigkeit dar und sind in diesem Fall eher kontraproduktiv.

Alternativ zur Verwendung von Polaritätsprofilen oder Adjektivzirkeln ließen sich zur Erweiterung des (Fach-)Wortschatzes auch offene Adjektivlisten bzw. Verblisten führen, die in einen Lerngruppenwortschatz eingehen und durch zunehmende Ausdifferenzierung ständig erweitert werden können. Darüber hinaus kann jeweils ein

---

157 Hier besteht eine Parallele zur Deutschdidaktik, innerhalb derer die Arbeit mit einem „Metaphernbaukasten", in welchem Wörter vorgegeben werden, aus denen durch neue Kombinationen neue Metaphern entstehen sollen, ebenfalls kritisiert wird, da bezweifelt wird, dass ein solches Verfahren geeignet ist, die Sensibilität für Lyrik und die Imaginationsfähigkeit zu fördern (vgl. Katthage 2004, S. 144).

Wortschatz zu bestimmten musikalischen Parametern wie Form, Klang, Tempo, (Zusammen-)Klang, Artikulation etc. angelegt werden, in den sowohl Fachbegriffe als auch metaphorische Begriffe einfließen können. Hinsichtlich der Verwendung von Metaphorik könnte außerdem untersucht werden, aus welchen Quellbereichen sich musikbezogene Metaphern speisen, z. B. Begriffe wie „Tonleiter", „Tonstärke", „Melodieführung", „Klangfülle", „Klangkaskade", „Umkehrung" etc. und wie sich diese metaphorischen Bedeutungen von ihren eigentlichen Bedeutungen unterscheiden.

11.4 Kompetenzanforderungen des Sprachbewussten Musikunterrichts an die Lehrenden

Sprachbewusster Musikunterricht geht in seinen Anforderungen an die Musiklehrenden über die im IALT-Kompetenzmodell benannten Anforderungen hinsichtlich linguistischen Grundlagenwissens, sprachdidaktischer Fähigkeiten und Einstellungen gegenüber Sprache und Angehörigen bestimmter Gruppen (z. B. Schüler mit Migrationshintergrund, Angehörige bestimmter Sprachgemeinschaften) weit hinaus. Werden den Anforderungen des IALT-Kompetenzmodells die fachdidaktischen Anforderungen und Spezifika des Musikunterrichts hinzugefügt, ergeben sich für den Sprachbewussten Musikunterricht die in Tabelle 7 dargestellten Kompetenzanforderungen an die Lehrenden in den Dimensionen „Wissen", „Fähigkeiten" und „Einstellungen".

Die Unterteilung in fachübergreifende und fachbezogene Bereiche führt zu der Überlegung, die fachübergreifenden Anforderungen auch fachübergreifend in der Lehrerbildung zu vermitteln, d. h. diese Anteile z. B. in bildungswissenschaftlichen Studienanteilen zu verankern, wie es bereits an einigen Universitäten praktiziert wird. Dabei geht es um Wissen, Fähigkeiten und Einstellungen zu Sprache als Faktor der Bildungsbe(nach)teiligung, zu Bildungssprache, zur (mehrsprachigen) Sprachaneignung, zur Sprachdiagnose und zum Scaffolding bei Schülern mit diagnostiziertem Förderbedarf. Leisen (2011, Grundlagenteil) fordert, Fachlehrer dahingehend auszubilden, dass sie sowohl grundlegende Kenntnisse über den Sprach- und Zweitspracherwerb besitzen als auch eigenständig die jeweils vorhandene Stufe der Sprachkompetenz der Schüler diagnostizieren können: „Lehrer können ihre Lerner nur dann mit angemessenen, binnendifferenziert und kompetenzorientiert aufbereiteten Materialien unterstützen, wenn sie die sprachlichen Schwächen der Lerner korrekt diagnostizieren können und wissen, wie der Erwerb von Sprache in der Erst- und Zweitsprache grundsätzlich funktioniert. Denn die Besonderheiten des Spracherwerbs haben direkte Auswirkungen darauf, ob und welche lernstrategischen Kompetenzen beim jeweiligen Lerner vorhanden sind und welche Bedingungen im Einzelnen gefördert werden müssen, damit überhaupt ein Kompetenzzuwachs bei ihm erfolgen kann" (Leisen 2011, Grundlagenteil, S. 56). Die fachbezogenen Anforderungen, d. h. die Vermittlung der sprachbildenden Potenziale des Fachs und sprachlichen Besonderheiten (wie z. B. die Verwendung metaphorischer Sprache als Beschreibungssprache im Musikunterricht) sollten hingegen in der jeweiligen Fachdidaktik etabliert werden, zumal die Anwendung von Scaffolding konkret an Gegenständen des Musikunterrichts geübt werden

Tab. 7: Kompetenzanforderungen für einen Sprachbewussten Musikunterricht

Wissen	Fähigkeiten	Einstellungen
a) **fachübergreifende Kenntnisse** • der Dimensionen von Sprachkompetenz • diagnostisches Wissen • linguistisches Basiswissen • Komponenten von und Einflussfaktoren auf die Lerngruppensprache • sprachdidaktische Strategien, Methoden und Methodenwerkzeuge in den rezeptiven und produktiven Feldern Hören, Sprechen, Lesen, Schreiben vor dem Hintergrund verschiedener Konzepte wie DaZ, DaM, DaF; LRS-Förderung und Sprachtherapie • reguläre und irreguläre Verläufe des Erst-, Zweit- und Fremdspracherwerbs inkl. der Kenntnis von Phänomenen wie Interferenzen, primären und sekundären Sprachstörungen • potenzielle Aneignungsprobleme der deutschen Sprache in Abhängigkeit von der Herkunftssprache • individuelle und gesellschaftliche Bedeutung von Mehrsprachigkeit • Unterschiede zwischen konzeptioneller Mündlichkeit und konzeptioneller Schriftlichkeit • Merkmale von Alltags-, Bildungs- und Fachsprache • Textsortenwissen, Wissen über sprachliche Handlungsmuster (Operatoren), Textprozeduren und Textprozedurausdrücke • kommunikationstheoretische Modelle • paraverbale und nonverbale Kommunikationsmittel • UN-Kinderrechtskonvention	a) **fachübergreifend** • Anwendung von Sprachdiagnostik • gezielter Einsatz paraverbaler und nonverbaler Elemente • präzise und verständliche Formulierung von fachbezogenen Aufgabenformaten/Differenzierung von Arbeitsaufträgen und Materialien • konstruktive Korrekturen sprachlicher Fehler der Schüler • Transparenz hinsichtlich der Erwartungen an Schülerantworten	a) **fachübergreifend** • Bewusstsein für den zentralen Stellenwert von Sprache für das Erreichen von Bildungsstandards sowie dafür, dass fachliches und sprachliches Lernen in einem gemeinsamen Prozess miteinander verbunden sind • Auffassung von Sprechen als sozialer Handlung, mittels derer (subjektive) Bedeutungen erzeugt werden • Betrachtung sprachlicher Heterogenität als Normalität • Reflexion der eigenen Einstellungen gegenüber bestimmten Sprachen, Zielgruppen oder einzelnen Schülern • Empathie • Bereitschaft zur Ermutigung von Schülern zu verbalen Äußerungen • Bereitschaft zur Reduzierung des eigenen Redeanteils zugunsten der sprachlichen Aktivität der Schüler • Bereitschaft zur Kooperation in multidisziplinären Teams

Wissen	Fähigkeiten	Einstellungen
b) fachbezogen • inhaltliche und methodische sprachbildende Potenziale in Standardsituationen des Musikunterrichts • kulturell bedingte Unterschiede im Sprachverhalten als potenzielle Einflussgröße auf das Sprechen über Musik • Besonderheiten musikalischer Fachsprache inkl. metaphorischer Sprache	**b) fachbezogen** • Reflexion der Lerngruppensprache/Passung zwischen musikbezogener Lehrer- und Schülersprache als stets in Entwicklung befindlicher, momentaner musikbezogener Unterrichtssprache • Verknüpfung von musikbezogenen und sprachbezogenen Lernen am musikalischen Unterrichtsgegenstand • Bereitstellung von Gelegenheiten zum Erwerb einer musikalischen Fachsprache durch Einführung, Übung und Anwendung von musikalischen Fachbegriffen und Wortschatzarbeit • Initiierung, Moderation und Koordination von Sprachhandlungssituationen unter besonderer Berücksichtigung metaphorischer Sprache (Diskurssteuerungsfähigkeit), insbes. des Ästhetischen Streits • sprach- und fachdidaktische Analyse von Unterrichtsmaterialien für den Musikunterricht und gängiger Aufgabenformate • gezielte Nutzung der methodischen und inhaltlichen sprachbildenden Potenziale des Umgangs mit Musik, v. a. Bereitstellung von Gelegenheiten zum Erwerb bildungs- und fachsprachlicher Kompetenzen	**b) fachbezogen** • Vermeidung verletzender oder ambivalenter verbaler Interaktionen, v. a. bei der Beurteilung und bei Feedbacks zu künstlerischen und kreativen Leistungen • Akzeptieren der Anforderung von Sprachbildung als Aufgabe des Faches Musik und Bereitschaft, die Potenziale des Musikunterrichts bewusst für eine Verknüpfung fachlichen und sprachlichen Lernens zu nutzen

muss (vgl. Bossen 2018, S. 44). Damit stellt sich allerdings zugleich die Frage, worin sich die sprachbezogene Ausbildung von spezialisierten Sprachförderkräften und Fachlehrkräften künftig unterscheidet. Für Musiklehrer, die meist nicht Klassenlehrer sind und eine extrem hohe Zahl von Schülern ein bis zwei Stunden pro Woche unterrichten, kann dies zudem realistischerweise nicht bedeuten, für jeden einzelnen Schüler individuelle Materialien selbst anzufertigen. Dennoch ist es essenziell, diagnostische Kompetenzen in der Lehrerbildung wenigstens in einem Umfang zu vermitteln, der die Lehrenden in die Lage versetzt, Arbeitsmaterialien an verschiedene sprachliche Kompetenzniveaus anzupassen und unterstützende Strategien, Methoden und Methodenwerkzeuge adäquat anwenden zu können. Alternativ wäre eine Kooperation zwischen Fachlehrern und Sprachexperten denkbar, für die den Lehrenden allerdings ausreichend Arbeitszeit zur Verfügung gestellt werden müsste. Ungeklärt ist derzeit in der Fachdiskussion noch, inwiefern sich die Kompetenzanforderungen an Fachlehrkräfte von denen an speziell ausgebildete Sprachförderlehrkräfte unterscheiden sollen. Dies ist maßgeblich auf den Umstand zurückzuführen, dass auf der bildungspolitischen Ebene bislang nicht geklärt ist, ob und wie Schulen künftig mit Sprachexperten ausgestattet sein werden und wie eine Zusammenarbeit zwischen Fachlehrenden und Sprachförderlehrkräften aussehen könnte. Aus diesem Grund ist es zum jetzigen Zeitpunkt kaum möglich, die Kompetenzanforderungen für verschiedene Profile (Sprachförderlehrkräfte, Musiklehrkräfte) genau zu bestimmen. Die hier aufgeführten Kompetenzanforderungen gehen davon aus, dass Musiklehrende nicht ohne Weiteres auf die Kooperation mit Sprachexperten bauen können, sondern selbstständig in der Lage sein sollten, die sprachliche Entwicklung ihrer Schüler zu fördern.

11.5 Handlungsempfehlungen für einen Sprachbewussten Musikunterricht

Aus den bisher vorliegenden theoretischen Arbeiten und Ergebnissen der empirischen musikpädagogischen Forschung zum Thema „Sprache" bzw. „Sprechen im Musikunterricht", den methodischen und inhaltlichen Potenzialen des Musikunterrichts sowie auf der Basis aktueller Fachliteratur zum Thema „Sprachförderung/Sprachbildung im Fach" lassen sich zusammenfassend neben der bereits in Kap. 11 eingangs beschriebenen Reflexion der verbalen Interaktion und Selbstevaluation des Unterrichts folgende Handlungsempfehlungen für die Umsetzung eines Sprachbewussten Musikunterrichts ableiten:

- Die Schüler sollten zum Sprechen längerer und komplexerer Äußerungen ermutigt werden; dies bedeutet auch, sich nicht mit einsilbigen Antworten oder stereotypen Formulierungen zufrieden zu geben. Angeregt werden kann dies im Bereich der Schriftsprache, indem nicht schon vorformulierte Lösungen verwendet werden, sondern den Schülern die Möglichkeit zu eigenen produktiven Lösungen gegeben wird. Doch auch die Musiklehrenden sollten einen sprachlich abwechslungsreichen Input statt stereotyper Formulierungen an die Schüler geben (vgl. Czyborra 2013, S. 20).

- Zwischen Lehrer- und Schülersprache sollte eine Passung hergestellt werden, bei der der Lehrer versucht, die Schüler in die nächste Zone der sprachlichen Entwicklung zu führen, d. h. ein Niveau anzustreben, das etwas über dem aktuellen Sprachniveau der Schüler liegt.
- Beim Sprechen über Musik sollte an der sprachlichen Ausdrucksfähigkeit der Schüler gearbeitet werden. Dies betrifft Vielfalt und Kreativität von Formulierungen und die Verwendung situationsangemessener Register (insbes. Bildungs- und Fachsprache) in verschiedenen Situationen des Musikunterrichts. Wird metaphorisch über Musik gesprochen, sollten die Schüler angeregt werden, eigene Assoziationen und Metaphern zu entwickeln statt dass der Lehrer nur seine eigenen Assoziationen und Metaphern weitergibt. Dies erfordert, dass die Musiklehrenden bereit und in der Lage sind, Perspektivwechsel zu vollziehen und eigene Denkmuster zurückzustellen bzw. kritisch zu hinterfragen.
- Fachsprachliche Begriffe sollten fester Bestandteil der Lerngruppensprache werden, was nur dann möglich ist, wenn sie im Leben der Schüler eine Bedeutung haben. Unabhängig von der Vermittlungsmethode sollten fachsprachliche Begriffe eingeführt, geübt und gefestigt und vom Einfachen zum Komplexen hin aufgebaut werden.
- Kooperative Lernformen bieten mehr Gelegenheit zur Interaktion als andere Lernformen; bei Gruppenarbeiten und Präsentationen können verschiedene Niveaus sprachlichen Handelns durch unterschiedliche Rollenverteilungen oder durch die Zusammenstellung von Paaren/Gruppen (eher sprachhomogen oder eher sprachheterogen) einbezogen werden.
- Medien wie Arbeitsblätter, Fachtexte sowie Aufgabenformulierungen sollten bei Bedarf auf verschiedenen Sprachniveaus erstellt werden. Bei der Formulierung von (insbesondere schriftlich zu bearbeitenden) Lernaufgaben sollten im Sinne der Aktivierung und Einübung von Textroutinen die entsprechenden handlungsinitiierenden Verben (Operatoren wie „begründe"/„erkläre"/„benenne") in der Aufgabenstellung genannt werden.
- Wenn Schüler sprachlich korrigiert werden, sollte dies auf kommunikationsfördernde Weise erfolgen, indem sprachlich inkorrekte Äußerungen vom Lehrer aufgegriffen und in korrekter Form reformuliert werden, ohne dass der betroffene Schüler explizit auf den Fehler hingewiesen wird; anderenfalls kann es zum Rückzug aus der Kommunikation kommen.
- Der Lehrer sollte sich bei der Erteilung von Arbeitsaufträgen vergewissern, dass die Schüler verstanden haben, was getan werden soll, indem die Schüler mit eigenen Worten erklären, was sie verstanden haben.[158]
- Der Lehrer sollte gedanklich vorwegnehmen, womit die Schüler möglicherweise Verständnisprobleme haben könnten; potenzielle „Stolpersteine" sind vor allem bei der Erschließung von Fachtexten in die Vorüberlegungen einzubeziehen und entsprechende Strategien, Methoden und Methodenwerkzeuge bereitzustellen.

---

158 Auch das Verständnis eines gelesenen Textes kann überprüft werden, indem die Schüler den Inhalt mit eigenen Worten zusammenfassen.

In Unterrichtsmaterialien vorfindliche Lernaufgaben (inkl. Fachtexte) sollten auf ihre sprachlichen Anforderungen hin überprüft und ggf. so umformuliert werden, dass für die Schüler transparent wird, welche Sprachhandlungen erwartet werden. Hierfür kann beispielsweise auf den in Kap. 11.3.3 vorgestellten Leitfaden von Buschmann und Bossen bzw. auf das ISAF von Caspari u. a. (2017) zurückgegriffen werden.

- Da bei einigen Schülern der qualitative und quantitative Wortschatzumfang nur gering ist, stellt die Wortschatzarbeit einen Kernbereich des Sprachbewussten Musikunterrichts dar. Geht es in der Primarstufe noch vorrangig um eine quantitative Erweiterung des Wortschatzes, sollte im Fachunterricht ab der Sekundarstufe I vor allem an einer qualitativen Erweiterung im Hinblick auf die Entwicklung eines bildungs-und fachsprachlichen Niveaus sowie die Entwicklung einer musikbezogenen Sprachfähigkeit gearbeitet werden.

Diese grundlegenden Empfehlungen lassen sich mit überschaubarem Aufwand im Unterricht umsetzen, sind für sich genommen jedoch noch nicht ausreichend, um eine hohe Qualität eines Sprachbewussten Musikunterrichts zu gewähren. Welche Anforderungen sich weiterhin unter dem Aspekt von Unterrichtsqualität an die sprachdidaktische Qualifizierung von Musiklehrkräften ergeben, wird im folgenden Kapitel erläutert.

12 Sprachbewusster Musikunterricht in der Musiklehrerbildung

Die im Rahmen des IALT-Curriculums aufgeführten Kompetenzanforderungen an die Lehrenden sind für eine Sprachbildung in allen Fächern notwendig und nicht musikspezifisch. Auch der Sachverständigenrat der Stiftung Mercator merkt in seinem Policy-Brief 2016 an, dass *jeder* Lehrer für den „Normalfall Vielfalt" ausgebildet werden müsse und die bisherige Lehrerausbildung im Hinblick auf das Thema „Sprachliche Heterogenität" defizitär sei. Bisher werden Lehrkräfte nur etwa in jedem zweiten Bundesland für den Unterricht in sprachlich heterogenen Klassen im Studium systematisch ausgebildet; noch seltener ist dies im Referendariat der Fall (vgl. Forschungsbereich beim Sachverständigenrat deutscher Stiftungen für Integration und Migration 2016). Der Sachverständigenrat spricht sich dafür aus, dass *alle* angehenden Lehrkräfte unabhängig vom Fach und von der Schulart zukünftig Basiskompetenzen in Sprachbildung und im Umgang mit kultureller Vielfalt erwerben sollen. Ungeklärt bleibt im Policy-Brief allerdings bisher weitgehend, was unter „Basiskompetenzen" im Bereich der Sprachbildung zu verstehen ist, zumal der Policy-Brief weder Bezug zum IALT-Curriculum noch zu einem anderen Curriculum der Lehrerbildung nimmt. Benannt wird stattdessen als Ziel des Lehrerhandelns lediglich, dass alle Lehrkräfte in der Lage sein sollen, systematisch den Auf- und Abbau von Textkompetenz, Grammatikkenntnissen und Wortschatz im Fachunterricht zu fördern sowie sich an den Ergebnissen von Sprachstandserhebungen oder den Niveaubeschreibungen für DaZ zu orientieren und davon ausgehend den Lernfortschritt der Schüler zu fördern. In diesem Sinn umfasst das Lehrerhandeln allerdings weit weniger Aspekte als die im IALT-Curriculum aufgeführten. Auch Rost-Roth (2017, S. 91) weist darauf hin, dass derzeit noch ungeklärt ist, über welche Kenntnisse und Kompetenzen im Hinblick auf Sprachbildung und Unterrichtskommunikation welche Fachlehrer *mindestens* verfügen können sollten.

Für die künftige Lehrerbildung scheint daher zunächst eine *fachbezogene* Diskussion über den Umfang der zu vermittelnden Kompetenzen, eine Festlegung von Zielen für die einzelnen Kompetenzbereiche, Möglichkeiten zur Überprüfung des Zielerreichungsgrades sowie über die konkreten Lehrinhalte, die sich wiederum aus den Anforderungen der Unterrichtspraxis (und damit fachspezifischer Aspekte) ergeben, unabdingbar. Hilfreich scheint hierbei eine von Tajmel (2016) ursprünglich für die Befähigung von Physiklehrern zur Umsetzung einer Sprachbildung im Fach getroffene Differenzierung verschiedener didaktischer Handlungsfelder auch für den Musikunterricht. Demnach setzt sich ein Sprach*orientierter* Musikunterricht aus folgenden Handlungsfeldern zusammen:

- aus einem musikdidaktischen Handlungsfeld, in dem musikbezogene Phänomene, die sich in alltagssprachlichen Begriffen manifestieren, in eine fachspezifische Begriffsbildung, d. h. in ein neues Konzept, überführt werden,

- aus einem mit dem o. g. musikdidaktischen Handlungsfeld eng verbundenen fachsprachdidaktischen Handlungsfeld, in dem eine fachbezogene Sprachkompetenz als spezifische fachliche Sprech- und Schreibweise vermittelt wird,
- aus einem bildungssprachdidaktischen Handlungsfeld, das nicht fachspezifisch ist, das jedoch mit dem musikdidaktischen Handlungsfeld Schnittmengen bildet.

(Tajmel 2017, S. 262)

Im Hinblick auf einen Sprach*bewussten* Musikunterricht ist es über die Vermittlung von sprachdidaktischen „Basiskompetenzen" im Sinne der Kenntnis von sprachdidaktischen Strategien, Methoden und Methodenwerkzeugen hinaus notwendig, Musiklehrende so zu qualifizieren, dass sie in der Lage sind, sprachliches Lernen mit dem Lernen in spezifischen Situationen des Musikunterrichts adäquat zu verknüpfen, d. h., ihr theoretisches Wissen auch praktisch anzuwenden. Zusätzlich zu den im IALT-Curriculum aufgeführten fachübergreifenden Kompetenzen in den Dimensionen „Spracheinstellungen", „Sprachwissen" (hierzu zählt auf fachdidaktischer Ebene auch das Wissen über die Besonderheiten musikalischer Fachsprache) und „Sprachdidaktische Fähigkeiten" – wozu auch die Selbstreflexion zu zählen ist – müssen Musiklehrenden die spezifischen inhaltlichen und methodischen Potenziale des Musikunterrichts für eine Sprachbildung sowie Wege zur sprachlichen Interaktion im Sinne eines Humanen Musikunterrichts vermittelt werden.

Darüber hinaus bedarf es weiterer Forschung zur Wirksamkeit von Maßnahmen der Sprachbildung. Von deren Ergebnissen ausgehend, ließe sich ein entsprechendes sprachbezogenes Curriculum in der Musiklehrerbildung implementieren, das alle drei Phasen der Lehrerbildung unter musikdidaktischen, fachsprachdidaktischen und bildungssprachdidaktischen Aspekten berücksichtigt.

Zusätzlich zu den bereits identifizierten vielfältigen und umfangreichen Kompetenzanforderungen an die Musiklehrenden bedarf es einer (auch lokalen) Bestandsaufnahme und des Austauschs über Erfahrungen mit der Durchführung eines Sprachbewussten Musikunterrichts und über den individuellen Fortbildungsbedarf von Musiklehrenden. Ein solcher Austausch ermöglicht schließlich auch schulisch individualisierte, zielgruppengerechte Fortbildungsangebote. Um diese bedarfsgerecht zu gestalten, sollten in Anlehnung an Börsel/Lütke (2014) im Vorfeld folgende Fragen beantwortet werden:

- Welche Sprachprobleme treten auf und inwiefern beeinflussen diese das Lernen und Lehren im Musikunterricht?
- Welche Erfahrungen mit Sprachbildung gibt es, was haben Musiklehrer schon (bewusst oder unbewusst) versucht?
- Was benötigen Musiklehrende über die dem Modell des Sprachbewussten Musikunterrichts impliziten Kenntnisse, Fähigkeiten und Einstellungen hinaus, um einen Sprachbewussten Musikunterricht in hoher Qualität umzusetzen: welche Informationen über die Schüler, welche Methodenkenntnisse, welche Materialien, welche Unterstützung durch Sonderpädagogen usw.? Benötigen sie eventuell auch sprachtherapeutische Kompetenzen? Demnach wäre auch zu bestimmen,

welche der Dimensionen, die zu einem Sprachbewussten Musikunterricht gehören, in welcher Weise in Fortbildungen zu gewichten wären.
- Spiegelt sich Sprachbildung bereits in den schulinternen Curricula für das Fach Musik wider und wenn ja, in welcher Weise? Unter welchen Leitfragen kann die Fachkonferenz Musik das Thema „Sprachbildung" in die schulinternen Curricula einbeziehen?

Zur Beantwortung dieser Fragen sollte nicht nur die sprachdidaktische, sondern auch die musikpädagogische Forschung beitragen, um damit das Fundament zu einer qualitätsvollen und nachhaltigen sprachbezogenen Musiklehrerbildung in allen drei Phasen zu legen.

Des Weiteren benötigen Musiklehrende ein Feedback über die Sprachsituation in ihrem Unterricht (z. B. durch Sprachcoaching, Hospitation oder Austausch mit anderen Fachlehrern oder Sprachberatern), um sich ihrer eigenen Verhaltensweisen im Hinblick auf die sprachliche Gestaltung des Musikunterrichts bewusst zu werden und eine Rückmeldung darüber zu erhalten, wie ihr eigenes Sprachverhalten auf die Lernenden wirkt. Dies ist als Anregung zur Selbstreflexion zu verstehen. Das Feedback sollte sich nicht nur auf die Dimensionen des IALT-Kompetenzmodells, sondern auch auf den Grad der bewussten Nutzung der sprachbildenden inhaltlichen und methodischen Potenziale des Musikunterrichts beziehen.

Für eine Diskussion innerhalb der Fachdidaktik Musik ist es darüber hinaus notwendig, die Bedeutung des Begriffs „Sprachbildung" als Verständigungsgrundlage zu vereinheitlichen bzw. das Verhältnis der Begriffe „Sprachförderung" und „Sprachbildung" zu klären. Vor allem in sprachdidaktischen Publikationen sollte Wert darauf gelegt werden, das jeweilig verwendete Begriffsverständnis deutlich zu machen.

Innerhalb der Rahmenlehrpläne wäre für den Bereich der Sprachbildung der Bezug zum jeweils verwendeten Sprachkompetenzmodell und seiner Dimensionen darzulegen, da hieraus die jeweils notwendigen Kompetenzen der Musiklehrer und konkrete Handlungsmöglichkeiten für den Musikunterricht abgeleitet werden müssen, um die in den Rahmenlehrplänen gesetzten sprachlichen Bildungsstandards zu erreichen. Es ist nicht nachvollziehbar, dass z. B. in einem Bundesland der Bereich der sprachlichen Intonation und Artikulation im Musikunterricht der Grundschule eine Rolle spielt (die phonische Basisqualifikation also einbezogen wird), in anderen Bundesländern jedoch nicht. Der Ausgangspunkt einer Sprachbildung im Fach muss allerdings der konkrete Bedarf der Schüler in den jeweiligen sprachlichen Qualifikationsbereichen und nicht ein Sprachkompetenzmodell sein, das einige Dimensionen eines oder mehrerer theoretischer Ansätze berücksichtigt und andere nicht. Die Vielfalt der nebeneinander explizit oder implizit existierenden Modelle bildungssprachlicher Handlungskompetenz in den Rahmenlehrplänen hat möglicherweise zur Folge, dass Schüler je nach Bundesland in sehr unterschiedlichen sprachlichen Qualifikationen gefördert werden, zumal, wenn die Musiklehrenden infolge ihrer Aus- oder Weiterbildung selbst nur über einige punktuell ausgewählte Kompetenzen verfügen.

Für die musikdidaktische Lehre an Musikhochschulen und Universitäten empfiehlt es sich, sowohl fachübergreifende als auch fachspezifische Unterrichtsmaterialien und

Handreichungen zu entwickeln, mittels derer die Studierenden auf die Umsetzung eines Sprachbewussten Musikunterrichts in der Praxis vorbereitet werden können, die aber auch Musiklehrenden in der zweiten oder dritten Phase der Lehrerbildung zur Verfügung gestellt werden können. Soll eine ernsthafte Verankerung des Themas „Sprachbewusster Musikunterricht" in das Lehramtsstudium erfolgen, stellt sich außerdem die Frage, wie dies innerhalb eines zeitlich begrenzten Studiums, in das stets neue bildungspolitische Forderungen einbezogen werden müssen, überhaupt möglich sein soll. Für die Musiklehrerausbildung scheint eine allgemeine studienfachübergreifende Qualifikation innerhalb der Bildungswissenschaften allein nicht ausreichend, da jede Fachsprache und jeder Fachunterricht anderen Bedingungen und Besonderheiten unterliegt und das Thema „Sprachbildung" daher auch anwendungsorientiert auf den Musikunterricht bezogen, d. h., innerhalb der Fachdidaktik Musik verortet werden muss. In diesem Zusammenhang sind folglich auch Überlegungen darüber anzustellen, ob das Thema „Sprachbildung" zu Lasten bisheriger bildungswissenschaftlicher, fachdidaktischer, musikwissenschaftlicher, musiktheoretischer oder künstlerischer Studieninhalte gehen soll, und wenn ja, zu Lasten welcher, und wie eine eventuelle Umverteilung zu begründen ist. Letzten Endes hängt die Qualität eines Sprachbewussten Musikunterrichts zwar nicht unerheblich von den jeweiligen schulischen Rahmenbedingungen ab, maßgeblich aber auch davon, über welches Selbstkonzept im Hinblick auf die Dimensionen von Sprache und Sprachbildung die Musiklehrenden verfügen.

13 Sprachbildung in schulinternen Curricula

Soll eine Sprachbildung im Fachunterricht Musik systematisch und durchgängig umgesetzt werden, erwächst daraus die Notwendigkeit, sprachliche Ziele und Anforderungen auch in schulinternen *Fach*curricula für den Musikunterricht zu berücksichtigen, da die Bewertung und Überprüfung von Ergebnissen der sprachlichen Bildung im Fach ein Kriterium durchgängiger Sprachbildung darstellt (vgl. Gogolin u. a. 2011b). Diese Notwendigkeit ergibt sich jedoch nicht nur aus dem Anspruch einer durchgängigen Sprachbildung, sondern maßgeblich auch aus dem Anspruch des Musikunterrichts selbst, eine *musikbezogene* Sprachkompetenz der Schüler aufzubauen. Dieser Anspruch spiegelt sich in den Rahmenlehrplänen Musik nicht nur im Hinblick auf das Erlernen einer musikalischen Fachsprache, sondern auch im Hinblick auf die Bildung ästhetischer Werturteile und die Ausbildung einer musikbezogenen Argumentationsfähigkeit wider. Doch auch der Aufbau einer musikbezogenen Sprachkompetenz muss systematisch, d. h. aufeinander aufbauend und über alle Klassenstufen hinweg, d. h. durchgängig, erfolgen. Hierfür fehlt jedoch innerhalb der Musikdidaktik ein sprachbezogenes Curriculum, das Kompetenzbereiche und Standards einer musikbezogenen Sprachkompetenz beinhaltet, deren Dimensionen zuvor zu bestimmen wären.

Den Ausgangspunkt dafür, innerhalb eines schulinternen Fachcurriculums Musik neben musikbezogenen Zielen auch sprachliche Ziele sowie Möglichkeiten zur Überprüfung der jeweils gesetzten Ziele zu formulieren, kann ein an jeder Schule zu erstellendes schulinternes fachübergreifendes Sprachcurriculum bilden (vgl. Beese u. a. 2014, S. 82 f.), das sich an der jeweiligen Schülerschaft orientiert und in dem in Anlehnung an die fachübergreifenden Kompetenzbereiche bildungssprachlicher Handlungskompetenz in den Rahmenlehrplänen der Bundesländer eine besondere Schwerpunktsetzung vorgenommen wird. An einer Schule im sozialen Brennpunkt mit einer Schülerschaft, von der ein größerer Teil Sprachförderbedarf aufweist, wird ein schulinternes Sprachcurriculum andere Schwerpunkte setzen als an einer Schule in einem Umfeld, in dem der überwiegende Teil der Schülerschaft bereits über eine bildungssprachliche Handlungskompetenz, zumindest jedoch über eine altersangemessene alltagssprachliche Handlungskompetenz verfügt. In einem schulinternen Sprachcurriculum können nicht nur Ziele und Standards, sondern auch fachübergreifende Strategien, Methoden und Methodenwerkzeuge festgelegt werden. Dies scheint gerade auch in Anbetracht der bereits jetzt unüberschaubaren Zahl an Scaffoldingsinstrumenten, didaktischen Leitlinien und Prinzipien, Strategien, Methoden und Methodenwerkzeuge für eine Sprachförderung bzw. Sprachbildung im Fach unabdingbar. Die Absprache zwischen den Fächern kann sich von gemeinsamen Strategien, Methoden und Methodenwerkzeugen bis hin zur optischen Gestaltung von Arbeitsmaterialien erstrecken. Hierfür liegen beispielsweise von Beese u. a. (2014, S. 147 ff.) zahlreiche Vorschläge vor. Auch über den Umgang mit einer sprachbezogenen Fachterminologie können in einem schulinternen Sprachcurriculum Absprachen getroffen werden. So scheint es sinnvoll, dass ein einheitlicher Sprachgebrauch für sprachliche Phänomene (beispielsweise eine einheitliche Festlegung auf die Bezeichnung „Tuwort", „Tunwort" oder „Zeitwort" für Verben) festgelegt wird. Noch weitergehend wäre die schulinterne Verwendung eines einheitlichen grundlegenden Sprachmaterials, in dem sprachliche Inhalte wie bestimmte Textsorten mit ihren spezifischen Merkmalen oder bestimmte Strategien (z. B. zur Erschließung von Fachtexten) explizit erklärt und mit Beispielen unterlegt werden. Jeder Fachlehrer bzw. jeder Schüler könnte bei der Verwendung einer bestimmten Textsorte im Fach darauf zurückgreifen. Soll z. B. von den Schülern ein biografischer Text über Ludwig van Beethoven im Musikunterricht verfasst werden, könnte hierbei auf das auch für andere Fächer gültige Beispiel der Textsorte „Biografie" zugegriffen werden, in welchem die Textmerkmale und Eckpunkte biografischer Texte einschließlich exemplarischer (bildungssprachlicher) Formulierungen erklärt werden. Dieses Beispiel wäre somit die Grundlage für alle anderen Fächer, in denen die Textsorte „Biografie" eine Rolle spielt. Ebenso ließen sich die Textprozeduren des Argumentierens und andere Handlungsroutinen darstellen.

Auch eine zeitliche Synchronisation von Inhalten des Deutschunterrichts mit dem Fachlernen in anderen Fächern ist denkbar. Werden im Deutschunterricht beispielsweise Zeitformen thematisiert, ließe sich ein Arbeitsauftrag im Musikunterricht ebenfalls mit der Thematik verbinden, indem die Schüler einen musikbezogenen Text in einer bestimmten Zeitform verfassen oder verschiedene Zeitformen einbeziehen. Z.B. könnten die Schüler zu einem musikbezogenen Thema einen oder mehrere Texte im Präsens erhalten und auf der Basis dieser Texte einen eigenen Text zum selben Thema im Imperfekt verfassen oder das Verfahren des Expandierens anwenden, jedoch mit der Zusatzaufgabe, dabei eine von den Originaltexten abweichende Zeitform zu verwenden. Dies erfordert allerdings entsprechende Absprachen zwischen den Lehrkräften.

Mit Bezug auf das jeweilige schulinterne Sprachcurriculum kann die Fachkonferenz Musik weitere Festlegungen zur Sprachbildung im schulinternen Fachcurriculum Musik treffen, z. B.

- Absprachen zu fachbezogenen sprachlichen Zielen und Kompetenzanforderungen, vor allem im Hinblick auf Bildungs- und Fachsprache, wie z. B. die Festlegung eines bestimmten Fachwortschatzes, über den die Schüler verfügen können sollen, wie er auch in einigen Rahmenlehrplänen Musik für einzelne Klassenstufen konkret vorgegeben ist,
- Anregungen zur Verwendung sprachintensiver Methoden wie Verklanglichen, Vergleichen oder Szenische Interpretation geben, sofern diese Methoden zur Vermittlung der im Fachcurriculum festgelegten musikbezogenen Inhalte und der angestrebten Ziele geeignet scheinen,
- die Anwendung bestimmter Modelle beim Sprechen über Musik festlegen, z. B. die didaktischen Modelle von Oberschmidt (2011a) oder Hesselmann (2015) zur Entwicklung der musikbezogenen Sprachfähigkeit mittels metaphorischer Sprache,
- die Einbindung von Beispielen bildungssprachlicher Redemittel im Zusammenhang mit bestimmten Sprachhandlungsmustern/Operatoren festlegen,

- Vorschläge zur Bewertung sprachlicher Leistungen anführen; hierbei könnten auch konkrete Bewertungskriterien einbezogen werden (z. B. formale Richtigkeit, Komplexität der sprachlichen Beiträge, diskursive Fertigkeiten, die korrekte Anwendung fachsprachlicher Begriffe, Metaphernkompetenz etc.),
- Absprachen über die Gewichtung von sprachlichen Leistungen, z. B. über die Wertigkeit der Verwendung syntaktisch-morphologisch korrekter und komplexer Sätze gegenüber der Wertigkeit der Verwendung fachsprachlicher Begriffe bei gleichzeitiger Verwendung syntaktisch-morphologisch nicht korrekter und einfacher Sätze.

Aus einem schulinternen Sprachcurriculum, zusammen mit den sprachbezogenen Zielen, Anforderungen und Potenzialen des Musikunterrichts, kann sich schließlich auch ein individueller schulischer Fortbildungsbedarf ergeben, z. B. eine Fortbildung zum Szenischen Spiel oder anderen sprachintensiven Methoden, die eventuell nicht nur für den Musikunterricht, sondern auch für weitere Fächer relevant sind.

14 Bewertungsmöglichkeiten von Sprachleistungen im Musikunterricht

Für den Musikunterricht ergibt sich aus den Anforderungen der Rahmenlehrpläne zumindest in den Bundesländern, in denen schriftliche oder mündliche sprachliche Leistungen in die fachliche Leistungsbewertung explizit einbezogen werden sollen, die Notwendigkeit einer Bewertung, auch, wenn ein erheblicher Teil fachlicher Leistungen im Musikunterricht mehr als in anderen Fächern auf praktischen und weniger auf sprachbasierten Leistungen beruht.

Bei der Bewertung sprachlicher Leistungen als Teil der fachlichen Gesamtleistung könnten prinzipiell alle Teilkompetenzen von Sprache, die in den Rahmenlehrplänen aufgeführt werden, in die Bewertung einfließen. Demnach wären eine phonetische, alltagssprachliche, bildungssprachliche, fachsprachliche, metaphorische, aber auch eine Erzähl-, Argumentations-, Beschreibungs-, Erklärungskompetenz (und weitere Kompetenzen bezüglich der in den Rahmenlehrplänen aufgeführten Operatoren und Textsorten) und diese wiederum jeweils als produktive oder rezeptive Kompetenzen zu berücksichtigen, so dass bei einer Bewertung sämtliche n Dimensionen des n-dimensionalen Sprachraums zu berücksichtigen wären. Dies erweist sich jedoch aus verschiedenen Gründen als kaum durchführbar. Maßnahmen zur objektiven Überprüfung sprachlicher Fertigkeiten anhand standardisierter Sprachtests sind aufgrund festgestellter mangelnder Objektivität und Reliabilität in die Kritik geraten, so dass sich eine objektive Leistungsbewertung von Sprachfertigkeiten generell problematisch gestaltet. Da es zudem allein aus zeitlichen Gründen nicht möglich ist, *alle* Dimensionen des n-dimensionalen Sprachraums bzw. *alle* sprachlichen Teilkompetenzen anhand einer Erwartungsnorm abzubilden und in die Leistungsbewertung einzubeziehen, selbst wenn sie objektiv überprüfbar wären, wird hier ein Bewertungsmodell vorgestellt, das *exemplarisch* einige Dimensionen des n-dimensionalen Sprachraums und realistische Möglichkeiten der Bewertung dieser Dimensionen abbildet und den Musiklehrenden eine Orientierung geben soll.

In dem in Abbildung 21 (siehe S. 252) dargestellten Bewertungsmodell sind nur einige Dimensionen exemplarisch abgebildet, die sich noch um zahlreiche weitere Dimensionen wie z. B. „basales Leseverständnis" versus „komplexes Leseverständnis", „kein sinnverstehendes Hörverständnis" versus „komplexes sinnverstehendes Hörverständnis" oder „inkorrekte Orthografie" versus „korrekte Orthografie" u. a. erweitern ließen. Dabei tragen einige Dimensionen bzw. Teilkompetenzen einen Bewertungsmaßstab bereits in sich selbst. So sind z. B. ein geringer quantitativer und qualitativer Wortschatzumfang oder eine nicht korrekte Syntax prinzipiell als negativ zu bewerten. In anderen Dimensionen hingegen liegt der Bewertungsmaßstab nicht in der jeweiligen Dimension selbst, sondern in den jeweiligen Anforderungen einer kommunikativen Situation. Konzeptionelle Mündlichkeit ist nicht generell negativer als konzeptionelle Schriftlichkeit zu bewerten – eine Bewertung hängt vielmehr davon ab, ob die jeweilige Dimension *situationsangemessen* beherrscht wird. Dieser Unterschied wird

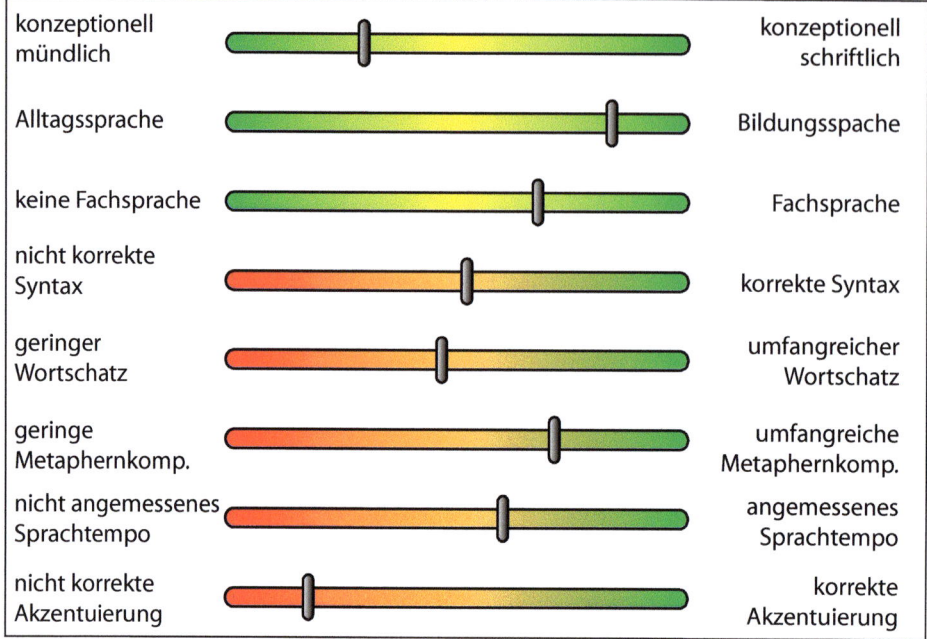

Abb. 21: Bewertungsmodell für sprachliche Leistungen (exemplarische Auswahl aus n Dimensionen)

in den Bewertungsdimensionen dargestellt, indem Dimensionen, die einen eindeutigen Bewertungsmaßstab in sich tragen, von Rot (negativ) nach Grün (positiv) verlaufen, wohingegen Dimensionen ohne impliziten Bewertungsmaßstab von grün nach grün verlaufen. Diese Komplexität zeigt in aller Deutlichkeit die generelle Problematik einer Bewertung sprachlicher Leistungen.

Da in einigen Rahmenlehrplänen für das Fach Musik die Bewertung sprachlicher Leistungen als Teil der Leistungsbewertung jedoch explizit gefordert wird, wurden in das oben angeführte Bewertungsmodell vor allem solche Dimensionen einbezogen, die realistisch zur Bewertung sprachlicher Leistungen herangezogen werden können, ohne die Musiklehrenden zu überfordern. Dabei sind die ersten drei Dimensionen situationsabhängig, d. h., nur im Zusammenhang mit einer kommunikativen Situation bzw. mit einer bestimmten (begründeten) Antworterwartung zu bewerten, wohingegen alle folgenden Dimensionen unabhängig von der kommunikativen Situation sind.

Zu den komplexen Zusammenhängen bei der Bewertung sprachlicher Leistungen kommt erschwerend hinzu, dass bisher nicht geklärt ist, was genau unter „Sprachkompetenz" zu verstehen ist und welche der n Dimensionen von Sprache im Fachunterricht überhaupt bewertet werden sollen: alle Dimensionen, die dem Register „Bildungssprache" zuzuordnen sind, was voraussetzen würde, dass zunächst zu definieren wäre, welche der n Dimensionen unter „Bildungssprache" bzw. „bildungssprachliche Kompetenz" fallen? Sollen konzeptionell schriftliche Äußerungen grundsätzlich höher bewertet werden als konzeptionell mündliche? Dies wäre nicht unbedingt sinnvoll, da es, wie oben dargestellt, nur in bestimmten kommunikativen Situationen angemessen ist, sich konzeptionell schriftlich zu äußern. So scheint die Verwendung konzeptionell schriftlicher Sprache in einer Musikanalyse angemessen, in einer Probensituation hingegen nicht. Wenn aber jeglicher Fachunterricht bildungssprachliche Handlungskompetenzen fördern soll, wären alltagssprachliche bzw. konzeptionell eher mündliche Äußerungen geringer zu bewerten als bildungssprachliche bzw. konzeptionell schriftliche. Konzeptionell schriftliche, medial mündliche Äußerungen wären womöglich auch dann höher zu bewerten als konzeptionell *und* medial mündliche Äußerungen, wenn sie z. B. phonetisch nicht der Standardsprache Deutsch entsprechen, die phonische Kompetenz also eher gering ausfiele. Sprachlich kompetent zu handeln, kann daher auch im Musikunterricht keineswegs bedeuten, sich stets konzeptionell schriftlich auszudrücken, sondern, in einer kommunikativen Situation angemessen zu handeln. „Angemessen" bedeutet, dass Schüler in der Lage sind, einer spezifischen Antworterwartung des Lehrers in einer kommunikativen Situation zu entsprechen. Hierzu muss jedoch geklärt sein, was die Lehrenden unter „angemessen" verstehen, wobei auch zu reflektieren wäre, ob ihre eigenen Antworterwartungen ebenfalls einer kommunikativen Situation „angemessen" sind. Dies zeigt, wie wichtig es ist, dass Musiklehrer sich ihre „Antworterwartungen" und die mit einer Lernaufgabe verbundenen sprachlichen Anforderungen an die Schüler bewusst machen. In einer medial mündlichen Kommunikationssituation ist es keineswegs notwendig, von den Schülern zu verlangen, dass sie immer im ganzen Satz antworten, ebenso, wie in einem medial mündlich vorgetragenen Erlebnisbericht über einen Konzertbesuch bildungssprachliche Strukturen nicht unbedingt notwendig sind, um sprachlich kompetent zu handeln (nämlich die subjektiven Wahrnehmungen so zu schildern, dass sie für andere, die das Konzert nicht besucht haben, nachvollziehbar sind), wohingegen in einer medial schriftlichen wissenschaftlichen Musikanalyse eine korrekte Syntax und die Anwendung von Bildungs- und Fachsprache als „angemessen" bezeichnet werden können.

Die sprachlichen Teilkompetenzen wären bei einer Bewertung der sprachlichen Leistungen aber nicht nur jeweils für sich zu betrachten und zu bestimmen, sondern auch noch unterschiedlich zu gewichten, da sie verschiedene Auswirkungen auf die Realisation einer sprachlichen Äußerung haben und sich unterschiedlich auf das Erreichen einer sprachlichen Intention auswirken. Jemand, der mit einem sehr starken Akzent spricht, dessen phonetische Kompetenz also in der Dimension „Aussprache" eher gering ist und nicht der Standardnorm des Deutschen entspricht, kann dennoch bildungssprachliche und syntaktisch korrekte Äußerungen produzieren. Erst, wenn der Akzent so stark ist, dass der Adressat die Äußerung nicht versteht, wird die sprachliche Intention des Sprechers nicht erreicht. Andererseits kann jemand, der sich aufgrund mangelnder morphologisch-syntaktischer Kompetenz im Deutschen nicht bildungssprachlich ausdrücken kann, über einen breiten und komplexen produktiven und rezeptiven fachsprachlichen Wortschatz verfügen und in der Lage sein, diesen, wenn auch morphologisch-syntaktisch inkorrekt, anzuwenden. Eine frische Metapher wiederum kann bilden, wer über den entsprechenden Wortschatz verfügt, doch die Metapher erfordert nicht zwingend eine korrekte Syntax oder eine Standardaussprache. Neben den für alle Fächer relevanten Operatoren-, Hörverstehens-, Lese-,

Schreibkompetenzen und einer spezifischen fachsprachlichen Kompetenz ist die Metaphernkompetenz beim Sprechen über Musik als besonders relevant zu erachten und müsste daher zentral bei der Bewertung der sprachlichen Leistungen im Musikunterricht sein.

Aufgrund der zahlreichen Dimensionen von Sprache und des enorm komplexen Zusammenhangs von sprachlichen Teilkompetenzen und der Zielerreichung sprachlicher Intentionen kann es daher bei der Bewertung von Sprachleistungen realistischerweise nur um eine subjektive und relativ grobe Einordnung der als besonders relevant betrachteten Teilkompetenzen gehen, so dass ein Gesamteindruck über die Sprachkompetenz eines Schülers entsteht, z. B. darüber,

- ob der Schüler in der Lage ist, überhaupt syntaktisch oder morphologisch korrekte Äußerungen zu produzieren,
- ob der Schüler auf der phonetischen Ebene so spricht, dass seine Äußerungen für andere verständlich sind,
- ob der Schüler in der Lage ist, konventionelle Metaphern zu verstehen bzw. zu produzieren oder frische Metaphern zu verstehen oder zu produzieren,
- ob der Schüler ein der Situation angemessenes Sprachregister und damit entsprechende Redemittel verwendet,
- ob der Schüler eine altersangemessene Sprache verwendet,
- wie umfangreich der aktive oder passive Wortschatz eines Schülers ist und welche Qualität er hat.

Welche sprachlichen Teilkompetenzen als wie relevant für die Leistungsbewertung betrachtet werden, hängt wiederum davon ab, ob Ziele eines schulinternen Sprachcurriculums zugrunde gelegt werden, ob es um eine individuelle Bezugsnorm geht, oder ob der Bewertung eine altersangemessene Sprachkompetenz im Sinne einer Normerwartung im Vergleich zu einer gleichaltrigen Bezugsgruppe zugrunde gelegt wird.

Als problematisch erweist sich ferner, dass im Kontext aktueller musikbezogener Kompetenzmodelle erst einige wenige Ansätze vorliegen, auf deren Basis eine Bewertung *musik*bezogener sprachlicher Teilkompetenzen möglich ist. Von Interesse sind hierbei insbesondere folgende Stufenmodelle:

- das Modell der musikbezogenen Argumentationskompetenz von Rolle (2013),
- das von Jordan (2014) im Rahmen der Validierung eines Kompetenzmodells im Bereich „Musik wahrnehmen und kontextualisieren" vorgestellte Stufenmodell der Verbalisierungsfähigkeit musikbezogener Wahrnehmung inklusive der darin inbegriffenen Anwendung von Fachterminologie,
- das Modell zur Qualitätsbestimmung musikbezogener Argumente von Gottschalk und Lehmann-Wermser (2013).

Anhand des Modells von Jordan (2014) zeigt sich allerdings auch, wie problematisch sich bereits allein die Entwicklung eines Niveaustufenmodells zur sprachlichen Teilkompetenz „musikalische Fachsprache" gestaltet. Zu kritisieren ist an diesem Modell vor allem die sehr pauschale Verwendung des Terminus „basales Fachvokabular", der in seiner Bedeutung weder näher bestimmt noch von einem „komplexen Fachvokabular" unterschieden wird. Eine grundsätzliche Problematik besteht ferner darin, dass alle Kompetenzstufenmodelle bislang nur ansatzweise empirisch überprüft wurden. Hierin liegt eine zentrale Aufgabe für die künftige musikpädagogische Forschung.

Dem Konzept der Textprozeduren nach Feilke folgend, wäre weiterhin für die Bewertung von sprachlichen Leistungen im Musikunterricht neben dem Argumentieren jeder weitere Operator in eine inhaltliche und eine sprachliche Qualität zu unterteilen, für deren Bestimmung jeweils wiederum Indikatoren zu entwickeln wären. Zuvor wäre allerdings auch zu klären, was eine gute von einer weniger guten Erklärung, Beschreibung oder Begründung im Musikunterricht unterscheidet – was also die jeweilige inhaltliche und sprachliche „Operatorenqualität" ausmacht. Außerdem müssten entsprechende Kompetenzniveaus für den jeweiligen Operator bestimmt werden.

Sollen die Schüler selbst an der Bewertung ihrer sprachlichen Leistungen beteiligt werden, kann hierfür der Ansatz von Hesselmann (2015, S. 243 f.) herangezogen werden, der mehrere Items zur Selbsteinschätzung durch die Schüler zu den Kompetenzbereichen Musikhören, Transformation, Kommunikation/Argumentieren, Wortschatz, und Beschreiben entwickelt hat. Einige dieser Items, die direkt beobachtbar sind, eignen sich zugleich auch als Beobachtungsmerkmale durch die Musiklehrenden und können damit eine potenzielle Bewertungsgrundlage darstellen, an der Lehrende und Schüler gleichermaßen beteiligt sind. In Hesselmanns Selbstevaluierungsbogen spielen allerdings der formale Sprachgebrauch und damit die Verwendung bildungssprachlicher Redemittel keine Rolle; vielmehr geht es um die Bewusstmachung des Verhältnisses von Sprache, Musik und Transformation und der eigenen Musik- bzw. Sprachwahrnehmung.

Anhand der Komplexität des n-dimensionalen Sprachraums und der Vielzahl von möglichen Skalen in sprachlichen Teilkompetenzbereichen wird deutlich, dass die Musiklehrenden vor einer unlösbaren Aufgabe stünden, sollte jede Teilkompetenz bei jedem einzelnen Schüler bewertet werden. Die Beurteilung sprachlicher Leistungen kann daher realistisch nur subjektiv erfolgen, indem die Musiklehrenden sich der Vielfalt der sprachlichen Dimensionen bewusst werden und versuchen, ein Gesamtprofil sprachlicher Leistungen für jeden Schüler zu erstellen. Die beispielsweise im Rahmenlehrplan Klasse 1–10 der Länder Berlin und Brandenburg aufgeführten Niveaustufen für die Bereiche Hören, Sprechen, Lesen und Schreiben stellen ebenfalls nur sehr pauschal einen kleinen Ausschnitt *aller* Dimensionen des n-dimensionalen Sprachraums dar, die zusammen die gesamtsprachliche Kompetenz ausmachen (sollen), geben aber immerhin eine grobe Orientierung darüber, an welchen Indikatoren sich eine Teilkompetenz bemisst. Die Zuordnung sprachlicher Teilkompetenzen zu den in den Rahmenlehrplänen angeführten Niveaustufen unterliegt ohnehin weitestgehend einer subjektiven Bewertung aufgrund der Unmöglichkeit, sprachliche Äußerungen auf einem Kontinuum zwischen zwei Polen als mehr oder weniger vorhandene Teilkompetenz konkret einzuordnen. Es kann sich daher nur um eine grobe Einordnung handeln, bei der die Musiklehrenden auch berücksichtigen sollten, dass auch Schüler, die mit starkem Akzent sprechen oder deren Schriftsprachkompetenz nicht altersangemessen ist, z. B. medial mündlich frische Metaphern hervorzubringen in der Lage sein können, so dass das Bild über die sprachliche Kompetenz, das sich Musiklehrende von einem Schüler machen, gründlich reflektiert werden muss. Den Schülern kann im Rahmen einer multidimensionalen sprachlichen Leistungsbewertung, wie sie hier vorgeschlagen wird, zumindest ein Feedback gegeben werden, das ihre sprachbezogenen Stärken und Schwächen erläutert und ihnen Hinweise für die weitere individuelle allgemeine sprachliche Entwicklung sowie zur Entwicklung einer musikbezogenen Sprachkompetenz gibt. Noch nicht gelöst ist in der Sprachlehrforschung das Problem, wie zwischen einer fachlichen und einer sprachlichen Leistung unterschieden werden kann. Diesbezüglich wäre eine Trennung zwischen der Inhaltsebene (was wird gesagt?) und der formalsprachlichen Ebene (wie wird es gesagt?) ein denkbarer Weg, zwischen fachlicher und sprachlicher Leistung zu unterscheiden.

15 Perspektiven des Sprachbewussten Musikunterrichts

Sprachbewusster Musikunterricht ist, wenn die Musiklehrenden dafür adäquat ausgebildet sind, eine erfolgversprechende Möglichkeit, die bildungspolitische Anforderung einer Sprachbildung im Fach umzusetzen, zur Ausbildung einer musikbezogenen Sprachfähigkeit sowie zu einem positiven musikalischen und sprachbezogenen Selbstkonzept in einem Humanen Musikunterricht (vgl. Tellisch 2015) beizutragen und die kommunikative Kompetenz der Lernenden über die formalsprachliche Ebene hinaus zu stärken. Zu diskutieren bleibt allerdings, in welcher Weise auf die offensichtlich zunehmende Diskrepanz zwischen der Sprachkompetenz der Schüler und den sprachlichen Anforderungen von Rahmenlehrplänen und Unterrichtsmaterialien (vgl. Ahlers/Seifert 2015) für den Musikunterricht zu reagieren ist und welche Ausprägung an musikbezogener Sprachfähigkeit im Musikunterricht bis zum Ende der Schulzeit mit welcher Begründung erreicht werden sollte. Wie Knörzer u. a. (2015) gezeigt haben, wird selbst im Musikunterricht an Gymnasien (zumindest unterhalb des Musikleistungskurses) offenbar lediglich maximal die dritte Kompetenzstufe musikbezogenen Argumentierens nach Rolle (2013) erreicht. Die Verwendung von Fachsprache erfolgte in der Studie von Knörzer u. a. selbst auf dieser Stufe undifferenziert bzw. falsch. Da das Erreichen höherer Stufen sehr eng mit fachbezogenem musikwissenschaftlichem und musiktheoretischem Wissen zusammenhängt, das sich u. a. im vermehrten Gebrauch von Fachsprache äußert, ergibt sich aus musikdidaktischer Perspektive die Frage, welche Stufe musikbezogener Kompetenz nach Rolles Modell im Musikunterricht überhaupt erreicht werden sollte und wie dies methodisch zu bewerkstelligen wäre. Zieht man eine Verbindung der Befunde von Knörzer u. a. (2015) zur Studie von Ahlers und Seifert (2015), in der aufgedeckt wird, dass Schüler aus bildungs- und fachsprachlich strukturierten Texten kaum in einem befriedigenden Ausmaß Informationen entnehmen können, kann daraus geschlussfolgert werden, dass der Musikunterricht aktuell Fachsprache zumindest durch die Rezeption von Fachtexten nur eingeschränkt (je nach Schulart) erfolgreich und nachhaltig zu vermitteln in der Lage ist.

Die Anpassung von Unterrichtsmaterialien an das jeweilige sprachliche Kompetenzniveau der Schüler wäre nun *eine* mögliche Reaktion auf die bildungspolitische Forderung, bildungs- und fachsprachliche Handlungskompetenzen, wie sie für das Verständnis von Fachtexten in Schulbüchern erforderlich sind, auszubilden. Denkbar ist allerdings auch, bereits in der Primarstufe, in der der Musikunterricht i.d.R. wesentlich stärker von musikpraktischer Tätigkeit geprägt ist als in den Sekundarstufen (vgl. Ahlers/Seifert 2015, S. 245), den Umgang mit medialer und konzeptioneller Schriftlichkeit stärker zu betonen. Dies würde auch dem Interesse der Schreibdidaktik, das Schreiben als Medium des Lernens als festen Bestandteil aller Fächer deutlich mehr zu intensivieren, entsprechen und ließe sich durch zahlreiche empirische Befunde zu den positiven Wirkungen des Schreibens als Medium des Lernens begründen. Zugleich würde dies jedoch – wie in der Studie von Ahlers und Seifert (2015) ebenfalls betont wird – den Interessen von Lehrern und Schülern zuwider laufen und die Musiklehrenden zudem vor erhebliche zeitliche Probleme stellen. Schreibproduktion erfordert viel Zeit, die dem Musikunterricht als Randfach jedoch nicht zur Verfügung steht. Andererseits besteht aufgrund der Möglichkeit, dass ästhetisches Erleben sich zunächst nonverbal ereignet und keineswegs zwingend zur Sprache gebracht werden muss, die Gefahr, dass Musiklehrende sich aufgrund mangelnder sprachlicher Kompetenzen ihrer Schüler in musikpraktische Tätigkeiten flüchten. Das musikdidaktische Feld der Reflexion würde damit aus dem Musikunterricht verbannt werden, der Musikunterricht seinem bildungspolitischen Sprachbildungsauftrag nicht mehr gerecht werden können. Das Prinzip „Musizieren *statt* Reflektieren" würde das bisherige Prinzip „Musizieren *und* Reflektieren" ablösen. Dennoch ist – auch wenn der Musikunterricht ohne jeden Zweifel dazu beitragen kann, sehr viele verschiedene Kompetenzen und dabei insbesondere die Sprachkompetenz auszubilden –, davor zu warnen, das Fach Musik mit weiteren Erwartungen an das Hervorbringen neuer, sprachbezogener Effekte zu überfrachten. Musik steht als Wert für sich, und Schülern diesen Wert zu vermitteln, ihnen den Weg zu einer lebenslangen musikalischen (Selbst-)Bildung aufzuzeigen und sie auf diesem Weg ein Stück weit zu begleiten, ist und bleibt die Hauptaufgabe des Musikunterrichts. Sprache ist dabei *ein* Erkenntnismittel, aber nicht das einzige; musikalisches Handeln und musikalische Teilhabe sind bis zu einem gewissen Grad auch nonverbal, alltagssprachlich oder auf der Basis einer formal inkorrekten Sprache möglich. Musikalische Bildungsprozesse können sich somit zumindest innerhalb eines bestimmten Rahmens jenseits aller von außen an das Fach herangetragenen Transfer-Erwartungen und jenseits einer Norm, welchen Stellenwert Sprache in den individuellen Unterrichtskonzepten der Musiklehrenden einzunehmen hat, vollziehen. Letzten Endes liegt es an den Musiklehrenden und ihrer in der Ausbildung erworbenen Fähigkeit, fachliches und sprachliches Lernen zu verknüpfen, ob und inwieweit es sich bei einem Sprachbewussten Musikunterricht um eine Indienstnahme des Musikunterrichts im Sinne einer Erziehung durch Musik handelt. Zu klären wäre außerdem, ab wann es sich überhaupt um eine Indienstnahme handelt: bereits, wenn der Musiklehrer einen grammatisch falschen Satz oder Rechtschreibfehler korrigiert, oder ab welchem (zeitlichen?) Ausmaß des Eingehens auf die Sprache der Schüler?

Sprachbewusster Musikunterricht kann, trotz seines im Vergleich zu anderen Fächern geringen Anteils an der Stundentafel, einen gesellschaftlichen Beitrag zu Partizipation, Integration und Inklusion und letztlich zur Demokratiebildung leisten. Insofern wäre die Musikdidaktik schlecht beraten, die Potenziale, die der Musikunterricht für die Entwicklung sprachlicher Kompetenzen bietet, brachliegen zu lassen und sich der neuen bildungspolitischen Anforderung zu verweigern. Vielmehr sollte die Fähigkeit der Musiklehrenden zur Umsetzung eines Sprachbewussten Musikunterrichts auf der Basis von Wissen um die Bedeutung, Funktionen und Wirkungen von Sprache als Teil pädagogischer und fachdidaktischer Basiskompetenzen betrachtet werden. Ein Sprachbewusster Musikunterricht liegt somit im fachlichen Interesse selbst. Musiklehrende sollten ihren Unterricht nicht allein aus von außen aufgezwungenen bildungspolitischen Anforderungen, sondern vor allem aus musikpädagogischer Perspektive heraus sprachbewusst gestalten, denn „der Lehrer kann sich selbst und auch seinen

Schülern den Durchgang durch das bewusste Anschauen und Üben der Sprache nicht ersparen, wenn Sprache ein hilfreiches Mittel für den Umgang mit Musik, mit sich selbst und mit anderen sein soll" (Richter 1987, S. 569). Ein „erkennendes" Musikverstehen kann es ohne altersangemessene Sprachkompetenz nicht geben. Musikalische Bildung braucht Sprache.

Literatur

Abel-Struth, Sigrid (1985): Grundriss der Musikpädagogik. Mainz u. a.: Schott.

Albers, Timm (2016): Mittendrin statt nur dabei: Chancen und Anforderungen einer inklusiven Pädagogik. Vortrag am 26.02.2016 bei der Jahrestagung der Konferenz Musikpädagogik an Wissenschaftlichen Hochschulen an der Universität Paderborn.

Ahlers, Michael/Seifert, Andreas (2015): Sprachliche Heterogenität im Musikunterricht. In: Niessen, Anne/Knigge, Jens (Hrsg.): Theoretische Rahmung und Theoriebildung in der musikpädagogischen Forschung. (Musikpädagogische Forschung, Bd. 36). Münster: Waxmann, S. 235–249.

Ahrenholz, Bernt (2017): Sprache in der Wissensvermittlung und Wissensaneignung im schulischen Fachunterricht. In: Lütke, Beate/Petersen, Inger/Tajmel, Tanja (Hrsg.): Fachintegrierte Sprachbildung. Forschung, Theoriebildung und Konzepte für die Unterrichtspraxis. (DaZ-Forschung, Bd. 8). Berlin, Boston: Walter de Gruyter, S. 1–31.

Allmayer, Sandra (2008): Grammatikvermittlung mit Popsongs im Fremdsprachenunterricht. Sprache und Musik im Gedächtnis: Zum kognitionspsychologischen Potential von Strophenliedern für die Grammatikvermittlung im DaF-Unterricht. Saarbrücken: Südwestdeutscher Verlag für Hochschulschriften.

Amrhein, Franz (1993): Musik mit der Stimme – Stimmspiele. In: Grundschule, 9, S. 17–18.

Amrhein, Franz (1996): Sprachförderung im Musikunterricht. In: Schütz, Volker (Hrsg.): Musikunterricht heute. Beiträge zur Praxis und Theorie. Oldershausen: Lugert, S. 39–50.

Augst, Gerhard/Disselhoff, Katrin/Henrich, Alexandra/Pohl, Thorsten/Völzing, Paul-Ludwig (2007): Text – Sorten – Kompetenz. Eine echte Longitudinalstudie zur Entwicklung der Textkompetenz im Grundschulalter. (Theorie und Vermittlung der Sprache Bd. 48). Frankfurt a. M. u. a.: Peter Lang.

Bayerisches Staatsministerium für Unterricht und Kultus (2003): Lehrplan für den Förderschwerpunkt Geistige Entwicklung. Online verfügbar unter: http://www.isb.bayern.de/download/9063/musik.pdf [04.01.2019].

Bayerisches Staatsministerium für Unterricht und Kultus (2006a): Adaption des Lehrplans für die bayerische Hauptschule an den Förderschwerpunkt Sprache. Online verfügbar unter: http://www.isb.bayern.de/download/8517/s-gesamtdokument-1.pdf [04.01.2019].

Bayerisches Staatsministerium für Unterricht und Kultus (2006b): Lehrplan zum Förderschwerpunkt Sprache. Online verfügbar unter: http://www.isb.bayern.de/download/8963/sprache-gs-gesamt.pdf [04.01.2019].

Bayerisches Staatsministerium für Unterricht und Kultus (2007): Adaption des Lehrplans für die bayerische Hauptschule an den Förderschwerpunkt Hören. Online verfügbar unter: http://www.isb.bayern.de/download/8514/lp_hauptschule_adaption_hoeren.pdf [04.01.2019].

Beese, Melanie (2010): The SIOP Model – ein Modell zum integrierten Fach- und Sprachenlernen in allen Fächern mit besonderem Fokus auf Zweitsprachenlernende. Online verfügbar unter: http://www.schulentwicklung.nrw.de/materialdatenbank/nutzer sicht/materialeintrag.php?matId=3835 [04.01.2019].

Beiderwieden, Rudolf (2008): Musik unterrichten. Eine systematische Methodenlehre. Kassel: Bosse.

Belke, Gerlind/Geck, Martin (2013): Das Rumpelfax. Singen Spielen Üben im Grammatikunterricht. Handreichungen für den Deutschunterricht in mehrsprachigen Lerngruppen. Baltmannsweiler: Schneider Hohengehren.

Biegholdt, Georg (2013): Theorie und Praxis der Lerngruppensprache im Musikunterricht. Diss., Humanwissenschaftliche Fakultät Universität Potsdam. Online verfügbar unter: http://opus.kobv.de/ubp/volltexte/2014/6965/pdf/biegholdt_diss.pdf [03.01.2019].

Blank, Thomas/Adamek, Karl (2010): Singen in der Kindheit. Eine empirische Studie zur Gesundheit und Schulfähigkeit von Kindergartenkindern und das Canto-Elementar-Konzept zum Praxistransfer. Münster: Waxmann.

Böhle, Reinhard (1996): Interkulturell orientierte Musikdidaktik. Frankfurt: IKO.

Bönsch, Manfred (2008): Variable Lernwege. Ein Lehrbuch der Unterrichtsmethoden. 4. Aufl. St. Augustin: Academia.

Börsel, Anke/Lütke, Beate (2014): Symposium 07: DaZ in der Lehrerbildung. Vortrag am 17.9.2014 im Rahmen des 2. Kongresses der Gesellschaft für Angewandte Linguistik an der Philipps-Universität Marburg. Online verfügbar unter: http://www.sprachen-bilden-chancen.de/images/Files/SBC_GAL_17_09_14.pdf [05.01.2019].

Bossen, Anja (2010): Das BeLesen-Training. Ein Förderkonzept zur rhythmisch-musikalischen Unterstützung des Schriftspracherwerbs in heterogenen Lerngruppen. Theorieband. Essen: Die Blaue Eule.

Bossen, Anja (2017): Sprache als Gegenstand der musikpädagogischen Forschung und des musikdidaktischen Diskurses im Kontext einer Sprachbildung im Fach. In: Bossen, Anja/Jank, Birgit (2017): Sprache im Musikunterricht. Ausgewählte Aspekte sprachlichen Handelns im Kontext von Inklusion. (Potsdamer Schriftenreihe zur Musikpädagogik, Bd. 5). Potsdam: Universitätsverlag Potsdam, S. 21–53.

Bossen, Anja (2018a): Unterrichtskommunikation und Sprachbildung als Themenfelder der fachdidaktischen Ausbildung von Musiklehrenden. In: Bossen, Anja/Jank, Birgit: Musikarbeit im Kontext von Inklusion und Integration. Projektberichte und Studienmaterial. (Potsdamer Schriftenreihe zur Musikpädagogik, Bd. 6/2). Potsdam: Universitätsverlag Potsdam, S. 29–49.

Bossen, A. (2018b): …und nun auch noch Sprachbildung? Sprachsensibler Musikunterricht zwischen Indienstnahme und Eigeninteresse des Fachs. In: Krettenauer, Thomas/Schäfer-Lembeck, Hans-Ulrich/Zöllner-Dressler, Stefan (Hrsg.): Musiklehrer*innenbildung: Veränderungen und Kontexte. Beiträge der Kooperativen Tagung 2018. (Musikpädagogische Schriften der Hochschule für Musik und Theater München, Bd. 6). München: Allitera, S. 277–287.

Brandenburger, Anja/Bainski, Christiane/Hochherz, Wolf/Roth, Hans-Joachim (2011): European Core Curriculum for Inclusive Academic Language Teaching. Adaption des europäischen Kerncurriculums für inklusive Förderung der Bildungssprache Nordrhein-Westfalen (NRW), Bundesrepublik Deutschland. Universität zu Köln: European Core Curriculum for Mainstreamed Second-Language Teacher Education. Online verfügbar unter: http://www.eucim-te.eu/data/eso27/File/Material/NRW.%20Adaptation.pdf [04.01.2019].

Brandstätter, Ursula (1990): Musik im Spiegel der Sprache. Theorie und Analyse des Sprechens über Musik. Stuttgart: J. B. Metzlersche Verlagsbuchhandlung.

Brandstätter, Ursula (2011): „In jeder Sprache sitzen andere Augen" – Herta Müller. Grundsätzliche Überlegungen zum „Reden über Kunst". In: Kirschenmann, Johannes/Richter, Christoph/Spinner, Kaspar H. (Hrsg.): Reden über Kunst. München: Kopaed, S. 29–43.

Braune, Monika (1998): Hören – Tanzen – Sprechen – Schreiben. In: Grundschulunterricht 10, S. 46–47.

Brinkmann, Rainer/Kosuch, Markus/Stroh, Wolfgang Martin (2010): Methodenkatalog der Szenischen Interpretation von Musik und Theater. Handorf: Lugert.

Bundesministerium für Familie, Senioren, Frauen und Jugend (BMFSFJ) (1990): Übereinkommen über die Rechte des Kindes. UN-Kinderrechtskonvention in Wortlaut und Materialien. Online verfügbar unter: http://www.bdja.org/files/kinderrechtskonvention.pdf [25.12.2018].

Buschmann, Jana/Bossen, Anja (unveröffentlicht): Adaption des „Instruments zur sprachbildenden Analyse von Aufgaben im Fach (ISAF)" für das Fach Musik.

Butt, Kathrin (2016): Unterstützungsmaßnahmen und Fördermöglichkeiten im schulischen Alltag bei Kindern mit AVWS. In: Sprachförderung und Sprachtherapie in Schule und Praxis 3/16, S. 133–140.

BVL (Bundesverband Legasthenie & Dyskalkulie e. V.) (2016): Legasthenie. Online verfügbar unter: http://www.bvl-legasthenie.de/legasthenie/wissenschaft.html [25.12.2018].

Caspari, Daniela/Andreas, Torsten/Schallenberg, Julia/Shure, Victoria/Sieberkrob Matthias (2017): Instrument zur sprachbildenden Analyse von Aufgaben im Fach (isaf). Verfügbar unter: http://www.sprachen-bilden-chancen.de/images/Files/Caspari-et-al.-2017---isaf_Instrument-zur-sprachbildenden-Analyse-von-Aufgaben-im-Fach.pdf [19.08.2017].

Caviola, Hugo (2003): In Bildern sprechen. Wie Metaphern unser Denken leiten. Materialien zur fachübergreifenden Sprachreflexion. Bern: hep.

Coenen, Hans Georg (2002): Analogie und Metapher. Grundlegung einer Theorie der bildlichen Rede. Berlin/New York: de Gruyter.

Cummins, James (1979): Linguistic interdependence and the educational development of bilingual children. In: Review of Educational Research 49/79, S. 222–251.

Cvetko, Alexander/Lehmann-Wermser, Andreas (2011): Historisches Denken im Musikunterricht. Zum Potenzial eines geschichtsdidaktischen Modells für die Musikdidaktik. Teil 1: Theoretische Vorüberlegungen. In: Zeitschrift für Kritische Musikpädagogik. Online verfügbar unter http://www.zfkm.org/11-Cvetko-Lehmann.pdf [05.01.2019].

Czyborra, Manuela (2013): Musik trifft Sprache. Sprachförderung im Musikunterricht. In: AfS-Magazin 35/2013, S. 19–24.

Dahms, Günter (1985): Nachdenken im Unterricht. Fragemethode und Anleitung zum argumentierenden Gespräch. 2. Aufl. (Scriptor-Ratgeber Schule, Bd. 3). Frankfurt a. M.: Scriptor.

Dalton-Puffer, Christiane (2013): A construct of cognitive discourse functions für conceptualising conten-language integration in CLIL and multilingual education. In: EuJAL 1 (2), S. 216–253.

DBL (Deutscher Bundesverband für Logopädie) (2017): Autismus. Online verfügbar unter: https://www.dbl-ev.de/kommunikation-sprache-sprechen-stimme-schlucken/stoerungen-bei-kindern/stoerungsbereiche/komplexe-stoerungen/autismus.html [29.12.2019].

Debski, Andrea (2018): Jeder dritte Erstklässler in Sachsen kann nicht richtig sprechen. In: Leipziger Volkszeitung vom 22.7.2018. Online verfügbar unter http://www.lvz.de/Region/Mitteldeutschland/Jeder-dritte-Erstklaessler-kann-nicht-richtig-sprechen [01.01.2019].

Demmler, Martin (2006): Robert Schumann – Ich hab' im Traum geweinet. Eine Biografie. Leipzig: Reclam.

Deutsche Gesellschaft für Phoniatrie und Pädaudiologie (Hrsg.) (2009): Leitlinien der Deutschen Gesellschaft für Phoniatrie und Pädaudiologie. AMWF Online. Online verfügbar unter: http://www.dgpp.de/cms/media/download_gallery/SES%20lang.pdf [06.01.2019].

Drewer, Petra (2003): Die kognitive Metapher als Werkzeug des Denkens. Zur Rolle der Analogie bei der Gewinnung und Vermittlung wissenschaftlicher Erkenntnisse. (Forum für Fremdsprachenforschung, Bd. 62). Tübingen: Gunter Narr.

Eggebrecht, Hans H. (1979): Gedanken über Möglichkeiten des Rundfunks und Fernsehens, Jugendlichen komponierte Musik näher zu bringen. In: Eggebrecht, Hans H.: Sinn und Gehalt: Aufsätze zur musikalischen Analyse. Wilhelmshaven: Heinrichshofen's Verlag, S. 280–303.

Eggebrecht, Hans H. (1999): Musik und Sprache. In: Riethmüller, Albrecht (Hrsg.): Sprache und Musik. Perspektiven einer Beziehung. Laaber: Laaber, S. 9–14.

Ehlich, Konrad/Valtin, Renate/Lütke, Beate (2012): Expertise „Erfolgreiche Sprachförderung unter Berücksichtigung der besonderen Situation Berlins". Online verfügbar unter: https://digital.zlb.de/viewer/rest/image/15608555/expertise_sprachfoerderung.pdf/full/max/0/expertise_sprachfoerderung.pdf, [06.01.2019].

Eiberger, Christiane/Hildebrandt, Heike (2014): Lehrersprache richtig einsetzen. Trainingsbausteine für eine wirksame Kommunikation in der sonderpädagogischen Förderung. Hamburg: Persen.

Eichler, Wolfgang/Nold, Günter (2007): Sprachbewusstheit. In: Klieme, Eckhard/Beck, Bärbel (Hrsg.): Sprachliche Kompetenzen. Konzepte und Messung. DESI-Studie (Deutsch Englisch Schülerleistungen International). Weinheim u. a.: Beltz, S. 63–82.

Ekman, Paul/Friesen, Wallace V. (1969): Nonverbal Leakage and Clues to Deception. Belvoir: Semiotica.

Falk, Simone (2009): Musik und Sprachprosodie. Kindgerichtetes Singen im frühen Spracherwerb. Berlin/New York: De Gruyter.

Feilke, Helmuth (2010): „Aller guten Dinge sind drei" – Überlegungen zu Textroutinen & literalen Prozessen. In: Bons, Iris/Gloning, Thomas/Kaltwasser, Dennis (Hrsg.): Fest-Platte für Gerhard Fritz. Gießen 17.05.2010. http://www.festschrift-gerd-fritz.de/files/feilke_2010_literale-prozeduren-und-textroutinen.pdf [08.04.2019].

Feilke, Helmuth (2012): Bildungssprachliche Kompetenzen-fördern und entwickeln. In: Praxis Deutsch 233/2012, S. 4–13.

Feilke, Helmuth (2013): Bildungssprache und Schulsprache. In: Becker-Mrotzek, Miachel/Schramm, Karen/Thürmann, Eike/Vollmer, Helmut J.: Sprache im Fach. Sprachlichkeit und fachliches Lernen. Münster: Waxmann, S. 113–130.

Feilke, Helmuth (2015): Text und Lernen. Perspektivenwechsel in der Schreibforschung. In: Schmölzer-Eibinger, Sabine/Thürmann, Eike (Hrsg.): Schreiben als Medium des Lernens. Kompetenzentwicklung durch Schreiben im Fachunterricht. (Fachdidaktische Forschungen, Bd. 8). Münster: Waxmann, S. 47–72.

Fluck, Hans Rüdiger (1992): Didaktik der Fachsprachen. Aufgaben und Arbeitsfelder, Konzepte und Perspektiven im Sprachbereich Deutsch. Tübingen: Gunter Narr.

FörMig (2017): Vom mündlichen Erzählen zum Schreiben von Geschichten. Online verfügbar unter: https://www.foermig.uni-hamburg.de/bildungssprache/literalitaet/erzaehlen.html [02.01.2019].

Fuß, Hans-Ulrich (1995): Analyse von Musik. In: Helms, Siegmund/Schneider, Reinhard/Weber, Rudolf (Hrsg.): Kompendium der Musikpädagogik. Kassel: Bosse, S. 95–138.

Ganser, Bernd/Richter, Wiltrud (2003) (Hrsg.): Was tun bei Legasthenie in der Sekundarstufe? Donauwörth: Auer.

Gerg, Kaspar (1992): Musik-Sprache-Bewegung. Gestaltungsmodelle für den Unterricht in Grund- und Hauptschule. 3. Aufl. München: Oldenbourg.

Gibbons, Pauline (2009): English Learners Academic Literacy and Thinking. Learning in the Challenge Zone. Portsmouth, NH, Heinemann.

Goethe-Institut: Meet the Germans. Lerntipp zur Schulung der Fertigkeit des Sprechens. Lerntipp und Redemittel zur Diskussion und Meinungsäußerung – Handreichungen für die Kursleiter. Online verfügbar unter: http://www.goethe.de/ins/gb/lon/pro/meet-the-germans/materialien/lerntipps/Lerntipp_Diskussion.pdf [03.01.2019].

Gogolin, Ingrid/Dirim, Inci/Klinger, Thorsten/Lange, Imke/Lengyel, Drorit/Michel, Ute/Neumann, Ursula/Reich, Hans H./Roth, Hans-Joachim/Schwippert, Knut (2011a): Förderung von Kindern und Jugendlichen mit Migrationshintergrund FörMig. Bilanz und Perspektiven eines Modellprogramms. Münster: Waxmann.

Gogolin, Ingrid/Lange, Imke/Hawighorst, Britta/Bainski, Christiane/Heintze, Andreas/Rutten, Sabine/Saalmann, Wiebke (2011b): Durchgängige Sprachbildung: Qualitätsmerkmale für den Unterricht. (FörMig-Material, Bd. 3). Münster: Waxmann.

Gottschalk, Thomas/Lehmann-Wermser, Andreas (2013): Iteratives Forschen am Beispiel der Förderung musikalisch-ästhetischer Diskursfähigkeit. In: Komorek, Michael/Prediger, Susanne (Hrsg.): Der lange Weg zum Unterrichtsdesign. Zur Begründung und Umsetzung fachdidaktischer Forschungs- und Entwicklungsprogramme. Münster: Waxmann, S. 63–78.

Grimm, Hannelore/Wilde, Sabine (1998): Sprachentwicklung: Im Zentrum steht das Wort. In: Keller, Heidi (Hrsg.): Lehrbuch Entwicklungspsychologie. Bern: Huber, S. 445–473.

Grohé, Micaëla/Jasper, Christiane (2016): Methodenrepertoire Musikunterricht. Zugänge – Lernwege – Aufgaben. Innsbruck/Esslingen/Bern-Belp: Helbling.

Gruhn, Wilfried (1978): Sprachcharakter der Musik. Materialien zu einer sprachtheoretisch orientierten Unterrichtssequenz für die Sekundarstufe II. Düsseldorf: Pädagogischer Verlag Schwann.

Grutschus, Anke (2009): Strategien der Musikbeschreibung. Eine diachrone Analyse französischer Toneigenschaftsbezeichnungen. Berlin: Frank & Timme.

Hallet, Wolfgang (2013): Generisches Lernen im Fachunterricht. In: Becker-Mrotzek, Michael/Schramm, Karen/Thürmann, Eike/Vollmer, Helmut J.: Sprache im Fach. Sprachlichkeit und fachliches Lernen. Münster: Waxmann, S. 59–75.

Hartmann, Erich (2004): Sprachentwicklungsstörungen und soziale Fehlentwicklung. In: SAL-Bulletin, 114, S. 1–19.

Hartwig, Susanne (2002): Der Einsatz der Stimme als Schnittpunkt digitaler und analoger Kommunikation. In: Stimmen – Klänge – Töne. Synergien im szenischen Spiel. Tübingen: Narr, S. 127–138.

Haug, Sonja (2008): Sprachliche Integration von Migranten in Deutschland. Working Paper 14 der Forschungsgruppe des Bundesamtes aus der Reihe „Integrationsreport" Teil 2. Online verfügbar unter: https://www.bamf.de/SharedDocs/Anlagen/DE/Publikationen/WorkingPapers/wp14-sprachliche-integration.pdf?__blob=publicationFile [18.1.2019].

Heine, Lena (2016): Erkenntnisse aus der Fremd- und Zweitsprachenforschung und didaktische Implikationen mit besonderem Blick auf neu zugewanderte Deutschlernende. In: Cornely Harboe, Verena/Mainzer-Murrenhoff, Mirka/Heine, Lena (Hrsg.): Unterricht mit neu zugewanderten Kindern und Jugendlichen. Interdisziplinäre Impulse für DaF/DaZ in der Schule. Münster: Waxmann.

Helmke, Andreas (2015): Unterrichtsqualität und Lehrerprofessionalität. Diagnose, Evaluation und Verbesserung des Unterrichts. 6. Aufl. Seelze-Velber: Klett/Kallmeyer.

Hesselmann, Daniel (2015): In Metaphern über Musik sprechen: Grundlagen zur Differenzierung metaphorischer Sprache im Musikunterricht. (Musicolonia, Bd. 15). Köln: Dohr.

Heukäufer, Norbert (2012): Vergleichen. In: Ders. (Hrsg.): Musikmethodik. Handbuch für die Sekundarstufe I und II. 3. Aufl. Berlin: Cornelsen Scriptor, S. 218–239.

Ingendahl, Werner (1971): Der metaphorische Prozess. Methodologie zu seiner Erforschung und Systematisierung. Düsseldorf: Schwann.

Inklusion in der Lehrerbildung. Ortwin Nimczik für Musik & Bildung im Gespräch mit Heinrich Klingmann. In: Musik und Bildung 1/2016, S. 52–53.

Jain, Anil (2002): Medien der Anschauungen – Theorie und Praxis der Metapher. München: Edition fatal.

James, Carl/Garrett, Peter (1991) (Hrsg.): Language Awareness in the Classroom. Burnt Mill, Harlow Essex: Longman.

Jank, Birgit (2017): Lieddidaktische Überlegungen zum Singen in der Grundschule. Eine allgemeine Einführung. In: Buschmann, Jana/Jank, Birgit (Hrsg.) (2017): Belcantare Brandenburg. Jedes Kind kann singen! Ein Singprojekt zur Fortbildung für musikunterrichtende Grundschullehrerinnen und Grundschullehrer im Land Brandenburg. (Potsdamer Schriftenreihe zur Musikpädagogik, 3/2). Potsdam: Universitätsverlag Potsdam, S. 31–44.

Jordan, Anne-Katrin: Empirische Validierung eines Kompetenzmodells für das Fach Musik. Teilkompetenz „Musik wahrnehmen und kontextualisieren". (Empirische Erziehungswissenschaft, Bd. 43). Münster: Waxmann.

Jost, Jörg (2008): Wann verstehen, wann interpretieren wir Metaphern? In: metaphorik. de 15. Online verfügbar unter: https://www.metaphorik.de/sites/www.metaphorik.de/files/journal-pdf/15_2008_jost.pdf [02.01.2019].

Jude, Nina/Klieme, Eckhard (2007): Sprachliche Kompetenz aus Sicht der pädagogisch-psychologischen Diagnostik. In: Klieme, Eckhard/Beck, Bärbel (Hrsg.): Sprachliche Kompetenzen. Konzepte und Messung. DESI-Studie (Deutsch Englisch Schülerleistungen International). Weinheim u. a.: Beltz, S. 9–22.

Jünger, Hans (2006): Schulbücher im Musikunterricht? Quantitativ-qualitative Untersuchungen zur Verwendung von Musiklehrbüchern an allgemein bildenden Schulen. (Unipress Hochschulschriften, Bd. 153). Hamburg: LIT Verlag.

Jünger, Hans (2016): Das Monster in der Moldau. In: Musik und Bildung 2, S. 8–11.

Jünger, Hans (2017): Fünf Hörwinkel. Aspekte des Musikhörens. In: Musikunterricht aktuell 5, S. 8–13.

Kaiser, Hermann J. (2001): Auf dem Weg zu verständiger Musikpraxis. In: Ehrenforth, Karl-Heinz (Hrsg.): Musik- unsere Welt als andere. Phänomenologie und Musikpädagogik im Gespräch. Würzburg: Königshausen & Neumann, S. 85–97.

Kaiser, Hermann J. (2014): „Musikalische Erfahrung" – eine Re-Vision. In: Vogt, Jürgen/Heß, Frauke/Brenk, Markus (Hrsg.): (Grund-)Begriffe musikpädagogischen Nachdenkens. Entstehung, Bedeutung, Gebrauch. Sitzungsbericht 2013 der Wissenschaftlichen Sozietät Musikpädagogik. Berlin: Lit Verlag, S. 81–103.

Katthage, Gerd (2004): Didaktik der Metapher. Perspektiven für den Deutschunterricht. Baltmannsweiler: Schneider Hohengehren.

KMK (Kultusministerkonferenz der Länder) (2011): Inklusive Bildung von Kindern und Jugendlichen mit Behinderungen in Schulen (Beschluss der Kultusministerkonferenz vom 20.10.2011). Online verfügbar unter: http://www.kmk.org/fileadmin/Dateien/veroeffentlichungen_beschluesse/2011/2011_10_20-Inklusive-Bildung.pdf [04.01.2019].

KMK (Kultusministerkonferenz der Länder) (2014): Sonderpädagogische Förderung in Schulen 2003 bis 2012. Statistische Veröffentlichungen der Kultusministerkonferenz. Dokumentation Nr. 202 – Februar 2014. Verfügbar unter: http://www.kmk.org/fileadmin/pdf/Statistik/Dokumentationen/Dokumentation_SoPaeFoe_2012.pdf [29.07.2017].

Knigge, Jens (2013): Interkulturelle Musikpädagogik: Hintergründe – Konzepte – Empirische Befunde. In: Knigge, Jens/Mautner-Obst, Hendrikje (Hrsg.): Responses to Diversity. Musikunterricht und -vermittlung im Spannungsfeld globaler und lokaler Veränderungen. Stuttgart: Staatliche Hochschule für Musik und Darstellende Kunst, S. 41–71. Online verfügbar unter: http://www.pedocs.de/volltexte/2013/8117/pdf/Knigge_Mautner_2013_Responses_to_Diversity.pdf [04.01.2019].

Knörzer, Lisa/Rolle, Christian/Stark, Robin/Park, Babette (2015): „...er übertreibt und das macht mir seine Version zu nervös". Einzelfallanalysen musikbezogener Argumentationen. In: Niessen, Anne/Knigge, Jens (Hrsg.): Theoretische Rahmung und

Theoriebildung in der musikpädagogischen Forschung. (Musikpädagogische Forschung, Bd. 36). Münster: Waxmann, S. 147–162.

Koch, Peter/Oesterreicher, Wulf (1985): Sprache der Nähe- Sprache der Distanz. Mündlichkeit und Schriftlichkeit im Spannungsfeld von Sprachtheorie und Sprachgeschichte. In: Romanistisches Jahrbuch, 36, S. 15–43.

Kraemer, Rudolf-Dieter (2004): Musikpädagogik – eine Einführung in das Studium. Augsburg: Wißner.

Krämer, Oliver (2011): Erzählend Leerstellen füllen. Geschichten im Musikunterricht. In: Diskussion Musikpädagogik 52/11, S. 46–53.

Krämer, Oliver (2012a): Verklanglichen. In: Heukäufer, Norbert (Hrsg.): Musikmethodik. Handbuch für die Sekundarstufe I und II. 3. Aufl. Berlin: Cornelsen Scriptor, S. 240–248.

Krämer, Oliver (2012b): Mit Profilen arbeiten. In: Heukäufer, Norbert (Hrsg.): Musikmethodik. Handbuch für die Sekundarstufe I und II. 3. Aufl. Berlin: Cornelsen Scriptor, S. 145–153.

Lange, Imke/Gogolin, Ingrid (2010): Durchgängige Sprachbildung. Eine Handreichung. Münster: Waxmann.

Lattermann, Christina/Neumann, Katrin (2005): Stotternde Schüler – ratlose Lehrer. In: PädForum, 3, S. 159–162.

Lebenshilfe Bremen e. V. (2017): Leichte Sprache. Verfügbar unter: http://www.leichte-sprache.de/index.php?menuid=2&reporeid=2 [29.07.2017].

Lehmann, Silke (2007): Bewegung und Sprache als Wege zum musikalischen Rhythmus. Electronic Publishing Osnabrück.

Leisen, Josef (2010): Lernprozesse mithilfe von Lernaufgaben strukturieren. Informationen und Beispiele im kompetenzorientierten Unterricht. In: Unterricht Physik, Nr. 117/118, S. 9–13.

Leisen, Josef (2011): Handbuch Sprachförderung im Fach. Sprachsensibler Fachunterricht in der Praxis. Stuttgart: Klett.

Lessing, Wolfgang (2001): Bildersprache im Instrumentalunterricht. In: Üben und Musizieren 04/2001, S. 30–37 .

Lieber, Gabriele (2016): Narration und Anschauung. Wege der Professionalisierung von Lehramtsstudierenden für die Begleitung eigener Gestaltungsprozesse? In: Lieber, Gabriele/Uhlig, Bettina (Hrsg.): Narration. Transdisziplinäre Wege zur Kunstdidaktik. München: kopaed, S. 83–94.

Loh, Hannes (2010): Rap@school. Grundlagen für die pädagogische Arbeit mit Hip Hop. Mainz: Schott.

Lütke, Beate (2015): Deutsch als Zweitsprache in der universitären Lehrkräfteausbildung- Überblick und Perspektiven. Plenarvortrag zur Eröffnung des Drittfach-Studiengangs Deutsch als Zweit- und Fremdsprache im Jenaer Lehramt. Friedrich-Schiller-Universität Jena, 1.6.2015. Online verfügbar unter: http://www.sprachen-bilden-chancen.de/images/Files/VortragJena.pdf [04.01.2019].

Lütke, Beate/Caspari, Daniela/Börsel, Anke/Jostes, Brigitte/Darsow, Annkathrin/Peuschel, Kristina/Paetsch, Jennifer/Sieberkrob, Matthias/Andreas, Thorsten/Lohse, Alexander/Wagner, Fränze/Horváth, András (2015): Kommentare zum Basiscurriculum Sprachbildung im neuen Berliner Rahmenlehrplan für die Klassen 1 bis 10, der im

Schuljahr 2017/18 eingeführt werden soll. Online verfügbar unter: http://www.spra chen-bilden-chancen.de/images/Files/Stellungnahme_Basiscurriculum_Sprachbil dung_Berlin.pdf [01.01.2019].

Maas, Georg (1989): Handlungsorientierte Begriffsbildung im Musikunterricht. Theoretische Grundlagen, Entwicklung und vergleichende Evaluation eines Unterrichtskonzepts. Mainz u. a.: Schott.

Meißner, Sebastian (2012): Widersprüchliche Wahrheiten. Warum sich über Musikgeschmack nicht streiten lässt- und wie wir es trotzdem tun. Eine gesprächsanalytische Studie. (Essener Studien zur Semiotik- und Kommunikationsforschung, Bd. 34). Aachen: Shaker.

MBJS (Ministerium für Bildung, Jugend und Sport des Landes Brandenburg) (Hrsg.) (2011): Vorläufiger Rahmenlehrplan für den Unterricht in der gymnasialen Oberstufe im Land Brandenburg Musik. Online verfügbar unter: http://bildungsserver.ber lin-brandenburg.de/fileadmin/bbb/unterricht/rahmenlehrplaene/gymnasiale_ober stufe/curricula/2011/Musik-VRLP_GOST_2011_Brandenburg.pdf [24.12.2018].

MBJS (Ministerium für Bildung, Jugend und Sport Brandenburg)/Senatsverwaltung für Bildung, Wissenschaft und Forschung Berlin (2015) (Hrsg.): Rahmenlehrplan 1–10. Teil B Basiscurriculum Sprachbildung. Online verfügbar unter: http://bildungsser ver.berlin-brandenburg.de/fileadmin/bbb/unterricht/rahmenlehrplaene/Rahmenlehr planprojekt/amtliche_Fassung/Teil_B_2015_11_10_WEB.pdf [01.01.2019].

MBJS/SenBWFB (Ministerium für Bildung, Jugend und Sport Brandenburg/Senatsverwaltung für Bildung, Wissenschaft und Forschung Berlin) (2015) (Hrsg.): Rahmenlehrplan 1–10. Teil C Musik. Online verfügbar unter: http://bildungsserver. berlin-brandenburg.de/fileadmin/bbb/unterricht/rahmenlehrplaene/Rahmenlehr planprojekt/amtliche_Fassung/Teil_C_Musik_2015_11_16_web.pdf [01.01.2019].

Mertens, Sebastian (2018): Sinnstiftendes Kommunizieren im Musikunterricht. Schwierigkeiten und Herausforderungen. (Forum Musikpädagogik, Bd. 143). Augsburg: Wißner.

Meyer, Hilbert (2011): Unterrichtsmethoden II. Praxisband. Berlin: Cornelsen Scriptor.

Möhn, Dieter/Pelka, Roland (1984): Fachsprachen. Eine Einführung. Tübingen: Niemeyer.

Mönig, Marc (2008): Zum zeitgemäßen Umgang mit Werken im Musikunterricht. Leerstellendidaktik am Beispiel des War Requiems von Benjamin Britten. In: Diskussion Musikpädagogik, 40/08, S. 13–22.

Möpert, Birte (2014): Die Fachsprache des Tanzes. (Forum für Fachsprachenforschung, Bd. 112). Berlin: Frank & Timme.

Mohr, Andreas (2008): Lieder, Spiele, Kanons. Stimmbildung in Kindergarten und Schule. Mainz: Schott.

Moser, Karin S. (2004): Metaphernanalyse als psychologische Wissensmanagement-Methode. In: Reinmann-Rothmeier, Gabi/Mandl, Heinz: Psychologie des Wissensmanagements. Perspektiven, Theorien und Methoden. Göttingen: Hogrefe, S. 329–340.

Mußmann, Jörg (2012): Inklusive Sprachförderung in der Grundschule. München/Basel: Reinhardt.

Niessen, Anne/Lehmann-Wermser, Andreas/Knigge, Jens/Lehmann, Andreas C. (2008): Entwurf eines Kompetenzmodells „Musik wahrnehmen und kontextualisieren". In:

Zeitschrift für Kritische Musikpädagogik. Online verfügbar unter: http://www.zfkm.org/sonder08-niessenetal.pdf [02.01.2019].

Novikova, Anastasia (2011): Metaphern beim Sprachenlernen. In: Junge, Matthias (Hrsg.): Metaphern und Gesellschaft. Die Bedeutung der Orientierung durch Metaphern. Wiesbaden: VS Verlag für Sozialwissenschaften, S. 87–104.

Nünning, Vera (2012): Narrativität als interdisziplinäre Schlüsselkategorie. Auszug aus dem Jahresbericht „Marsilius-Kolleg 2011/2012" der Universität Heidelberg. Online verfügbar unter: www.marsilius-kolleg.uni-heidelberg.de/md/einrichtungen/mk/publikationen/mk_jb_05_narrativitaet_als_interdisziplinaere_schluesselkategorie.pdf [23.12.2018].

Oberhaus, Lars (2015): Über Musik reden. Darstellung und Vergleich von fünf Ansätzen musikbezogenen Erzählens im Unterricht. In: Zeitschrift für Kritische Musikpädagogik. Online verfügbar unter: http://www.zfkm.org/sonder15-oberhaus.pdf [02.01.2019].

Oberhaus, Lars (2016): Erzählvergessenheit. Unzuverlässiges Erzählen als methodische Perspektive der Vermittlung musikhistorischer Kontexte. In: Oberhaus, Lars/Unseld, Melanie (Hrsg.): Musikpädagogik der Musikgeschichte. Münster: Waxmann, S. 75–92.

Oberhaus, Lars (2017): Reden über Musik. Möglichkeiten und Grenzen musikbezogener Reflexionen. In: Barth, Dorothee/Nimczik, Ortwin/Pabst-Krueger, Michael (Hrsg.): Musikunterricht 3. Kassel/Mainz, S. 54–61.

Oberschmidt, Jürgen (2011a): Mit Metaphern Wissen schaffen. Erkenntnispotenziale metaphorischen Sprachgebrauchs im Umgang mit Musik. (Berliner Schriften, Bd. 98). Augsburg: Wißner.

Oberschmidt, Jürgen (2011b): Über Musik reden. Ein Einblick in die aktuelle fachdidaktische Diskussion. In: Kirschenmann, Johannes/Richter, Christoph/Spinner, Kaspar H. (Hrsg.): Reden über Kunst. München: Kopaed, S. 391–411.

Oberschmidt, Jürgen (2013): Mut zur Vermutung! Wie metaphorisches Sprechen die fachbegrifflichen Grenzen überschreiten hilft. In: Nimczik, Ortwin/Terhag, Jürgen (Hrsg.): Musikunterricht 1. Bildung – Musik – Kultur. Zukunft gemeinsam gestalten. Kassel/Mainz: AfS/VDS-Eigenverlag, S. 104–109.

Oberschmidt, Jürgen (2014): Metaphorische Konzepte von musikalischem Lernen. Ein Blick hinter musikdidaktische Konzepte und ihre Begriffe. In: Vogt, Jürgen/Heß, Frauke/Brenk, Markus (Hrsg.), S. 211–228.

Oberschmidt, Jürgen (2017a): Über Glanz und Elend der musikalischen Analyse. In: Musik und Unterricht, 127, S. 16–19.

Oberschmidt, Jürgen (2017b): Dichter sagen es dichter. In: Musik und Unterricht, 127, S. 46–53.

Oberschmidt, Jürgen (2018): Gedanken über Musik und Sprache. In: Musikforum 4/17, S. 10–13.

Orgass, Stefan (2007): „Musik hat geschichtlich sich verändernden Gehalt". Anforderungen an die Auseinandersetzung mit Musikgeschichten im Unterricht. In: Orgass, Stefan/Weber, Horst (Hrsg.): Musikalische Bildung in Europäischer Perspektive. Entwurf einer Kommunikativen Musikdidaktik. (Folkwang-Studien, Bd. 6). Hildesheim: Olms, S. 571–603.

Pathe, Regina (2008): Zusammenhänge musikalischen und sprachlichen Lernens – eine Untersuchung. (Dortmunder Schriftenreihe Musik und Menschen mit Behinderung, Bd. 3). Regensburg: Con Brio.

Pöhlmann-Lang, Annette (2015): Bildungssprache – nicht nur eine Herausforderung beim Zweitsprachlernen. In: Kupfer-Schreiner, Claudia/Pöhlmann-Lang, Annette (Hrsg.): Didaktik des Deutschen als Zweitsprache – DiDaZ in Bamberg lehren und lernen. Eine Bilanz des Faches in Forschung und Lehre (2010 bis 2015). (Schriften aus der Fakultät Geistes- und Kulturwissenschaften der Otto-Friedrich-Universität Bamberg, Bd. 16). Bamberg: University of Bamberg Press, S. 103–113.

Proske, Matthias (2015): Unterricht als kommunikative Ordnung. Eine kontingenzgewärtige Beschreibung. In: Niessen, Anne/Knigge, Jens (Hrsg.): Theoretische Rahmung und Theoriebildung in der musikpädagogischen Forschung. (Musikpädagogische Forschung, Bd. 36). Münster: Waxmann, S. 15–31.

Rautenberg, Iris (2012): Musik und Sprache: Eine Längsschnittstudie zu Effekten musikalischer Förderung auf die schriftsprachlichen Leistungen von GrundschülerInnen. Baltmannsweiler: Schneider Hohengehren.

Rebscher, Georg (1976): Natur in der Musik. 2. Aufl. Wiesbaden: Breitkopf & Härtel.

Reinecke, Hans-Peter (1974): Die Sprachebene über Musik als Hierarchie relationaler Systeme. Überlegungen zu Wittgensteins „Sprachspiel"-Modell. In: Eggebrecht, Hans-Heinrich (Hrsg.): Zur Terminologie der Musik des 20. Jahrhunderts. Bericht über das zweite Colloquium der Walcker-Stiftung 9.–10. März 1972 in Freiburg i. Br. Stuttgart: Musikwissenschaftliche Verlagsgesellschaft mbH, S. 23–32.

Rice, Mabel L. (1993): „Don't talk to him; He's Weird". A Social Consequences Account of Language and Social Interactions. In: Kaiser, Ann P.: Enhancing children's communication. Baltimore u. a.: Brookes, S. 139–158.

Richter, Christoph (1987): Die Sprache als Medium im Musikunterricht. In: Musik und Bildung, 19/87, S. 569–593.

Richter, Christoph (2011): Reden über Musik. In: Kirschenmann, Johannes/Richter, Christoph/Spinner, Kaspar H. (Hrsg.): Reden über Kunst. München: Kopaed, S. 413–428.

Richter, Christoph (2012): Interpretieren (Werkbetrachtung). In: Heuköufer, Norbert (Hrsg.): Musikmethodik. Handbuch für die Sekundarstufe I und II. Berlin: Cornelsen Scriptor, S. 96–127.

Ricoeur, Paul (1984): Poetik und Symbolik-Erfahrung, die zur Sprache kommt. In: Duerr, Hans-Peter (Hrsg.): Die Mitte der Welt. Aufsätze zu Mircea Eliade. Frankfurt a. M.: Suhrkamp, S. 11–34.

Rogge, Jörg (2016): Narratologie interdisziplinär. Überlegungen zur Methode und Heuristik des historischen Erzählens. In: Oberhaus, Lars/Unseld, Melanie (Hrsg.): Musikpädagogik der Musikgeschichte. Münster: Waxmann, S. 15–27.

Rolle, Christian (2008): Argumentationsfähigkeit: eine zentrale Dimension musikalischer Kompetenz? In: Schäfer-Lembeck, Hans-Ulrich (Hrsg.): Leistung im Musikunterricht. München: Allitera, S. 70–100.

Rolle, Christian (2012): Gefühle als Argumente? Zur produktiven Rolle von Emotionen beim Sprechen über Musik. In: Krause, Martina/Oberhaus, Lars (Hrsg.): Musik und Gefühl. Interdisziplinäre Annäherungen in musikpädagogischer Perspektive. (Studien und Materialien zur Musikwissenschaft, Bd. 68). Hildesheim/Zürich/New York: Georg Olms, S. 269–293.

Rolle, Christian (2013): Argumentation skills in the music classroom: A quest for theory. In: Malmberg, Isolde/de Vugt, A. (Hrsg.): European perspectives in music education 2. Artistry. Wien: Helbling, S. 51–64.

Rolle, Christian (2014): Ästhetischer Streit als Medium des Musikunterrichts: Zur Bedeutung des argumentierenden Sprechens über Musik für ästhetische Bildung. In: Art Education Research, 5 (9). Online verfügbar unter: http://iae-journal.zhdk.ch/files/2014/12/AER9_rolle.pdf [27.12.2018].

Rolle, Christian/Wallbaum, Christopher (2011): Ästhetischer Streit im Musikunterricht. Didaktische und methodische Überlegungen zu Unterrichtsgesprächen über Musik. In: Kirschenmann, Johannes/Richter, Christoph/Spinner, Kaspar H. (Hrsg.): Reden über Kunst. München: Kopaed, S. 507–535.

Rora, Constanze (2009): Zum Verhältnis von Musik und Sprache in der narrativen Beschreibung von Musik. In: Hentschel, Ulrike/Mattenklott, Gundel (Hrsg.): Erzählen. Narrative Spuren in den Künsten. Berlin/Milow/Strasburg: Schibri, S. 145–160.

Rösch, Heidi (Hrsg.) (2005): Deutsch als Zweitsprache. Grundlage, Übungsideen, Kopiervorlagen. Hannover: Schroedel.

Rost-Roth, Martina (2017): Lehrprofessionalität (nicht nur) für Deutsch als Zweitsprache – Sprachbezogene und interaktive Kompetenzen für Sprachförderung, Sprachbildung und sprachsensiblen Fachunterricht. In: Lütke, Beate/Petersen, Inger/Tajmel, Tanja (Hrsg.): Fachintegrierte Sprachbildung. Forschung, Theoriebildung und Konzepte für die Unterrichtspraxis. (DaZ-Forschung, Bd. 8). Berlin/Boston: de Gruyter, S. 69–97.

Roth, Gerhard (2011): Bildung braucht Persönlichkeit. Wie Lernen geling. Stuttgart: Klett-Cotta.

Roth, Hans-Joachim (2015): Sprachbildung in der Lehrerbildung: Bildungssprache als konzeptueller Rahmen und Herausforderung. Vortrag auf der Tagung *Sprachen-Bilden-Chancen* an Universität Potsdam am 17.11.2015.

Rotter, Daniela/Schmölzer-Eibinger, Sabine (2015): Schreiben als Medium des Lernens in der Zweitsprache. In: Schmölzer-Eibinger, Sabine/Thürmann, Eike (2015): Schreiben als Medium des Lernens. (Fachdidaktische Forschungen, Bd. 8). Münster: Waxmann, S. 73–97.

Sachverständigenrat deutscher Stiftungen für Integration und Migration (Hrsg.) (2016): Lehrerbildung in der Einwanderungsgesellschaft. Qualifizierung für den Normalfall Vielfalt. Policy Brief des SVR-Forschungsbereichs 2016-4. Online verfügbar unter: https://www.stiftung-mercator.de/media/downloads/3_Publikationen/SVR_Mercator_Institut_Policy_Brief_Lehrerbildung_September_2016.pdf [03.01.2018].

Sallat, Stephan (2001): Störungen der Stimme und ihre ganzheitliche Behandlung im Musikunterricht. Online verfügbar unter: http://docplayer.org/14985946-Stoerungen-der-stimme-und-ihre-ganzheitliche-behandlung-im-musikunterricht.html [04.01.2019].

Sallat, Stephan (2008): Musikalische Fähigkeiten im Fokus von Sprachentwicklung und Sprachentwicklungsstörungen. Idstein: Schulz-Kirchner.

Schäffler, Philipp (2011): Von John Cage über die Protreptik zum schülerzentrierten Reden über Musik. In: Kirschenmann, Johannes/Richter, Christoph/Spinner, Kaspar H. (Hrsg.): Reden über Kunst. München: Kopaed, S. 477–489.

Schallenberg, Julia (2017): Beispiel für eine sprachbildende Aufgabe in der Bautechnik: Ein Ferienhaus für Familie Lindemann. In: Sprachen – bilden – Chancen (Hrsg.): Sprachbildung in den Fächern: Aufgabe(n) für die Fachdidaktik. Materialien für die Lehrkräftebildung.

Schatton, Dorothea (2012): Der Einsatz musikalisch-rhythmischer Elemente in der Therapie von Kindern mit Cochlea Implantat. In: Sprachförderung und Sprachtherapie in Schule und Praxis, 1, S. 14–22.

Scheller, Ingo (1998): Szenisches Spiel. Handbuch für die pädagogische Praxis. 6. Aufl. Berlin: Cornelsen Scriptor.

Schelp, Sarah (2006): Macht Musik! In: Die Zeit Nr. 49 vom 30.11.2006.

Schilcher, Anita/Rincke, Karsten (2015): Schreiben als Motor für die Auseinandersetzung mit Fach und Sprache. Erklären und Argumentieren. In: Schmölzer-Eibinger, Sabine/Thürmann, Eike (2015): Schreiben als Medium des Lernens. (Fachdidaktische Forschungen, Bd. 8). Münster: Waxmann, S. 99–114.

Schmidt, Hans-Christian (1979): „…weil uns die richtigen Wörter fehlen…". Musikalische Eindrücke als ein sprachliches Formulierungsproblem auf der Orientierungsstufe Kl. 5. In: Musik und Bildung, 2, S. 102–107.

Schmölzer-Eibinger, Sabine (2013): Sprache als Medium des Lernens im Fach. In: Becker-Mrotzek, Michael/Schramm, Karen/Thürmann, Eike/Vollmer, Helmut J.: Sprache im Fach. Sprachlichkeit und fachliches Lernen. Münster: Waxmann, S. 25–40.

Schmölzer-Eibinger, Sabine/Dorner, Magdalena/Langer, Elisabeth/Helten-Pacher, Maria-Rita (2013): Sprachförderung im Fachunterricht in sprachlich heterogenen Klassen. Stuttgart: Fillibach bei Klett.

Schmölzer-Eibinger, Sabine/Thürmann, Eike (Hrsg.) (2015): Schreiben als Medium des Lernens. Kompetenzentwicklung durch Schreiben im Fachunterricht. (Fachdidaktische Forschungen, Bd. 8). Münster: Waxmann.

Schneider, Hansjakob/Becker-Mrotzek, Michael/Sturm, Afra/Jambor-Fahlen, Simone/Neugebauer, Uwe/Efing, Christian/Kernen, Nora (2013): Wirksamkeit von Sprachförderung. Expertise der Fachhochschule Nordwestschweiz Pädagogische Hochschule und des Mercator Instituts für Sprachförderung und Deutsch als Zweitsprache. Aarau und Köln: Bildungsdirektion des Kantons Zürich.

Schüler, Lis (2016): Schriftliches Erzählen zum Gemälde. Sich einschreiben in narrative Muster. In: Nünning, Vera/Uhlig, Bettina (Hrsg.): Narration. Transdisziplinäre Wege zur Kunstdidaktik. München: kopaed, S. 149–165.

Schüler, Lis/Dehn, Mechthild. (2015): Übersicht: Narrative Musterbildung. Die Grundschulzeitschrift, 282, S. 52–53.

Schulz v. Thun, Friedemann (1998): Miteinander reden. Störungen und Klärungen. Reinbek b. Hamburg: Rowohlt.

Senatsverwaltung für Bildung, Wissenschaft und Forschung Berlin (2009): Wege zur durchgängigen Sprachbildung. Ein Orientierungsrahmen für Schulen. Fachbrief Nr. 3 Sprachförderung/Deutsch als Zweitsprache.

Senatsverwaltung für Schule, Jugend und Sport Berlin (Hrsg.) (2001): Handreichung Deutsch als Zweitsprache. Online verfügbar unter: https://www.bildungsserver.de/onlineressource.html?onlineressourcen_id=28817 [04.01.2019].

Shavelson, Richard J./Hubner, Judith. J./Stanton, George C. (1976). Self-concept: Validation of construct interpretations. Review of Educational Research, 46, S. 407–441.

Shusterman, Richard (1996): Vor der Interpretation: Sprache und Erfahrung in Hermeneutik, Dekonstruktion und Pragmatismus. Wien: Passagen-Verlag.

Spychiger, Maria/Aktas, Ulas (2015). Primacanta – Jedem Kind seine Stimme. Eine Intervention in 3. und 4. Klassen. Schlussbericht über die wissenschaftliche Begleitung (nicht veröffentlicht). Frankfurt a. M.: Hochschule für Musik und Darstellende Kunst.

Stöger, Christine (2014): Multi – Inter – Transkulturell. In: Barth, Dorothee (Hrsg.): Bildung, Musik, Kultur– Horizonte öffnen. Kassel/Mainz: Bundesverband Musikunterricht, S. 23–26.

Störel, Thomas (1997): Metaphorik im Fach. Bildfelder in der musikwissenschaftlichen Kommunikation. Tübingen: Gunter Narr.

Stöver-Blahak, Anke/Perner, Matthias (2011): Rap im Deutsch als Fremdsprache-Unterricht – „Es hat Spaß gemacht und trotzdem haben wir etwas gelernt.". In: Hahn, Natalia/Roelcke, Thorsten (Hrsg.): Grenzen überwinden mit Deutsch. 37. Jahrestagung des Fachverbands Deutsch als Fremdsprache an der Pädagogischen Hochschule Freiburg/Br. 2010. Göttingen: Univ.-Verlag, S. 311–323.

Tajmel, Tanja (2012): Wie sprachsensibler Fachunterricht vorbereitet werden kann. In: RAA-MV (Hrsg.): Praxisbaustein Deutsch als Zweitsprache: Bildungssprache und sprachsensibler Fachunterricht. Waren/Müritz: Regionale Arbeitsstelle für Bildung, Integration und Demokratie (RAA) Mecklenburg-Vorpommern e. V., S. 12–33.

Tajmel, Tanja (2017): Die Bedeutung der Alltagssprache – eine physikdidaktische Betrachtung. In: Lütke, Beate/Petersen, Inger/Tajmel, Tanja (Hrsg.): Fachintegrierte Sprachbildung. Forschung, Theoriebildung und Konzepte für die Unterrichtspraxis. (DaZ-Forschung, Bd. 8). Berlin, Boston: Walter de Gruyter, S. 253–267.

Tajmel, Tanja/Hägi-Mead, Sara (2007): Sprachbewusste Unterrichtsplanung. Prinzipien, Methoden und Beispiele für die Umsetzung. (Förmig Material, Bd. 9). Münster: Waxmann.

Tellisch, Christin (2015): Lehrer-Schüler-Interaktionen im Musikunterricht als Beitrag zur Menschenrechtsbildung. Leverkusen: Budrich.

Thorau, Christian (2012): Vom Klang zur Metapher. Perspektiven der musikalischen Analyse. Hildesheim/Zürich/New York: Georg Olms.

Thürmann, Eike (2011): Deutsch als Schulsprache in allen Fächern. Konzepte zur Förderung bildungssprachlicher Kompetenzen. Online verfügbar unter: https://www.schulentwicklung.nrw.de/materialdatenbank/material/view/3827 [01.01.2019].

Thürmann, Eike (o. J.): Zum Verhältnis von Fachlichkeit und Sprachlichkeit im bilingualen Fachunterricht. Online verfügbar unter: https://docplayer.org/56296352-Zum-verhaeltnis-von-fachlichkeit-und-sprachlichkeit-im-bilingualen-sachfachunterricht.html [01.01.2019].

Thürmann, Eike/Pertze, Eva/Schütte, Anna Ulrike (2015): Der schlafende Riese: Versuch eines Weckrufs zum Schreiben von Fachtexten. In: Schmölzer-Eibinger, Sabine/Thürmann, Eike (2015): Schreiben als Medium des Lernens. (Fachdidaktische Forschungen, Bd. 8). Münster: Waxmann, S. 17–46.

Thürmann, Eike/Vollmer, Helmut (2011): Checkliste zu sprachlichen Aspekten des Fachunterrichts. Verfügbar unter: http://www.unterrichtsdiagnostik.info/media/files/Beobachtungsraster_Sprachsensibler_Fachunterricht.pdf [25.04.2016].

Ulrich, Winfried (o.J.): Wissenschaftliche Grundlagen der Wortschatzarbeit im Fachunterricht. Online verfügbar unter: https://bildungsserver.berlin-brandenburg.de/fileadmin/bbb/themen/sprachbildung/Durchgaengige_Sprachbildung/Publikationen_sprachbildung/sprachsensibler_fachunterricht/9_Sprachsensibler_Fachunterricht-wissenschaftliche_Grundlagen.pdf [04.01.2019].

Vollmer, Helmut J./Thürmann, Eike(2013): Sprachbildung und Bildungssprache als Aufgabe aller Fächer der Regelschule. In: Becker-Mrotzek, Michael/Schramm, Karen/Thürmann, Eike/Vollmer, Helmut J.: Sprache im Fach. Sprachlichkeit und fachliches Lernen. Münster: Waxmann, S. 41–57.

Wagenschein, Martin (1971): Die pädagogische Dimension der Physik. 3. Aufl. Braunschweig: Westermann.

Watzlawick, Paul/Beavin, Janet H./Jackson, Don D. (1996): Menschliche Kommunikation. Formen, Störungen, Paradoxien. 9. unv. Aufl. Bern u. a.: Huber.

Wehling, Elisabeth (2016): Politisches Framing. Wie eine Nation sich ihr Denken einredet – und daraus Politik macht. (edition medienpraxis, Bd. 14). Köln: Halem.

Weinrich, Harald (1976): Sprache in Texten. Stuttgart: Klett.

Whorf, Benjamin L. (1963): Sprache, Denken, Wirklichkeit. Beiträge zur Metalinguistik und Sprachphilosophie. Reinbek b. Hamburg: Rowohlt.

Wilken, Etta (2010): Sprachförderung bei Kindern mit Down-Syndrom. Mit ausführlicher Darstellung des GuK-Systems. 11. Aufl. Stuttgart: Kohlhammer.

Witecy, Bernadette/Szustkowski, Ruth/Penke, Marina (2015): Sprachverstehen bei Kindern und Jugendlichen mit Down-Syndrom: Charakteristische Probleme sowie Empfehlungen für den Umgang in Schule und Praxis. In: Sprachförderung und Sprachtherapie in Schule und Praxis, 4, S. 225–231.

Wygotski, Lew S. (1934, dt. 1971). Denken und Sprechen. Berlin: Fischer/Weinheim: Beltz.

Zaiser, Dierk (2005): Musik und Rhythmik in der Sprachförderung. Expertise erstellt im Auftrag des Deutschen Jugendinstituts. Online verfügbar unter: http://www.dji.de/fileadmin/user_upload/bibs/384_Expertise_Musik_Zaiser.pdf [01.01.2019].

Zydatiß, Wolfgang (2017): Zur Entwicklung bildungssprachlichen Lernens im Fachunterricht – eine *CLIL*-Perspektive auf die Ontogenese der *academic literacy*. In: Lütke, Beate/Petersen, Inger/Tajmel, Tanja (Hrsg.): Fachintegrierte Sprachbildung. Forschung, Theoriebildung und Konzepte für die Unterrichtspraxis. (DaZ-Forschung, Bd. 8). Berlin, Boston: Walter de Gruyter, S. 33–49.

Abbildungsverzeichnis

Abb. 1: IALT-Sprachmodell 13
Abb. 2: Kompetenzmodell des EUCIM-TE 15
Abb. 3: Modell der „Sprache der Nähe" und „Sprache der Distanz" 26
Abb. 4: Allgemeines Sprachmodell 30
Abb. 5: Teilmodell Alltags-/Bildungssprache 31
Abb. 6: Teilmodell Grammatik 31
Abb. 7: Modell der bildungssprachlichen Handlungskompetenz im
         Rahmenlehrplan Musik für Berlin und Brandenburg 35
Abb. 8: Komplexität von Fachbegriffen 74
Abb. 9: Verhältnis der Sprachregister im Musikunterricht 76
Abb. 10: Metaphernkategorien 80
Abb. 11: Funktionen des Sprechens über Musik 109
Abb. 12: Kontinuum zum Objektivitätsgehalt einzelner Aussagen 123
Abb. 13: Modell zur Bestimmung des Objektivitäts- und Subjektivitätsgehalts
         kohärenter Texte 124
Abb. 14: Modell des Sprachorientierten Musikunterrichts 177
Abb. 15: Modell des Sprachbewussten Musikunterrichts 186
Abb. 16: Erweiterte Version des Modells der negativen Spirale sozialer
         Konsequenzen 197
Abb. 17: Spielanweisungen aus Barth 217
Abb. 18: Beispiel für eine Mind-Map zum Thema Oper 218
Abb. 19: Polaritätsprofil aus Krämer 235
Abb. 20: Adjektivzirkel/Polaritätsprofil 236
Abb. 21: Bewertungsmodell für sprachliche Leistungen 252

Tabellenverzeichnis

Tab. 1: Textsorte, Texthandlung, Textprozedur 42
Tab. 2: Vergleich naturwissenschaftlicher und musikalischer Fachsprache in Anlehnung an Beese u. a. 67
Tab. 3: Bereiche musikbezogener Metaphorik 79
Tab. 4: Arten des Sprechens über Musik nach Kraemer 108
Tab. 5: Kategorien verbalen Verhaltens 183
Tab. 6: Leitfaden zur Reflexion von Lernaufgaben nach Buschmann/Bossen ... 230
Tab. 7: Kompetenzanforderungen für einen Sprachbewussten Musikunterricht 239